《安丘市文化河湖长系列丛书》之三

行 走 渠 河

李存修　李连科　朱瑞祥　主编

吉林文史出版社
JILIN WENSHI CHUBANSHE

图书在版编目（CIP）数据

行走渠河 / 李存修，李连科，朱瑞祥主编. -- 长春:
吉林文史出版社，2021.8
ISBN 978-7-5472-7935-9

Ⅰ.①行… Ⅱ.①李… ②李… ③朱… Ⅲ.①河流—
文化—山东 Ⅳ.①K928.42

中国版本图书馆 CIP 数据核字(2021)第 157821 号

书　　名　行走渠河
　　　　　XINGZOU QUHE

主　　编　李存修　李连科　朱瑞祥
责任编辑　高冰若
封面设计　如　杰
出版发行　吉林文史出版社
地　　址　长春市福祉大路 57886 号　邮编:130118
网　　址　www.jlws.com.cn
印　　刷　潍坊新天地印务有限公司
开　　本　787mm×1092mm　　1/16
印　　张　30.5
字　　数　400 千字
版　　次　2021 年 8 月第 1 版　2021 年 8 月第 1 次印刷
书　　号　ISBN978-7-5472-7935-9
定　　价　90.00 元

序

潍坊"三河"与文化追问　　流淌在生命里的河

我们居住的星球,布满了高山河流。山川,是地球的记忆,也是人类的记忆。所谓"人往高处走,水向低处流",所谓"子在川上曰,逝者如斯夫",就是人类对于山川的另一种记忆与存储方式。

河流,从古流到今,它从高山绵延而来,它向海洋奔涌而去。作为地球上动人的线条,对于人类的社会发展,可谓具有重要意义。无论是世界文明,还是当今一个地区的发展,或多或少都与河流有着密切关系。距今四千多年以前,黄河流域即为中华民族文化的摇篮。"一条大河波浪宽,风吹稻花香两岸。"这是我们对于母亲河的讴歌与赞美。当然我们也不能忘记,古埃及的尼罗河,古巴比伦的幼发拉底河和底格里斯河,还有古印度的恒河与印度河等,都是人类文明的发祥地。它们与黄河与长江有着同等重要的地位。

河流,与人类生活息息相关。这是因为河流不仅分布广,水量大,而且循环周期最短,又绝大多数暴露在地表,所以取用十分方便。河流,不仅是人类所依赖的主要的淡水资源,同时在航运、灌溉、水产养殖和文化旅游等各个方面,也都对人类有着重要贡献。

在潍坊这片美丽的土地上,有三条重要的河流。其中,潍河被称为潍坊的母亲河,另外两条——汶河和渠河,则作为潍河的重要支流而出现。潍河,古称潍水,发源于莒县箕屋山,从五莲北部进入潍坊市,流经诸城、高密、坊子、寒亭,在昌邑市下营镇入渤海莱州湾。作为潍河主要支流的汶河,发源于临朐县沂山东麓百丈崖瀑布之圣水泉。作为潍河重要支流的渠河,发源于沂山东侧的太平山,现为诸城市和安丘市的界河。

潍河干流全长 246 千米，总流域面积 6376 平方千米，是东夷文化最发达的地区之一。老家为安丘市景芝镇的著名历史学家赵俪生先生在《篱槿堂自序》中提及，章太炎先生曾经喟叹，他从苏州动身去北京，过了长江就感到荒凉，过了淮河就荒凉更甚，只有从济南向东望去，仿佛还有点文化人的踪影。于是就想，章先生所说的文化人的踪影的所在之处，应该就是我们脚下的这块土地，应该就是我们书中所涉三条河流也即潍河流域。在这里，不仅出土了 7000 年前新石器时代的石磨盘，也出土了距今 5000 年前刻画于陶器上的古文字。潍河两岸，自古至今，名人辈出，如传说中五帝之一的虞舜，孔子女婿、孔门弟子七十二贤之一的公冶长，显达两汉的伏氏家族，经学家郑玄，文学理论家、文学批评家刘勰，《清明上河图》的作者张择端，中共一大代表王尽美，现代著名诗人臧克家，还有管宁、晏婴、窦光鼐、刘墉、李相菜、赵明诚、王筠、刘大同、王统照、王愿坚、马萧萧等。由此可见，潍河流域能够流传于后世的文化和"文化人"可谓灿若繁星。

如前所述，河流，从古流到今，它从高山绵延而来，它向海洋绵延而去。而在从古流到今的河流上，在我们祖国大地河流的制度建设上，如今，又应运而生了"河长制"。为此可以说，"河长制"是时代赋予的历史使命，也是社会发展的责任担当，更是一项永久性"在路上"的巨大工程。而作为全国该项工作先进典型的潍坊市，为了进一步加大"文化河长""智慧河长"的建设力度，全面启动实施了"智慧河长、文化河长"的建设，以深入挖掘水文化、河流文化、源头文化等因河湖而生、与河湖相伴的民俗和文化，从而推动爱河护河活动，扩大"河长制"文化的影响力和群众爱河护河的自觉性。

由此可见，河流与人类文明的相互作用，造就了河流的文化生命。而河流与人类社会的关系，是具有悠久历史的。河流文化生命作为河流生命的一种形式，同时也是人类文明史的一部分。其表现主要是在语言与文字，哲学、道德与宗教，文学与艺术，神话传说，民俗民风之中。河流文化生命的哲学基础是"天人合一"，河流文化生命孕育人类文明，人类社会文明发展积淀河流文化生命。对此，我们从远古先民关于河流的神话传说，先秦诸子对流水的哲学思考，艺术家对河流诗心慧眼的体察等方面，就不难发现我国古代文化对于河流价值意义的认识和理解。所以，河流文化生命扩展了社会调控范围，促进和推动着社会政治变革、经济变革和文化变革。

曾有人说，世界上所有的追问，归根到底都是文化的追问。所以说到河流文化，就不能不涉及李存修先生。因为本书的孕育、创作和出版，都与李存修先生有着重要关系。笔者曾专门撰写了一篇题为《生命的行走与第五大发现》的文章，文中简要概括了李存修先生的"行走"历程。众所周知，李存修先生大学毕业后就离开家乡，先是去了四川。在任四川省政府外事办专职口语翻译期间，参与接待了美国前总统卡特、物理学家杨振宁等国家政要和海内外名流。在任四川省旅游局副局长期间，参与发现并规划建设了闻名天下的九寨沟风景区。20世纪80年代末，他从四川调任广东省，先任香港招商局广东国旅总经理兼书记，然后从退休到现在，一直担任广东省旅游文化协会会长。

在笔者的眼里，存修先生一直处于生命行走的状态，不只是因为本职工作。先从胶东半岛去了大西南，又从大西南孔雀东南飞。一个学习工作轨迹的大三角，几乎涵盖大半个中国。单是他的生命意识和生命自觉里，就已经把行走作为了自己的庸常所为和毕生追求。岱崮地貌的发现，是具有里程碑意义的一项壮举；而记载这一壮举的《岱崮地貌发现记》，更是具有里程碑意义的一本书。笔者知道，存修先生一直在干着三件事：主要精力旅行，旅行之余著述，著述之余讲学。这三件事既各自独立又相互依存，都是关于文化方面的事，都是有着恒久价值而功德无量的。

所以，这位李存修先生，这位作为其中之一的"当代十大徐霞客"和汶河"文化河长"，毋庸讳言，是一位地地道道的文化追问者。为此，从2019年春天开始，历时两年多时间，由"中国当代十大徐霞客文化旅游俱乐部"一行几十人为骨干，在李存修先生带领下，对前述潍坊市境内三条主要河流进行了全面考察调查与研究。从早春乍暖，到三九严寒，踏着沂山东麓圣水泉的冰雪，一次次迎着朝阳出发，一次次踏着月色回归。他们自带行囊,徒步前行,查阅了大量水文与历史资料,考察了"三河"沿岸流域,涉及沿岸河堤、村庄、丘陵、阡陌、桑田、果园、道路、桥梁、学校、博物馆、图书馆、人文、历史、物产、事件、美食、非物质文化遗产传承人等多个方面。

在两年多的时间里,先后有男女数百人加入他们的行列。有教师、学生、公务员,有文史爱好者、退休人员、艺术家,有摄影师、企业家、旅行者,也有退役教授、作家、军人、农民,年龄最大的86岁,最小的只有15岁。他们不辞劳苦,沿途召开了几十次座谈会,走访了近百名知情人,潍坊和安丘两级电视台对相关内容做了数次跟踪报道。全体参与者夜以继日开展工作,撰写文章,拍摄照片,形成了120多万字的文字资料并已编纂成书。全书共分上、中、下三部,分别是《千秋汶河》《文化潍河》与《行走渠河》。书中内容涵盖了"河流保护""人文景观""历史人物""名门望族""教育培训""非物遗产""历史事件""物产名品""诗词歌赋""两岸美食""地方戏曲"等二十几项内容,这无疑是三河流域第一手全面系统的文字资料。

河流,不仅存在于自然界,也存在于人们的意识里。其实,每个人的生命里,都会有一条河流在奔涌。因为它的流畅、贯通与空灵;因为它的靓丽、智慧与伟大。这一条河流,会记住所有从这条河流经过的生命。

潍河,汶河,渠河,让我们记住它们吧:不只流淌在自然界,也流淌在我们每一个人心中。

牛钟顺

(牛钟顺,躬耕于高等学府,履任潍坊医学院党办主任、滨州医学院副校长、潍坊学院党委副书记职,研究员,山东省作家协会会员,山东省文艺评论家协会常务理事,山东省社会科学专家库成员,潍坊市十一和十二届政协委员,文字见诸《人民日报》《大众日报》《中国艺术报》《时代文学》《山东文学》《鸭绿江》《青海湖》等报刊媒体,著有文学评论集《半亩方塘》及《当代新闻事业》等,发表和出版作品逾百万字。)

目　录

景酒飘香

名人园地

文化教育

乡音余韵

故乡情怀

堰浯入荆

渠河名称由来与古潴水变迁

——王锡文

渠河,古称潴水,是潍河的一条重要支流,主源头始于安丘、临朐、沂水三县(市)交界的太平山西麓临朐县境内大官庄村和相邻的沂水县红石峪村,经太平山南、沂水县北部,自西向东流入安丘市境内。现总流域面积1059平方千米,干流长100千米。

打开今天的安丘、诸城、沂水三县(市)地图,可以看到几条河流的名字,即沂水县的"潴河",诸城、安丘两县交界的"渠河",安丘景芝镇(临潴)境内的"运粮河",景芝镇"潴河",还有诸城市石桥子镇都吉台村附近的"荆河"等河流。其实,这些河名的由来都与历史上的潴水改道变迁有关。

古代的潍水、荆水、潴水的关系

关于潍水、荆水、潴水之间的关系,北魏郦道元在其《水经注》中有记载:

"潍水又北迳平昌县故城东,荆水注之。(荆)水出(平昌)县南荆山阜,东北流迳平昌县故城东……荆水又东北流,注于潍水。(潍水)又北,潴水注之,(潴)水出峿山,世谓之巨平山也。其(潴)水东北迳姑幕县故城东。(姑幕)县有五色土,王者封建诸侯,随方受之。故薄姑氏之国也……潴水又东北迳平昌县故城北,古堨此水,以溢溉田,南注荆水。潴水又东北流而注于潍水也。"

"潍水"就是潍河,"平昌县故城",指汉平昌县,遗址在今诸城市北部石桥子镇都吉台村。"潍水又北迳平昌县故城东",即潍河由南向北流经平昌县故城以东。"荆水",即荆河,发源于今诸城市石桥子镇西南部荆山,向东北流经都吉台村东。荆水"东北流迳平昌县故城东"与上面潍水"迳平昌县故城东",指的是一个大致地理位置,但是远近不同。荆水离得近,潍水离得远。"荆水注之",指在北魏时,荆河是独立直接注入潍河的。"(潍水)又北,浯水注之",意即潍河又向北流了一段以后,才又接纳了浯水的汇入。可以看出,在北魏时,荆河与浯河是分别独立直接流入潍河的,荆河在南、浯河在北。"(浯)水东北迳姑幕县故城东"是说浯水从姑幕县故城东流过,姑幕县故城遗址在今安丘市石埠子镇区村子里。

这说明在北魏时,潍水、荆水、浯水的状况是:

一是潍河由南向北流,先接纳了荆水;二是春秋时齐国遏浯水注入荆水,即"堰浯入荆";三是浯水向东北流,最后注入潍河,是在荆水以下注入潍河。

另外,在北宋元丰年间(1080)成书的《元丰九域志》中,分别提到了诸城和安丘的潍水、荆水、卢水、浯水、汶水,而在北宋时,荆水、浯水还都是独立入潍的较大河流。

古浯水大部河段演变为今渠河

古浯水之所以成为今渠河,原因是"遏浯入荆",起始年代是在春秋初年的齐桓公时代。《水经注》说:"古竭此(浯)水,以溢溉田,南注荆水。"清初《读史方舆纪要》转载《三齐略记》说:"桓公堰浯水,南入荆水。"

而春秋时"堰浯入荆"的地点,大致在今安丘市景芝镇西古河村与东古河村相邻的渠河北岸,并且直到清初还有残留的截水坝,到现在明显可见的堰浯地点只有此段渠河河道里的"龙湾"处。从这里,本来东西流向的渠河突然一折,偏向了东南,直冲景芝镇东石埠村东和诸城市石桥子镇都吉台村北而去,然后与南来的荆河在都吉台村东北汇合,再共同流入潍河。这段河道,总长计6千米左右,也是"渠河"之名的最初来源。

这段6千米的渠河河道,是从齐桓公"堰浯入荆"开始,两千多年来经人工和河流自然变迁所形成的结果。春秋初年,因为浯水水量大,为了调节塂水水量进行灌溉,就在此处堵一堵,即"堰塂",然后以此为起点,再人工开凿一段渠道引一引,让一部分塂河水进入荆河,后来塂河水大部分就干脆直接通过人工开凿的这段河道进入荆水,并且夺荆水主河道进入潍河了。所开挖的这条长 6 千米的渠道,就是"渠河"名称的来源,"渠"的本义就是"人工开凿的河流"。

可能由于人工开凿的这段河道越流越顺畅,时间久了——这个时间可能是几百年,也可能是上千年,起码在北魏郦道元时期塂水主河道还是东北流经景芝平原中部的,即"塂水又东北流而注于潍水也",在北宋元丰年间(1080)也还是这样的。后来,塂水流向东北方向的主河道渐渐缩小,进而"沧海桑田"局面形成,只有一两条小深沟子还与原来的塂河下游河道相连,而人工开凿的向东南流入荆河的那段河道渐渐变成了主河道,并且向下渐渐占有了荆水的原河道,从而形成了塂河"夺荆入潍"的局面。荆河也不再单独入潍,而是在都吉台附近就与从人工开挖的那 6 千米的渠道流过来的塂河水汇聚成为一河,二者合称"渠河"。原来的荆水,现在只限于都吉台村以上河段,成为渠河的一条支流。

塂河下游改道并且改名成为"渠河"以后,中、上游在很长一段时间里还叫"塂水""塂河"。在清朝初年仍叫塂水,一直到 20 世纪 50-60 年代,还多称"塂河"。比如位于渠河北岸今安丘市石埠子镇东召忽村的春秋初年齐国大将召忽墓前有一通清初所立 "齐召忽墓"碑,上有几句诗:"姑幕城西召忽庄,高坟犹在未全荒。生臣业遂雄风有,烈士名留塂水旁。"说"烈士名留塂水旁",而不说"渠河",说明 1727 年时还是叫"塂水"的。而塂河上游段,特别是今沂水县境内的那段河道,沂水县现在一直仍称为"塂河"。

塂河经过人工开凿的渠道夺荆河流入潍河之后,仍有少量河水从今天人们所说的"龙湾"的那个口子向东北流入塂河老河道,在临塂段叫"运粮河"。运粮河流入伏留拦河坝以后,继续向下流过景芝镇境内后,仍叫"塂河"。景芝塂河向下流,经过今潍坊峡山生态经济发展中心区王家庄镇的孙孟村一带流入峡山水库。这个河口,是历史上塂水流入潍河的老河口。

而今渠河是从安丘市景芝镇伏岗、薛家庄一带注入潍河,这个渠河入潍河口其实是古荆水的入潍河口。这就呼应了《水经注》表述的,潍水自南向北,先是"荆水注之""又北,浯水注之"。

由此可以明确,今天的渠河、浯河、运粮河、荆河的现状就是古浯水、古荆水在自然力量和人工力量相互作用下的结果。今天的渠河组成是:浯水流出沂水县境后从安丘石埠子镇孔家庄开始的安丘与诸城河段 + 安丘景芝镇古河村到诸城石桥子镇都吉台村之间的人工开挖河段 + 古荆水的诸城都吉台村以下河段,直到流入潍河。

现在渠河全长 100 千米,又因为有 75 千米属于古浯水河段,占今天全部渠河河段的四分之三,所以,"渠河"可以视作古"浯水",确切地说,渠河,是古浯水和古荆水的组合体。

浯河两岸历代名人辈出

浯水和其众多支流滋润了沂水、安丘、莒县、诸城四县市交界处的 1059 平方千米的土地,历代名人辈出。主要有:

春秋时期的公冶长;西汉末年的赤眉军领袖樊崇(今沂水县富官庄镇范家庄村);东汉经学大师、永平年间左中郎将、侍中承宫;东汉灵帝年间不其县"驯虎县令"、丹阳太守童恢;东晋骁骑将军、经学大家徐邈,东晋骁骑将军、乐成侯、大司农、文学家、史学家徐广;任职梁、北齐、北周和隋四朝的徐敏行;明代江西道监察御史、太仆寺少卿刘璞(今石埠子镇冢头村);清代名臣窦光鼐(今景芝镇高家庄村);清代道光年间武探花、咸丰年间江北副帅鞠殿华(今石埠子镇晏峪村)等。与浯河两岸的客籍历史名人有:春秋初年齐国公子小白(从莒涉浯回齐成就了桓公霸业);春秋时齐国大将召忽(葬于浯水之畔);春秋时老子(在浯水北岸摘月山中隐居著书);东汉初年刘秀(驻军于浯河边上的龙宿村);唐代天宝年间青州骁骑都尉孙应乾(为平定安史之乱阵亡于浯河北岸太平冈);明代南京吏部尚书丘橓、江西巡抚马文炜(就读于浯河北岸披甲峪村)等。

浯河还孕育了许多美丽传说

数千来来，围绕浯（渠）河两岸的山山水水，产生了许多美丽的传说：

有"忠于爱情"的传说，主要有梁山伯与祝英台的传说、邱月林与"貔子精"相爱的传说。有"行孝"的传说，主要有忠孝两全的"孝仁泉"的来历和"孝妇石"的传说。有"好好学习"的传说，主要典故有公冶长苦读于太平冈书院、承宫樵薪苦学、邱橺与马文炜在披甲峪苦读、刘璞勤奋好学的传说等。有做人要"诚信"的传说，主要是从反面告诫人们为人处事要讲诚信，比如"九个儿子加一女婿不算十子"的传说、公冶长失信于鸟被鸟捉弄的传说。有"祥鸟""瑞兽"的传说，包括蛟龙、凤类、鹤类等。有两蛟阻挡洪水救孀居妇孺的传说、"没尾巴老李"龙的传说、都吉台村有龙出入古荆水的传说；浯河支流鹤子河上小仙鹤的传说；凤凰翱翔于浯水之滨、栖息在"株梧"之野、鸣叫在"岐山"之上、落地化为"金鸡"的传说等。

"堰浯入荆"与渠河名字由来

——李锡海

　　渠河是潍河的重要支流，发源于沂水、安丘、临朐交界的太平山，东流出沂水县后沿诸城、安丘边界向东北流，在安丘市景芝东北注入潍河。千百年来，人们一直把这条河流叫作浯河或者大浯河，后来下游叫渠河，上游仍称浯河。但古时候并没有渠河，只有浯河（浯水）和荆河（荆水），是"堰浯入荆"引起河流改道从而诞生了渠河。

　　《水经注·潍水》中载："潍水又北径平昌县故城东，荆水注之。水出县南荆山阜，东北流径平昌县故城东。汉文帝封齐悼惠王肥子印为侯国。城之东南角有台，台下有井，与荆水通。物坠于井，则取之荆水，昔常有龙出入于其中，故世亦谓之龙台城也。荆水又东北流，注于潍。潍水又北，浯水注之，水出浯山，世谓之巨平山也。《地理志》曰：灵门县有高柘山、壶山，浯水所出，东北入潍，今是山西接浯山。许慎《说文》言水出灵门（壶）山，世谓之浯汶矣。其水东北径姑幕县故城东……浯水又东北径平昌县故城北，古堨此水，以溢溉田，南注荆水。浯水又东北流，而注于潍水也。"从这段记载可以看出，在古代荆河和浯河是两条独立入潍的河流，荆河东源发源于荆山（今属诸城市石桥子镇），流经平昌故城即今石桥子镇都吉台村东，沿今天的渠河河道东北流注入潍河；浯河发源于浯山，就是今天的太平山，流经姑幕城（今安丘市石埠子村）东，东北流经安丘市西古河村村东、临浯村前、景芝村西注入潍河，两条河流向大致平行，并不像今天这样，荆河只是浯河（渠河）的一条支流。是"堰浯入荆"最终改变了浯水河道，让浯水和荆水合二为一了。

　　古人为什么要"堰浯入荆"呢？这要从两条河的水量说起。荆河由于发源于低矮岭地,支流少,流程短,流量小,流域内人烟辐辏,用水量大,河水不敷灌溉需要,而浯河发源于沂山以东多雨山地,流域面积广、水量大,在相当长的时间内还通航,据老人讲,在石埠子一带河滩曾经挖出过铁锚。安丘市景芝镇东古河村至景芝村这段古浯河河道,当地人叫作"运粮河",传说是韩信与龙且作战时,刘邦派人通过浯河运输粮草,高家庄村后的一个湾就叫"粮湾",据说就是因为装卸粮食的码头而得名。临浯的朋友介绍,20世纪70年代整修运粮河(浯河故道)时,在高家庄村后的古河底曾经挖出一艘古船,在院上村前的古河底挖出一石碑,上有"浯河"字样,这些都表明,古时候浯河是从东、西古河村之间向北流,经临浯村东南、景芝村西北流入潍,并且水量丰沛,可以通航。

"堰浯入荆"发生在齐桓公(前716—前643)时期,正处于我国历史上的一个暖湿期(约从公元前770年—西汉末期),诸城相州、安丘景芝一带多种植水稻。据《太平寰宇记·河南道·密州》记载:"《三齐略记》曰:'昔者,堰浯水南入荆水,灌田数万顷,今尚有余堰,而稻田、畦畛存焉。'"种植水稻对水的需求量很大,古浯河水多,荆河水少,古人自然就想到了利用浯河水来灌溉下游粮田,于是就建设了一项水利工程——堰浯入荆。那时的齐国是春秋五霸之一,民殷国富,有能力修建较大规模的水利工程。聪明的古人发现都吉台村北古荆河距离它西北边的古浯河仅5千米左右,且有数米高差,古人就在浯河上筑坝(即"浯水堰",在今景芝镇西古河村南),拦蓄浯河水,在古河村南和都吉台村北开凿引水渠道,将浯河水引入荆河用于灌溉。年深日久,渠道被河水冲刷得越来越宽,最后成为浯河主河道,浯水夺荆入潍。古河村以北的古浯河河道(运粮河)由于"浯水堰"的存在渐渐淤积,最后与浯河主河道不再相通,平日靠浯河渗水为源,大水的时候才与浯河相连。据当地朋友回忆,20世纪70年代以前这段故道宽度仍在300米左右,后来修"大寨田"才辟为耕地,但今天依然能清晰看出古河道的痕迹。浯河水入荆以后,水量远远大于荆河水量,合流后的新河不好叫荆河,因为水多来自上游的浯河,但又不好叫浯河,因为浯河下游的老河道仍然叫浯河，由于新河是开渠引水、因渠成河，下游人于是称新河为渠河。

"堰浯入荆"致浯河下游改道后，由于没有明确记载，一度造成一些困扰，如清代的地理著作、地方志都认为浯河就是现在的渠河，对流经景芝的那段浯河故道避而不谈；临浯村无浯河可临，对村名来历解释不清；《水经注》中对荆河和浯河的描述与现在不符，一度有人认为郦道元记载错误。如乾隆版《诸城县志·山川考》就认为《水经注》对荆河和浯河记载是错误的，称"（郦道元）不知荆水在长千沟西北二十里已入浯水东北合流未尝自达于潍，道元误以长千沟做荆水耳。又曰'浯水径平昌县故城北，古遏此水以溢溉田南注荆水'，亦指葛岗南掘通之渠，其云'南注荆水'即指今之长千沟也，一误皆误矣！"其实郦道元并没有说错，清代浯河改道早已完成，与郦道元所处时代发生了很大变化，如果当时县志编纂者沿潍河北行考察，就会发现还有一条浯河，也许就不会出现这样的错误了。当然，也有对河流改道持清醒认识的，如《青州府志》就对乾隆《诸城县志》的说法予以否认，认为河流改道是常事，《诸城县志》说《水经注》错误是"臆测"。在渠河名称由来上，乾隆《诸城县志》提出"（浯水）其南有废渠，……至今浯水下流土人名为渠河'，或以此欤？"的疑问，显然作者认为河流旁边开了一条渠道就更改河流名字太牵强，但限于当时条件一时又找不出渠河名字的由来，就这样推测了一下，但民国时期的《诸城乡土志》和《诸城市志》直接把这疑问变成了肯定，是不够严谨的。

岁月流逝，浯河故道也逐渐消失在历史的长河，但有意思的是，堰浯入荆2700多年以后，人们又来了一个逆行工程"堰渠入浯"——在古河村前的古浯水堰附近渠河上修建拦河坝，把渠河水又引向浯河故道，以灌溉两岸良田。

临潪境内"消失"的潪河

——王玉国

《潍坊日报·今日安丘》从总第 910 期到 913 期（2014 年 10 月 28 日到 11 月 4 日），连续 4 期刊发了记者王锡文撰写的《渠河名称由来和古潪水变迁》系列文章。其中对于古潪河的变迁表述，引起不少临潪籍人士的关注。我作为老临潪人，也从此文中了解到了家乡"临潪"这个名称的由来，以及潪河作为一条河流在临潪地界上的流向及消失的大致过程。按照其原文所述，将这条河的情况又进行了梳理，现将潪河在老临潪境内原先的具体流向和"消失"过程做一概述：

地灵人杰的临潪

老临潪镇位于安丘市东南部，南隔渠河与诸城相望，东与酒乡景芝为邻。地处潪河冲积平原，渠河，运粮河、洪沟河从西向东穿流全境，土地肥沃，水源充足。境内总面积 56 平方千米，5.4 万亩耕地，共有 37 个行政村，3.4 万多人口。此地历史悠久，贤人辈出。清代名臣窦光鼐，民主革命先驱、创建"大同共和国"的刘大同，早期共产党员刘增，当代"徐霞客"、行走中国大运河第一人、山东岱崮地貌发现者李存修等都诞生在这里。

中华人民共和国成立前，除西朱耿、西古河、东古河 3 个村属安丘县外，其他 34 个自然村属于诸城县第二区。1945 年划归淮安县属甘泉区，1947 年建立临潪区，1950 年改称潍安县第四区，1952 年划为安丘县第十四区，1955 年复称临潪区。1958 年初撤区建临潪乡，同时将洪沟河以北划出，芝畔以西原属渠河区的村庄划入，同年 9 月与宋官疃乡合并成立临潪人民公社。1962 年 4 月分为临潪、宋官疃两处公社。1984 年 4 月撤销公社建立临浯乡。1994 年 12 月撤销临浯乡建立临浯镇。2007 年 9 月,撤销临浯镇,其行政区域并入景芝镇。

以浯为名的临浯

据《安丘县志》记载,临浯村前运粮河是浯河故道,此地因濒临古浯河,故名临浯。这就是临浯地名的来历。临浯境内曾经有条行船运粮的浯河,也称浯水,当地人也叫运粮河,曾用来运输粮食和其它货物。高家庄村的"粮湾"码头和芝畔村 20 世纪 70 年代填河造地挖出的古船桅杆均可证明这一点。

浯河为潍河支流,是安丘第二大河。发源于临朐、安丘、沂水三县交界处的太平山南麓,经沂水县圈里乡、富官庄乡,诸城市石桥子镇、安丘市柘山镇、石埠子镇、官庄镇到达临浯镇。在临浯镇西古河村拐弯东北,流经东古河、西辛庄、东辛庄、兆家庄子等共 26 个村,蜿蜒 16 千米,在芝畔村西北、伏留村西南方向,接纳了自西向东流来的洪沟河,向下游又经景芝镇区向东北流去,到峡山区孙孟一带与潍河汇流进入峡山水库,最终流入渤海。

在临浯境内的古浯河具体流向是:浯水自西而来,过里丈桥向东,到了东、西古河两村之间拐弯流向东北,经西辛庄村南转弯向东,到兆家庄子村北东辛庄村南时又拐弯东北,然后经南林、北林两村之间向东,到高家庄和石家埠两村之间又转向东北,到苑家庄和西村之间继续东流,经过和平村南、贾岗村北流向东北,过套子村东向东流经院上、周家庄子、班岗村南、鞠家庄村北然后向南,绕小河套村西南东三面向北到尧上村东北,刘家庄和西笔墨,中笔墨、东笔墨村南向东南流向仇岗村北,而后又东北流向芝畔村,在村西拐弯向北流向景芝。

现在,西古河村的老河头、东辛庄村南、南林和高家庄村后、和平和西笔墨村前以及芝畔村西北还有明显的河坝遗迹。

古浯河在临浯境内的变迁

浯河在临浯大地上曾经浩浩荡荡流过,曾经行船运粮,曾经船帆数里。可现在哪里去了？

这个问题不仅不少临浯年轻人回答不出，就连许多老人也说不出个所以然来，只知道现在还有条叫运粮河的小石渠时断时续地躺在那里。随着时光流逝，人们已不去关注这些，但作为浯河儿女，应该清楚这条母亲河的辉煌历史和多舛命运。

临浯地界内的浯河始于何时，古史方志有关记载微乎其微，对浯水的记载也不详尽，没有人能讲述明白。从一些传说和老人的记忆以及仅存的河堤遗址得知河宽处曾有 300 多米。历史上的古浯水冲积而成了临浯小平原，流传着"要吃干饭，临浯芝畔"或"要吃好饭，诸（城）安（丘）二县"的说法。

古浯水在临浯地界内流淌到 2600 多年前，命运发生了变化。据《元和郡县图志》卷第十一记载："浯水堰，《三齐记》曰：'昔者堰浯水南人荆水，灌田数万顷'。今尚有馀堰，而稻田畦畛存焉"。晋代伏琛所著的《三齐略记》也载："桓公堰浯水南入荆水，灌田数万顷。今尚有余堰及稻田遗畛存焉"。齐桓公（？—前 643 年），"春秋五霸"之首，在位执政 43 年，春秋时代齐国第十五位国君，姜姓，名小白，是姜太公的第十二代孙。

齐桓公修建浯水堰"堰浯入荆"，在浯水流经并拐弯向东北的临浯东、西古河两村间河道上修筑了一条东西方向的围堰，并向东人工开渠 6 千米引入水量不大的荆河，以灌溉下游数万顷农田。从那以后，原本拐弯流向东北的浯河，因为围堰分流向东直流顺畅，导致拐弯流向临浯的河水越来越少，千百年后，在今临浯地界内的浯河就干涸成为枯河，当地人现在仍然习惯称东古河和西古河村为"东枯河、西枯河"。

分析齐桓公"堰浯入荆"的历史原因，一是补充加大荆河水流，灌溉下游数万顷粮田，增加粮食产量；二是加大水路漕运地域，便于粮物运输维护王权统治；三是治理水患，兴利除灾。但无论如何，导致如今浯河改道，风光不再，使我们失去了发展壮大的自然优势，让今天的临浯人耿耿于怀。

明万历二十五年（1597）举人刘朴（1567—1627），亦作刘璞，字尹孚，号柘山，今安丘市石埠子镇冢头村人，任陕西鄠县县令，后升任江西道监察御史），曾于"堰浯入荆"两千年后在《朝爽楼八咏》其三中吟咏过浯水：

> 神龙出入尽通荆，
>
> 仿佛摩崖沈甲兵。
>
> 浯水荒凉千截下，
>
> 风骚谁与续同盟。

这是一首为数不多的关于浯河的诗篇，至今也有 400 年了。

《安丘县志》记载，浯河古称浯水，西汉时人们在下游开渠灌田，就又有了"上浯（河）下渠（河）之称"，比《三齐略记》的"堰浯入荆"记载晚了几百年。现在这条河已统称渠河。

临浯境内这条曾经行船运粮的浯河，因齐桓公时期的"堰浯入荆"工程，被一条"浯水堰"截流，让原本拐弯向北流经临浯的浯河，向东人工开渠荆河成为渠河，即官方记载的"上浯下渠"，至今渠河南岸有些村庄的人们仍然习惯叫荆河。

浯水改道东流，流经临浯境内的浯河干涸成了枯河，遗留下了浯河故道。后来枯河东边的村取名东古河（枯河），枯河西边的村取名西古河（枯河）。20 世纪 50 年代末在西古河村前修建拦河坝截流引水灌溉农田，沿浯河故道修渠引水，实现自流灌溉多年。20 世纪 80 年代为防渗用石渠加固，即现在所看到的石渠。其余遗留下的浯河故道于 20 世纪 70 年代填河造地改造成了粮田。

关于古浯河在临浯境内的历史变迁，《渠河名称由来和古浯水变迁》一文描述得非常细致，符合事实，对临浯人了解家乡的母亲河很有启发和帮助。

1974 年 8 月临浯遭受的那场水灾，就是因为河道断流淤塞，致使突然而至的洪水无法快速排泄所致。洪水冲毁了十几个村庄，事后几个村整体搬迁。

企盼临浯复兴

浯河的功能以运粮为主，即漕运。漕运就是历代统治者将田租赋税由

14

水路运往京城的一种称谓，是朝廷的生命线。漕运的物资主要是粮食、丝绸、官窑瓷器、建筑材料等，是官运。另外还有民运，民运是指包括生产性航运、商业性航运和客旅航运的民间航运，是市镇繁荣之源，主要是粮食、食盐、蚕桑、丝绸、布匹、水果、茶叶、酒、鱼等物资和手业制成品的运输。

千百年来，河流水运曾带动许多地方兴旺，但它的没落也同样会使依水而居的地方迅速萧条。纵观各地带有"临"字的地名，许多地名临水的地方发展快速，多数已发展为县或市，如本省的临沭、临沂、临淄、临清、临朐等县、市，外省的临沧、临湘、临澧、临潼、临汾、临洮、临泉、临潭、临河、临江、临川、临海等县、市。

因水而兴，也会因水而衰。临涑没能很好地发展兴旺，却无可奈何地衰落萧条，现在连个乡镇名都保留不住，岂不令人叹惜？

2600 多年过去了，临涑的涑河"没有"了，临涑镇也不存在了，但临涑还有，临涑人还在，"堰涑入荆"的那道"涑水堰"仍然沉寂在那里。王蒙曾在祖籍沧州的大运河碑廊题写了"沧州故土，运河千年，惟愿故乡繁荣，运河久远"，他的愿望已经实现，大运河已成为世界遗产得到保护。临涑的"睡河"何时复兴，涑水何时再现，我们临涑人应该担负起历史赋予的重任。

运粮河变迁

——张凤升

悟河两岸星罗棋布地坐落着许多村庄，其中有两个比较出名：一个是"临悟"，另一个是"芝畔"。当地谚语曰"要吃干饭，临悟芝畔"，可见其地之富庶。"临悟"即濒临悟河之意，至于"芝畔"，却有一些历史渊源。《史记·淮阳侯列传》曾记载过楚汉相争时韩信与楚将龙且的"潍水之战"。据说当是韩信带兵于悟河南岸的都吉台村。那里还残留着"点将台""驰马场""城北门"等遗迹。而其粮草则集于悟河岸边的"支畔"，意为开支粮草的河畔，现在的"芝畔"即谐音而来。而不远处的笔墨村，即当时收支粮草的账房，使用笔墨而已。我想，这大概是由蒙恬发明毛笔以来，此地第一次使用笔墨吧？那时韩信从河上游征集的粮草，通过船运集于"支畔"，故今芝畔以上近20千米的悟河段称为"运粮河"。

"运粮河"为汉军取胜起了很大的作用。也给两岸人民带来了不少麻烦。由于河道迂回曲折，水流不畅，每到夏季，常有洪水四溢，造成水灾。两岸居民不断修河坝，疏水道，最大的一次，当属齐国管仲主导的"引悟入荆"。即从东古河村西的老龙湾向东挖一渠道，直到荆河，将悟河水分流。此渠道称为现今的"渠河"，而原河道经"运粮河"至芝畔北进入现在的仍称为悟河的河道。"临悟"大地之所以被称为"三河五岸富饶地"，即指渠河及其北岸（南岸属诸诚），运粮河其两岸岸和悟河的支流"洪沟河"及其两岸。

随着时光流逝，地表径流逐渐减少，悟河水的主流渐渐从渠河直入潍水。运粮河水流越来越少，日久年深，变成了一条只有5米多宽的泄洪渠。但原运粮河的河床有500米宽，近水处一片涝洼，近岸处又是一片沙砾，春天白茫茫。夏天水汪汪，还时不时闹点水灾。1974年一场大水，两岸几个村庄墙倒屋塌，损失十分惨重。群众盼望对"运粮河"进行彻底改造。1976年，临洧公社党委决计根治"运粮河"：将河床填平，取土于两岸突兀处，河水引入干渠，分流灌溉农田。这一设想得到县政府大力支持，定为全县农田水利建设的重点项目。公社党委即刻成立了领导小组，并由副书记贾玉良任前线总指挥。下设4个营、16个连，连下设排，排下设组。同时抽调供销社、铁木厂、粮管所，机关、医院、学校精干人员组成了"后勤保障组"和"通讯报道组"。一切就绪后，入冬战斗打响。其战线东西长约20千米，其规模之大，动用人力物力之多，当称临洧历史上的首创。

本人亲历了治理"运粮河"全过程，深深被临洧人民那改天换地的英雄气概所感动。当时没有机械，只靠肩挑人抗，小推车是最先进的工具。但人民热情高涨，干劲十足。工地上红旗飘扬，歌声、口号声此起彼伏，一片欢腾。我感慨之余，曾写下一首《鹊桥仙》：

> 一片欢呼，一声令下，改造运粮河道。
>
> 战斗吹起冲锋号，看工地，人欢马叫。
>
> 日出上阵，日中不闲，日落挑灯夜战。
>
> 临洧人民意志坚，敢开拓，万亩良田。

治理后的运粮河，成了临洧的第二粮仓，给临洧人民带来了无穷的欢乐。时代在变，事物在变，家乡的运粮河也在转变它的作用。你看运粮河畔，大棚连片，一年四季，绿色蔬菜源源不断地运往城里的"超市"，丰富了居民的菜篮子，也填满了菜农的钱袋子。历史悠久的"运粮河"，相信它将为临洧人民"奔小康"做出更多贡献！我爱家乡的"运粮河"！

（孙宝平　摄影）

闻听双溪春尚好

——苑汝花

地质构造板块不断地分离碰撞，于是有了山川丘陵，有了江河湖泊，有了逐水而居的人类与村庄。水在大地上蜿蜒游荡，支支叉叉，分分合合，移沙搬石。干枯的河流变成了土地，沉沦的土地复归河流。

有种声音总是遥遥地呢喃在我的耳边。少时的我辨不清它们来自何方，长大的我听不懂它们在讲述着什么。浯河、渠河、运粮河、洪沟河，这些浸润了我所有岁月的水流里，这么多年，一直在低吟着一首古老的歌谣。

它们，如此刻我们眼前这些枯去的冬草怀里重生的绿影，这些经过了酷寒黑暗的地黄和苦菜，这些迎着阳光的小小紫花地丁……一切，都在风里摇曳着微微的生命的波光，默然地坚守着家乡的土地，等候着千年时光里，一份相遇相通叩开心扉的美好。

一行人，似乎是被这首歌谣唤回的孩子，在生机尚未完全打开的清明时分，试图循来抚摸她风吹日晒的旧衣衫，来亲吻她松动了牙床的干瘪的唇。

洪沟河源头，那一汪清凉的泉眼老去了，光阴栽下一溜宽宽窄窄曲曲弯弯高高低低的芦荻做了记号，还剩一湾清水，在芦荻脚下映着春日蓝天祥和的脸。 不远的高坡上面，早就建起了供城里人饮用的水厂。如今的洪沟河，地下那颗心脏早已泵不出新鲜的血液，她苍老的容颜和衣衫只有靠自然的降水来为她洗涤和冲刷了。

西古河的西面，"堰浯入荆"处，一截古河故道，被岁月冲积而成了临浯仅存的一块美丽湿地。尽管这时节，还没到草盛树茂的时候，但看那浅水边斑驳的草滩，和挂满大水过后淤积物的树林，就能想像一个生机勃勃的夏日时光的模样。

站在早于我出生 10 年就已建起的古河拦河坝南望，左侧裸露的红石河床，便是时下很多老临洧人尚耿耿于怀的人工开凿渠河的记忆。右侧则是蒲草丛生的洧河河床。洧河从那座栏柱刻有五角星标志的老桥下穿过，这条河从这里开始了另一个名字：运粮河。老桥两侧的堤坝高而完整，站在上面看，河像一条窄窄的山涧。

老洧河在临洧境内干涸成沟又成了洼地，成了门前的墟场和小路，成了年轻人不知道的过去。河流的青春远去了，那些浪花只能响起在老临洧人的记忆里。

古河西行两千米，牛哥带我们来到一座荆棘丛生的土冢旁 ——这一行人里，有"哥哥"，有"舅舅"，这不是攀亲趋势。踏上这片土地，没有"牛书记"，没有"当代徐霞客"，只有父亲故友的儿子、母亲同族的兄长，这样岂不是更能感觉到这方水土的绵延情怀——土冢没有任何标记，丛丛荆棘底下，茵陈和艾草正长得青嫩，冬天的茅草还直立着干枯的叶子夹杂其中。小心翼翼登上去，平缓的冢顶正中赫然一个两三尺长宽的长方形盗洞垂直而下，深不见底。据村里人说这是前年才出现的盗洞。舅舅看着盗洞，异常地痛惜与愤慨：这分明是杀戮啊，从天灵盖直戳到脚后跟！他 60 年间走过了大江南北世界各地，去过南极走过非洲，却是第一次踏上家乡这座小土丘，第一次知道这座土丘有一个美丽的名字：英台坟，这让他欣喜不已。欣喜与痛惜此刻交织在他奔腾的思绪里，不同于南极的大洋、西藏的雪山，这里的微小，也许更能打动归来游子的心。

没有人不知道梁山伯与祝英台这一流传千古的故事，小提琴协奏曲《梁祝》更是入驻世界顶级音乐殿堂。这座无从考证是否真的埋葬了英台的土冢，却只有渠河两岸几个村子里的乡民知道，比如牛哥。在他童年少年时期，村子西北岭那一片肥田沃土。荷锄驻足间，就会有人手指千米外遥对着的那个圆丘：看那英台坟！

渠河岸那边就是祝家庄，再过去几里地是梁山屯，只是屯子里没了山伯的信息。沿渠河再往东走去，就是梁祝共同读书的地方：都吉台。曾经的小京都如今俨然是个颇具特色的民俗旅游村了。渠河北岸，英台坟往北通向马家庄，是祝员外当年为女儿许配的夫婿家。——也许那个后来化为美丽蝴蝶的女子，对这片土地上的乡亲而言，就是一个邻家妹妹一样的存在。他们一辈辈与这些村子和故事和谐相处，平淡而安然。如今世上纷争的申遗没有影响到这里，家乡淳朴的人们不关心这些。毕竟美好的理想已化蝶而去，只留下一个孤独的土堆。

牛哥也是第一次登上这个土冢，这个他少时在西北岭上遥望了无数次的熟悉的地方。这一次，换成他站在这边，望向对面的西北岭。我不知道，他此刻是否看到了西北岭上一群群社员热火朝天的劳作身影，是否看到了他的父亲，那个未老的老支书；是否看到了曾经远去的那个少年的青涩和欢腾。

我也在寻找，目光漫过西北岭。脚下的土冢子我是漫长陌生后邂逅的一段熟悉。我第一次踏足这里，它就载我回望父亲曾经的一段岁月。牛哥说西北岭处的那些贫瘠的地块，曾经是一片连着一片的棉花田，那里面，自然少不了作为驻村棉花技术员的父亲的身影。

我的视线顺着牛哥的指向，撩开层层光阴的帘子，看了又看，我想我能看到，一个比现在的我年轻得多的、满怀理想充满希望的男人，正行走在渠河岸边的土地上。

那是我的父亲，他正值盛年。

今日，行走在古老的浯河流域，不见故乡浯水流，思绪随荡舴艋舟。

山水擢秀太平冈与渠河五条支流之关系

——领略渠河流域内太平冈山水之美

——王锡文

在渠河上中段流域内,在安丘市石埠子镇西北部,有一连串山峰并立,有名字的分别叫城顶山、太平冈、搁灯山、八大顶山等。这些山头的根部密切相连,属于同一条山脉。例如:太平冈西端与城顶山西南端,竟然是一段南北走向的山梁天然相连,而搁灯山、八大顶山又居于这山体相连的中间位置,总体上形成了一条山体天然紧密相连、数个山峰相对独立的山脉,叫太平冈山脉。因为在各个山头中,以太平冈最长,所以统称太平冈山脉。现在测量,包括城顶山、搁灯山、八大顶山、九顶莲花山、钟楼顶山、太平冈等诸个山头在内的整个太平冈山脉,山体面积约13平方千米,石埠子镇约占85%,相临的柘山镇占9%、辉渠镇占6%。以上山岭除城顶山西北坡外,都属渠河流域,从这些山岭上发源的大小河流都汇入了渠河。

太平冈之山秀:五山并峙

五山为城顶山、搁灯山、八大顶山、九顶莲花山、太平冈。元代太史院校书刘杰在为太平冈东北侧九顶莲花山下孝仁泉题写的《重修孝源泉铭》第一句就称赞说:"莒太平冈,山水擢秀之地。"元代,太平冈山脉及附近地域都属莒州。

清嘉庆二十三年(1818),诸城人邱锡珙(今属高密,一说安丘人)写了一篇《游批峡峪记》,开首几句是:"莒在万山中,其北境之接渠丘者,尤幽而旷。岁戊寅,余设帐于莒之石埠镇。都人士为余道西山故迹,有书院者,公冶子之所游历也;又有批峡峪,乃邱简肃与渠丘马侍御读书处也。"他在文中所提的"莒北境尤幽而旷之山"和"西山",就是太平冈山脉;这"西山"

中有"书院"又有"批峡峪"。所提"书院",就是今天石埠子镇公冶长书院,在今城顶山之阳;所提"批峡峪",就是今天石埠子镇披甲峪村,在今太平冈前坡。所以,城顶山和太平冈,在邱锡珖所处的清中期,基本也看作一山,即太平冈山脉。在清嘉庆六年(1801)辛酉科山东乡试解元的眼里,太平冈山脉是"尤幽而旷"。

太平冈山脉从北向南看,是一道南北向的山脉向东伸出了五条山梁,向西则没有伸出任何山梁或山腿,整体基本像是一个大大的英文字母 E:最北边是城顶山;最南边就是现在所单指的太平冈,只不过中间不是只有一道山梁,而是从北向南有三道较大东西向山梁,分别叫搁灯山、八大顶山、九顶莲花山。即太平冈山脉整体是由城顶山、搁灯山、八大顶山、九顶莲花山、太平冈五座山头组成。而又以最南边的太平冈为最长,主体是西北——东南方向,西起柘山镇凤凰沟村正北,东至石埠子镇胡峪村西南小石盆水库。整体平顶,没有突兀高大的山尖,上部是玄武岩,中下部是石灰岩,这是火山喷发的结果。此山又分别有七条山腿伸出。南侧有六条山腿,而北侧的一条山腿最大最明显,叫九顶莲花山。

九顶莲花山在将军堂正东方向,是太平冈北侧的一条大山腿,向北突出以后,又转向东长长伸出,一直伸到孝仁泉泉眼正南。此山因为山顶上有九个山墩子,故而叫"九顶铁龙山""九顶莲花山"。如太平冈一样,上部是玄武岩,下部是石灰岩。鸟瞰太平冈主体和九顶铁龙山,二者关系如人体的躯干和一支胳膊,"腋窝"处就是迷牛寺村,村中原有"泰平寺"一座。

太平冈为五山之长:有六条山腿

而太平冈山南面,从西端即从将军堂位置开始,从西向东,依次向南延伸出六条山腿。

第一条山腿向南正对着柘山镇凤凰沟村西北,与摘月山北坡山腿几乎相接,中间又向东南突出一部分;向北就是将军堂,再向北就与八大顶山西端相连。此条山腿从上到下质地为石灰石,现在山上植被是整个太平冈山脉中最好的,侧柏郁郁葱葱,非常茂盛,且山体没有任何损坏。此山腿上面还有春秋时齐长城遗址。此山又叫"将军堂",相传古时有一座将军庙在此,不过现在只存有一棵古槐。至于这位将军是谁,没有明确的说法。现在推测可能是唐朝骁骑都尉孙应乾,因为太平冈东北的孝仁泉就是孙应乾和其子孙既父子俩的墓地所在处。

第二条山腿很短,几乎可以看作是太平冈主体向南突出的部分。从上到下基本为石灰岩,北端部分植被为侧柏,郁郁葱葱,非常茂盛;但南端部分山体已经开发,主要是挖石灰石。

第一条山腿和第二条山腿相距很近,中间有一深沟,名叫"恶沟",当地人叫"wó 沟"。这里是发生1943年正月的城顶山战役的重要战场之一,但70年来在正史中一直处于被遗忘的状态。

第三条山腿上半部分为玄武岩,下半部分为石灰岩。山顶平整,上面架有风电杆,并且能行车。山顶上树木植被很少,多是杂草,不少具有药用价值。山两侧植被茂盛。此山是六条山腿中最长的一个,向南一直伸到石埠子镇裴家官庄村。山上有齐长城遗址。但是山体西侧已经开发,主要是挖石灰石。

第三条和第四条山腿之间相距较远,中间有田地种植了农作物,植被茂盛。

第四条山腿也叫"钟楼山""钟楼顶"。上半部分为玄武岩,下半部分为石灰岩。山顶平整,上面有风电杆。山顶上树木很少,两侧植被茂盛,多为刺槐。此山上也有齐长城遗址。此山东侧明代崇祯初年以前建有一寺,叫"白衣大士庵"。寺中有一大钟,曾在钟上建一楼亭,故此山就叫"钟楼顶"。山下面就是石埠子镇披甲峪村。披甲峪村西南高台地,就是明代大臣邱橓和马文炜读书的书房遗址。

第五条山腿在披甲峪村东,上半部分为玄武岩,下半部分为石灰岩。山顶平整,上面也有风电杆。山顶植被很好,两侧也是植被茂盛,多为刺槐。此山东侧就是石埠子镇马旺村。在这条山腿之南,一沟之隔,还有一座西北——东南走向的山,叫"袍子山",又叫"虎头山"。此山与清道光十五年(1835)的武探花鞠殿华关系极为密切。鞠殿华老家在今石埠子镇晏峪村,与此山直线距离 3600 米。

第六条山腿在马旺村东,上面没有高大植被,只种有庄稼,中间还修有基本为南北方向的水泥路一条,是从马旺村通向太平冈山顶的必由之路。从第六条山腿始,太平冈又稍稍折向东北,直到石埠子镇胡峪村西南的小石盆水库,再无山腿伸出。

太平冈之水灵:五河同源

五河为鹤子河、柳子河、孝廉河、九曲河、兰溪河。

介绍了太平冈山脉整体(包括城顶山)的秀美,再说一说发源于此山的"水之灵"。说太平冈水灵,是因为有五条河流源于太平冈,并有一名泉孝仁泉也处于太平冈脚下。太平冈山脉孕育的河流:有源于山之阳流向山南的鹤子河、柳子河,有源于山中间山沟山谷向东流的孝廉河,有源于山顶向东流的九曲河,源于山脉西侧的兰溪河。前三条河流基本都在安丘市石埠子镇境内;九曲河则是源于石埠子镇境,流经辉渠镇南部后,又入石埠子镇境;兰溪河则在柘山镇境内流过。最后,这五河都汇入了同一条对安丘、诸城和莒县等数县市的现在和过去都有重要影响的河流——浯水,即今渠河。

曾有仙鹤翱翔的鹤子河

鹤子河,渠河支流之一。有三个源头,分为西源、中源和东源,均与太平冈有关。

西源又分为南北两支。南支来自摘月山东坡,汇入安丘市石埠子镇崔家官庄村前小水库,向东在石埠子镇裴家官庄村东南与北支汇合。北支分别来自在摘月山北坡和太平冈西部恶沟,这一支是较长的西源。北支源又分为南小支和北小支,南小支就是新修的老子湖,向北流入柘山镇凤凰沟村东水库;北小支就是太平冈西部恶沟来水,恶沟总长约 1500 米,也是流入凤凰沟村东小水库。两水汇合后接着进入石埠子镇裴家官庄村前小水库。南北两支西源流入石埠子镇后河村北后河水库(小二型,1963 年 12 月建成)。从太平冈西部恶沟最北端,即将军堂东 100 米处算起,西源总长4000 米。

中源来自太平冈中部南麓的石埠子镇披甲峪村。汇聚了太平冈中部南坡和钟楼顶山东坡的雨水后,流入披甲峪村东塘坝,向南经石埠子镇夏口村西流入懒汉台水库(小二型,1965 年 10 月建成,也称北石岭村西北水库),再向南流入后河水库。

中源与西源之水在后河水库汇合后,经北石岭大桥下的溢洪道,流入马家河圈水库(小二型,约 1961 年建),接着进入几乎与其连在一起的果山西侧的北楼水库(小一型,1964 年 10 月建成)。

东源在北石岭村北东北角,虽离太平冈稍远,但也属太平冈流域。东源之水经北石岭村村东水库,南流入北楼水库,与西源、中源来水汇合。

三源在北楼水库汇合后,经溢洪道南流,经安丘市石埠子镇东召忽村人工湖,向南流入张解村西北水库,又经该村村后向东南方向流,到村东北角又转向东北方向流,最后在荆埠子村西南流入渠河。从最长的西源(即恶沟)算起,全长共 11160 米。

鹤子河上现建有 12 座小型水库、塘坝、人工湖。河水主要流入渠河,安丘市南水北调干渠开通后,有一部分水还可以从北楼水库流入南水北调干渠,调到下株梧水库、共青团水库、尚庄水库和牟山水库。

此河由摘月山北坡、东坡和太平冈南麓径流及中间大大小小十多座山岭的地表径流汇合而成,间有大大小小十多个泉眼从地下涌水汇入,全年不断水,夏季尤为充沛。源头和流域内多为山岭,河床、河底皆为大块石头和小石砂,水质优良。河流全程山水相依,沿河风景秀丽,水质纯净,古时有鹤子鸟(小仙鹤)在河中戏水栖息,沿河飞向上游可翱翔于摘月山、太平冈数座青山之间,沿河飞向下游可在浯水之畔的白沙滩上驻足踱步,这生态、这山水、这景致,怎一个"好"字了得!故此河叫"鹤子河"。

在今天的北楼水库大坝下、安(丘)孔(家庄)路召忽大桥以北的河东岸上,明代及以前时期,建有红沙庙一座,其中明弘治(1488—1505)年间该庙有一住持,叫"红沙道士",当地一直流传着关于其人法力神奇的传说。

四眼山泉涌流而成的柳子河

柳子河,源于太平冈以南今安丘市石埠子镇柳子河村村北和西北的四处山间泉眼,泉水经柳子河村向东流,在豆角地村西转向南流到石埠子镇后韩寺庄村,在后韩寺庄村西北转为东西向河流,期间汇入后韩寺庄村北山山泉水和北山地表水,在后韩寺庄村东北转为南北流向,经后韩寺庄村东、前韩寺庄村东,流到荆埠子村东北时稍折向东南,在荆埠子村东注入渠河。此河全长 7000 米。全年不断水,夏季尤为充沛,水质优良。1985 年以前,此河 80% 以上河段河床宽度在 10 米到 30 米之间,现在河床大部分都用于种粮栽树,河面只有 2 米到 5 米的宽度。

此河上现建有柳子河塘坝(1962 年 4 月建),紧邻南边又有两座小塘坝、柳子河村东小水库、豆角地村西拦河坝等;在后韩寺庄村东有拦河低坝一道(2007 年夏建成),2015 年 6 月初该村又在此坝上游开挖长 140 米、宽 35 米、深 2 米,可蓄水 5000 立方米的河中池塘一座。

有"小浯水"之称的孝廉河

孝廉河,全部源于太平冈山脉。因主要来自孝仁泉、水帘沟的两股水汇流而成,故名孝帘河,后演变成孝廉河,下游又叫大店河。基本是西东流向,在下株梧水库以上,主要有南、北两条支流,即"孝河"与"帘河",南支流长。北支流"帘河"源于城顶山东南麓安丘市石埠子镇保国山村前,流经保国山村前、水帘沟村南,流入芦家河村西的芦家河水库(小二型,1959 年 3 月建成),再经芦家河村南、上株梧村南、茅子埠村南,在茅子埠村东南流入下株梧水库(中型,1958 年 10 月—1959 年 12 月建)。安丘市"南水北调"

工程完工之后,从于家河水库沿人工干渠调过来的水,也在茅子埠村东南注入下株梧水库,然后从水库里继续向东放入孝廉河河道,或继续沿人工干渠向北调。

南支流"孝河"源头又有两个源,南小源在太平冈主体山以北、九顶莲花山以南山峪中,即石埠子镇迷牛寺村西南的小沟中,主要地表特征是有四棵平柳树,又叫小燕子树。北小源在九顶莲花山北、天桥子村东南。北小源水地表水形成小河流后,东流到孝仁泉,与孝仁泉水汇合;南小源则从孝仁泉以下加入。南小源比北小源稍长,所以南小源就是此支流的正源。两股汇合后成为"孝河",流经孝仁泉村前,向东进入石埠子镇胡峪一村村西的看水楼水库(小二型,1956 年 4 月建成),再向东流经胡峪二村东南,接纳了从南边过来的一条更小的支流后,继续向东,在石埠子镇南新村以北流入下株梧水库。

南北支流相汇流入下株梧水库后,再向东流经石埠子镇孝廉庄村、大店村,在大店村东南、孝河口村西北,流入孝河口水库(小二型,1959 年 5 月建成),再向下流经孝河口村,在村东注入渠河。全长约 17500 米,流域面积 43 平方千米,最大洪峰流量曾达 202 立方米 / 秒。

此河汇聚了城顶山南麓和太平冈北麓地表径流以及太平冈脚下孝仁泉等泉水。在下株梧水库以上河段,多是山谷,河床较窄,在 1 米到 10 米,水势迅猛;下株梧水库以下河段,多是小平原,河床较宽,在 10 米到 50 米之间。

孝廉河在古代就是古洭水的一条重要支流,有"小洭水"之称。河畔的一些地名,如株梧、金鸡窝、岐山等,与上古时代东夷人的图腾凤鸟有着一定关联。现在,上游两条支流注入下株梧水库后,除正常继续进入渠河外,还有一部分水可以通过安丘市的南水北调干渠北调进入牟山水库。

曲曲折折九道弯的九曲河

九曲河旧称淇河、岐河,因河有九道弯,故称九曲河。一般河流都源于山谷之中,而九曲河之源却是在城顶山之山顶,即城顶山东北麓饮马池,从山上流到安丘市石埠子镇车厢村西北,流经车厢村后、辉渠镇水润道村南、前范山子村前,流到圈河村以西,此段又叫水润道河。继而进入圈河水库(小一型,1976年建成),然后向东南又进入石埠子镇境内,流经南、北郎庄两村中间,岐山村北,庵上村北,北仕居园村南,东仕居园村南,寺后村前,在寺后村东接纳了一条源于仕家官庄村西北的长2700米的小支流,再流经雷家清河村前,在村东注入渠河,在石埠子镇庵上村及以下河段叫清河。此河是城顶山东北麓地表径流以及沿途小岭地表径流汇聚而成,河床从1米到30米不等,全长16200米,其中在石埠子镇境内长12000米。全河流域面积23平方千米,最大洪峰流量曾达195立方/秒。

名字失落二百年的兰溪河

兰溪河是一条名字消失已久的河流。河名是笔者根据清嘉庆二十一年(1816)立在此河畔的一通《重修石兰桥记》碑上的内容推断查找出来的。此河是太平冈山脉西侧积水和泉水所成,数条小溪汇聚于太平冈西侧的安丘市柘山镇邰家崖村东北,然后向西流去。经柘山镇邰家崖村西、华家宅村北、阎家河村前,汇入张家宅村东塘坝(今叫"紫云湖")后,经柘山镇张家宅村北流入古庙河,注入于家河水库。于家河水库是截原浯河支流古庙河和秋峪河、磨山河所建成,此水库之水通过溢洪道能入浯河(渠河),也能调入安丘市的南水北调干渠。兰溪河从源头到注入古庙河,总长3000米,河床在1米到5米左右,张家宅村东塘坝则宽20米。现仍在柘山镇华家宅村北200米左右路西处的《重修石兰桥记》碑,记述了在此河上修桥的经过,表明此地的位置是"西北接渠丘,东南通古幕",渠丘是明清时莒州对安丘的称呼,"古幕"即姑幕,今石埠子镇一带。这是现在可见的两通在碑文中明确写明石埠子是"姑幕"的古碑之一,另一通就是清雍正五年在召忽墓前所立的"齐召忽墓"碑,上面刻有"姑幕城西召忽庄"一句。碑文中还透露出了明崇祯年间和清康熙年间曾经两次在这条河上修过桥。碑文还表明在1816年及以前，此河应该水量很大："盛夏水深伤洛，渡之不易。"

这五条河流，在古代都先后注入古浯水，对太平冈区域和古浯水两岸的先人生存和文明的创造都起到了重要的作用。而今天，随着安丘市"五库相连"南水北调工程的完工，这五条河中除柳子河和九曲河全部汇入渠河外，另外三条河流——兰溪河、鹌子河、孝廉河——的河水，一部分仍流进渠河，更重要的是还有一部分水通过南水北调干渠流到了安丘城的水源地牟山水库，又可从牟山水库调入潍坊城区白浪河水库。

历代对太平冈山水的咏颂

太平冈的秀美山水，吸引了众多的文人墨客为之咏颂。

其中现在可查最早的关于写太平冈山水之美的文字，是元代太史院校书刘杰在《重修孝源泉铭》中第一句对太平冈的总体概括："莒太平冈，山水擢秀之地。"

而到了明代，相关诗文就多了。明代天启年间江西省监察御使刘璞，因老家是莒北农家（今安丘市石埠子镇冢头村），在太平冈山脉以南不到5千米处，所以对太平冈风光有很深的印象。先后作诗数首，其中有《太平冈》：

> 婉转平岗四望开，羊牛下处角声催。
>
> 幽岩小寺迷归径，拟作桃源洞口猜。

此诗中的"幽岩小寺迷归径，拟作桃源洞口猜"两句，是说当时处在太平冈深处的莒北名刹"泰平寺"及其周围秀美的山水环境。"泰平寺"亦作"太平寺"，具体位置在今迷牛寺村。

又有《孝源泉》：

> 公侯孝德出神鱼，一槛直流湛绿渠。
>
> 怪得里人供伏腊，三时云汉片时舒。

诗中的"怪得里人供伏腊"一句，是说孝源泉的由来和神奇，特别是其承载的"至孝"之道，让周围的百姓每逢节日都来上供。伏腊，指节日，在秦汉时,夏天伏日和冬天腊日都是节日,合称伏腊。

还有《壶山》:

> 画屏重掩绿萝村,壶内风光四序温。
>
> 但使人心还太古,即同野鹿觅仙源。

需要指出的是,此诗中的"壶山"不是《汉书·地理志》和《水经注》中所说的"浯水所出"的壶山,而是处在在太平冈东南的一座低山,今称大(dā)山,位于今安丘市石埠子镇胡峪村东南、东西刘家庄子村北。海拔196米,只因当地有村名"胡峪",刘璞就将其当作壶山。

当然,属太平冈山脉又自成一山的城顶山,因有公冶长书院,所以自明代始,也吸引了众多文人雅士的目光。明清时代的文人对于城顶山美景的咏颂,往往与称赞公冶长的贤德联系在一起。此处摘取明成化乙未秋(1475)始任安丘知县的陈文伟称赞城顶山风景的几句。一是其所作的《安丘八景》诗中有"青云作院拟蓬莱"一句,赞颂了城顶山之美和公冶长之贤德。二是他于成化丁酉年(1477)所作《公冶长书院记》中对城顶山地形的描写:"……环屋皆山,裂石出泉,树稳风不鸣,泉安流不响,地远市尘而无车马骈阗之声……花木繁丽无慰于目,鸟兽号鸣无慰于耳,何莫不本乎天理,何莫不得其真乐……"

以上这些列举的是现在可见的元、明、清时代的关于太平冈山脉(包括城顶山及公冶长书院)的诗文,更早的应该还有,暂时无法查到。

太平冈最大功绩:孕育了4000年前的胡峪龙山文化

太平冈"山水擢秀"之特征,太平冈的山水之美,其实更表现在太平冈山脉在对当地人们的护佑功能之中。山水俱佳,物产才能丰富,才能让历代的人们在此居住、生活,创造出灿烂文化。最有说服力的就是属于新石器时代的"胡峪遗存"。

距今4000年的胡峪新石器时代遗存,位于安丘市石埠子镇胡峪一村西北100米处,具体在太平冈东北端山脚下的小平原盆地里。临渠河支流孝廉河上游源头。1956 年 4 月在此附近修建了看水楼水库。此处遗址面积约 4 万平方米，文化厚层约 3 米。在 1957 年以前就陆续出土过石斧、锛、刀和黑陶罐、杯、鼎、鬶等器物。并出土过周代铜剑、镞。1957 年 11 月，山东省博物馆王思礼等人又在此处进行了系统的考古发掘，又发掘出一些石器、蚌器、骨器、陶器等文物。其中，石器 6 件：石斧 1 件、长方形石锛 1 件、残石镰 1 件、石矛头 1 件、石镞 2 件；蚌锯 1 件；骨锥 1 件、骨针 1 件；角锥 3 件；陶器 20 件：陶罐 6 件、陶壶 2 件、陶杯 2 件、陶盆 2 件、陶碗 4 件、陶纺轮 3 件、陶鼎鬶残存数件。陶器为泥质黑陶、泥质灰陶、白陶、泥质红陶和央砂红陶等陶系，多为轮制，除素面者外有竹节纹、弦纹、划纹和圆饼以及盲鼻饰等。王思礼将这一发掘成果，连同在当时安丘雹泉峒峪新石器遗址的发掘情况，一同整理成《山东安丘峒峪、胡峪新石器时代遗址调查》，在《考古》杂志 1963 年第 10 期发表，向全国通报了这一发现于太平冈的新石器时代古文化遗址。

王思礼在报告里说胡峪遗存：东、南、北面为宅子埠山、后埠子山和北山环抱。其实，他提到的山只是这遗址近处的几个小岭，而向南二三百米，就是太平冈。胡峪遗址处在太平冈最东北端，源于太平冈的孝廉河两大支流之一"孝河"部分就从该遗址附近流过。这是我们先民依山而居、滨河而生的代表。

据考证，胡峪遗址最早的类型是龙山文化时期，并一直延续到商代、周代，2000 多年延绵不断。特别是从出土的石矛、石镞来看，狩猎已经成为早期胡峪先民的重要生产方式。也说明那时在太平冈一带生态环境非常好，具有丰富的可供狩猎的动物。需要着重指出的是，胡峪遗存中有"石镞"即石箭头，说明当时此地的先人已经能够熟练地使用弓箭。这又是东夷人"从大从弓"特点的直接实物例证。也说明 4000 多年前我们的"太平冈先民"是东夷人的重要组成部分之一。

山，承载着生命万物；水，滋润了生命万物。山水俱美是人类的追求，更是我们永恒的家园。太平冈在 4000 年前就孕育出了灿烂的龙山文化，并一直护佑着生存于此的黎民百姓。更希望现在的我们，能够珍惜这一历史和大自然留给我们的宝贵遗产，切实保护太平冈的生态环境，真正爱护这条山脉上的一石一水一草一木，让美丽的太平冈山脉以及整个渠河流域成为人们赖以持久生存的一方宝地。

四水并流说浯河

——李存修

（一）

有关地图上显示，几乎向着东北方向并流的四条河是：潍河、渠河、浯河和小浯河；我自己把由这四条河冲积和孕育而成的这片肥沃多彩的土地称为景芝平原，因为我就出生在渠河和浯河之间的这块平原上。

有人深刻而准确地点出了这块土地和河流的灵魂：三产灵芝真宝地，一条浯水是酒泉。我曾将后一句改为：洪沟浯水是酒泉。这如同一幅画，让人们看到了灵芝宝地和古水深泉，看到了富裕和美好，感受到了这古老厚重又富有生命力的摇篮。

浯水，就是口头上说的浯河。这条河虽然只有四十几千米长，但却是安丘市内数第四的长河，她从市内中部起伏重叠的丘岭地里流出来，向南，再向东，后转向东北，在景芝北侧接纳了小浯河的加盟，直入渠河，后入潍河。别看河短，她拥有几个名字：中游以上的人们喊她洪沟河或红沟河，明代的地图上曾把她标成小浯河，伏留村以下的人们把她喊为浯河。上游下游虽有不同的名字，作为有鸭蛋、蟹子、蓑衣草"三件宝"的一条河流，我在这里称她为浯河。不论大小、长短和宽窄、深浅，她就是我童年时代生活的伴侣，就是我的母亲河，这是命里注定的，是先天早就安排的。

我在浯河南岸平展展的黄土地上出生，在一堆堆的坷垃缝里长大，夏天在河里洗过澡，冬天在上面滑过冰，捡鸭蛋、抠蟹子和割蓑衣草什么都干过。记忆中美丽多彩又有许多神话故事的小河留住了我的童年和幼稚的灵魂。60年前的那个夏天，我考上了远离故乡的一所中学，从此就和童年时代的小河分手了，一别就是一个甲子。等我游荡了半个多世纪回归故乡后,红沟河也好,浯河也罢,已不是我记忆中的那条小河了。

河流的生命虽然也有尽头,但要远远长于人类寿限。人的生命去了就是去了,就再也不会还阳回归;可河流呢? 无论大小,即产生断流,只要遇有足够的雨水,河里的水还会涌动奔流。2014 年,山东半岛遇百年不遇的大旱,我生命的出发点浯河缺水断流了。但我还是依从多年宿愿,去亲近她,去观赏她,去了解她,去和她交流。

(二)

我前后分四次接触了浯河。

第一次是在一个上午,我从 206 国道上的"红沟河大桥"开始,沿着干枯的河道,一直走到鹿村村旁,在这里,浯河与自己的小兄弟小浯河相交汇。因两条河均无水,相汇处没动静。

相交处形成一处开阔的三角地带,中间又有一高地,上面长着一组高高的杨树,将来河水上漫,这里就成了一个孤零零的河心小岛,一处少年学子寻求的乐园。在河床低处,我捡了一只黑白相间比成人巴掌还大的蚌壳,带回住处,留作纪念。当年,石缝里,草丛中,时常能捉到比这更大的鲜活的"巨无霸",如今只能捡到贝壳了。但是,只要能看到这只贝壳,就能记住一条河,记住满河的鱼虾螃蟹。

在春节前一个寒冷的下午,我与王玉国到了浯河与潍河的交汇处,这里离上一个交汇点只有十几里地。因是峡山水库地界,库水早已退却,大片的库底土地露了出来,寒风吹跑了绿色和人影,库区围网的里里外外只有我们两人。空旷、寥寂、寒冷,没有绿叶和花香,水库大堤外,有一老汉赶着二十几只绵羊在啃堤腰上的草梗硬根。按理说,堤坝上的草是不能啃的,这样能带来极大的破坏性,但库区由铁丝网相围,乡村老汉又该到哪里去放羊呢?

(三)

浯河的长度只有四十几千米,之前,我从未探究过她的源头,听闻源头有几处:老鼠岭、黑山、劈雷山、寒登山、羊埠岭,几地相隔三十余里,到底哪里是真正的源头呢？

于是,我们于3月1号下午沿221省道直去今划归兴安街道的原白芬子镇,经实地调查打听,源头不在老鼠岭。没费多长时间,我们碰巧遇到三位穿马甲的护路工人,内有一位七十多岁的老者,他热情地告诉我们:洪沟河源头在路东侧自来水厂东边,那里有个蚂皮(蚂蟥)湾,湾里有很多蚂皮,水底有泉眼,泉水不断,过去湾边有座龙王庙,香火四季不断,遇天旱村人常来求雨。20世纪60年代,龙王庙被拆,庙倒了,湾里的泉也就少了。他们说这里就是洪沟河的源头,自古就是这样的说法。他们没听说过寒登山,也不知道劈雷山。

根据老人指点,我们寻到一条向东的小路,走不远,小路边有几堆隆起的赭红色的巨石,好几块直径1米多,石堆间是杂草和零星灌木。下侧不远有个面积不大的小石潭,内有少许静水。因地下有红色石头,我突然想到了红沟河这古老的名字,是否红石头把源头的水染红了。

站在红石头处,居高临下,向东南望,此处酷似一个马蹄形的山窝,东北西三面高,东南面低,泉水也好,雨水也好,只能向着东南方向流淌,这里有形成源泉的条件和背景。顺着自然的坡度下行,遇一田中搂地的村民,说家住南边不远的孙家小庄,他指着东北方不远处有一圈杨树的地方说:"那里有处不大的湮子,叫蚂皮湾,里面水很深,长年不干,水中有蚂皮,小时候与小伙伴们常下去,捉鱼摸虾捞蟹子。也有人不敢下,怕被蚂皮叮。龙王庙在湾的西北面,过去香火不断,很多人来求龙王爷。现在蚂皮湾小多了,泉眼流出的水也少了。"

这位村民姓孙,是孙家小庄人。我们顺着他指的东北方向,从松软的土地里走到蚂皮湾岸边。湾大致呈三角形,四周是被淤塞的新土,土上栽有一圈杨树及疯长起来的杂草。此湾处在马蹄形的最西北端,有好几条无水的细沟伸向高处。向东南方有条约5米宽的水沟,沟底仅有1米宽的水流,缓缓流进东南方一个更大的水湾里。我们顺着水流下行,沟旁长满芦苇,在细风中轻摇着干枯的长叶。下面的这个湾平静幽蓝,长年蓄水不干,可称为源泉。过去我曾考察过珠江、黄河和鸭绿江等江河的源头。我给的界定是：凡有源泉的地方才能被称为源头，而随季节而流动或中断的水流而不能被称之为源头。

蚂皮湾北约 200 米，有道耸起的东西走向的山脊，构成这道山脊的石头是黑色的，又特别沉重，里边一定包含了高比例的矿物质，当地人称其为黑山。黑山挡住了山北的雨水，使其北流入汶，因此，黑山成了汶河和浯河的分水岭。

经过访问当地村民和实地考察，我们可以这样说："浯河的源头不是附近的老鼠岭，而是蚂皮湾。"

（四）

对于四十几千米长的一条浯河，我们在开始考察前，预先寻访了好几位有关人士，没想到仅就源头一事，就碰到了五六种说法：没有人能给出一个准确的答案。

蚂皮湾是我们自己发现的，也是自己肯定的。然而其他那些说法有无根据和道理呢？

3 月 7 日，我们又一早从景芝出发，目标是劈雷山和寒登山。过了兴安街道西营村，村西有条岔路，向西南的路略高，向西北方向的走低，我们选择了西南偏高的那条路。问了好几次路边种地干活的男女，改变了几次方向，最终到达劈雷山和寒登山山下。

当地人有个特点，就是把些事情说得很玄乎。说的是这座山那座山，听起来很隆重，甚至吓人，可近前一看，往往是座浅丘或矮岭。比如说桃花山，矮得不入眼；劈雷山，引不起路人的注意；最高的寒登山，也只有海拔172 米高。

我们不是来评论名山的，海拔千米以上的山才能参评名山，山东只有 5 座：泰山、蒙山、鲁山、崂山和沂山。安丘境内最高的太平山，也不到海拔520 米。但是我们发现，从寒登山和劈雷山流下的雨水，先后汇入苇园和罗庄等水库。因此处地势高，如台地，水势南北分流，向北的入了牟山水库，南流的则最后进了洪沟河。水之源来自相近的两座山,一是寒登山,一是劈雷山,只因寒登山以海拔 172 米高为当地老大,就定老大为源头吧。

这样,洪沟河就出现了两个源头,虽相隔几十里,但都在兴安街道内。一是蚂皮湾,一是寒登山。我们跟随着她们的足迹南下,在管公大吃了一顿羊肉,又向东,到了官庄镇内的两河,见到了两条水的交汇处。正北的一条来自蚂皮湾,西北向的一条来自寒登山,在我的脚下她们走到一起了。旁边有个村庄,就叫两河,这是我小时候就听说过的,但到了今天才看到。说明世上听到而没见到的事物很多,这辈子是看不完了。

两条河汇合后,有一座大桥。我在上面站了很久,看两条河怎样从北面和西北面同时来到我的面前。一年前流水未断之时,蚂皮湾的流水带来了鱼虾,那被红色石头染红的水波细浪,获得了一个红沟河的名字,这名字仍被写在 206 国道的大桥上。从西北面来的清流,细叙着雷公劈死害人蜘蛛精的故事,讲了一代又一代,代代相传。

我很喜欢两河这个村名,因为它是两条河的记录和见证。

(五)

过了两河和小顺河两个村,经石家埠和临浯村、院上村和一溜笔墨庄村后,直抵伏留村。就在这个村,红沟河发生了命运的转折,她的名字就不再叫洪沟河或红沟河,而改为浯河。因历史上齐桓公的一项"堰浯入荆"工程的实施,同时被改变命运的还有原来的浯河和荆河,而且还诞生了一条新的河流:渠河。

本来不相干的浯河和荆河被 6000 米长的一条人工渠道连接在一起了,本来从东枯河村流向伏留的浯河水流量减少了,直到 20 世纪中期,只剩下了一条足有 300 米宽的巨大河床以及河床中心不足十米宽的一条浅浅的小溪。而这条经过"瘦身"的小溪,从主流变成了支流,与西来的洪沟河在伏留汇合,流向景芝,然后注入潍河。

从伏留向下走,一会左岸,一会右岸;一会河堤,一会河床,我发现,一路河堤大多保护良好,而且上面种有树木,多为杨树。小时候,经常听说洪沟河闹水灾，因那时河堤低矮，河床与两边土地几乎等平。如今的河堤，可预防洪水涝灾。特别在几个拐弯处，用石头水泥修起了坚固的石壁，我看再大的洪水村民也不会受损。

在逄家庄村旁的河床上，遇一休闲的村民。问起横跨浯河之上一座大桥的事，他说他们这个村几百年都没有能修上座桥，修了几次都被冲垮了，去年政府投资 200 万帮着修了这座桥，村民们再也不愁过河了。

但是，同时我也见到了令人很不开心的现象，既然他们知道保护大坝及河堤，为什么又要在河底不顾一切的挖沙破坏河流的生态呢？有几处的大坑，深不见底，幽蓝如翡翠。在河底挖沙犹似在母亲胸膛上开刀，一个有理智的民族不应再干这样的蠢事。

无论大河还是小河，都有自己自然的生命。江河曾孕育了人类的文明，江河水的流动，就是人类的文明与文化，一个有责任和理智的民族，就是让断流的母亲河再次焕发青春，涌出清清的泉流！

（孙宝平　摄影）

安丘之水天上来

——李传明

安丘市境内有大小河流 48 条、湖泊（水库）122 座，汶河、渠河横穿东西，洪沟河、墨溪河纵贯南北，大盛河、鲤龙河盘踞西北，小浯河、运粮河滋养了景芝镇的千年酒文化，牟山水库、于家河水库、尚庄水库、下株梧水库、共青团水库五珠联璧，为安丘人民生产劳动提供了丰沛的水源。

安丘之水以太平山脉为分水岭分为汶、渠两大水系。汶水悠悠，养育万民。汶河在安丘境内达 62 千米，大盛河、鲤龙河、温泉河、凌河、小汶河、墨溪河皆为其支流，流域面积涵盖了安丘行政区划面积的 60% 以上，干流上建有牟山水库、卧龙闸、青云拦河坝、庵顶拦河坝等多座拦蓄水工程，每年可拦截有效水量 1.3 亿立方米，是安丘人民名副其实的"母亲河"。渠水汤汤，润泽故土。渠河，古称浯水，亦有"上浯下渠"之称，安丘市境内长度 69.5 千米，有店子河、老子河、大苑河、秋峪河等支流，孕育了大汶口文化、龙山文化等众多古文化。

河湖管护进入新阶段，"河（湖）长制"也在安丘落地生根、开花结果。建设"无违河湖"，清理整治 2336 处河湖"四乱"，关停"小散乱污"企业 83 家、养殖场 1013 户；构建"安全河湖"，组织实施了 84 处水毁工程修复项目和汶河、渠河、洪沟河等中小河流巩固提升工程，总投资 1.8 亿元；打造"美丽河湖"，投资 10 亿多元，新增河岸绿化面积 3600 多亩；建设人工湿地 23 万平方米，栽植水生植物 800 多万株；硬化堤顶道路 43 千米；提升"智慧河湖"，全域监控、全景查看、智慧巡查的智慧河湖管护系统全面建立；精练"文化河湖"，河湖文化宣传片《河长住我家 绿水连青山》荣获全国"守护美丽河湖"微视频大赛最佳人气奖；《安丘市实行河（湖）长制管理的经验与做法》《安丘市河湖划界工作经验与做法》先后在《山东水利》杂志发表。

"儿时景芝酒名扬,父辈贪杯我闻香;佳酿声高人已老,沾唇不禁念故乡。"文学巨匠臧克家曾如此感慨。醇香悠悠的景酒文化和着渠丘之水绵延万里、传承千年,老子文化、公冶长文化、有子文化、管宁文化、百泉文化等一颗颗耀眼的明珠为为安丘人文历史点缀了风景,从而便有"齐鲁宝地、半岛明珠"的美誉。

"绿水青山就是金山银山。"实施"河(湖)长制"功在当今,利在千秋。安丘之水天上来,只有始终坚持把落实"河(湖)长制"作为践行"两山论"的重要内容,才能让安丘的河更清、湖更美,让美丽河湖更好地润泽安丘人民、造福子孙后代。

追梦大同

写在刘大同《百梅诗画》出版时

——刘自力

刘大同（1865－1952），原名刘建封（辛亥革命前用名），字桐阶，号石荪、天池钓叟、风道人、芝叟、芝里老人、老芝、老颠等。出生于山东省诸城县芝畔村的一个书香门第（现隶属安丘市景芝镇），幼承家学、俊拔颖慧，八岁通诗经，少年中秀才。

著名诗人臧克家先生曾写道："南有孙中山，北有刘大同。"不仅是说刘大同曾踏查长白山、命名十六峰，参与辛亥革命、二次革命，也指他一生对国家和人民做出的贡献。

光绪三十四年（1908），时任奉吉勘界委员的刘建封奉命勘查长白山及三江之源（松花江、鸭绿江、图们江）。此次踏查是史无前例的壮举，刘建封所著《长白山江岗志略》可谓珍本。他撰写的《长白设治兼勘分奉吉界线书》《白山纪咏》，拍摄的《长白山灵迹全影》，绘制的《长白山江岗全图》，揭开了"神山圣地"的秘密，查清了长白山江岗的全貌。这些著作都是长白山修志的重要依据，是关于关东民俗和民间文学的宝贵财富。

宣统元年（1909），安图设治，刘建封任安图县首任知县。刘建封恤民善政，农林并举，兼兴学商，发展邮政，移民支边，筑路建桥，招民垦荒，固边安邦，政声卓著，多有建树，绅民德之。在此期间，刘建封结识了宋教仁、廖仲恺等人。当国际革命和国内反清浪潮风起云涌之时，刘建封提出了"林肯放奴心，格氏均产议。世界有转移，另造新天地"的朴素的大同主义，即平民主义思想。

1911年10月，辛亥革命爆发。时任海龙府代理知府的刘建封率先响应，举行安图起义，成立了第一个独立于清政府的地方性革命政权——

"大同共和国"，并通告中外。作为新生的共和政体，它比1912年孙中山在南京成立的"中华民国"临时政府早了两个多月。刘建封自己亦改名为刘大同，并给三个孙子分别改名为"平民""平权""平等"。二次革命后，刘大同毅然站到了中华革命党的一边，并被孙中山委任为中华革命党首任东三省支部长。

1931年，刘大同定居天津，这是他著书立说的又一高潮。1935年出版了《梅花吟百二首》《百花吟陌首》两本诗集；1940年出版了《古玉辨》，此书已一版再版，被古玉爱好者奉为至宝。当时写好未能付梓的如《砚乘》《吁集》《芝城百二钵精庐所存西泠八家印章》《古今名泉影》《异泉索》《百花洲吟》《历下吟》《芝城诗草》《百梅诗画》等等，均是在津完成的。

日军侵占华北之后，其驻屯军司令几次派人到家中敦促刘大同出山，委以华北自治伪职，并带来了委任状。刘大同断然拒绝，当着日本人的面撕毁了委任状。

刘大同在安图任上时，常感到左臂发麻，为使左臂康复，毅然改用左手写字。不久，左臂痊愈，左右开弓的书法也练成了。刘大同的书法功力过人、苍劲有力，连章太炎先生都赞不绝口："诸城有三刘，明末刘子羽、清朝刘墉、民国刘大同！"在他的督促下，《诸城三刘合璧》书法集得以出版，并亲自题写书名。

1921年，吴昌硕先生曾为刘大同刻一大印——风道人（刘大同的号），被其视为珍宝，每当举办金石书画展，总要盖上此印。

徐悲鸿先生亦对刘大同十分尊敬，还曾专门为其画过肖像。1930年，二人合作《梅石图》，大同画梅，悲鸿补石。刘大同还赋诗一首题于画上，曰："顽石不无奇气，寒梅自有铁心。自古画师多少，可逢几个知音？"

1933年，山东遭受百年不遇水灾，淹没10余县。1934年，为赈济灾民，"刘芝叟先生金石书画之展览"受山东旅津同乡会之委托赴沪展出。此次展览的推荐人是章太炎、李根源、杜月笙等12人。

此外，刘大同还常在天津的惠中饭店和永安饭店举办金石书画展，所得收入全部捐入在津的"山东医院",用以购买先进的医疗设备。

1949年10月1日,中华人民共和国成立。不久,时任中央人民政府副主席的李济深与夫人专程来到天津拜访刘大同。感慨万千的刘大同欣然写道:"人人盼共和,徒唤莫奈何。今日新成立,我先击壤歌。"

1952年,88岁的刘大同逝世,葬于济南千佛山下。

为纪念刘大同,延边朝鲜族自治州人民政府复原了当年刘建封踏查长白山时所立的石碑3通,并在长白山最大、风景最美的广场中,为刘建封树立了大型雕像和纪念碑,以示永远的纪念。

《百梅诗画》册页是刘大同先生采用一诗一画的方法构思创作的。思路独到的一百首诗配好一百幅墨梅,诗诗有新意,画画出奇格,诗、书、画、印创新功力全面展现的,则颇为罕见,也实属难得。册页能够完整地保存到今天,与刘大同先生多次在扉页上所书"命平民长孙藏之,切不可令人拿去"的祖训有关,也与其后人的妥善珍藏分不开。

为出版《百梅诗画》,我家认准一定要在吉林省的出版社出这本书,而且一定要在吉林美术出版社出版这本书,以期通过出版这本大著,强化刘建封与长白山的历史、文化与艺术记忆,将其作为可不断传承的长白山历史文化遗产。

如今,4本《百梅诗画》册页在历经了80多个风雨寒暑之后已经由吉林美术出版社出版,由我整理并作序,由吉林省委宣传部原副部长、中华诗词学会顾问、吉林省长白山文化研究会会长、吉林省诗词学会会长、吉林省政府文史馆馆员张福有先生撰写跋文并赋诗志贺:

刘大同《百梅诗画》

出版志贺

百梅诗画一函收,

撷韵含芳待运筹。

梦醒原亲长白雪,

春回为爱大荒秋。
从津门起推流派，
到老岭时论驿沟。
应信能传方不朽，
好书当给后人留。

斗士刘大同

——徐天铎

拜谒辛亥革命志士刘大同和大革命时期牺牲的共产党员刘增，是当天最后一站的内容。

两位革命先驱同属芝畛村人，该村之前属安丘临浯镇，现为安丘景芝镇。

两个人的事迹都值得记述，但刘大同更特立独行。若不是到芝畛，还真不知道安丘有过这样一位叱咤风云的历史人物。

刘大同（1865—1952），原名刘建封，号芝叟、风道人。1898年加入兴中会；1909年出任吉林安图首任知县；1911年为响应武昌首义，早于"中华民国临时政府"两个月，建立"大同共和国"并通告中外。

起义失败后被迫多次流亡日本东京，孙中山委任其为东三省支部长。后因革命理念与孙不同，于1918年离日赴粤，被陈炯明聘为高级顾问。诗人臧克家曾在信中提及："南有孙中山，北有刘大同。"正因他在辛亥革命中与孙中山齐名，我把视野投在了他的坎坷人生之路上。

刘大同这个人有许多不简单之处。他出身"豪门望族"。光绪二十年（1894）只身抵达东北。他的离乡与当时因饥荒而出逃的灾民"闯关东"是有区别的。用刘自己的话来说，此番"渡辽"，是立志要"做主人"的。

10年后，他遇见了改变自己一生轨迹的"民主共和"，结识了宋教仁、廖仲恺和徐镜心等活跃于东北反清浪潮中的仁人志士，并果断加入兴中会。同时，刘大同变卖家乡土地财产，号召老家饥寒交迫的人们到安图立业开荒。

在担任安图县令时，他以奉（天）吉（林）勘界委员身份，勘测长白山三江之源,完成了《长白山江岗志略》《中韩国境说》《长白山灵迹全影》等著作,绘制了长白山江岗全图并亲自命名了天池十六峰,是国内最早系统探索长白山的人。

1911年10月10日,武昌响起枪声,46岁的刘大同旋即响应,在安图竖起义旗,宣告"大同共和国"成立。除了给自己更名外,还分别把三个孙子的名字改成了"平民""平权""平等"。嗣后,刘大同的义军大胜赵尔巽的清军于牡丹岭,后在张作霖的人海战术下,刘大同不得不被迫"南走"。

辛亥革命成果被袁世凯攫取后,他带领同盟会成员携土制炸弹潜入北京组织刺杀活动,但土弹扔出去久久没有炸开。袁世凯大惊,全城戒严,刘大同一行只得借夜色出城。后来逃亡日本,在江户结识了也在逃亡中的孙中山。

孙中山非常赏识刘大同,委任他为东三省支部长,一度合作得非常愉快。按照逻辑,刘大同该对孙中山誓死追随,其实不然。1916年初,孙中山在一次会议上讨论后继策略,提出要向日本求援,并且"放弃满蒙"。刘大同坚决反对,当场质问孙中山。孙中山认为刘大同"胡闹",刘大同认为孙中山有"卖国"之嫌。他们的争议,谁对谁错,无从判断,因为出发点从起初或许就不是同一个,道路自然相异。

陈炯明于6月14日拘捕财政部次长廖仲恺后,孙中山与陈炯明的矛盾不可调和,并公开搬上了台面。陈炯明部下准备干掉孙中山,这时刘大同的学生孙墨佛从担任陈炯明顾问的老师处得知消息,立刻跑至大元帅府将这件事告知孙中山。第二天果然发生了陈炯明部炮击总统府事件,此时孙中山一行已登上"永丰舰"。

很显然,是刘大同的有意通风报信。刘大同尽管暴躁性急,却从来都不是头脑发热的糊涂之人。只是他有自己的道义逻辑,他对"民主共和"的认同与忠诚,也从不为了哪个领袖、哪个政党。1921年,孙中山又召刘大同于广东鮀浦(今汕头),刘不肯往,写下了"疏影自横斜,不肯向人笑"。

文化大革命期间,刘大同的后人因其曾与孙中山产生分歧等原因,被株连而遭受迫害。曾孙刘荣华于 1979 年 7 月赴京拜谒全国人大常委会副委员长宋庆龄,请其出面澄清。当年孙中山与宋庆龄在东京结婚时,传闻刘大同还是证婚人。后来孙、刘二人分道扬镳,宋身为孙中山夫人兼秘书,并作为在"六一六"兵变中的受害者,她最具知情权和发言权。不久,宋庆龄办公室发专函致天津市革委会,刘氏后人终得平反。

　　历史就是这样的奇妙,功过沉浮,自会有评判之日。

人无气节是凡才

——《刘大同诗集》品读

——蒋成义　安学斌

"万树梅花一样开,游人快饮两三杯。须知酒兴添诗兴,妙句多从醉中来。"盛世多喜事,《刘大同诗集》在其曾孙刘自力先生等有识之士努力下得以出版,喜之幸之。在刘建封任首届知县的长白山第一县——安图县品读《刘大同诗集》,更加让边疆人民敬慕诗人风骨、感慨热血丹心,实有微醺之感。

《刘大同诗集》以诗叙史,跌宕起伏,即是他一生奋斗的风云史、心灵史,也是民主革命奋斗史、英雄史。"辽东第一佳山水,留到于今我命名。"刘大同诗作在长白山文化中具有极其重要的历史地位,誉为长白山第一束文化之光。

1865 年,农历十二月十九日,刘大同生于山东省安丘县芝畔村。为清朝宰相刘墉后裔。名建封,字桐阶,号芝叟、风道人、天池钓叟等,辛亥革命爆发后,改名刘大同,是民主革命先驱、诗人、收藏家、书画家。

1908 年,刘建封来到临江,"奉钦差大臣、东三省总督徐世昌之委"任勘界委员,"勘奉吉两省界线兼查长白山三江之源"。同事诸君共推其为领班。此时,正面临俄国、日本趁清末国力羸弱之机,窥视东北疆土的危难关头。徐世昌为保全国土,实施"设官分职"策略,进行奉吉两省勘界并兼查长白山三江之源,其目的就是要厘清中韩边界,以便实行"设官分职"。刘建封认为:"长白山,原系我朝发祥之地。图们江、鸭绿江又系中韩国界。朝廷所注意,督帅所留心,国民所关切。""如不调查详确,恐负此行。"是年农历五月二十八日,刘建封率领许中书、刘寿彭及测绘生 5 人,队兵 16 人,携带观测及摄影器材,自临江束装就道,同赴岗后,逐处履勘。刘建封"详查地势,参以舆论,……理应求一天然界址,方觉不负委任,切勿稍存此疆彼界之心，众皆韪之。于是方针已定，西以头道花园河为起点，东以红旗河尾闾为止点，南至团头山，北至松花江之下西江口，东西长约六百余里，南北阔约三百六十里，奉吉两省以水为界，均经分班详勘，择其山径冲要之处，悬书界牌，聊尽职务，无一怠者。"农历六月二十八日临天池，直至八月中秋方返回临江。刘建封为天池 16 座奇峰命名曰：白云、冠冕、白头、三奇、天豁、芝盘、玉柱、梯云、卧虎、孤隼、华盖、铁壁、龙门、观日、锦屏、紫霞，并在避风石上刻有六字：天池钓叟到此。

在艰苦的踏查活动中，刘大同写下了长达 128 句的写景抒情诗《白山纪咏》，以诗记事，留下了长白山开拓之初的边疆状况和风土人情。同时，他不畏艰险、勇于牺牲的精神也博得了同僚与百姓的赞扬。时任长白府知府的张鸣岐也为他点赞："千年积雪万年松，直上人间第一峰，信是君身真有胆，腾云驾雾慑蛟龙。"

"无罪戍韩边，江楼别有天。登高重九日，沽酒十千钱。不猎惊飞雉，狂饮醉欲仙。桥头回顾处，石壁挂岩泉。"望江楼是安图设县之初的最高建筑，"江楼秋月"曾是安图八景之一。这首《重阳日登望江楼》，表达了刘建封对安图百姓山水的真挚热爱。

1910 年 1 月 6 日，建置安图县，"以备韩民东渡偷垦之防"。选址在娘娘库设治，即今安图县松江镇，以安定边陲、保护图们江界，故定县名安图，属奉天省长白府管辖。由于刘建封是"谙练边情、勤奋耐苦之员"，清廷奏准其补"边绝要缺"，为安图县设治委员，即首任知县。刘建封上任伊始，为开发安图提出《筹办边防善后十策》，即：占江权、驻工兵、厘韩籍、捷交通、崇府体、励边吏、辟荒徼、通银币、储饷需、扩学警。时任东三省总督徐世昌批示："具见才识胜人"，"仰即照所议次第，认真筹办"。

刘建封从辽宁海龙府凤凰厅移民旗人近百户，又以优厚条件吸引山东诸城农民前后约 200 户到安图垦殖，放荒四万余公顷，发展农业生产；筹措白银三万两、创办森林警察，组建营林所，创设林政局，保护开发林业资源；组织民工开辟红旗河道，打通延吉水路，开通县府娘娘库至抚松县的官道，建造连通奉吉两省官道的月牙桥;办学堂,建劝学所,开化县民;建商务所,推动往来贸易;设邮政所,连通外部世界;全面实施"山林官有、开路兴商、移民放垦、扩警靖边、创办学堂"的施政方略,励精图治、政声显赫。由于地处边陲,筹款不易,刘建封不惜卖掉山东诸城的祖业来筹集安图建设的急需资费,使安图百姓"数年生聚,皆得温饱,其勤俭者,且称小康焉"。

1911年,刘建封开始主修县志,由吴元瑞编纂,至年末修编完成6册约16万字的首部官修《安图县志》,此时安图建县尚不足两年。这部志书体例严谨,图、表、考、志、传、记、略等安排分工甚为得体,内容丰富而且特点突出,其中的会总表、垦务志、迁旗志、韩侨志、金匦记、归化记、会防记、匪乱记、设治记等篇目,都是具有宝贵史料价值的佳作,这部志书还收存了许多历史文献。《安图县志》成为研究长白山文化的重要志书之一。同年,刘建封带领摄制的《长白山灵迹全影》、绘制的《长白山江岗全图》也相继汇编成书。其中"灵迹全影"收入的"避风石"照片记载:戊申夏,天池钓叟到此,乙酉秋再到,庚戌秋三到。三年中,刘建封三次登临长白山,劈荆斩棘、攀岩拓路、驱虎击熊、穿林登顶,一路摄影绘图、随时详尽笔录,改变了以往"凭空结想,足不跻长白山之巅,目不览江河之派,大抵如盲者论日,聋者之说钟"的情形。留下了访查详切、指正确凿的重要官方报告和《长白山江岗志略》等著作,为后人留下了长白山区国防、地理、名胜、特产、动植物、民俗等弥足珍贵的史料。

"波荡瞬时震五洲,管他东亚与西欧。一生平地如雷起,想是天公蹴鞠球。"刘建封早在1905年就已加入同盟会,秘密参与推翻清廷,创建共和。1911年,辛亥革命爆发,遂积极响应革命,改名刘大同,通电中外,举行起义,建立"大同共和国"。东三省总督赵尔巽闻讯大惊,急派奉天省军赴安图镇压,刘建封毫不畏惧,组织义军千余在牡丹岭与清军激战,获得胜利。"逐寇白山陲,我军酣战时。半天大风起,犹闻征马嘶。鼓鼙声未歇,血带雪花飞。"一首《击贼遇雪》,记录了"辛亥安图起义败敌军于牡丹岭"的沙场景象。

1912年春,赵尔巽再度派出重兵镇压,起义失败,刘建封避难到奉天,后辗转去日本。《光宣小记》写到："及辛亥革命，刘竟举旗于白山，其名拟曰'大同共和国'，通告中外，闻者为之一惊，卒以无后继，为省军所败，刘亦南走。此一建国小史，实在民国成立之先。"

刘大同刚正不阿，以气节著称。"冰魂真果本天赋，玉骨从来喜雪培。秘语群芳花姊妹，人无气节是凡才。"这是 1933 年日本侵略者以两千万元借款许他，要求他承认伪满洲国时，他写的明志诗。天津沦陷后，他多次拒绝日寇威逼利诱，又写下了豪气冲天的诗句："独向孤山把酒樽，冰肌玉骨见香魂。任他风雪十分苦，不受东皇半点恩。"足见刘大同铁骨铮铮的爱国情怀。刘大同自 1894 年到东北，到 1915 年离开，20 余年对东北倾注了深厚的感情，对东北的情况特别是边境的历史及现状非常了解，无论是谁执政，只要提议放弃东北权益或割地给日本，他都坚决反对。从很多诗句中都能见到他旗帜鲜明的革命立场。"海内皆兄弟，辽东做主人。"1914 年，刘大同任中华革命党东三省支部长，南船北马，出生入死。"予为政治革命，垂四十年，期间抄家二次，引渡二次，通缉七次，悬赏逮捕三次，监视二次，驱逐三次，受审十一次，艰险备经，屡濒于殆。"作为激进的民主革命家，他不仅自己改名为刘大同，而且给三个孙子取名为"平民""平权""平等"。"浪游卅载，春梦一场。我生不辰，举世强梁。守兹清白，永葆孤芳。"

"问谁能长梅花岭，惟有癯仙劲节存。"刘大同晚年移居济南大明湖百花洲五间房，早起湖边散步，兴至写梅数枝，拉杂题词，晚则煮芝酒，烹湖鲫，唱古歌，赋新诗，但仍关注时局，支持革命。1949 年，在与专程去天津拜访他的李济深夫妇晤面时，他感慨万千地写道："人人盼共和，徒唤莫奈何。今日新成立，我先击壤歌。"为国家的新生欢欣鼓舞。

从宣统三年创建清末第一个共和国，近四十年的时间，刘大同矢志不渝、奔走革命。阅读品鉴《刘大同诗集》，让我们在诗的意境中看到了一位民主志士的爱国情怀，学习到了诗人的铮铮铁骨，重温了民主革命的风雨历程。《刘大同诗集》丰富了格律诗作的百花园，他的诗作必将随着时间的酿制而更加绚丽，更加动人。

刘大同与"大同共和国"

——刘浩泉

刘大同(1865—1952),原名刘建封,又名刘石荪,字桐楷,天池钓叟、风道人、芝叟等,山东安丘市景芝镇芝畔村人。

1865年,刘建封出生于书香门第,幼承家学,俊拔颖慧,8岁通诗经,少年中秀才,当时成了乡里竞相传颂的佳话。

1908年,刘建封奉命率领团队勘查长白山。1909年出任安图县首任知县。1911年10月10日,武昌起义爆发后,刘建封在安图成立"大同共和国",并从那时起,刘建封更名为刘大同。

1912年,袁世凯窃取了大总统职位,刘大同在大连组织成立了"平民社",宣布讨袁军成立。

日本侵略我领土后,刘大同一直投身抗日前列。

勘查长白 留下珍本

考取秀才的刘建封,没有再取功名,而是选择了闯荡社会。他28岁离开了丰衣足食的家园,来到了东北。离开家乡时写下了这样的诗句:"黑山白水堪逐鹿,柳边榆塞也成春。故乡地小难为用,朔漠金多漫认真。"来到东北的刘建封结识了宋教仁、廖仲恺、徐镜心等革命志士,从此,接受了进步思想,心中革命的种子开始萌芽。1898年加入兴中会,1905年加入同盟会,1908年奉命勘查长白山及三江(松花江、鸭绿江、图们江)之源。他亲率20余名猛士健仆,披蓑衣、踏靰鞡、头笼碧纱、腰系皮垫,攀藤扣石,"雀跃蛇形以进"。历时4个月时间,初步完成了对长白山的全面勘查。在寻暖江时,他不幸坠马崖下,腹背受伤。伤未痊愈,他又开始对天池诸峰的勘查,此时,他写下了"长白有幸留知己,坠马河边死又生"的诗句。

刘建封先后两次下临天池。第一次于当年 7 月 26 日由西坡口下临天池,"天气忽阴忽晴,如闻雷声,继闻鼓声,霎时雾起眼前,一物无所见,雨止天晴,池中西南一带,全形毕露"。看到池中四周,白沙环绕,皱纹如线。第二次于 8 月 3 日由汨石坡再临天池。当日正值天气晴朗,近视之,水清如镜;远视之,池中五色灿烂,形象不一,如云峰石映入,遂令十六峰,象形命名:"大者有六:曰白云、冠冕、白头、三奇、天豁、芝盘。小者有十:曰玉柱、梯云、卧虎、孤隼、紫霞、华盖、铁壁、龙门、观日、锦屏。"此后,他欣然命笔"辽东第一佳山水,留到如今我命名"。

刘建封先后 4 次登上长白山,他在中国历史上第一次完成了对长白山的科学考察,并著有《长白山江岗志略》《长白设治兼勘分奉吉界线书》《白山纪咏》。拍摄了《长白山灵迹全影》,绘制了《长白山江岗全图》,至此,他解开了一直以来的"神山圣地"的秘密,查清了长白山江岗全貌和三江之源,有力地维护了祖国的领土完整。

当年刘建封踏查时,曾经坠马崖下的地方,已被延边朝鲜族自治州地名办公室命名为"坠马崖"。刘建封也以文学家、地理学家的身份被列入《中国古籍大词典》。

被封知县 政绩斐然

宣统元年(1909),清廷在安图设治,刘建封任安图县首任知县。他挥笔泼墨,写下诗句:"作民宜富不宜贫,作官宜贫不宜富。作民而贫无能也,作官而富无德也。"刘建封在任期间,农林并举,兼兴学商,发展邮政,筑路建桥,移民支边,政声卓著。据家族的老人们说,他为了安图的建设和发展,曾卖掉不少老家的土地来资助安图,因此,他与安图人民结下了不解之缘。

刘建封任安图知县后,又升任代理海龙府(今梅河口)知府。虽身为朝廷命官,但高官厚禄也安抚不住刘建封内心反帝反封建的怒火。当时,有家戏院开张,请他撰联,他便奋笔疾书:"鼓动起四百兆同胞,才算一台大戏;妆扮出五千年故事,真成万国奇观。"革命思想跃然纸上。

在国际革命和国内反清浪潮风起云涌之时,刘建封提出"林肯放奴心,格氏均产议。世界有转移,另造新天地"的朴素的大同主义,即平民主义思想。

武昌起义爆发　率先响应创建"大同共和国"

1911 年 10 月 10 日,武昌起义爆发,消息传到东北,刘建封率起响应,举义旗于安图,成立"大同共和国",并通电中外,宣布独立。值得一提的是"大同共和国"的建立,比孙中山先生在南京成立的"中华民国政府"要早两个多月。2018 年暑假,我与妻子去东北寻迹,在松江镇,我们找到了"大同共和国"的遗址,可惜,当年的房屋已经拆掉,盖起了新楼,有幸的是,当地政府在原址立了一石碑,上面写着:大同共和国遗址。

"大同共和国"成立的消息传到奉天,给东北的革命者再注一管大剂量的强心剂,同时,也吓坏了新任东三省总督赵尔巽及其背后整个破烂不堪的清政府。

赵尔巽大怒,旋即集合人马,迅速赶至安图。抵达时,适逢天起大风,飞沙走石,昏黄遮日,而刘大同早已料到清廷必定会恼羞成怒,所以,电报一发出,便立刻屯兵待敌。作为一个小小的知县,刘大同手下的兵力并不厚实,全部集合起来,包括森林警察、巡警、驻防队总共也就不到 1400 人,而赵尔巽却带着他的剿匪大部队,踏着隆隆如雷的战鼓声,狂奔而来。瞬间,从西岭到东山,双方形成了对峙,此时,灰重的天竟开始飘洒雪片。一开战,早已失去战斗力的清兵,哪里还会打仗了,结果是一败涂地。此一战,刘大同作诗《击贼遇雪,辛亥安图起义败军于牡丹岭》:"逐寇白山陲,我军酣战时。半天大风起,犹闻征马嘶。鼓声声未歇,血带雪花飞。"

毕竟势单力薄,虽初战获胜,但再战失利。"大同共和国"也就被迫军散国亡了。

大同共和国虽然很快就消失了，但有两点是值得肯定的：其一，刘大同深知自己的兵力不足以立国，也没有得到全国各地的支持响应而却要成立什么共和国，这绝不是刘大同一时头脑发热、突如其来的想法，更不是他想要当什么皇帝，而是明确地表现出了他反帝反封建的决心和行动；其二，刘大同清醒地知道，此举是犯了清廷的杀头之罪，但他却偏偏要冒天下之大不韪，这一点恰恰反映了他为反清而做了充分的牺牲准备。

大同共和国的成立，瓜尔佳氏金梁在《近代稗海》的《光宣小记》中也有记载："及辛亥革命，刘竟举旗于白山，其名拟曰大同共和国，通电中外，闻者为之惊……"

起义虽败　革命继续

1912 年，中华民国成立不到两个月，袁世凯窃取大总统的职位，刘大同在大连组织成立了"平民社"，宣布讨袁军成立。之后，刘大同参加了奉天独立运动，还指挥了琅琊战役和辽阳战役，并与儿子刘次彭一起战斗在讨袁前线。

《出军》诗中记述了讨袁军出征前后的动人场面，其诗云："出军出军，阴山之隅。旌旗遍野，千羽塞途。与子偕往，警天羌胡。""令肃秋霜，征人行行。关山月冷，俗寒风凉。无昼无夜，不懈戎装。""鼓声逢逢，炮声隆隆。自南自北，自西自东。蹄尘剑火，血雨腥风。""酣战晨昏，暗无乾坤。将士用命，决胜在人。十年征戎，为国报恩。""翦厥渠魁，战罢归来。征袍脱去，樽筵大开。慰问同忾，有几人回？"

刘大同曾与儿子刘次彭及平民社员，携自制土炸弹，由大连潜入北京炸袁世凯，只可惜炸弹投出后未爆。刘大同他们只好星夜摸出城去，返回大连。

1914 年，刘大同被任命为中华革命党山东支部支部长，草拟山东起兵计划。随后，刘大同等人由大连潜回山东，进兵诸城。二次革命失败后，有些人动摇了，但刘大同毅然站在中华革命党一边。

　　1914 年，由于北方各省搜捕革命党人甚急，山东、东北、山西革命党人也先后至大连，某银行经理沈漫云出资招待，组设机关，大家推沈漫云为都督，刘大同为总司令，谋袭奉天，此计划不幸为日本人侦悉，迫其解散组织。山东同志推吴大洲去日本谒见孙中山，请示山东起兵策略。吴返大连后，与刘大同、邓天一、薄子明、隋即吾、李统球等成立中华革命党山东支部，并推刘大同为支部长，草拟山东起兵计划。

　　据李新、李宗一主编的《中华民国史》中记载："1914 年 1 月 23 日，陈其美自神户乘船密抵大连……陈其美见在东北一时难于进展革命工作，便将东北举兵事宜划归刘纯一负责，山东举兵事宜划归刘大同负责，并交给他短枪四十支，命其编队回鲁。"

　　刘大同受陈其美派遣，带领革命党 50 人，由大连潜回山东，进兵诸城，李荫堂、白耀臣分别任正副队长，戴子安为向导，欲建立通达海港之革命据点，但未成功。在与敌人的遭遇战中戴子安不幸中流弹受伤。刘大同曾有《送子安归医院》一诗云："蓬莱初罢战，归路夕阳残。骑马汗犹湿，征衣血未干。"副队长白耀臣在后来的战斗中壮烈牺牲，刘大同在《哭白耀臣烈士》中写道："为国以捐躯，我何必哭尔。朱家郭解风，吾党能有几。"二次革命失败后，刘大同的族侄英勇就义于吉林，他作诗云："当道尽豺狼，无块干净土。以死报国家，我亦不哭汝。"

　　在《哭滕学贤烈士就义于奉天》一书中云："我知滕氏子，死为国家死，不见沈水情，哭之而已矣。"在《哭刘铁烈士》诗中云："记得东瀛道，悠悠送我行。如何先我死，江汉水无声。"在《哭石磊、刘敢等烈士》诗中云："烈烈丈夫二十四，无教辽水血红时。风号雨泣复洲塔，来吊忠魂知未知。"

　　震惊中外的王晓峰、王明山行刺上海镇守使郑汝成事件，使革命党为之一振。刘大同在《送王晓峰、王明山二子赴歇浦》中咏道："易水何萧萧，阳关太寂寥。古今别离苦，难以画图描。"

　　二次革命后，革命党人流亡日本，思想波动很大，有的动摇了，甚至有的投靠了袁世凯。刘大同在《梦中题竹、甲寅三月十五日夜央中》咏道："不疏亦不密,干直而独立。虚心以待人,有节皆知己。"刘大同参加了中华革命党,并被孙中山委任为中华革命党首任东三省支部长。

辛亥革命后,全国各地的爱国志士纷纷弃笔从戎,参加革命军。但当时的武装弹药非常紧缺,刘大同当即卖掉一部分家产,通过老朋友顺利买下汕头的一座码头,明是商港,实则从国外购运军火,解决了燃眉之急,此举得到大家交口称赞。

1916 年,离乡 23 年的刘大同回到故里——山东芝畔村,立即投入到讨袁斗争中,参加了攻打诸城的战役,革命者成功占领了诸城县城。1913 年至 1922 年间,刘大同四渡日本,出版了《亡命诗集》,组织了平民社,主编了《平民诗集》,在日付梓,并为平民诗集题诗曰:"百年人易老,诗寿天地长。万国争传诵,平民第一童。"

赤心爱国　不畏强势

1936 年,西安事变前后,刘大同在天津英租界办《渤海日报》,写讽刺蒋介石对日不抵抗的文章和诗歌。蒋介石很恼火,但又拿他没办法,于是,派时任天津市长张自忠登门捎话:"如能封报并停止写攻击性的文章和诗歌,作为交换条件,可以公费派你一个孙子出国留学。"但被刘大同一口回绝。

1937 年,刘大同不顾自己腰症方愈,亲到抗日前线采访,并赠联浴血奋战数月的抗日战士:"褒扬无敌靖边主义,补戚武庄纪效新书。"他记道:"癸酉春,赤峰一役,四十一军血战数月而驰名中外……"

1938 年 11 月 26 日,刘大同在天津英租界回家途中被狙,致伤头部数处,住院时写下了《被难自述》一文:"予为政治革命,垂四十年,其间抄家二次,引渡两次,通缉七次,悬赏逮捕三次,监视两次,驱逐三次,受审十一次,艰险备经,屡濒于殆,然未曾伤及发肤。今年十一月二十六日,予竟被狙,致伤头部数处,创甚剧而卒未死者,委之曰:命可也……予尝与同志及诸弟子言,天变地变,而我之救世主义不变,此予之本性使然,差堪大白于天下也。"

1949年,中华人民共和国成立,时任中华人民共和国副主席李济深与夫人来到天津,专程拜访,刘大同与来访的李济深夫妇感慨万千,他欣然写道:"人人盼共和,徒唤莫奈何。今日新成立,我先击壤歌。"

当代著名诗人臧克家曾称赞说:"南有孙中山,北有刘大同。"

拒收重礼　永葆气节

1933年,日本以两千万元借款许他,要求其承认满洲国,被刘大同拒绝,并作诗以表其志,诗曰:"冰魂果真本天赋,玉骨从来喜雪培。秘语群芳花姊妹,人无气节是凡才。"日军侵占华北后,驻屯军司令几次派人到刘大同家中敦促其出山,委任他为伪华北自治政府主席职,并带来了委任状,刘大同断然拒绝,并当着日本人的面撕毁委任状并写诗曰:"任他风雪十分苦,不受东皇半点恩。"

军阀割据时期,各路军阀竞想聘请当时威望高的人为自己说话。张作霖、吴佩孚等人也都带着重金厚礼到刘大同家中,请其当顾问,都被刘大同一一拒绝,并写下豪言壮语:"能给英雄拉马拽凳,不能给坏人做祖宗。"

书法、作诗、绘画、收藏样样是行家

刘大同书法功力过人,苍劲有力,左右开弓,就连章太炎先生都赞不绝口:"诸城有三刘,明末刘子羽,清朝刘墉,民国刘大同。"刘大同一生的诗作很多,已出版的有《白山纪咏》《梅花吟》《百花吟》《岭南吟》《吁集》。未出版的有《历下吟》《芝城诗草》《赘行吟草》等。

刘大同的绘画水平颇高,尤善画梅,著名作品有《百梅诗画》画册,曾由北平出版社出版,又由吉林美术出版社再版。1930年,徐悲鸿与刘大同二人合作《梅石图》,大同画梅,悲鸿补石。刘大同还撰诗一首题于画上曰:"顽石不无奇气,寒梅自有铁心。自古画师多少,可逢几个知音。"

刘大同对古玉有独到见解,1940年出版了《古玉辨》。

1952年,刘大同病逝于济南,葬于千佛山。

追寻大同踪迹

——刘浩泉

2018年暑假,天气特别热,热得使人什么事情也懒得做,到了夜间也久久难以入睡。已是"立秋"之后,但气温还是持续在35℃以上。无事可做,与妻闲聊,久有去东北追寻大同踪迹的愿望,二人一拍即合,当即收拾行装,准备启程。

第二天,即8月12日上午,我二人赶往潍坊火车站,排队购买了通往吉林省通化市的车票。发车时间是12点20分。在候车室里,拨通了孙文采教授的电话。虽与孙教授从未谋面,但说明来意之后,孙教授还是很热情地欢迎我们到他家中做客。

孙文采教授在工作中偶然发现了刘建封的事迹后,便开始了对他的深入研究。经过长达十年之久的搜集、整理,对刘建封自受命踏察长白山,一直到辛亥革命以及在安图成立"大同共和国"等一系列革命事迹有了比较全面的、完整的研究。也就是基于这一点,我才决定直奔他而去的。

经过了23个小时的长途乘车,我俩于13日中午11点到达吉林通化站。下车后,随即联系了孙教授,在他的急切邀请下,我们搭车赶到了他的家中。寒暄入座,孙教授便滔滔不绝地讲述刘建封的故事。从候补知县,到踏察长白山;从加入同盟会,到成立"大同共和国";从血战牡丹岭,到转战广州;又从刘建封的诗词说到绘画;从收藏说到著书。对刘建封所做的事情如数家珍。从孙教授的讲述中,听得出,他对刘建封的事迹是花费了很多时间研究的。最后,孙教授深沉地对我俩说,刘建封的事迹很多,留下的诗句也很多,从他大量的诗句里,基本能够看到他革命一生的足迹。若要深入研究,还需下一番功夫。

看到孙教授有些累了,出于对他的尊重,我俩恋恋不舍地离开了。此时,已是下午 3 点多钟了。回到火车站,购了通往二道白河的车票。下午 4 点 27 分列车启动。到达白河的时间已是夜里 10 点 50 分。深夜下车,又下着雨。还好,出了站口,有专接住宿旅客的车辆。我俩上车来到了离车站不远的旅馆住下了。

14 日一大早,我们又乘上了通往安图县城的客车。12 点 50 分到达。客车没有进站,而是在一个广场的边沿停了。下车后来到广场,只见广场里醒目地矗立着刘建封的塑像,身着官服,高大肃立。我急忙前去拜谒。然后又在广场里观看了很多文化展品,其中就有刘建封踏察长白山时的墨迹石刻。

时间过得很快,转眼已是下午 2 点多钟,赶紧电话联系市政府文史办的安学斌主任。真是凑巧,正好安主任在办公室。我俩立刻搭车过去。安主任很热情地接待了我们。说明来意之后,安主任与我俩交流了近几年他对刘建封事迹资料的研究和整理情况,并把有关资料赠给了我。这是此行的最大收获。

离开市政府大楼,已是下午 3 点多钟了,赶紧就近找了个小饭馆吃了午饭,4 点钟又乘上客车朝松江镇赶去,大约 6 点钟到了松江镇。下车之后,在本地老乡的引导下,我俩沿着镇区主道朝西走去,很快便在路旁找到了刻有"大同共和国遗址"的石碑。据当地的人介绍说:当年的县衙已经拆掉了,现在盖起了楼房。为了表示纪念,就立了这块石碑。

晚上,就在镇上的旅馆住下了。夜里下了一整夜的雨。

15 日早上,雨一直下着,10 点多钟总算停了。急忙乘上赶往二道白河的客车,到达白河已是下午 1 点多钟。吃过午饭,又返回了住过的旅馆。这下总算松了一口气,资料到手了,"大同共和国遗址"也算找到,剩下的就是"长白山天池"了。

16 日早上 6 点就来到了集散中心,然后乘车赶到换乘中心,乘上景区的旅游专车来到了长白山景区,这里的景点主要是温泉和瀑布。

来到温泉附近,只见雾气蒸腾,整个空中飘散着浓浓的蒸气。地面上一个个的温泉涌出冒着气泡的热水,沿着斜坡缓缓流下。据工作人员说:这里温泉的水温高达98℃。过去有些游客带来鸡蛋,放入温泉,用不了多久,鸡蛋就熟了。现在,整不温泉区已经围上了栏杆,游客不能靠近。

离开温泉,沿着山坡继续上行,走不了多远就是瀑布了。很远就能看见一股流水从很高的悬崖上飞流直下,落地之后,泛起白泡,顺着山坡小溪流下。这就是刘建封在《长白山灵迹全影》中描绘的槎河瀑布。

结束了对温泉和瀑布的参观,又乘盘山车经过弯弯曲曲的山路,来到天池景区停车场。这时的天池景区已经挤满游客。因为连续下雨,在这之前已经封山7天了,所以今天游客特别多。从停车场到天池顶部的山坡上,真是人海茫茫。通往天池顶部的阶梯小道上全是人了。为了减轻山顶游客过多的压力,工作人员在停车场指挥游客排好队,按顺序陆续登往天池。我俩在烈日下,排了整整两个小时的队,好不容易总算登上了天池观望台。运气真好,正值天气特别晴朗。遥望四周,天池的全景一览无余,周围的山峰尽收眼底。俯视天池,池水蓝蓝的,蓝得整个天池就像用一块蓝布罩着了一样。赶紧拿出备好的《长白山灵迹全影》打开对照,三奇峰、乳头峰,清晰可见,其余的山峰可能日久风化,有点变形了,与照片不太一样。回首望去,真有一览众山小的感觉,其他山峰尽在脚底。

返回山下景区,才是下午4点多钟,距撤离景区还有一段时间,不愿错过大好的机会,赶紧跟随大批人群来到了"小天池"和谷底森林景区。在通往景区的幽静小道旁,意外地发现了一只猴头菇,可惜长在一棵大树上,太高啦,摘不下来。

刘建封于1908年奉命踏察长白山。曾四登长白,两临天池,历尽艰难险阻,克服重重困难,终于完成了对长白山的科学考察。为天池周围16峰命名,写下了《长白山江冈志略》《长白纪咏》,拍摄《长白山灵迹全影》,为长白山留下了宝贵的文化财富。

踏察长白山之后,清廷在安图设治,刘建封成了安图第一任知县。1911年,武昌起义爆发,消息传到东三省,刘建封率起响应,通电中外,宣布独立,并成立"大同共和国"。从此,刘建封变成了刘大同。

大同公园修建记

——刘浩泉

2017 年 5 月 20 日，我接到刘自力从天津打来的电话，他跟我说，他要出资为刘大同卓行碑迁址，最好能选一个较为宽敞的地方建个亭子，然后将卓行碑迁过去。他还说，这件事由我全权代理。

我放下电话之后，反复琢磨，这么大的事由我代办，这不是难为我吗！但又想，既然他这么相信我，我也不能推辞，考虑再三，还是欣然接受了。

接着，我电话联系了景芝镇党委书记孙志杰。孙书记听后表示全力支持，并在百忙中来到芝畔，经过察看，再三权衡，最后决定在芝畔社区院内东北角，大约一千平方米的地方，在那里修建一个公园。

园址选好后，我马上联系了"当代徐霞客"李存修，想请他帮助筹划。经他引荐，我认识了原市文化局局长李连科。李连科现任安丘市历史文化研究会会长，李存修任顾问。在他二人的组织下，于 5 月 29 日在市历史文化研究会召开了专题会议，研究讨论如何修建公园，并借机大力弘扬刘大同的革命事迹。6 月19 日，在市文化局又召开了第二次会议，专题讨论此事，会后李局长带领二三十位与会人员来到芝畔，现场察看地形，然后，又在芝畔社区会议室进行了磋商。会议中，李存修站在历史的角度上，高度评价修建公园对于弘扬刘大同的革命事迹和革命精神的重大意义。与会的其他人员也纷纷发表了自己的看法。

听取了大家的建议，总体盘算，本想找一个施工队整体承包下去，可是经过联系洽谈才知道，这样做需要资金太多，无法承受。经过反复酝酿，又听取了李存修、李连科的意见，最后，我把整个工程分成三项：建院、造亭和绿化。这样一分，建院和绿化可以从本村找施工队，既方便沟通指挥，又可节省工钱。而建造亭子一项是必须由专业队来操作了。

就这样，我分头联系，各自准备，一切就序，只等择日开工。

7月6日暑假开始了。7月8日，本村的施工队来到工地，工程开始了。尽管酷暑难忍，工人们依然顶着烈日，不辞辛苦地坚持大干。就这样，第一天挖墙基，第二天垒墙……

10天院墙完工了，原来的一片荒场，变成了漂亮的栅栏花墙，有了公园的初步模样了。

开工之后，我就察看了原来的卓行碑，发现碑的背面文字因日久风化，模糊不清了。经与李经国（刘自力的表哥）商量并取得刘自力同意，决定重刻，并将正面碑文"刘公桐楷卓行碑"更为"刘公大同卓行碑"。刻碑的工作比建造院墙晚两天开工，但经过加班加点，也总算是赶出来了。

7月18日，也就是院墙完工的第二天，新刻的卓行碑就矗立于大同公园院内。

7月22日，建亭队来到工地。这是从临朐请来的专业队。专业队就是专业，他们就四个人一开始就表现出了高超的专业水平。在以后几天里，随着工程的进展，在不同的阶段就有不同的人成为技工大显身手，而在上一段中的技工到了下一段就变成了小工，每天都会有你意想不到的进展，在不同的进度中都有一个或两个表现得身手不凡。第一天扎架子，第二天立柱子，第三天上顶梁……9天，一个完好的亭子就完工了，明天，就要涂漆了。第10天，也就是7月31日，联系好的山石运来了，赶紧联系了吊车。吊车司机和拼造假山的师傅配合得很默契。不到两个小时，一车笨重的大石头，就拼成了一个美丽的假山。

这一天也真够忙的，大众日报社的记者逢春阶也从济南专程赶来采访。采访也算顺利，我所知道的，都告诉他了。电话联系了村里的两位老人，继续接受采访。

走进公园一看，亭子就像新娘子穿上新装似的，变得焕然一新，显得非常漂亮。

公园里总得有小路吧，不然，游人怎么进来参观呢？公园里的小路要用荷兰砖铺成才算好看。前些年，荷兰砖在农村的水泥预制厂里到处可见,可是近两年,预制厂几乎全部停产,我跑遍了周边的乡镇、村庄,最终在景芝镇区总算找到一家继续生产的预制厂。虽然还在生产,但货源不足,供不应求,需先付款预购,三天后再送货。不管怎样,总算有货了。

8月4日傍晚,荷兰砖终于送来了。

8月5日,本村的施工队再次开进工地,开始了紧张而有序的工作。我跟他们一起划线、丈量、摆图案……主路铺成直的,副路绕着公园是弯曲的。用了5天,就顺利完工。

最后的一项工作就是绿化。8月11日,我驱车赶往青州黄楼镇,经过仔细查看图样,再到基地精心挑选,终于把理想的花苗选齐了:美人梅、三角梅、扶芳藤、黄杨、连翘、鸢尾、萱草都有了。因为刘大同擅画梅,所以特意选了美人梅,准备栽在亭子前方小路两旁,正在盛开的三角梅,放在卓行碑前面,准备庆典时用。

花苗选好了,专业运输车也约定好了。我立刻返回芝畔,筹备明天的工作。

花苗大约是在8月12日凌晨4点钟到的。我赶紧组织人员卸车,刚卸完,预先找好的栽花植树人员就陆续赶到了。十六七个人紧张而有序地劳动了一整天,傍晚就将运来的花苗全部栽入地里。至此,公园的全部工作算是大功告成。

经过仔细琢磨,还是再美化美化更为妥当。于是就请来了初中时我教过的学生、现在读美术研究生的陈金旭和我以前的老校长、擅长书法的丁桂洪,分别将刘大同的梅花图连同题词绘于公园的北墙壁上。然后,又将李连科局长从上海带回来的孙中山的题词"大同"字样,请人刻成匾额,悬于亭子正面上方。这样,既把刘大同的个人爱好、理想追求再次呈现给世人,又为公园增添了亮丽的景观。

8月17日,刘自力来了,李经国也来了。还有从安丘不同单位赶来的领导、景芝镇党委的领导,以及本村的、邻村的村民几百人,来到大同公园欢聚一堂。李连科局长主持了庆典仪式。潍坊电视台,安丘电视台、潍坊晚报等多家媒体现场报道了这一盛典。

景酒飘香

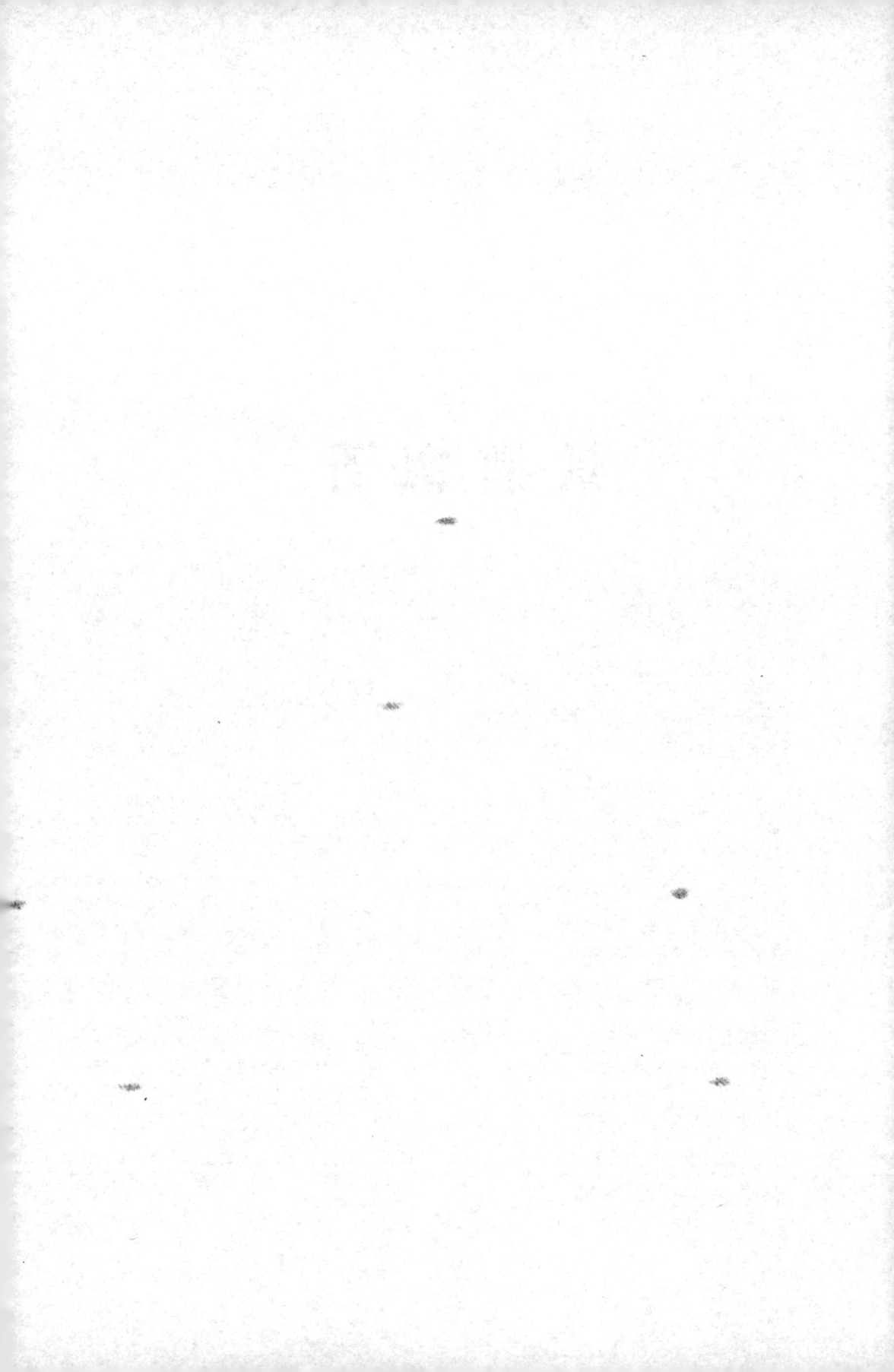

民国报纸上的景芝记忆

——冯金玉 逄顺路

景芝,北宋景祐年间因此地盛产灵芝而得名。明末清初启蒙思想家顾炎武在《天下郡国利病书》中将景芝与颜神、安平(又名张揪)并称"山东三大古镇",其中景芝以酿酒闻名于世。

明清时期,景芝曾被高密管辖,涌现出许多名门望族。隶属高密的兵科给事中李龙衮家族、西宁道郝文芳家族、泾县知县杨志洵家族、景芝冯氏家族、景芝赵氏家族等,名人辈出,根传不朽。其中,史载:冯尔昌,同治年间中两榜进士,诰授从一品荣禄大夫。数度携景芝高烧入京,作为家乡特产遍送同僚,景芝酒由是而名闻京城。同时,民国时候,冯氏家族中有位崔姓亲戚,担任南京国民政府要员,冯家老人去世后,蒋介石还从南京专发哀帐唁电给予慰问,当时接到哀帐竟不知如何摆放,可见非同一般。民国时期,景芝作为交通、商业重镇,也常常见诸报端和史志。让我们一起翻阅民国时期的报纸杂章和志书,回眸一百多年来的景芝沧桑变迁。

匪患丛生,战事不绝

早在民国初年,景芝由于经济发达,成为土匪经常出没的地方。1937年阴历腊月23日,日寇进驻景芝,自此民无宁日。日伪军在景阳门上修筑碉堡,拆除在射程以内的若干民房,设置障碍,九大城门封闭了八个,仅留下由伪警备队把守的启文门,对出入行人横加盘查,致使景芝镇域由"活地"变为"死地"。

1919年,《北京益世报》刊登题为《鲁省匪势之蔓延》的报道中涉及景芝,称"沂水、莒县、诸城、安丘自民军马海龙及赵德胜所部溃散,大都窜入沂水境与莒县境，而啸聚于蒙山一带……景芝乃安丘之巨镇也，商业繁盛，人烟稠密，有陆军驻守。其地平昔即有畏匪如虎之谣，日前突有大股土匪潜入景芝，一夜连掠十余家"。

1923 年 5 月 26 日，《山东民国晨报》刊登关于山东匪患的报道，称"诸城北乡匪患严重，上月 13 日夜，曹村被劫，架去村长邱某之子一人，火焚房舍大半，架走王姓长工一人，当夜枪毙。次晚重来，又将王姓一人架去。18 日架去太古庄张翰元子，其子受伤反抗，当场击毙。河盆庄民王梦开，年前被匪架去毙命，其子以三千元赎尸，本月出殡时，匪绕庄三次，鸣枪示威，庄民以枪报之，以示抵御。至夜匪又来……将王姓家中架九人，毙一人……"。景芝位于诸城北乡，说明景芝当时亦是匪患猖獗之地。

1928 年，《北京益世报》刊登关于景芝一带驻军情况的报道，称"景芝镇代理师长彭智芳部下两百名"。

1930 年，《北京益世报》刊登题为《胶东匪祸惨烈，安丘股匪攻陷景芝镇，焚烧民房杀掠数百人》的报道，称"匪首王子明原系张宗昌余孽，聚众千余人，突于 13 日早 1 点，攻于安丘城东南乡景芝镇，纵火焚毁，是夜该镇火光冲天，喊杀嚎哭之声，可闻数十里。该镇以产白酒著名，富庶十倍于安丘城，其民团二百余人，枪械俱全，是夜仅逃出六十人，其余生死不明"。

1934 年，《山东民国日报》刊登景芝镇驻军前往高密会同张步云部围剿刘黑七部土匪的报道，称："刘桂堂残匪前日窜入五莲山，未久停留，又复窜潍水，原定奔海口，只因海口海军密布，不敢前往。昨日午后至诸城城北之昌城，继续沿潍河岸北进赵家庄、双唐、寨里、王家巴山、李家庄，过潍河至高密、诸城城五十里，景芝镇东南三十里。高密连庄会张步云便县及附近东注沟、西注沟等处，匪未觉察，入古县后，时出痛击，至八点止，已毙匪六十余人，匪马五十余匹，纷纷溃逃。景芝镇驻有唐邦楠旅之一团，闻警出动。消灭残匪在即，韩主席原定昨午后东赴督剿，手枪两营乘第一列车先开道后，第二营随韩乘第二列途北窜，韩临时中止出发，其手枪旅两列车直开潍县待五莲山窜出沿途军队痛击情形，分述如左……"

商贸繁盛,酒业发达

景芝不仅是当时附近诸城、高密、昌邑、安丘县农副产品的集散地,也是胶济铁路沿线各站及青岛、济南等地烧酒业的货源地。每年夏收以后,满载小麦的独木轮手推车排成长队,前车已到粮食市,后车还在启文门外。卖粮食的人山人海,掌柜的趁机囤积小麦和高粱,待机抛出获利。这种情形一直延续到1937年七七事变,促进了景芝商业特别是酒业的发展。

1915年,《山东实业商报》刊登征集筹备巴拿马万博会物品的报道,称"山东省行政公署征集筹备巴拿马万国博览会物品,通令参展的产品'高密县'条下有'景芝烧酒'"。

1931年,《中国古今地名大辞典》中有景芝商业繁盛的记载,称"景芝镇在山东安丘县东南五十里,接诸城、高密二县界,为往来通路。明万历年间尝移莱州通判驻此,清移县丞驻之,今废。商业繁盛,产白酒颇著"。

1931年,《北京益世报》刊登一篇题为《乡味》的文章,记述景芝美酒和姚家庄狗肉。文章称"前日,写信寄一乡人,中有云:'这年头儿,不必出来混。祇要篱旁巷口,没有精于绑票的能手。坐在热炕头上,烫上两杯景芝烧酒,到姚家庄撕两三斤肥狗肉。冷狗肉,热烧酒,一口一杯,三杯落肚,大吃特嚼,也足够快活一时了。'景芝系胶东一镇,属山东安丘县辖,以产酒著,特以之比于南北名酒,殊属美而不彰。国内都市酒店,或标山西汾酒,或书兰陵佳酿,独无标卖景芝名酒者。然我尝南北各地名酒多矣,觉皆未能与景芝酒匹。景芝酒味甘而冽,芳香直达胸臆。而性极和,以汾酒比之,蔑如也"。

1933年,《青岛时报》刊登景芝烧酒的广告,称"味美适口,价值低廉,竭诚欢迎光顾,请尝试之,方知言之不谬也"。

1934年,《胶济铁路沿线经济调查报告汇编》记载:"以高粱酿制者为高粱酒,亦名烧酒,以黍酿制者为黄酒。即墨之黄酒,历时稍久,独以老酒著称。黄酒在胶东所产,多于高粱酒,中部少,鲁西盖不常酿矣,鲁人服食甚俭,惟于高粱酒人人皆嗜,故产量特多,盖亦风尚使然。安丘之景芝酒,因产于景芝镇,故名,实则高粱酒也,最为佳酿,论产酒之多,即墨老酒,年约一百万斤,海阳、掖县、招远黄酒,少者一百万斤,多至四百万斤,高粱酒则安丘、潍县、青岛、淄川、莱芜、泰安、长山、商河、济南等处,多在百万斤以内,以安丘为最多,年产二百余万斤。"又载:"高粱酒、黄酒,嗜者甚多,营业甚盛。商家之数,以安丘、掖县为最多,交易总值在五十万元以上者,为青岛、安丘、泰安、济南四处。各家资本,最高二万元,最低二百元,普通在千元左右,酒之来源,皆在当地酿造。安丘全县酿酒家数约三百左右,散布各乡镇,而以景芝镇为最多。其原料多在青岛采购,每年由青岛输入之高粱,约千五百吨,合计全县酒之产量,约四百万市斤。酒味香醇,名驰远近。销于境内者半,余者销于邻县及胶济线各大镇。"另载:"景芝乃邑中大镇,居户一千三百余,人口五千二百余,大小商号约七百五十家,镇中商业以酒业为主干,各业商号多兼理之,各业交易总值年达五十万元,而酒之交易占其过半数。酒味香醇,畅销各处。"

交通便利,兴教成风

景芝自古有"四县(诸城、高密、昌邑、安丘)通衢"之称,到 1930 年,由安丘至景芝北河西村前的第一条公路建成。1936 年,建景芝至高诸交界、双羊镇、注沟镇公路各一条。1937 年改修安丘至景芝公路,绕镇南直达渠河。该镇由于交通便利,商业繁荣,在山东省的名气越来越大。

1932 年,《山东民国日报》刊登题为《烟潍路恢复通车》的报道,称"烟潍汽车路已恢复通车,其至景芝镇汽车路,经安丘城北之汶水桥。因夏间水大,久经冲毁,故每逢夏秋之际,皆停止通车"。

1934 年 5 月 26 日,《山东民国日报》刊登景芝一直重视教育的报道,称"安丘县县立第二小学自民国二十年成立以来,已三易校长,当成立之初,教育行政机关即委学检委员李蔚忱充任,李此职未久即行离校。继任者为赵毂尔,赵氏对于该校进展不加努力,故为当地人所不满。县教育局乃将该校长与第三小学校长马锡络对调,马氏到任后,即竭力整顿,不遗余力，内容颇有可观，讵料为期仅年余，即以资格问题，被教育厅指令不合，另行更易。县政府奉令后即委检定高正合格教员赵俪声接充，现已交待清楚，接任视事。赵氏为人忠厚对于学务颇有经验，将来该校之发展可以预卜"。

这些弥足珍贵的民国时期报章史料上的有关景芝的文字，对于研究"民国时候的景芝"将会大有裨益并钩沉出很多话题。

文化长廊的绿色阵营

——周 习

　　踏进景芝,眼前就有一座古色古香的牌坊横跨马路两边,两面由中国书法家协会首任主席舒同先生题写的"山东景芝酒厂"分外醒目,其中"东"和"厂"都是繁体字,可见题字有一定的历史了。

　　对云贵高原乌蒙山的采访,让我还沉浸在国家精准扶贫和红军长征的红色文化中,强渡大渡河的杨得志将军给我们留下深刻印象。在景芝酒技艺长廊上,猛然间看到戴着眼镜十分认真书写的杨得志将军画面,深感诧异。经了解,才得知山东浓香型白酒景阳春的诞生来自于他。立刻,他在我心中成了文武双全的人,赞叹开国将军既打得了仗也搞得了经济。20世纪80年代初,茅台酒每瓶8元,而景阳春每瓶8元2角。我不知道在中国还有没有军人与酒的故事能超越景阳春的传奇。

　　我凝视着画面上的杨得志将军,感慨万千。想当年汹涌澎湃的大渡河边,杨得志任红一团团长,他指挥着十八勇士分两次渡过了大渡河。他参加过平型关大捷、抗美援朝。1953年10月1日,他率领志愿军代表团回国参加建国4周年国庆观礼,毛泽东在观礼台上向刘少奇、朱德介绍:"此人大名杨得志,当年强渡大渡河的红一团团长,如今志愿军的副司令、彭德怀的助手。湖南人士,我的乡里呀!"毛泽东主席一生多次到济南,杨得志陪同视察。景芝酒业首席文化官冯金玉先生说,杨得志的女儿杨秋华来过几次酒厂,他接待过,且杨秋华讲述了许多父亲的传奇故事。

　　茅台酒因红军四渡赤水而成为国酒,安丘景芝也因为杨得志将军的提议诞生了名牌景阳春,于是我格外留意起军人与景芝酒的缘分,我忽然发现这么多军人关注过景阳春。著名军旅作家李存葆多次来过景芝酒业,留下了这样的题词:酒是艺术的上帝,作家的灵感,因为酒永远和人民的喜怒哀乐连在一起,愿景芝酒香飘遍中华大地。李存葆出生于 1946 年 2 月 19 日,家在山东五莲县高泽镇东淮河村,和安丘离得比较近。他于 1964 年入伍,是一位豪爽的人,拥有少将军衔,文学创作一级,是第四届中国作家协会副主席。北京《十月》杂志的张守仁老师每次见他,都说起顶着被开除的压力给李存葆发表中篇小说《高山下的花环》的过程。1988 年,李存葆任职济南军区文艺创作室,在景芝酒厂 40 周年庆祝活动时,他前往出席并讲话,留下了一些文字。2008 年,李存葆的好友、作家王光明在潍坊写报告文学,正月里,李存葆将军冒着大雪去看他,并且再次来到酒厂参观。我见到李存葆老师的时候已是 2011 年的夏季,他来青州,我们在云门山下吃饭,他说李群同志(现任文化和旅游部副部长)在临沂工作的时候邀请他去体验生活,他到了沂蒙山区,写出了《沂蒙九章》。这一次,他带来自家房顶上结的脆瓜给我们吃,说自己种的菜,不打农药。

在长廊里,我看到了著名作家莫言大幅的半身像,又看到了莫言给景芝酒的题词:安丘有好酒,也有美文。莫言是潍坊人的骄傲,潍坊作协主席芳洲和他是同学,他们关系很好,2008 年的春节前,芳洲主席领着我和黄旭升去高密拜访莫言。莫言住在南关的新小区内,五楼,房子很宽敞很漂亮。中午他和我们一块吃饭,还特意点了高密炉包让我们尝尝,他和我们谈文学,鼓励我们好好创作,鼓励我早加入中国作协。席间品尝了我拿去的寿光全家兴酒。2011 年,莫言从日本回来,顾不得休息就给我们潍坊的文学朋友作讲座,中午一块吃饭,不时地开个玩笑。冯金玉先生说就是在这次会上,他给安丘写下了上面的话。

我看到著名作家峻青给景芝酒的题词是:香飘万里,名扬八方。那一年,我在潍坊开发区一家宾馆见到了峻青老师。他已 83 岁,留着长发,他和妻子两个人都带着墨镜。峻青老师说到他的名篇《老水牛爷爷》和《黎明的河边》,说到课本上采用与否的问题。后来他家乡的作协主席江城举办文学活动时,我到了海阳市,专门和寿光的文友孟春、李彩华去了峻青的老家。

1988 年 5 月,著名作家冯德英为景芝酒厂写了:景芝酒香飘万家。冯德英 1935 年出生于山东省乳山县,1949 年年初参加中国人民解放军。1950 年爱上了文学,写出巨著《苦菜花》《迎春花》《山菊花》。冯德英后来在《泉城》做主编,是济南市政协副主席、青岛市政协副主席、山东省作协主席。

给景芝酒厂题词的军人还有李真将军:唯有饮者留其名。李真将军是江西永新县莲洲乡黄门坊人,参加过工农红军,1955 年被授予少将军衔。他在 1988 年风筝会期间邀请到潍坊参加文化活动,到景芝酒厂采风,留下题词。

还有一位军人给景芝酒写过一首诗:饮马昌邑主好客,牛头镇上夜谈兵。九山全羊味最美,夫人景芝醉酩酊。他就是《铁道游击队》作者、令人尊敬的山东省第一任作协主席刘知侠。他 1919 年生于河南省卫辉市,一生中写了 400 万字的文学作品。长篇小说《铁道游击队》有 40 万字,一出版就告罄,前后印刷 400 万册,翻译到世界各地。刘知侠老师去过我的家乡寿光。我们的老前辈李树高老师说起此事,感慨万千。他来寿光参加文学创作会议时,我还在上中学,所以从没见过他。

和我"鲁院"同学、著名军旅诗人康桥女士交流过对景芝酒业的感觉,她说也去过。以后又有牛红光、谭悦新、袁伟等将军来过景芝酒业。正是有了这些中国军人的参与和支持,景芝酒业才一步步壮大起来。而我们今天的幸福生活,更离不开军人的奉献,这些有关军人和酒的故事带给了我关于军民鱼水情的深度思考。

酒的味道

——韩香云

景芝酒业坐落于蜿蜒的浯河岸边，与渠河一脉。好水之地才能出好酒。景芝白酒就是因为汲取景芝优良的地下水而酿就，传统的老黄皮景芝白乾，取五粮精华的浓香型景阳春和独特的芝麻香型一品景芝酒才得以蜚声齐鲁大地。有人问我，你在景芝酒厂上班这么多年，你能给我说说酒的味道吗？

我只能说对白酒仅仅是略知一二。总体来讲，当酒过三巡菜过五味后，白酒的味道就是或香辣或绵软或醇厚或纯净。但若要往深入了说，除了这些感官上大家共同能体验到的，不同时期、不同场合酒的味道还是有诸多差异的。

正如一千个人心中有一千个哈姆雷特，每个人心中都有对酒的味道的独特感觉，无论男人、女人，豪放的或是悲壮的，幸福的或是忧愁的。若说酒的味道是热烈如太阳的，有时也是辛辣枯燥味同嚼蜡的；若说酒的味道是甜蜜如爱情的，有时也是激烈苦涩难以下咽的；若说酒的味道是醇厚如友谊的，有时也是明争暗斗如鸿门宴式的……

有人说白酒如烈火，下喉如刀割，入肚一团火。一般喝这种酒的是在外打工的辛苦人。一个人离家在外，工作劳累，要的就是这个感觉。顺一口白酒，主要图个辣乎劲能解解乏，图能帮着缓解一下念家之苦，想来这杯酒里有丝丝泪水的味道。

我接触白酒是从小时候，因为我的父亲。他是一名工人，每月定时休班。回家来，老婆孩子热炕头，他喜欢在冬日里，把景芝白酒盛满盅，点燃，燎一壶，大约三两，也就三四盅，就着佳肴浅酌细品。很多时候，这一壶酒并不能让父亲面红耳赤,更多的作用是引起谈兴。父母于是热切地聊天,说家里的收成,说左邻右舍家发生的事情,说哥哥和我的学习。在我们兄妹埋头吃菜的时候父亲还要单独给我们上课,讲酒桌上的礼仪,要求吃相要好,不能不顾别人。所以我打小就记得吃菜时只能夹冲着自己这面的,而且不能一盘菜连续夹三次,要有停顿。但如果在菜顶上有块你实在想吃的肉,我总结的经验是可以不断地从你这一侧挖掘,等菜顶坍塌,那块你相中的肉会顺势滚到你这面,愿望就可以满足了。

感恩生养我的父母给予我生命,把我带到这个世界,让我体味为人之快乐。并为我扛起重担,教我做人的道理。我常常闻到父亲的白酒带着浓浓的香。据父亲说,不仅入口香,空杯留香,若扣下酒盅还能隔夜闻香。因为和着父亲的气息,我总觉得这杯酒很香很暖,可惜物是人非,这种味道永远消失了,再也闻不到了。

长大后,我喝的第一场酒是散伙酒。毕业了同学们总要各奔东西,或许"浮云一别后,流水十年间",或许是最后的诀别,再也不见。年轻的我们学着"醉笑陪公三万场,不用诉离殇"的豪迈,体会"痛饮从来别有肠,今夜送归灯火冷,河塘,堕泪羊公却姓杨"的依依惜别。从此以后,我们就是大人了,要踏上这个社会,走一条自己的路。

一年容易又秋风。每每想起那个场景,嘴边仿佛还留有当年的酒味,爽滑,干净,有回味,充满了友谊同时又充满了感伤的感觉。而以后的聚会再也凑不全人,也找不到了那种纯真的感觉。原来人生最美莫过于初吻和初次喝到的那一杯白酒啊!

外面的世界很精彩,外面的世界很无奈。踏入社会后,无论有了小成功还是小失意,时光总会推着你走到适婚年龄。如果被剩于生理和心理都是不利的,仅七大姑八大姨的"夺命十八问"也不能轻饶过你。于是自愿或不自愿地开始谈婚论嫁。生活不会一帆风顺,"可是还好,我遇到了你"。在夹杂着祝福调笑的声音中,一杯美酒被斟满,端起了酒,也端起了新生活,更端起了一份责任。从此以后,父母可以放手,为你们自己的小日子好好奔忙去吧。

这杯酒的味道对许多人来讲，当时可能光顾着咧嘴笑或应酬了，不一定来得及仔细品味，不急，以后的日子有的是时间去仔细地了解与品味。是"你在花里，如花在风中"的幸福，还是"生活中每一次重逢都是那么美丽"的无奈，是甜美还是苦涩，是越来越甘冽，还是夹带着酸涩，个中滋味只能靠你自己去经营去体验了。酒起初是辛辣的，但年份久远、储存良好的高档白酒，喝时能品出丝丝甜味，这个并不夸张，它像极了爱情。

工作后，一般喝酒是两个人及更多人的。世界爱了我，我不能不爱它。君子重情不忘恩。记人恩，格局才会大，人生路才会宽，所以我们要感恩朋友。因为当我们陷入低谷，心里话无人倾诉时，朋友用真挚的友谊给予我们鼓励和安慰，当我们遇到麻烦时，朋友及时伸出援助之手。这些酒是必须要喝的。

要喝那种入口绵软柔和，味厚宜人，下喉顺畅，到胃后不难受的酒，最好找个安静之所，两个人或几个人慢慢边聊边喝，谈理想谈未来谈感情，随着酒意漫溢上来，气氛会跟着上来。这时候，可以有泪水也可以有歌声，和着勇气，和着豪情，用以佐酒。此白酒入口，味道纯洁，均匀，从一而终，没有断层，不寡淡，不飘，无杂味，入肠舒服周正。一般喝到微醺，口不干舌不燥，回家睡个安稳觉。第二天，不头疼，不影响继续奋斗。

后面的酒，无论是弄璋弄瓦之喜，还是开张乔迁之喜；无论是呼朋引伴的庆功酒，还是分忧解愁的酒；无论是诚信实在的感谢酒，还是真心诚意的道歉酒等等，大多是稍稍喝一点，点到为止，所有人都端着笑脸，说着祝福的吉祥话。尤其与领导或同事聚餐，更多的心思用在了不要说错话，不要出了丑，思想往往冲淡了酒的味道，忘了尝尝酒是啥滋味。

白酒可以通古今，去性别，平辈分，消阶层。酒的味道是女士脸上那抹娇羞的酡红，酒的味道也是男人在暗夜里跋涉时那一缕遥远的灯光，酒的味道是酒后相互搀扶时歪歪扭扭的步伐。没有什么事不是一杯酒不能解决的，一杯不行，那就两杯。既可以让你在跌倒时爬起，重振旗鼓去面对新的挑战,又可以让你在遭受委屈后睡一觉醒来忘掉烦恼,驰骋在新生活新篇章里。

多数时候,感觉比较飘渺,有时候甚至不足为外人道,自己也说不清。但当酒与心情与文化相结合相寄托时,就会演变出更多不一样的感觉,这些也许才是真实的酒的味道和意义所在。

酒入了诗仙太白的豪肠,"七分酿成月光,三分啸成剑气,秀口一吐就是半个盛唐";酒入了诗圣杜子美腹中,变作"安得广厦千万间,大庇天下寒士俱欢颜"的国民忧伤;酒入了东坡居士的月下杯中,化为"但愿人长久,千里共婵娟"的千古绝唱。同时,酒是李清照"误入藕花深处""应是绿肥红瘦""这次第,怎一个愁字了得"尝尽人生喜愁的不醉之酒;是唐伯虎"三杯浑白酒,几句话衷肠。何时归故里,和她笑一场"的祈愿之酒;是秋瑾"貂裘换酒,热血化碧涛"的豪情之酒;更是李云龙为部下敬上的"抗战未胜誓不回"壮行之酒……

白酒是五粮经过物理、化学变化,淘尽糟粕,沉淀下的精华,是涅槃后的绝代芳华。酒有各种香型,也就有不同的生命轨迹,所以说白酒是流动的,是有感情的,你用心对待它,才能出醇厚的好酒。酒的味道是多姿多彩的,如同人生。所以,不要听别人怎么说,不要囿于被提前注入的思维,要学会从不同时段、不同角度去感受、去理解。其实这不正与人生世界的趣味所契合吗?人生之路需要自己去不断去探索去尝试,酒的味道需要人用心去品尝去体味。醉过才知酒浓,爱过才知情重。不知道你心中"酒的味道"是怎样的呢?

岁月悠悠 一壶景酒

——李凤玲

小时候，给父亲买酒，是一件天大的事。

那时候的日子，穷啊！一年到头辛苦劳作，让父亲的脸上难展笑颜。唯有一壶景芝酒，可以给父亲的生活暂添晴暖。

时令是初冬。父亲出工回来，带了一身寒气。他一边搓手哈气，一边叫着我的小名："去，给爸爸买酒去！"

我攥着手里薄薄的纸币，去村东头的小卖部给父亲买酒。

酒是景芝酒。透明的青色玻璃瓶上，贴着绿色的商标，上书"景芝白酒"。瓶身瘦高，瓶脖儿更细，瓶嘴上盖着银色的铁盖。

酒，究竟是什么味道呢？这无色透明的液体，居然有一股强大的可以让父亲兴奋的魔力。一天辛苦劳作之后，最让父亲期待的，似乎就是晚上的一壶热酒。

我提了酒瓶回家的时候，父亲已经将方桌搬上炕头。他盘腿而坐，碗筷酒盅业已摆好。母亲炒了一碟花生米，还将辣疙瘩咸菜切成了条，那是自家大瓮里腌的。一年四季的饭桌上，一碗咸菜，是从来都不会缺席的角色。

酒买回来了。父亲拿出酒壶，准备燎酒。这是寒冷冬日里，父亲喝酒之前的一道必要工序。

父亲先将酒壶倒满。然后又另外倒出一盅。他擦一根火柴，小心翼翼凑近酒盅。一簇幽蓝色的火苗，突的跳了出来。以酒燎酒，就地取材，也算是庄稼人最朴素最智慧的发明了吧？

父亲提着酒壶的细脖儿，将壶底靠近火苗开始燎酒。空气中顿时弥漫

81

着一股神奇的味道。奶奶说:酒是粮食精,越喝越年轻。没错的,我使劲抽动鼻子,闻到的似乎就是院子里仓囤中那些粮食的味道。温度上升,热气蒸腾,无数个酒分子在空气中挥发、弥漫,它们也缓缓地进入了我的胸腔。

酒燎好了。父亲将酒壶倾倒,斟出一盅。他端杯深抿,"吱溜儿"有声。酒咽下去了,他咂摸一下嘴儿,再深舒一口气:"哈——"似乎所有的酒滋味,都已经渗透了全身。原先的一身寒气也被这一口热酒逼出、分散,满身的疲惫也被这一口热酒化解、消融,就只剩了满屋子香喷喷热烘烘的酒气。

父亲用手拈了一粒花生米,一边送进嘴里"嘎嘣嘎嘣"地嚼着,一边又用筷子夹了一根咸菜条,他腮帮蠕动,慢慢咀嚼。酒香合着菜香,还有父亲的心满意足,将这原本低矮黑暗的小屋子烘托得明亮亮暖融融。

许是因为酒劲上涌,许是因为热气上升,父亲的脸上蒙上了一层浅浅的酡红。母亲瞅瞅父亲的脸庞,温柔地说:"少喝点吧……"父亲并不言语,他慢条斯理地拎起酒壶,又倒了一盅。

两杯酒下肚,原本缄默的父亲开始高谈阔论。父亲一向识文断字,也算走南闯北,虽说沉重的生活让他有些寡言,但只要一沾了酒,他便一扫从前的沉郁,变得意气风发。我常说,不饮酒的父亲是杜甫,饮酒的父亲是李白。是故乡的景芝酒,让父亲变得浪漫诗意。

第一盅酒,父亲尚有"花间一壶酒,独酌无相亲"的落寞与寂寥;等到两杯下肚,便有了"长风破浪会有时,直挂云帆济沧海"的壮阔与豪迈;待到三杯见底,壶身渐轻,父亲便眉飞色舞,一派"仰天大笑出门去,我辈岂是蓬蒿人"的豪放与不羁。

但,再怎么豪放,父亲也会在母亲"少喝点"的叮咛里停杯投箸,适可而止。只有家里来客的时候,才可以"两人对酌山花开,一杯一杯复一杯"。最常来的客人是舅舅。他骑着大金鹿,迤逦6千米乡路,来看望他的亲妹妹——我的母亲。于是乎,父亲逞强的时候到了。他将自己平日喝的青色商标的"景芝白酒"换成了黄色商标的"景芝白乾",这是更高一等的"景芝酒"，俗称"黄皮"。黄皮度数高、劲头大，舅舅尤其喜欢。

倒一盅"黄皮"，舅舅和父亲聊起今年的粮食和收成；再倒一盅"黄皮"，父亲和舅舅聊起孩子们的学业与成长。"酒酣胸胆尚开张，鬓微霜，又何妨"，故乡的那一杯景芝酒啊，让两个担负着沉重家业的中年人，暂时卸下心头思虑，得一时恣意与轻松。

"我欲醉眠卿且去，明朝有意抱琴来。"父亲醉了，倒在炕头上沉沉睡去。舅舅则骑了自行车，歪歪扭扭地隐进夕阳中去。

景芝酒，是我整个童年与少年时代里，一个蓬勃旺盛、能让枯燥的生活焕然一新的代名词。

长大了。开始写字。"李白斗酒诗百篇。"大概每一个喜欢写字的人，都有饮酒的基因吧。又或者，从小氤氲在父亲酒香里的我，早就练就了一身饮酒的"童子功"。是故乡的景芝酒，给了我最早的酒启蒙。

也曾经不止一次地，跟随一众文友，走进景酒源头，走进景酒腹地。

在景芝酒之城，我见到了松下古井。那一眼清泉，就是景酒的最初。从一捧纯粮，到发酵，到蒸馏，到第一滴原浆绵绵沥出，我亲见了景酒酿造的全程。我恭敬地端了酒杯，接一口原浆来喝。我低头深嗅，昂首浅尝，在弥漫着浓郁酒香的酒城，这一滴原浆酒，仍旧冲破了我的鼻腔，深涌入喉。

古法酿造，千年传承。这一滴，是父亲方桌上的那一盅"青皮"吗？是招待舅舅时的那一壶"黄皮"吗？是后来更加高级的"扁特"（景芝特酿）吗？是"景芝芳酎透瓶香，壮士豪饮十八觞。酒助神威降猛虎，谁道三碗不过岗"的景阳春"小老虎"吗？抑或是后来芝麻香型的鼻祖"一品景芝"？这一滴，既是景酒的源头与生发，也是景酒的传承与壮大。那份甘洌与醇厚，让我的思绪呼啦啦回到了少小儿时，回到了炕头方桌上，那只父亲的酒盅。

悠悠岁月，景酒最洌。

可是，父亲已逝。他饮酒的画面，只能是我记忆中的剪影。他喝过绿色商标的景芝白酒，喝过黄色商标的景芝白乾，喝过扁特，喝过小老虎，可是他还没有喝过一品景芝。

每次去酒城采风，宴席上摆放着的，必定是一品景芝。酒喝干，再斟满。酒乡的热情，就在一碗碗浓郁的酒里。再不胜酒力的人，也会因为这杯一品景芝，心甘情愿地醉去。

一品景芝的包装，颇有古意。墨蓝的外形，遒劲的曲线。它的灵感来源于1957年在景芝挖掘出土的黑陶高柄杯。薄如纸、黑如漆、声如磬的高柄杯，有力地佐证了景芝至少5000年的酿酒史。

"十里杏花雨，一路酒旗风。"这是古镇景芝的写照。据说，密州知府苏东坡，就是饮着景芝酒，常山上打猎，超然台上思亲，才写出了《江城子·密州出猎》，写出了《水调歌头·明月几时有》。"酒酣胸胆尚开张，鬓微霜，又何妨"、"明月几时有，把酒问青天"。这其中的"酒"，原来都是"景芝酒"！苏轼每日必饮，每饮必诗，是故乡的景芝酒，催生了一代豪放词人！

一品景芝。每次开瓶，我都会为那第一口的"辣"大呼过瘾。这一口"辣"，是浓是醇厚，是烈是绵稠，是纯正的粮食味，是标准的芝麻香。一杯入喉，我想起了欧阳修的《醉翁亭记》，想起了那句"酿泉为酒，泉香而酒洌"。我坚信这"洌"，就是一品景芝的味道。它与庐陵醉翁遥相呼应，醉了岁月，醉了众生。

"今日小园中，桃花数树红。开君一壶酒，细酌对春风。"也曾经在一个春日，偕一众文友，走进齐鲁酒地的藏酒洞，那里是景酒的深闺。一个个酒坛，蒙着红盖头，所有的心事，深藏不露。导游说，酒窖一般是不能让外人进来的，那会破坏了酒的生态环境。何其有幸！我能一睹，酒在深闺的芳容。

在酒乡景芝，有一部神秘的《传世酒经》，里面有这样的酿酒古训："粮必精，水必甘，曲必陈，器必洁，工必细，贮必久，管必严。"而能将这个"贮"字恪守和诠释得最完美的，只有洞藏。山体掘洞，冬暖夏凉。临水贮存，空气细润。陶罐贮酒，呼吸通透。藏在酒窖里的，不仅仅是酒，更是一种文化，更是一种情怀。

一壶景酒，岁月悠悠。今夜，我有故事，亦有好酒。何不约二三好友，开坛畅饮，一醉方休……

蓝色景阳春

——李存修

（一）

笔者一直食量大，酒量小，每上餐桌饭局，遇酒则躲躲闪闪，推推挡挡，总被认为是酒风不正。凡与我上过席同过桌的朋友都觉者我是不善酒的山东人。有好奇者至今好奇，一个著名的酒乡怎么会生出个不喝酒的大男人！

十几年前，我发表过一篇文章《故乡原来是酒乡》曾被好几家报刊转载。当地村村落落飘酒幌，大街小巷溢酒香，家家户户出酒仙。会亲访友可以不吃饭，但不能不喝酒。人们喝酒的故事像风儿一样无时无刻不在耳边流转。后来我常想，一方水土养一方人，我那些乡亲是为了喝酒才生到人间来的。要是没有酒，该怎么活呀！他们是泡在酒缸里长大的。

去年在济南，有位临沂文人老乡请吃饭。一鸟入林，百鸟不语。我说他醉了，别人说他就是这样的性情之人。我读过他一篇文章，叫《喝在临沂》，写得文情并茂，有两句话说得精辟至极："产在景芝，喝在临沂。"文中有一例子，说某农民春节前用地瓜干换了几斤景芝烧酒，回家路上，边走边喝，脚步进门了，烧酒喝完了。后来知道，这位喝酒的农民是我的同村同族李姓长辈。

这样的长辈，比比皆是。他们端着酒杯醉，抱着酒瓶睡。他们没有学校的文凭，却人人有喝酒的毕业证书。

听说西方有这样一个故事：在一次火车撞车事故中，有个老者被撞得奄奄一息，人们为了救活他向他的嘴里倒了一点酒。他品着酒，喃喃地说："波以拉克酒，1873 年产。"说完便瞑目归天了。这品酒的水平够高的了，可与我家乡的人比，并不怎么样。看过电视剧《红高粱》的人都知道，连少年的评酒技艺也不比这西方老头差。

酒是天老爷赐给我家乡男人们最好的礼物。

只要有了酒,家乡人就活得潇洒!

(二)

我真的从小就没有沾过酒吗?非也。

安丘和诸城两县之间,有条从沂水县流过来的渠河,我家住河北,大姐家是河南大近戈庄,村东3里是历史上著名古村落都吉台。姐姐家有3间正屋,1间堆放农具柴草的小南屋,故事就发生在这间小南屋里。

东邻有位卖酒的老人家,为躲避儿孙的几张嘴,便把一小酒缸搬进了我大姐家的小南屋。那时我不满10岁,经常住姐姐家。每见那位老人进入那间小屋,随着叮叮咚咚的声音,便有一种诱人的没法抵御的直往肚子里钻的香气向我扑来。待老人离去,我就溜进小屋,拿起一个长把子小勺瓢,伸手舀了半瓢,几口喝下,立刻感到一种全身飘飘摇摇的极大满足。然后得意洋洋地到北河里去捉鱼摸虾玩水。十几次后,那位不言不语的老人可能发现了我的小动作,又悄悄把小酒缸搬走了。

在我的少年时代,孩子们偷吃的尝试多是从田间里的瓜果梨桃开始,我没有那本事,却最早爱上酒。在家乡,祖先几千年前就饮酒,祖祖辈辈不离酒,他们的血液里细胞里都是酒,生下的子子孙孙怎能不喝酒呢?

我是个别,我是另类,外出60年,因学习、工作、规定、环境和条件等等,变成了个不善饮酒的山东人。其实,我至今也不知自己的酒量是几斤几两,从来没有体会到醉酒时飘飘欲仙难以言传的美感滋味。如今回到老家,对我个人来说,完全没有往日的那些条条框框、清规戒律,当然想着恢复童年时的酒力和欲望,但不知有没有那样的能量和机遇。

(三)

离家几十年,天南海北,国内国外,虽未醉过倒过,但还是饮过酒,干过杯，不多不少，只有三次，而且三次皆是景阳春。

第一次是20世纪末，与中国台湾艺人凌峰在内蒙呼和浩特邂逅。他原籍青岛，光头短身，但能言会道。主人是自治区旅游局局长，见两客人均为山东籍，于是准备了景芝名产景阳春。

主人先是热情地恭维一番，然后一人一杯端在了面前。凌峰百般婉谢，说自己虽是青岛人，但属不能饮酒的山东小品种，因此耍赖过关。我也曾使尽浑身解数，可概不奏效。仔细想来，我们虽一高一矮，但代表了山东人，在如此好客热情的草原朋友面前，能够不顾这种民族情谊和面子吗？而且，这就是苏东坡在离酒厂不远的诸城超然台上咏吟"明月几时有，把酒问青天"时喝的酒，我能不喝吗？于是我喝下了那杯展现齐鲁风采的景阳春。虽然当晚并未醉倒在帐篷里，但下定决心，仅此一回，下不为例。

21世纪初，在广州有一个文学活动邀我参加。当时，家中有不少从老家带去的酒，我带了几瓶请老朋友们品尝。出乎意料，贺龙元帅之女贺捷生将军端着满满一杯酒从另一桌走到我的面前，要我与她同时干杯。将军看着我，等待我的表现。旁边看着我们的还有王蒙、李国文和周明等一帮朋友。这是一次极大的考验。在自己敬佩的将军面前，能够说自己不能饮酒而拒绝干杯吗？面前这杯景阳春，对我来说是酒海，而不是火海；是高山而非绝壁，而且是被誉为浓香型白酒中的"杨贵妃"，而我先前曾有干过一次的记录，那就让我在将军面前再干一杯这家乡的酒吧！

第三次是在烟台。母校鲁东大学邀我们回去参加校庆活动。活动结束后，在烟台工作的一位老同学请了我们三位校友吃饭。我们三位从事的都是外事工作，恰恰又是好友。那热烈的场面气氛为几十年所未遇。其中一位校友姓陈，一米八五的大个，曾干过青岛市外事办副主任，分明已有醉意，但还要坚持与我干一杯。我好意谢绝。陈同学突然恼了："李存修，这几十年我对你怎么样？几乎天天念叨你，这又是你家乡的酒，凭什么不干？不然，我就让你用脸来干！"他站起来，拉着架势，样子挺吓人的。我想，几十年未见的好同学，又多喝了几杯，这是完全可以理解的，不就是一杯酒吗？

又不是第一次,友情为重,家乡为重,景阳春为重! 于是站了起来,与老友碰了杯。人生一杯酒,即便醉倒在烟台山下的大海边,等待海风吹醒,又有何妨呢? 于是,咕咚一口吞了下去。他伸出长长的双臂,一下子紧紧把我搂进怀里。

离开家乡已半个多世纪,在我的记忆中,真正的干杯只有三次,三次都是景阳春。

那扁溜溜的瓶肚,是风格,是奇异;蔚蓝的颜色,是大海,是深沉;武松打虎的形象,是难以抵御的壮举和力量。这就是景阳春,这就是我家乡山水大地和历史文明孕育的酒中奇葩。

名人园地

摘月山上菊花开

——献给文化大家鞠国栋先生

——李连科

鞠国栋（1929—2018），山东省安丘市石埠子村人，号醉菊。著名诗人、词家、楹联家、书法家、收藏家、京昆名票、慈善家、社会活动家。

他一生从军、从政、从文，笔耕不辍，有 24 部作品问世。

鞠老漂泊一生，始终不忘家乡故土，为安丘市文化事业的发展做出了重大贡献。

我与鞠国栋先生交往 20 多年，深为他的艺术才华和浓重的家乡情怀所折服。真切地感到他是一位德艺双馨的艺术家，是我亦师亦友的长者和忘年交。

一、革命生涯　命运坎坷

鞠国栋生逢乱世，童年时，逢日寇入侵，家穷，父母无力让他读书，便跑到了胡峪村一位叫刘民放的远房亲戚家求学。刘民放是村学校的教书先生，他天生爱才，见鞠国栋求知心切，认为是可造之材，就与家人说："这孩子天资聪颖，今后吃住就在咱家好啦！"从此以后，童年的鞠国栋视刘为恩师，并严格要求自己，刻苦学习。

14 岁时，恩师刘民放带他参加了革命。到 1949 年，与恩师随军南下，恩师任上海师范专科学校（后改为上海师范大学）马列主义教研室主任；年轻的鞠国栋被任命为南翔市市长，时年 20 岁。其意气风发，主政一方：评成分、清土匪、支持军队后勤工作等，受到上级好评。不久，为加快社会主义建设，国家抽调有知识、有文化、年富力强的干部充实工业战线，鞠国栋调任嘉定县委委员，兼工业、城工部长，主政城建、工业、工作，在其领导下嘉定县工业排行跃居全国第一。

1959 年其被划为"右倾反党分子",留党察看两年,下放农村。1963 年平反后,调到上海市化工局,其心情愉悦,作《十六字令·春》二首:"春,万里东风洗旧尘。枯株去,园林处处新。""春,万紫千红满目新。良工巧,织锦绣乾坤。"

文化大革命中,鞠国栋被关进上海师范学院(后称上海师范大学)地下室,至 1972 年,经隔离审查 35 个月后,终于弄清其罪名均属"莫须有"。结束关押,发送煤场劳动。其间,他充分利用这段时间写了许多诗词抒发情感,《摸鱼儿·咏晋城煤》即是其中一首:"太行山,破云穿雾,名传中外今古。春来秋去匆匆客,天地几回寒暑。千载路,万代福,愚公令汝晋城去。深山宝贮。任日久天长,献身广宇,叹息无真主。风雷起,一扫千年苦楚。中华英武儿女。凿开混沌乌金出。造福万方千处。光热巨,耕织举,黎民温饱侬心慕。何辞险苦。纵灰石侵身,剔光筛净,怒火旺如故。"文化大革命结束后,许多冤案得以平反,但压在鞠国栋身上这一案迟迟未能落实。1978 年 8 月 10 日鞠国栋诉至叶帅并赋诗:"横戈南北鬓生丝,囹圄莫须有罪辞。壮志久遭妖雾困,梦魂常向战场驰。喜闻四化催征鼓,愿为九州添彩姿。四害虽除留毒在,重披甲胄待何时?"叶帅 8 月 15 日竖批:"一厂之内,必有忠信。其斯人之谓乎?愿调查以证之。尽管是一个工厂的事,此言虽小,可以见大。"

9 月 30 日,时任上海市委组织部副部长秦昆打电话给他:"国栋同志,你给叶帅的信,有批复了,我正在抓紧办理,祝你过一个愉快的国庆节。"1979 年 1 月 10 日沪复委 007 号文下发,推翻了强加给鞠国栋先生的一切罪名。其恩师更高兴,即时赋七律以贺。事后才知,师生同案都关"上师大"地下室,恩师刘民放双眼被打瞎。鞠国栋先生平反后,于 1984 年提前 7 年申请离休。是夜,他耿耿难眠,作《浪淘沙·离休》以为纪念:"不识少年愁,烽火神州。延河万里送清流。壮志满怀情激烈,跃马挥矛。白了少年头,大业方遒。青山处处见新猷。莫道此身非我有,云鹤遨游。"

二、耕耘文坛　以诗聚友

鞠国栋先生自小喜读书且记忆力极好，私塾期间打下良好国学基础。20世纪50年代，其受教于国学大师马茂元教授；遭诬陷时，和国学大家吴绍烈教授关在一起，使其才学更上一层楼。

1984年，鞠国栋与赵野亭等10人创立"春申诗社"，他任社长。诗社成立一周年，沪上名家何满子、苗力沉、石凌鹤、任政、伏文彦、曹简楼、刘小晴、王退斋等前来祝贺。众人吟诗作赋，精彩纷呈。此时他亦呈三首《思帝乡》纪念这一盛会，其中有"孺子牛，舒眉喜泪流。为赋中兴大业，聚吟俦。纷自挥毫摘彩，绘神州。　信步寻芳去，百花洲"。石凌鹤先生拍案叫绝，不顾手疾，挥毫书之。此事影响甚大，有人称之为当代"兰亭盛会"。

1986年，筹备成立上海诗词学会，鞠国栋先生出任筹委会秘书长。同年端午，筹委会首次会议，要求众人创作诗词以示纪念。他文思泉涌，三十个平声韵一韵一首，一夜创作三十首七绝。骚坛泰斗施蛰存、周退密、陈锺浩等称奇，并写诗奉和。鞠老在诗坛名声崛起，1987年1月上海诗词学会成立，他被推举任秘书长，负责学会具体工作。同年，中华诗词学会开了两次筹备会，鞠国栋先生是两次会议均参加的上海唯一代表。为商议上海诗坛之事，他还请上海市老领导夏征农主持，召集了沪上名家王蘧常、朱屺瞻、谢稚柳、程十发、苏渊雷、应野平、刘旦宅、吴青霞、方增先、徐伯清诸公，正逢舒同先生来沪，共同聚会、议事于上海宾馆。鞠老说："这是一次难忘的盛会。"1987年5月31日至6月3日，中华诗词学会在北京政协礼堂成立，上海市代表夏征农被选为副会长，鞠国栋被选为理事，1988年又被任命为《中华诗词年鉴》常务副主编。

1987年5月，鞠国栋与陈以鸿、姚昆田等11人发起成立上海楹联学会，苏渊雷被推选为会长，鞠国栋为常务副会长。2000年，在鹰潭龙虎山举行了一次全国诗词楹联大会，各地名家应邀前往"论剑"。鞠老比肩霍松林、蔡厚示等顶尖高手，获二等奖，也因此被国际炎黄文化研究会聘为顾问。其间，众家吟诗作赋，切磋交流。鞠老应景作诗 5 首，此时，一诗人上前道："尝闻鞠老有七步之才，能否露一下？"他答曰："请出题。"诗友略思、出题，他边吟哦边挥毫，一首七绝跃然纸上。这下，轰动大厅，来宾纷纷上前索诗求字。当日，鞠国栋先生似有神助，佳作纷呈。"论剑"结束，诗书双绝，声名大噪，诗友日多。中国科学院院士、著名数学家、原全国政协副主席苏步青作嵌名联《书赠鞠国栋（醉菊）》："醉客非无忧世句，菊花自有傲霜枝"；著名历史学家、教育家、原全国人大常委会副委员长周谷城为鞠国栋所著《醉菊诗词》题写书名；原全国人大常委会副委员长朱学范为鞠老作七绝："堪羡苍穹八月云，清秋幻化现阳春。一枝翻出百花果，锦绣乾坤赖更新。"均是对他人品和诗才的高度肯定。上海市文史馆馆员陆俨少诗评鞠国栋："季布平生重然诺，惟公道义接前修……"二人交情深厚、唱和颇多。陆老对他信任有加。有时给人作画托其转交，一旦鞠老答应，他总要说："那我就放心了。"上海市文史馆馆员田遐联评价他："侠气豪情，一诺风标同季布；菊朋砚友，半生功业重鄝城。"

八十诞辰鞠国栋作《抒怀五首》。一时师友唱和，赠书画者 50 多人，亦见文坛众友对其的认同。

1990 年 5 月、2002 年 9 月，鞠国栋分别在上海名园"秋霞圃"、上海刘海粟美术馆举办诗词楹联墨迹展。中国楹联学会副会长常治国、中国诗词学会副会长梁东先生先后发言。常治国先生讲"中国楹联界有俩人，在当今楹联、诗词界名气很大，北有马萧萧，南有鞠国栋，惊悉他们俩人都是山东安丘人，可见山东安丘是块宝地"。上海著名画家刘旦宅先生长达 10 分钟充满激情的真诚贺辞，给鞠国栋极高褒奖，两人友情至深常有来往。得知刘老仙逝时鞠国栋痛彻心扉，挥泪写下挽联："笔下诗坛，画传红楼仙子，骏马飞驰，一代大师辞世去；品高艺界，豪英同辈良朋，朱门无惧，八方好友哭灵前。"并写下六首悼诗，以寄哀思。

鞠国栋先生辛勤耕耘文坛数十年，成绩斐然。计著有和编辑《醉菊诗词》《诗词曲通韵》等著作 24 部。2004 年，鞠老被中国诗词楹联评审委员会评为中华杰出诗词楹联艺术家。鞠老非常关心并注重培养家乡的诗词、楹联人才，曾在安丘市文化馆多次举办座谈会，传授诗词歌赋楹联的创作技法。

鞠国栋与陆俨少（中）、苏渊雷（右），1992年摄于鞠国栋住所客厅

三、资深票友　博雅多艺

鞠国栋先生自小喜欢京剧，南下进沪，随身行李中就有一把京胡。上海梅兰芳艺术研究会会长史美恂发表于《戏剧报》的《幽菊夕阳更风流》

一文中写道："鞠老喜拉京胡……有时跟着收音机拉，从不看谱，全凭记忆。一位山东汉子，居然钟情于梅派青衣、程派正旦、荀派花旦。《宇宙锋》《生死恨》《荒山泪》《春闺梦》《文姬归汉》《窦娥冤》《红娘》等优秀传统剧目，他都能拉能唱……音醇意切，颇具造诣……我为他朗风霁月之清标、博雅多艺之才情、脱俗陶公之高格、重诺季布之道义所折服。"

鞠国栋先生创立三个京剧社：

环球京剧社、梅园京剧社、上海化工业余京剧社,并分别担任名誉社长及上海梅兰芳艺术研究会顾问。"三社一会"在上海影响大,专业素养亦高,引来许多名人雅士,如著名电影演员舒适、凌云,著名话剧导演陈西汀,著名京剧三伉俪:童祥苓、张南云;尤继舜、夏慧华;俞振飞、李蔷华,还有王琴生、王熙春、张春秋、舒昌玉、毕谷云、孙美华等。"环球"社员翁思虹,在全国京剧比赛中获得金奖。为庆祝新中国成立60周年,"环球"两次在天蟾逸夫舞台演出,均大获成功。93岁的名净王玉田、80多岁的老旦名角孙文元二位老艺术家加盟,令观众大呼过瘾。

鞠国栋先生数次回故乡安丘探亲,我们都安排在安丘市京剧团举办京剧票友演唱会,传授梅派、程派演唱技法,并且将他在上海举办的演唱会录音唱片赠送给剧团及安丘部分京剧爱好者。

鞠老对京剧之热爱与研究精深,俞振飞先生称赞:"如此票友,全国屈指可数。"

四、回报桑梓　醉菊文苑

鞠国栋先生活跃文坛数十年,收藏颇多。岁暮,乡情浓溢,2015年,授权儿子鞠鸽腾和山东省安丘市政府签订"捐赠故乡博物馆千件艺术品合约",并委托原安丘市人大副主任、原党组书记张贵善,原安丘市文化局长李连科先生为监管人。捐赠的藏品有8大门类共千余件,此为当地一大盛事。安丘市人民政府在著名景区青云山建起"醉菊石刻园",并在112块巨石上雕琢所捐部分书画精品。

鞠国栋视上海为工作、生活的第二故乡,如何服务于上海文化建设是鞠国栋先生人生最后愿望。他用数年时间对藏品、创作进行整理研究,于2016年和上海静安环球园区合作建立了醉菊博物馆,藏品有汉、晋、宋、明、清、民国至今各类艺术品两千多件。这些藏品不仅具有极高艺术价值,更对研究当代中国诗词、楹联、书画艺术的复兴、发展具有很高的史料价值,是不可多得的一批艺术珍品。时任上海市档案局局长(档案馆馆长)朱

鞠国栋与童祥苓、张南云夫妇2009年摄于环球京剧社

纪华书"诗词书画一流,文化名人一流,艺术水准一流,史料价值一流,醉菊风范一流"。上海市文史研究馆馆长郝铁川观后挥笔"文史群英荟萃,诗词书画四绝"。上海市文史研究馆馆员、上海博物馆研究员刘一闻赞:"了不起,民间竟有如此'阳春白雪'!这些都是珍品,且'历久弥坚'。"

五、醉心田园　菊隐江湖

20 世纪90 年代初,鞠老游苏州"三山岛"只觉满目葱郁,山虽不高峻巍峨却层峦叠嶂,其抒怀曰:"茫茫无际荻芦湾,

山东醉菊石刻园揭牌仪式

十里青纱换玉颜。莫道满湖秋色老,一方清白映人间。"从 1995 年起,他用自己积蓄、家中集资、学生借款,在岛上置田、筑屋、建碑廊,经十年努力,建成高二层的"凌波楼"。碑廊中竖碑 152 块,园中遍栽,松、柏、樟,郁郁苍苍,有各类果树 204 棵。一年四季,鸟语花香,绿意盎然。著名诗人丁芒作散曲赞曰:"……太湖浪寄平生愿,悠然,蓬莱第,梦月如烟。"著名画家刘旦宅大赞,为碑园题"蓬莱第一"并画"陶潜捧菊图"以贺。

1996 年初,鞠老拜访周谷城汇报碑廊建设情况并随带自书诗词。周老赞"好! 诗书亦佳",并为题"醉菊诗词碑廊"。没想到周老当年 11 月 16 日去世。当时,只因鞠老随南方诗人采风团在西北采访,未能参加追悼会。写了一首"千秋岁"祭于周老灵前:"虚怀若谷,巨著存风骨,苍天竟把奇才夺。荧屏惊噩耗,谛视犹疑错。"

鞠国栋先生向往田园生活,钟情湖光山色,同道络绎,把酒唱和,悠然自得,闲时与村民课晴雨、话桑麻,对慕名而来者, 讲解诗词文化。其间,作长诗《醉菊歌》反映了岛上生活。全国著名书画家刘旦宅、刘一闻先生、故乡安丘韩传基先生为鞠老挥笔书写了此歌。

六、情系故乡　留诗百首

清朝嘉庆皇帝的老师窦光鼐的故事,在诸城、安丘两市民间流传很广。著名作家二月河的长篇章回小说《乾隆皇帝》一书有描写。安丘市窦光鼐后人窦学义先生计划出版《窦光鼐传说》,托我写信请鞠国栋先生为《窦光鼐传说》按照故事情景配诗。

鞠老回信:

连科同志:你布置的任务基本完成,虽不满意,但在病中也就只好凑合了。青云山还有一首律诗,如需要时我找到原稿再写。

老友、醉然莫论。

附二十首打油诗前七首

一、老人讲故事

幼时常听老人言，
本地豪雄美誉传。
尽是刘家和窦府，
恰如流水彩云连。

二、太子师

既许皇家无自己，
忠于终世是为臣。
坦然莫论生和死，
何计安危得罪君。

三、太子罚晒太阳

尧舜读书为圣主，
桀纣无学是昏君。
师尊稳坐高师椅，
任你皇爷杀我身。

四、巧对

一水一山一圣人，
神州何处不知闻？
秀才狂妄三三对，
实是观天知识贫。

五、乾隆嫁女

宫规不许汉连亲，

难坏乾隆皇族心。

只是片语窦口出，

方教公主入孔林。

六、"盛东西"

金木在东西，

水火分南北。

翰林满室跪，

顿然双目黑。

门外有识者，

皇爷动颜色。

初始窦光羆，

渐赋高华职。

七、禁赌

脱袍私访见真情，

劝说赌徒大道行。

浪子回头家小乐，

见微杜渐国风清。

鞠老回家乡所作部分诗词和楹联：

故乡三首

（一）

海上三山五十春，

往来谁识哪方人。

新朋旧友如相问，

我本晏婴公冶邻。

（二）

浦江片刻到渠丘，

不见当年芦荻州。

陋巷矮房何处去，

换来大道与高楼。

（三）

文人荟萃渠丘地，

公冶管宁悠久名。

又立平台新举措，

传承今古故乡情。

公冶长书院四首

（一）

公冶先生胜迹传，

童年暮岁几流连。

只缘近我读书处，

时刻无忘敬昔贤。

（二）

不为权贵不谋私，

遗教山泉万古辞。

孔圣高徒兼爱婿，

未渐儒学大宗师。

（三）

两株银杏巨川材，

原是先生手自载。

祠内堂堂巍峨貌，

青云作院拟蓬莱。

（四）

美谈鸟语事多端，

羊肉羊肠济世篇。

尤是守疆传警报，

出兵胜战更新鲜。

庵上牌坊二首

（一）

久传天下无二坊，

除了兖州是庵上。

今日重现造化工，

神奇当得连城奖。

（二）

精工巧妙盛名扬，

炮击弹痕难补伤。

日寇凶残似狼虎，

三光何止此牌坊。

游青云山

青云山上白云飞，

揽胜亭中伴夕辉。

石舫枕流鱼可数，

桃源品茗竟忘归。

鞠国栋先生一生爱文化、懂文化、精收藏。将收藏七十年的藏品分别无偿捐赠给山东安丘和上海。把个人藏品捐为国家藏品，在舍弃经济利益、践行社会责任的同时，彰显了无垠大爱，其价值已然超越捐赠物品之上。有形的捐赠，无私的情怀，精神财富，更显珍贵。

永不忘却的纪念

——记"景芝事件"殉难烈士陈克、刘铭

——李连科

2017年3月11日上午，纪念解放战争时期在"景芝事件"中牺牲的淮安县委书记陈克、组织部长刘铭座谈会在景芝镇党委会议室举行。沂南县诸葛亮研究会会长、沂南县政协副主席李尊刚，沂南县作家协会主席、小说家、文艺评论家高军，沂南县对外文化交流协会副会长、刘铭的侄子刘长永，刘铭的长子刘长耕、次子刘长启、长孙刘元才等同志应邀参加。

会后，我们陪同沂南县的同志瞻仰了景芝革命烈士纪念碑。刘铭烈士的后人准备了祭祀品，祭奠在景芝事件中牺牲的亲人。刘铭烈士83岁的儿子长跪不起，哭诉道"爸爸——我们可找到您啦"。场景感人至深。

据《中共安丘市历史大事记》记载：1945年6月，在八路军鲁中部队的强大攻势下，盘踞在这一带的伪、匪，有的被歼灭，有的溃散隐匿，有的潜逃安丘城等地，有的则在同年7月，乘淮安县组织地方武装之机，混入淮安县大队。其中，原厉文礼部十六团中队长孙松山还在警卫大队窃取了副排长职务。8月，县大队升级为山东军区新编十团三营，辖七、八、九三个连。七连、九连在外地活动，八连由十团参谋长巫景全带领驻淮安县委、县政府驻地——景芝镇。

由于部队改编时间较短，我党在八连的可靠力量只有从其他部队调入的1名副连长、2名排长（其中1名在外地养伤）、1名文化干事。对孙松山一类的伪军、土匪、地痞流氓等未及时审查清洗。

抗日战争胜利后，盘据在安丘城的国民党反动势力出于政治上的需要，或策划已经反正起义的伪军倒戈反叛，或纠集伪、匪残余窜入淮安县抢劫财物，袭击我政权机关，部分分散隐匿的伪、匪也暗中集结起来，残杀

区、村干部和革命积极分子。在此形势下,窃取了八连副排长职务的孙松山,经过与其所在连的董志华、陈金祥等人密谋策划,于9月15日下午3时许,利用为淮安县委、县政府机关做警卫的机会,在景芝天主教堂武装叛变,当场绑捕中共淮安县委书记陈克、组织部长刘铭、十团参谋长巫景全、民政科长宋焕臣、专署征收员刘洪远、县公安局股长张玉恒、景芝区委书记曹宝善、景芝区长孟迪安等20多名干部,携带长短枪40余支,连夜窜逃至安丘城投敌,使淮安县委遭受严重破坏。我被捕干部除5名在安丘城遭遇杀外,陈克、刘铭、宋焕臣等主要干部被解往潍县城,遭厉文礼与张天佐共谋杀害。

关于陈克烈士,《安丘县志》有传。陈克,1914年1月20日生,原名朱懋宣,莱芜县五区冯家林村人,20岁毕业于莱芜师范学校,后任小学教员。1939年参加革命工作,走上了抗日救国的道路,1929年加入中国共产党,先后任莱芜县第五分区委书记、莱北县委组织部长、莱东县委代理书记等职。他在抗日战争中勇敢坚定,沉着果断,在群众中有很高的威信。1945年8月,陈克奉调来到新解放区淮安县任县委书记。

关于刘铭烈士,在安丘没有任何资料可查,牺牲前也没留下其家属的任何信息;而不知实情的亲属也到处打探其牺牲的具体情况,但均无着落。一时间,刘铭一事成了安丘人民和其家属的一大遗憾。通过多种渠道查访、联系,2016年方于与其家人取得联系。

刘铭,原名刘乃金,1919年2月生于山东省沂南县岸堤镇艾山东村(1940年前为原沂水县九区)。

刘铭的大伯刘醒吾,原名刘增厚,早年任东北军排长,返乡后任夏庄联庄会长,抗战后历任沂水九区自卫团长、自卫大队长、南沂蒙联防办事处南沂蒙大队长、九区中队长、南沂蒙县大队长。二伯早亡。父亲刘荣厚,排行第三。在岸堤开油坊时,同族"光裕堂"发生火灾,30多岁的刘荣厚因冲进火场救人不幸身亡。四叔刘垚厚,生有三子,长子刘乃龙过继给大伯刘醒吾为继子。12岁参军,参加过徐向前亲自指挥的九子峰战斗。

早年失父的刘乃金，成为家族唯一的希望。爷爷刘日泰倾力培养，母亲倾心抚育。济南洋学堂毕业后回乡的刘乃金，在大伯刘醒吾熏陶教育下，1938年，时年19岁已经结婚生子的刘乃金，离开温暖的家庭，改名刘铭，加入革命队伍。刘铭不负族人期望，很快成长为党的优秀干部。

1943年2月21日，国民党苏鲁战区挺进第二纵队厉文礼部公开投敌，编为"鲁东和平建国军"。1945年6月八路军发起讨厉战役，景芝一带解放，中共淮安县工作委员会即在此成立。7月，淮安县政府和县大队相继建立。不久，淮安县工委改为县委，陈克任书记，刘铭任组织部长。

当时，淮安县领导班子仅仅十多人，无力也没有来得及全面整顿这支芜杂的队伍，县大队就被山东军区改编为鲁中军区独立第四旅新编十团三营，下辖七、八、九连。七连和九连在外地活动，而担任十团参谋长的巫景全，率领八连驻景芝，负责县委机关的警卫工作，孙松山窃居八连三排副排长职务。新县委班子抵达淮安当日晚间，大约几十个敌人摸进景芝镇，骚扰捣乱，无恶不作。陈克、刘铭当即率领人员赶到现场，坚决还击，毫不手软。

原淮安县委书记陈克照片

陈克、刘铭等人并没有被严峻的局势吓倒，他们雷厉风行，迅速投入工作。

陈克、刘铭等召开会议，一方面部署现有武装加强警戒，侦察敌情，以应付可能出现的突发事件。同时，县委又如实向地委和军分区汇报了淮安县的局势，上级得悉后，马上从莒沂县调派过来一个民兵连加强警戒。

而混入我军的孙松山，与陈金祥、董志华、孙华堂、于德江等秘密勾结，并紧锣密鼓地进行策划叛乱。对这一阴谋举动，淮安县委和十团领导毫无察觉。

1945 年 9 月 15 日下午，趁县委在教堂开会之机，孙松山等人发动叛乱。 他们先用枪逼住瞿副连长、王排长等，并将其一一捆绑起来，押在连队住处，然后，持枪窜入会场，趁陈克、刘铭、巫景全三人谈话之机，一拥而上，把三人按倒在地，捆绑起来，一同拉到后院，与瞿副连长等人合押一处，叛匪把住教堂大门，只放入不放出，陆续前来参加会议的人员县公安局副局长张玉恒、民政科长宋焕臣、专署征收员刘洪远、景芝区委书记曹保善、区长孟迪安等人被捕，当夜被叛匪押往安丘城。

18 日，5 名同志在安丘城被害，陈克、刘铭、巫景全、宋焕臣、张玉恒等主要干部被押解到潍县历文礼部。临登汽车时，英雄们慷慨陈词："为了革命事业和人民而死是光荣的！我们共产党员头可断、志不可屈！你们杀不尽千百万的革命同志和人民，我们的革命是一定会胜利的！"

这年冬，敌人在坊子召开"审判大会"，那是三九天，北风刺骨，敌人将陈克、刘铭、曹宝善、孟迪安、巫景全、张玉恒剥去上衣，赤背绑上刑场，推进土坑活埋。

噩耗传来，淮安县的广大干部群众无不悲痛万分，对出卖和杀害他们的匪特切齿入骨，他们用多种形式来表达了痛悼之情后，擦干眼泪，发誓以血还血，以牙还牙，为死难烈士报仇。

刘铭的家人得悉他壮烈牺牲，立刻陷入无比的悲痛之中。家人只是听说是在潍县牺牲的，但是对事情的经过不甚了解。刘铭烈士牺牲的地方是潍县的坊子，家人收到的烈士证书上牺牲地点、生前职务，与真实情况有出入。

刘铭烈士牺牲时年仅 26 岁，遗孀赵桂荣 28 岁，三子中刘长更 8 岁、刘长启 4 岁、刘长明 2 岁。

1956 年 5 月，安丘县人民政府在景芝镇区东南角——当时景芝汽车站前的广场，建起一座青色的纪念碑。碑体通高 15 米，呈四棱柱形，为砖石水泥结构。碑身分上下两部分：正面上部镌刻着"革命烈士纪念碑"7 个大字，下部是碑文。背面上部镌有"踏着革命烈士血迹前进"10 个大字，下部刻有陈克烈士传略。

1979 年，景芝公社党委、政府，在纪念碑周围修建了围墙和大门，种植了松柏林木，并安排专人管理。同年，陵园被安丘县人民政府公布为县级重点文物保护单位。

刘铭烈士证明书

1953 年 12 月，山东省人民政府为刘铭颁发鲁烈字第 048019 号烈士证书。"生前所在单位及职务"栏记录为"中共维县县委书记"，"牺牲时间地点原因栏"记录为"1943、维县、因战"。（烈士证书记载的内容与事实有出入。）

景芝革命烈士纪念碑

1983 年 8 月 12 日，沂南县人民政府换发刘铭烈士证明书。

1985 年，刘长启只身一人来到安丘，寻父遗踪，因为种种原因未果。

2006 年赵桂荣去世，三子均在家务农。

2014 年 9 月 25 日，中华人民共和国民政部、山东省民政厅换发烈士证书，1942 鲁烈字第 175108 号，持证人：儿子刘长更。"生前所在单位及职务"栏记录为"中共益都县委工作人员"。"牺牲时间地点原因"栏记录为"1942 年怀城、因战、怀城战斗"。

由于行政区划更迭频仍，当事人证缺失，长期以来，原淮安县、原潍安县的历史故事，包括陈克、刘铭等烈士牺牲经过，鲜为人知。为让死难者瞑目，生者感奋，重温这段历史，意义重大。

兄弟进士牌匾发现记

——李连科

1995年10月底,安丘青云山民俗村土建工程基本结束。根据整体规划设计,齐鲁民俗村内的建筑风格,要复原建造一个清末民初、具有齐鲁民俗风情特色的旅游景点。首先,复原安丘县衙、安丘官宦人家;其次,将富有代表性的山东传统名吃安排在里面;再是,将传统的民俗文化融入其中,逐步建成集吃、住、游玩等服务于一体的民俗村旅游景区。还计划对齐鲁大地的饮食文化,服饰文化,节日文化,婚俗、葬俗文化,民间娱乐,非物质文化遗产项目等复原落户在民俗村。同年12月初,我们利用冬季无法施工这段时间,我市的西南山区,特别是到辉渠镇、雹泉镇、石埠子镇等没有开发改造的古老村庄收集民俗旧物。

　　记得有一天，北风呼啸，天空飘着雪花。经李坤清推荐，我们开着"解放牌"双排座汽车，赶往辉渠镇李家沟、夏坡、谋家河、东辉渠等村收集民俗器物。

　　从安丘出发，一路奔波来到了辉渠镇李家沟村。发现这个村子南面有山名曰"峰山"，山后有一条小河从村中间穿过。从风水角度看这个村子位置极佳，是块风水宝地，有山有水，风景秀丽，既安静又封闭，很适合古人的审美观点，是个安居乐业的好地方。同行李坤清同志是从辉渠走出去的大学生，他对家乡的几个村子都比较了解，李家沟村有他中学时的同学。进村后，我们和村支书取得联系。在村支书带领下，我们到本村过去较富足的几个大户人家进行了解走访，在一户人家的南屋里，放着一块菜板，引起了我的注意。我拿起来细看，发现背面有阴刻的二行字：兄弟进士，康熙乙丑年。它长100厘米、宽70厘米、厚4厘米，木质为松木。当时对于这件牌匾认识不足，只知道是件古物件，叮嘱他们好好保护，注意收藏。后来，因工作调动到市文化局工作，在征集《百名进士录》一书的资料中，据《峰山李氏家谱》一书中记载，李霖雨、李和雨兄弟俩人在清朝康熙二十四年乙丑（1685）通过殿试双双考中进士。

康熙二十四年（农历乙丑年，公历1685年），安丘县夏坡峰山李氏，兄李霖雨（会试第一名会魁，殿试三甲七十四名），弟李和雨（殿试三甲八十八名）同榜进士。因为乙丑兄弟进士匾。

　　李霖雨，字用若，号默斋，祖籍安丘市辉渠镇夏坡村，清朝康熙壬子举人，清康熙二十四年乙丑会魁，以第三甲七十四名中进士，任江南凤阳盱眙县知县。

　　李和雨，字子燮，李霖雨弟，祖籍安丘县辉渠镇夏坡村，清朝康熙戊午举人，清康熙二十四年乙丑以第三甲八十八名中进士，授建安县知县。

峰山李氏十世祖李岱,幼年因家庭变故,受养于逄王周氏,成年后迁居今官庄水码头村成家立业,培育五子读书成人,五子皆有所成。其中长子霖雨三子和雨于康熙乙丑年间双双考中进士。之后二人后裔又分别迁居渠河支流边上的老庄和渠河北岸的西利见等村,繁衍至今。

我通过认真比对,确信以前曾经见过的刻有兄弟进士的木牌匾是很有价值的文物。便于2001年春天,再次来到辉渠镇李家沟村寻访,经过多家走访得知,那块木匾在去年冬天已被一个收古董的人高价买走。我便寻根问底,购买它的人叫什么名字,家住哪里?但是主人讲,听口音像是安丘北乡人,其他的一既不知。从此,这件"宝贝"在我的心中成为永远的牵挂。

2004年,我从文化局局长职位内退后,收藏界的朋友提议,由我牵头在安丘成立一个民间收藏家协会。我们几个爱好收藏的朋友在青云山西大门北侧高培元老师的收藏馆召开了第一次预备会议。经过初步统计,安丘市境内的收藏队伍近百人,以杂项为主,没有形成规模,大都在初级阶段,所以,成立收藏协会是很有必要的。

我们在筹备会期间,首先制作了会员表,对安丘市境内的收藏队伍、收藏的品种及数量,进行了普查摸底。

在上报普查登记统计数据时,高老师提供了那块牌匾的线索。我马上开车拉着高老师一起赶往那个收藏馆内,在其门后终于又见到了我梦寐以求的那块"兄弟进士牌匾"。最终,我有缘收藏了这块匾额。从此,我密不示人,将其放在最安全的地方。它是辉渠镇李氏家族的骄傲,也是安丘人的骄傲;是那段历史的见证,是不可替代的重要标志物;它是我国古代科举考试制度的见证,又是祠堂文化的见证。

武探花鞠殿华

——李连科

我国的科举制度,自隋大业二年始置进士科,实行分科取士,经唐代首创殿试,增设武举而加以完善,至明清时期成为人才选拔的主要渠道。这项制度至 1905 年废止,共 201 科,取士 51624 名,为朝廷选拔、罗致了大量优秀人才,对治国安邦起到了非常重要的作用。

安丘历史悠久、物华天宝、人杰地灵、才人辈出。据《青州府志》记载,安丘共考取进士 108 名。其中文进士 103 名,武进士 5 名。在考取进士的队伍里,成绩最好的是清朝道光壬乙未科武探花鞠殿华。

鞠殿华,山东安丘人,道光壬乙未科(1835)武探花。官至山西大同镇总兵(正二品)。咸丰七年 11 月(1857),鞠殿华作为副将,与太平军作战有功,"加提督衔"(从一品);咸丰八年(1858),清兵江北浦口大营被陈玉成攻破,清兵败绩,作为副将的鞠殿华与主将德兴阿一起被"夺职",随后吞金自尽。

我在筹建安丘青云山民俗游乐园过程中,曾经到石埠子晏峪村探访鞠殿华后人,并且从《鞠氏族谱》中发现了其传记。在鞠殿华后人处见到了他习武时用过的一对石蹲,有一石刻手柄,据说系鞠殿华习武用器。我于 2003 年组织部分退休教师续修《安丘浯阳李氏族谱》,发现我们李氏十五世祖讳应奎,字西恒,武庠生,其母亲就是鞠殿华之姑母。家族老人还讲述了关于鞠殿华的好多故事。

鞠殿华的的兵器是一把长柄大刀,据晏峪村的老人讲,在晏峪村鞠氏词堂摆放过他用过的大刀。据说大刀一人拿着非常沉重,两人抬着才合适。过去晏峪村的人常常用来"辟邪",竖在老屋的屋角能碰到"二檩"——

第二根檩条,如此粗略估计约有 2.5 米左右的高度,甚至还要长一些。多年来大刀并没生锈,白森森,寒气逼人。刀刃浸透人血,每到下雨或者潮湿的时候,刀刃上会凝结水珠,多了就流下来,竟然呈淡红色! 1958 年以后大刀找不到了,不知是被人藏了还是被"大炼钢铁了",后一种的可能性要大一些,可惜! 鞠殿华体貌魁梧,力大无穷,自然食量惊人。据说他一顿饭能吃"一箸饼加一盆肉"。一箸饼就是筷子竖起的高度那样的一摞单饼,一盆肉就是过去的小瓦盆盛满猪肉,约有正常人三四人的饭量,一天两顿即可。战事紧急没有时间吃饭,他就用生豆油和面,做成丸子大小的面团吞下,极耐消化,可以坚持一两天。如此饭量今天看来的确有些"恐怖"。

广州起义牺牲烈士刘增

——李连科

2017年8月17日，安丘市历史文化研究会、景芝镇党委在景芝镇芝畔村隆重举行民主革命先驱刘大同卓行碑落成仪式。刘大同卓行碑是由刘大同的曾孙、天津市音乐学院小提琴教授刘自力出资，芝畔村教师刘浩泉负责协调筹建。在举行仪式当天，山东大众日报社、潍坊电视台、安丘电视台等多家媒体分别采访报道了整个活动的盛况。

在建设刘大同卓行碑过程中，我发现我市唯一的在广州起义中牺牲的革命烈士刘增同志，早在少年时代就受到刘大同先进思想影响，后来走上革命道路。我建议能否下步为刘增烈士筹建一座烈士纪念碑。此事得到了刘增烈士的侄子刘之栋等人大力支持。随后，安丘历史文化研究会专门召开会议，进行了资料搜集并和烈士后代进行对接。

刘之栋向景芝镇党委递交了申请，镇党委很快批准了这个申请。刘之栋等人抓紧时间筹备建设，并请安丘历史文化研究会帮助指导，决定于12月11日也就是刘增烈士牺牲90周年纪念日举行落成仪式。

刘增烈士像

安丘县政协组织编辑的《安丘文史资料》第一辑中就有刘增烈士的传略，以及原上海市房产局党委书记朱道南的回忆文章。

一、刘增烈士传略：

刘增，1904年生于安丘县临浯乡芝畔大队。1924年至1926年期间，在济南山东省立第一师范求学。1926年秋，经中共山东省委动员到武汉中央军事政治学校黄埔分校学习，并改名为刘亦增。

1927年5月蒋介石策动夏斗寅、杨森进攻武汉，军校改为"中央独立师"开赴前线作战。击败夏、杨后回师，又恢复了学校名称。当时刘增任班长。汪精卫、蒋介石开始合流，军校改为张发奎的第二方面军军官教导团。南昌起义后，与"第四军军官教导团"合并，叶剑英同志兼任团长。10月，该团到广州。这时，刘增同志经其连长叶镛介绍参加了中国共产党。1927年12月11日，张太雷、恽代英、叶挺、叶剑英等领导了广州起义。在进攻国民党军张发奎司令部的激战中，刘增同志光荣牺牲，年仅23岁。

二、朱道南同志的证明信

刘增同志是山东诸城县人（现属安丘市）。1924到1926年期间，我和他在济南山东省立第一师范同学。他是学校篮球队的选手，曾经担任过学校篮球代表队的副队长；当时山东体育界都知道他的名字。他的功课很好，思想也较进步。1926年秋，国民革命军攻下武汉，打败了最凶恶的军阀吴佩孚。为了进一步北伐，国民政府通过中共山东省委动员一些山东青年学生到武汉学习，以便培养，作为骨干使用。每人发给30元路费。当时刘增和藏克家、李如华等人到了武昌，我和谢拙民等人晚到了一段时间，我们都是住在武昌大学，经常见面。在1926年底，我们和刘增同志考取了"武汉中央军事政治学校黄埔分校"。刘增改名为刘亦增，就是报考军校时改的。刘编入第一大队，我编在第三大队。到了1927年约在4月份左右，蒋介石乘国民革命军在河南和张学良激战武汉空虚之际，策动夏斗寅、杨森匪部进攻武汉。当时武汉国民政府处境非常危险。适逢叶挺同志从河南前线回来，和国民政府商定，将军校改为独立师开赴前线。不长时间，将夏、杨匪军打了个落花流水。胜利回来后，独立师的番号取消，我们又恢复了学校建制。在讨伐夏、杨的战斗中，刘增同志担任班长，表现了英勇顽强不怕牺牲的精神，曾获得上级的表扬。

1927 年，汪精卫和蒋介石勾结，在两湖地区掀起了反共高潮。大好的革命形势急转直下。当时军校恽代英、陈毅等同志被迫相继离校，学校无人负责，非常混乱，我们学生的处境亦十分危险。当年 6 月将我们的学校改编为"第二方面军军官教导团"。7 月，张发奎在湖南誓师东征讨蒋。命令贺龙、叶挺部队开赴九江待命，教导团作为后续部队。1927 年 8 月，在党的领导下，贺龙、叶挺、朱德等同志举行了南昌起义。我们教导团 8 月 4 号到九江，刚一下船（在夜间）即初张发奎将我们的枪缴去，我们才知道南昌起义的消息。当时蒋介石的嫡系、军阀朱培德了解教导团是"赤子赤孙"，思想"左倾"，打算在我们教导团清党，无非是将我们一些革命青年斩草除根，一网打尽。因此，我们的处境危险万分，人心动摇，惶惶不安。有些不够坚定的学生纷纷逃跑了。我记得和谢拙民同志见到刘增同志，他非常镇静，表示至死不能动摇，非跟共产党走到底不可，对我们帮助颇大。当时叶剑英同志是张发奎第二方面军的参谋长，也是第四军参谋长，为了缩小我们的目标，保存这支革命力量，建议张发奎、黄琪翔将我们的教导团和第四军的教导团合并。向外宣布第二方面军的教导团已解散了。叶剑英同志兼团长。接着我们随叶剑英从九江——南昌——吉安——赣州——南雄——韶关，经过长途行军，约在 1927 年的 10 月到达广州，住在广州近郊四标营。我们到了广州，发了 3 个月的津贴、两个月的军饷，手头比较宽裕。我和刘增同志、谢拙民同志经常去山东饭馆吃饭，我们相互之间均很了解。据我所知，刘增同志于 1927 年约 10 月份经他的连长叶镛同志介绍，在韶关参加了中国共产党。到了 1927 年 12 月 11 日，在我们的党和张太雷同志领导下，举行震惊中外的广州起义。叶挺任红军总司令，叶剑英担任总指挥。参加起义的武装除警卫团二三百人和刚刚武装起来的工人外，唯一的主力就是我们教导团。第一天的战斗，张发奎的后方部队和留守部队差不多为我们全部解决了。就是第四军黄琪翔的军部和张发奎的司令部未能攻下。到了第二天拂晓，我们整顿了队伍，集中力量向张发奎的司令部进攻。张部顽强抵抗，在珠江沿岸展开了激战。当时刘增同志带领四五人，跑步通过珠江沿岸的马路，打算强占珠江大坝，对解决张的司令部有决定作用。但是，当时敌人的子弹如狂风暴雨，刘增等同志未能通过，不幸均壮烈牺牲了。我记得战斗最激烈及刘增同志牺牲的地方，靠近中央银行和新新公司。敌人为了阻挡我们前进，将珠江沿岸的楼房燃烧起了大火，我看到刘增同志的尸体卧在马路中间，全身的衣服已被火烧光了。当时由于战斗十分激烈，实在难以抢救同志们的尸体。以上是刘增同志革命的经历和他壮烈牺牲的情况。如实反映出来，以供参考。

朱道南

1974 年 12 月 28 日

三、刘增家人为刘增烈士纪念碑镌刻的碑文：

刘增又名刘亦增，字益三，一九零四年生于山东省安丘县景芝镇芝畔村，自幼受家族刘大同革命思想熏陶，勤奋好学有远大理想。一九二四年以优异成绩考入济南山东省立第一师范学校。学业优秀，经常阅读进步书刊，思想追求上进，口碑出众。

一九二六年秋，经中共山东省委推荐到武汉中央军政学校黄埔分校学习，这时改名为刘亦增。一九二七年蒋介石发动反革命政变，继又汪精卫与共产党决裂，并提出"宁可枉杀千人不可使一人漏网"的口号，血腥屠杀共产党员。随后在一些国民党右派的把持操纵下，以残忍的手段进行清党。三十多万共产党革命群众被害，使全国笼罩在白色恐怖之中。因此该校根据斗争形势需要改称为中央独立师，直接参与击败军阀夏斗寅、杨森匪军的战斗。南昌起义后又合并为叶剑英兼任团长的第四军军官教导团。刘增在一连任班长。同年十月教导团被调往广州，此间经其连长叶镛同志介绍参加了中国共产党，十二月十一日投入了由叶挺、叶剑英为军事正、副总指挥的广州起义。在进攻国民党军张发奎司令部时，刘增带领数名战士为强占珠江大桥,不幸身中数弹壮烈牺牲,时年仅二十三岁。

该同志是我县最早的共产党员,也是我县唯一的广州起义烈士。是我县的光荣也是非常令人痛惜的!今年是广州起义九十周年,又值中国共产党十九大隆重召开。看今朝国富军强,人民自由幸福,祖国在世界的地位名列前茅,这翻天覆地之变。由于共产党的正确领导,是亿万人民砥砺奋斗拼来的,也是无数先烈的生命换来的,为此我们烈士亲属后代乐捐立碑在烈士故乡,以示承世纪念!

四、刘增烈士后人珍藏的部分资料

烈士遗像后面由烈士亲笔书写的豪言壮语:

(一)宇宙间弥漫的风云布满了荆棘!没有人生的道路唯有牺牲与奋斗!一九二六年暮秋。

(二)同宗同姓又同学,相聚三日又离别。兄弟若要再见面,日本东京唱党歌。一九二七年孟春。

(三)自古忠孝难两全,志在四方即好男,老母弱妻襁褓女,勿哀!勿叹!!兄嫂辛苦你们吧!宏伟大业在召唤!莫阻!莫劝!

(四)敌人要屠刀相见,逃有可鄙、叛逆更厌,甘洒热血抛头颅、何惧牢深饮弹,跟定党的步伐、为革命献身,无悔!无怨!

矢志不渝 终成大家

——浅析赵俪生先生的求学治学历程及启示

——赵立斌

一、家境败落　磨炼稚心

民国六年(1917)农历四月廿五日,古镇景芝东庄子村的一间草房里诞生了一个男婴,已生育四个女儿的主人赵录斌高兴之余给儿子起名甡,字俪生。赵俪生先生的《篱槿堂自述》(文中括号内容均引自自述)记载了自己的身世,"这个家族是做豆油和白干酒生意的大商人地主。他们在胶州麻湾包有据说300只商船,将大篓大篓的豆油和白乾酒运往海州,甚至扬州。这自然要致富"。曾祖父赵鹤立"从恩安县知县调镇南州知州,再调回昭通府知府,然后告老回家"。祖父赵尔瑨"考山东乡试,中式举人,进京当了一名内阁中书,长年在午门楼上缮写上谕、诏诰等文件"。父亲赵录斌"中了秀才,补了廪生,……很早就沾染了鸦片烟嗜好,生活日渐疏懒,当中学堂教习要按钟点上下班,他办不到,所以连中学堂教习的职业也维持不下去,就日渐穷途潦倒了"。家庭住房系"昭通公的老宅,一挂砖瓦,前后有月台,左右有厢房。可是父亲非要卖掉不可,新盖了这么一处土房,麻雀将房顶抽成洞,涝雨天外面大下、里面小下,记得小时经常拿洗脸铜盆接雨水,以免淋湿了被褥"。在青岛谋生时"我们娘儿个滚着爬着好容易找到在铁路局做事的堂兄的家,在人家只有一间租房的家里,人家三口睡床上,我们五口在床下打地铺。而且我们到青岛一两个月,我们的父亲竟不曾来看望我们一次"。

《景芝赵氏家谱》和《清代朱卷集成》也佐证了先生的记述,东庄子村赵氏家族经过数十代的酿酒生意结合多种经营,至1861年,先生的高祖父赵百朋,成为拥数万亩粮田富甲一方的大地主商人,在景芝镇东庄子村建造了规模很大的四合院,村里还建有徐世昌总统题名的学校和全省村级藏书规模最大的图书馆"模郘阁"。1867年,捻军首领任柱和剿捻的直隶总督刘铭传的军队就先后进驻村里,指挥所都设在先生的高祖厅房里。这个家族传到他的8个堂父辈们的时候,就有5人出国留学,没有相当的经济支撑是做不到的。

单看先生的家境就是另一种情形了,他的父亲虽是廪生,却染上鸦片嗜好,吸食成瘾无法工作,卖了高房卖光地,导致一贫如洗。一家人生活日渐困苦,只能靠母亲养蚕缫丝艰难维持生计。

二、小学五年 天赋异禀

清政府于1905年颁布新学制,废除科举制,并在全国范围内推广新式学校教育,小学、初中、高中和大学,其学制模式基本与现代相同。赵先生经历了这四个学段的学习过程,《篱樌堂自述》记述了所在学校班级的概况、教师授课的情景、学生听课的氛围、课堂师生的互动,同学之间的关系、学习目标的确立、应考考试的心得、瘸腿弱课的追补、学校内外的聚会、学会团体的组建、刊物文章的组稿、英语书籍的翻译、学术论文的撰写等内容。本真自白,生动形象,说论结合,是一部窥探民国时期学校教育的"活样本",无论从那个层面来分析都具有重要的史学价值和研究价值。

先生6岁入村小学习3年,年龄最小,考试第一,小有名气。跳级去了镇高小学习2年,成绩优异。究其原因不外是内外两个方面。内因是天姿聪颖,父母遗传。其祖父、外祖父均为当地的举人名士,父亲幼年在本村学馆学习拔尖,受到馆师欣赏并把女儿嫁与他。目前学界普遍认为智力由三种能力组成:短期记忆力、推理能力和语言能力。法国心理学家比奈(Alfred Binet,1857—1911)和他的学生编制了世界上第一套智力量表,根据这套智力量表将一般人的平均智商定为100,测验结果一般在85到115之间。现在生物学认为智力受基因控制可以遗传,据此分析先生的幼年属于高智商。究其外因是受到了家庭文化的熏陶。先生的祖父遗下了一大堆日记，记载与端午桥（方）、王廉生（懿荣）、吴清卿（大澄）等收购青铜器、金石、字画的过程，除记价款外，还偶尔拓下铭文，有鸟形、人形以及两只兽眼，在赵俪生幼小头脑中留下对文物的浓厚兴趣。父亲酷爱填词，他也观摩抄写。起决定性影响作用的是其母亲，先生孩提时代深夜起来，隔窗目睹了小脚母亲在天井里磨煎饼糊子，被借来的驴带倒，母亲一声不吭爬起来继续赶驴推磨。亲历了自己受到俏皮同学们欺凌后母亲前去族辈家说理过程，苦熬到自己高小毕业后的寒冬腊月，母亲毅然锁门带着四个孩子赴青岛投亲讨生活，决定让姐姐们工厂打工供自己上学，力排父亲意见继续供读高中考大学，这位大字不识几个的家庭妇女的举措，桩桩件件堪比"孟母三迁"。

先生对 5 年小学学习过程的印象记忆是"按时上学，按时上下班，不迟到不早退，在卷子上多得圈圈少得叉叉而已。其余时间就是玩，玩，玩，一玩到底"。"小学阶段是一个人不能不经历的阶段，不能超越的阶段，是打造最初基础的阶段，但也是一个令人回忆不起什么关键性变化的阶段。"

三、中学六年　矢志追补

1928 年，11 岁的赵先生随母亲来到青岛后，进入青岛铁路中学初中部读书，三个姐姐去了工厂打工，租住在西镇的贫民窟里。一年后长姐因营养不良积劳成疾患病去世，另两个姐姐在英美烟草公司做工，为了年终奖金，发高烧都不请假。父亲因吸食鸦片，身体每况愈下，由母亲照顾，在他初中刚刚毕业就去世了。初中时段走读上学，生活最为贫苦，吃的是从轮船上卸下来的一桶一桶的剩饭剩菜剩汤，以一大枚铜板一碗的最便宜的价钱买回家加热消毒后食用。已经懂事的他坚持周六周末的一天半以及节假日到海边礁石上去拾海蛎子，然后在街上叫卖，所得几角钱用于贴补家用或者购买练习本。高中阶段住校学习，家境开始略有好转。清贫的生活使得他更加刻苦勤奋。

作为铁中的第一届学生，他的 6 年求学过程亲历了学校由弱到强的变化，学校初创靠租赁场地房屋作为校园教室，初任校长能力有限，疏于管理，教师也是东拼西凑胡乱请来的，教学水平参差不齐，教学质量难以保证。初三下学期铁路局主管部门聘请了著名办学专家、原曲阜山东省立第二师范学校校长宋还吾担任校长，"他带来了一大批受五四影响、具有新思想的老师"。当时杨振声任青岛大学校长，也有一大批具有新思想的教授。这样相邻的"大学中学，串连兼课，新风气一下子就捅开了"。到高中阶段，铁路局重视教育，在四方区修建了符合当时教育教学要求的新校舍。临初中毕业，学校组织乘坐火车到省会济南旅游；进入高一，由青岛市长沈鸿烈邀请乘坐"海琛"号军舰到崂山旅游，给少年时代的他留下了美好印记。

少年时代的特点就是求知欲望和好奇心强，进入初三年级，在老师的指导帮助下，先生跟 6 名同学组织过一个少年文艺团体——"浪花"文艺社，人称谓"浪花七君子"。后来又出一副刊《浮世绘》，他和同学们在《胶济日报》上每周出半版文艺专版，有新诗、散文、杂文、短小说和短译文。通过学校组织的社团活动，提高了同学们的团队协作能力、组织管理能力、组稿审稿能力和个人写作能力，这是值得现代中学教育学校借鉴的。1931 年冬，"浪花"文艺社的丁原颐同学因共产党嫌疑被铁路局国民党党部通缉，文艺社顾问、国文老师孙绍梁突然找到赵俪生，让他转告丁原颐使之逃脱。新中国成立后先生才知道两位都是共产党员。

现在来分析一下先生的学习了，初一初二因为师资原因课堂上没有学到多少东西，但是热心新文艺，终日读鲁迅的《呐喊》《彷徨》，周作人的《雨天的书》《自己的园地》《泽泻集》以及《爱的教育》《文章作法》等书，致使数学常不及格，经常做不正确答案被老师"站堂"。进入初三学习有了起色，初中毕业考试，名列第七，顺利升入高中。照说，考出这个成绩应该就很知足了，暑假期间父亲的去世门牌换上了他的名字，这位 14 岁的小家主意识到自己成了一家之主，需要担当责任了。他敏锐觉察到毕业考试数学只有 45 分,将是高中的学习障碍,更是 3 年后考大学的障碍,必须清除掉!好家伙,这个少年想到这里,突然跑到书店,利用自己的余钱一次买了 10 本很厚的练习簿和有关数学书籍,假期就开始了初中数学复习演算。进入高中后,上课集中精力听讲做好笔记,晚自习主动加大演算数学题量,"别人算 30 道题,我至少要 90 道题,算不完不睡觉。遇到难题,请教班上的数学尖子,再不然去找老师。这样坚持不到一年,立竿见影,我的数学分数上升到 90 以上,有时考 100"。这种近似疯狂的持续"追补"瘸腿弱科的方式方法,竟然是一位贫苦少年的创造发明!很值得当今初高中偏科同学学习借鉴。先生的这种"追补"发明,高中持续,大学持续,工作持续,持续终生。进入高中阶段更是有了自己独到的想法和做法:"老师们说,我的《国文》学得可以,我的《英文》学得也可以,二者接合起来,不就是翻译吗?搞翻译,既可以考验一个人对外语作品理解的准确度、深度和精度,又可以锻炼一个人中文的表达能力;此外,借翻译,一个人还可以通晓若干异邦异国人们的心灵和才智。"其精辟见解可见一斑!为了使有关"翻译"的内容叙述得圆满,需要提前地涉及一些大学知识,就主动去附近大学图书馆借阅需要的许多英文报刊合订本,使得翻译素材的来源拓广了,对外文的理解和中文的表达能力提高了。用用"冯夷"笔名,将译文投寄到《大公报》《益世报》《国闻周报》《时事类编》等报刊上去,发表后获得了稿酬,减轻了姐姐们的负担。

总结 3 年的高中学习,课堂听讲专注认真,早晚自习真格追补。节假日博览群书和译文历练,师生间不耻下问和虚心请教,同学间交流切磋和取长补短,从第一名同学哪里学得了"小纸条记要法",使得知识不断积蓄,"学底"逐渐丰厚,对科学、人文、社会、人际、世界,眼界都在开拓之中。考取名牌大学就是情理之中的事了。

四、大学三年　博学多才

1934 年 7 月,青岛铁路高中两个毕业班的近八十个人毕业生,大部分由铁路局安排工作了,报名考大学的只有二十几个,他们或者成绩优秀可以考取公费大学,或者家庭富裕拿得起学费。考生们组成团体赴京赶考,其数学老师借了母校北师大的一间大教室作为宿舍,打地铺节省了旅馆费用。大教室里的考生分两派,一派是终日坐在地铺上拿着大学历届考试题目苦苦揣摩的"沉潜派",一派是到处玩耍游览名胜的"高明派"。先生当属后者了,理由是"把脑子用得疲倦了,临场抓瞎还不如叫脑子清朗清朗,临场好用"。他先考北大再考清华,"清华试卷,无论文理,一律横行,自左而右,纸是洋纸,用钢笔书写。北大试卷,理科与清华同,文科用毛边纸,竖格,用毛笔小楷书写"。先生两校考试成绩都很优异,同时被录取,"我考北大考得很成功,列榜第8名,这是全国考试,这个名次很不容易了"。因为家庭困难,就选择了部分公费的清华大学外文系。

先生一进清华园就被那巍巍峨峨的大礼堂、图书馆、体育馆和科学馆所震撼;被那古香古色的工字厅和古月堂所仰止。接着到财务科缴费、教务处注册、校医院查体。最后一项是到体育馆去接受从美国传播过来的,由高一级学生对新生进行的一场"洋训化"。先是"钻枪洞",那是用军训用教育步枪穿插起的一条三角洞,步枪上装有刺刀,钻洞人必须蜿蜒着躲过刺刀尖,匍匐出洞。然后是"端木盘",木盘无边缘,上置一圆木球,地板上用白油漆画着像《解析几何》里高次方程的曲线,叫你沿着曲线走,盘子里的球不能滑落,假如滑落了,就命你重来。这样的程序共有五六个,最后一个程序是让你躺到草垫子上,由四人将你抬起上下用力颠簸后一甩,再命你起来到桌子跟前执行"盖章"合格验收,用紫色印章印你的额头上,或者腮帮上、脖子上。先生是被印在"后脖子梗上了",让人惊恐的"洋训化"才算结束。

先生报考外语系是经过深思熟虑的,青岛家中的二姐已经出嫁,三姐继续做工维持着母女俩的青岛租房生活,根本无力继续支持他上大学了。当时清华也只是部分公费而已,真正完成学业每年也要需要上百银元,他高中阶段的翻译绝话就派上用场了,必须靠稿费维持学业,于是就拼命译东西。毕树棠先生怜才，给他提供了从图书馆西文部优先借书的方便，他从《莫斯科新闻报》《国际文学》《新群众》以及《伦敦水星》《读者文摘》等英文刊物上翻译了一些文章，投寄《大公报》《益世报》《时事类编》上发表，有时一篇长文可以拿到近百元大洋，足够半年的伙食钱。后来翻译的视野日渐扩大，从英美作品到苏、俄、日作品，从文艺到马克思主义和社会科学。还学习做"索引"，博得张申府老师的赞赏。卢沟桥事件爆发前后，用一个暑假的工夫，一口气译完一部 20 万字的苏联小说《孤独》，将译稿挂号寄沈雁冰先生，可见其翻译著述水平已经相当高了。先生凭借自身挣钱上大学，时至今日也是相当罕见的，这种自力更生的优秀品质是值得我们和大学生们学习和弘扬的！

清华大学的师资力量在全国首屈一指。先生到了外语系学习后，却感觉学不到东西，有的老师照本宣科。这主要与先生的英语水平有关，在高中阶段他就去了青岛的大学图书馆了借了许多英语书籍刊物，通读吃透后就马上通宵翻译，多次在名报名刊发表。试想，现在的英语本科毕业生甚至研究生又有几个能够达到这样的翻译发表水平呢？客观地说，他英语的实际水平在入学前就达到本科甚至研究生水准，老师讲课是针对本科一年级的，不是针对他的，感觉吃不饱没新意是再自然不过的事了。清华注重培养"通才"，当时一年级不分系。先生如鱼得水，他的《大一国文》教师是杨树达、《大一英文》教师是吴宓、《哲学史》教师是冯友兰、《逻辑》教师是张申府，都是赫赫名流。还必修了《生物学》和《地质学》，旁听了史禄国的《人类学》和《古代人类学》。先生特别喜欢"真正讲出东西来的"闻一多老师。闻先生在所教的科目上拼命下功夫，做了许多蝇头小字的读书笔记，搞考据、搞训诂，有见解、有议论，"这些议论对我们学生来说，启发很大。于是，我们就一下子把闻先生爱上了，大家争着选修或者旁听他的课"。先是旁听了他的《诗经》《楚辞》《唐诗》课后，又选修了他的《中国古代神话》课，窥察学习他的讲课治学方法。1946 年 7 月，闻一多先生惨遭特务杀害的噩耗传来，先生怀着无比激愤的心情，挑灯连夜赶写出《混着血丝的记忆——悼闻一多先生》，发表在当年上海《文艺复兴》刊物上，以示对暴行的抗议。先生晚年从事"先秦文化史"研究，再次"受教"于闻先生的遗著，细细品读着老师的学术研法感觉实在是"太精湛了"，不仅感怀闻先生："可惜死得太早，若是活个大寿数，他会写出惊动几个世纪的东西来。我既然受教于他，我就得立志，以期无愧于称作他的学生。"

先生积极参加学术团体和进步活动。担任当时的清华文学会的主席，是《清华周刊》和《副刊》的编辑。他参加中华民族解放先锋队，是清华学生负责人。在一二·九运动爆发以后，他参加全部游行，身高超过一米八的赵俪生都在游行队伍中掌旗。还参与过去南京的请愿。曾任教育部部长的他的同学蒋南翔当时对他的评价是："我们看到你人很诚实，在与反动派的搏斗中表现英勇，这说明你革命热情很充沛。"由于活动多，一定程度上耽误了上课，有的任课老师课堂上见不到他，不理解也在清理之中了。先生顺应了当时的时代潮流，与"左联"和文学会的同学志士们一起，为遭受日本侵略的国家去呐喊。他自己也进入了青年期旺盛写作的阶段，写了几篇创作小说，翻译了不少外国小说，特别是译了苏联中长篇小说《孤独》，明白了阶级分析法，为以后的史学研究作了铺垫。

五、三尺讲台　五绝教授

《篱槿堂自述》介绍了先生比较复杂的工作单位和经历，大致三个阶段。1937 年 8 月离校奔赴第二战区，主要在山西夏县人民武装自卫队从事宣传工作，曾任教导员；1942 年 8 月应聘陕西的四处中学，从事英语兼国文、历史教学，兼职情报工作；1947 年 7 月开始大学专职历史教学和学术研究，先后在河南大学任副教授 1 年，正定华北大学第四研究部历史研究员半年，济南市政府秘书处工作 1 年，中国科学院编译局担任院长学习小组组长半年，东北师范大学历史教授半年，山东大学三级历史教授 6 年，兰州大学历史教授 24 年。1991 年 11 月，先生 74 岁退休。兰州大学为他隆重地举行了"祝贺赵俪生教授从事学术 60 周年、从事教学 54 周年"纪念会,对先生所从事的教育和研究事业作了充分的肯定。

一线教学 54 载,在我国的教育史也是不多见的,其授课水平如何呢?

他的兰大学生金雁说:"我们同学给他取过一个'外号'叫:口才绝好、板书绝好、英语绝好、理论绝好、文献绝好的'五绝教授'。每一黑板都是一件艺术品,有图有画有重点,专有名词、人名、地名、征引的文献、历史地理地形图,甚至有些人物肖像,讲到写到,常常是话音刚落粉笔头落地,几乎是同时完成,又快又好。我们看到这样的老师,眼珠子都要掉出来了。"

他的山大学生赵淮青说:"先生讲课的气势和激情,以及他雍容大度的风姿,确实是一门艺术,是难以企及的,应该总结出一本大书。""除了历史系的课,还在'马列主义教研组'客串社会发展史、辩证唯物主义与历史唯物主义、马列主义史学名著选读和逻辑学。每一门课他都讲得引人入胜,上座率高到爆棚。没有座位的学生坐在窗台上,站在走廊上。"

他的领导,著名教育家江隆基,曾亲自带领崔乃夫、丁桂林等副校长连续听了先生两年的中国通史课,最后的给的评价是"听赵俪生上课是莫大的享受"。

他的夫人高昭一先生说"每逢俪生上完三节课回家,即使隆冬季节,他的衬衣、衬裤都被汗水湿透了,可想而知到了一种什么程度"。

台上一分钟,台下十年功。在家人的印象中,先生在讲课前都要闭门备课。每讲大课,"如临大敌"。

在兰大期间,校长顶着压力把他这个"右派"从农场调回来,承担了基础课、专业课,从备课、到讲授、到辅导,他全力以赴,忘我工作。每逢上课,教室里总是挤得满满的,学生们为了听课都预先去占座位,几乎所有的文科高年级大学生及新入校的文科研究生都来听课。

先生高超的教学艺术源于 50 多年的教育教学积累,1938 年,他 21 岁就担任抗日培训班的老师,在备课的时候就特别注意把教材与学员的实际情况结合起来,用通俗易懂方式来讲解,学员们听得明白,记得清楚。8 年中学的教学历练,工作量大,授课力强,成绩优异。三尺讲台终不悔,一代名师耀华夏。先生的教材研究、备课方法、教学设计、课堂授课、板书版画、内容安排、层次逻辑、语言表达、课堂气氛、手势比喻、深入浅出、讲评结合、重点突出、难点突破、师生互动、授之以渔、观点启示、创造激发、作业课题、自习辅导、学情反馈,等等。有多个层面的教学方法和教学艺术需要我们做教师的去研究、学习、借鉴。

六、学术甲子　五朵有三

兰州大学认定先生从事学术研究 60 年是符合事实的,即从 14 岁初三成立"浪花"文艺社、多次在报刊上发表文章开始算起,到 74 岁退休。有学者甚至认为,先生的研究一直到持续到 91 岁生命终点,因为"脑子一直还好用",从而完成了一位史学大家丰富多彩的学术人生。若从学术研究内容分析,学生阶段主要是文学和译文研究,中学教学阶段转向史学研究到终生,早年兼有马列唯物研究,暮年兼有哲学经济研究。主要学术成就是史学。

在 1949 年前后形成的马克思主义新史学体系中,向达先生称当时的新史学为"五朵金花",即史学界主要学术研究讨论五个课题:古史分期、农民战争、土地制度、民族关系与民族融合、资本主义萌芽。这五大问题先生对其中三朵"金花"都有很大贡献。对古史分期和社会性质讨论,是"魏晋封建论"一派的重要学者之一,其贡献在于对此说的理论基础,即马克思关于"古代东方"和"亚细亚生产方式"的思想所作的阐释和发挥。对农民战争史,学界公认为先生有筚路蓝缕之功,是这个领域的"拓荒者"。对土地制度史,先生建立了自己的研究体系。从中不难得出先生实属于贡献最大者之一,从而奠定了一代史学大家的历史地位。

若追溯先生的史学研究的轨迹,起始于清华期间闻一多先生交给的一个研究课题《上古帝王感生传说的分析》,撰写第一篇史学论文(未发表)。在中学 8 年,先生利用教课之暇,进行史学的学习、追补和和探索。赵俪生试写了一篇《清初山、陕学者交游事迹考》,在 1946 年《大公报·文史周刊》

上刊出,主编胡适很欣赏这篇文章,来信加以鼓励,他就成名了。这是标记着先生踏入了史学界的第一篇史学学术论文,继之又写了《王山史年谱》和《张蒿庵年谱》(未发表)。30岁的先生凭此研究被推荐进入河南大学教授《明清思想史》,嵇文甫先生给予很多鼓励指导。一年后进入正定的华北大学第四部(研究部)当研究员期间,其撰写的《北魏史》等史学论文获得了艾思奇、何干二位史学家在理论辨析上指点,懂得了"史"和"论"相结合不可偏废。1949年在济南工作之暇,又去向故交、原山东图书馆馆长王献唐先生殷勤请教。在多次言谈中领会了的清朝乾、嘉之学的成果,而且单纯领会不成,还要自己一一复查,把某版本、某笺注、某字句、某器铭款识,一一亲自核实。这一阶段,赵俪生对郭沫若所著《两周金文辞大系》一书用功甚勤,以《积古斋》《奇觚室》《攈古录》《愙斋》诸器铭款志的诠释为辅佐,一器一器核读下去,收益匪浅。同时也泛览了章太炎、刘申叔二家之作,受到启发极大。这年10月在《新建设》上发表《论中国新史学的建设问题》,在史学界首次提出"马列主义原理与中国具体史料的结合,是中国新史学建设的必由之路"。

从1953年起,先生与夫人高昭一联袂从事中国农民战争史的研究,次年就出版了新中国第一部研究农民战争史的专著。以后又发表了一系列论文,形成了自己的理论体系,是农民战争史研究的开拓者。从探索亚细亚生产方式在中国历史上的表现入手,赵俪生对中国土地制度史进行了全面独到的研究,发表了一系列有影响的论文,出版了《中国土地制度史》研究专著,自成一家。先生晚年专攻先秦文化,探讨中国文化源头,在个案研究(如顾炎武研究)和理论认识方面都堪称典范,在史学界颇有影响。2002年出版《赵俪生文集》(六卷本),2006年荣获第四届中国高校人文社会科学优秀成果奖历史学一等奖。

先生常说的一句话是"大题目越做越小,小题目越做越大"。他主张思辨与考据结合,以思辨带动考据;主张学者应有较为宽广的知识面,成为综合性、贯通性的学者。

七、逆境笃学　骨风永存

人们自问世那天起,脚下就有了一条曲折、漫长的路。在这条人生路上,先生从小就在逆境中度过,从初中懂事开始到大学帮助家里减轻学费负担,就学会了逆境生存方法技巧,锻炼了克服困难的意志品格,造就了自强不息、刚直不阿的风骨。新中国成立前后,因为工作中"路见不平一声吼"山东大汉的性格,使得遭遇两次变更单位的逆境。1959 年,因为学术观点与主流观点有些差异,遭遇了长达 20 年漫长的逆境。

面对逆境,怎么面对?如何生存?从高昭一先生和家人回忆录中,可窥见先生逆境笃学的点滴。

1960 年被下放山丹县师大农场劳动,在饥饿煎熬中让他放马,无论放马途中还是夜卧地铺,枕边和手中总是拎一本《国语》或《左传》,以此'疗饥'。岂不知这读书的两得,一是疗饥,二是补充精神食粮。农场同事用"太史公,牛马走"来形容他。下工后,他依然在小油灯下自读自乐,做了大量读书笔记。引起了工农兵学员的好奇和敬重,越来越多的学员拥向他的铺位,向他求学请教,每有问者,必滔滔授之。

这位耿直饱学贤良的学者,遭遇批斗的时候也得到了同学们理解和暗中帮助。红卫兵小将们就以"兰大革命师生"名义把先生家的书橱、书架、画箱等全加上了封条作了"护身符",使得书画完好保存。文化大革命爆发后,在批判斗争间歇,有人会悄悄地端来一杯水,有时甚至是一杯糖茶;同样五花大绑的绳子,他的却是虚绕着;几次最酷烈的武斗,在开打前总有人大声吼着,叫赵俪生这个老家伙滚蛋,驱逐出现场以避皮肉之苦。

1970 年 5 月,有关部门将 53 岁的先生作退职处理,并强行将他的户口迁往贵州女儿处。先生笃学的脾性又来了,决意追补法语。两年时光,他的法语阅读力进步较大,先读《北京周报》法文版,再拿《北京周报》英文版对照,基本没有误差!

1972 年 9 月,在家人的敦促和学生指引下,先生进京上访,接待站的人员甚为惊诧：一个有如此革命经历和如此学问的人，怎么会流落至此呢？因他的案例实属特殊，很快上报国务院，面呈时任总理周恩来。在周总理一揽子批文中，就有赵俪生必须复职的信函。于是，当年甘肃的最高领导冼恒汉在这个批件上加注了"原单位、原职务、原工资……"等字样，才得以重返兰大。

四十岁到六十岁是人生的黄金期，是一个学人最有价值、最出成果的时间段，先生却遭遇了历史上少有的几次"运动"。对于一个史学家来说，反而加深了对人生的领悟，学术上的反思。锤炼了意志，磨砺了思想，积淀了学识，为六十岁以后的老年阶段产生的学术飞跃奠定了基础。

人生最完美的结局，永远属于坚强者。固然逆境难脱，然意志克之，胸怀宽阔，笑对人生，风吹浪打，闲庭信步，经历风雨，方见彩虹，永远是人生的真谛。先生谈到自己经历时无感慨地说："我一辈子的特点就是勤奋，是一个勤奋而又勤奋的人，因为我长期跟着共产党，所以一些老共产党员对我都是很好的。"

"可杀方知是霸才，心高云汉舌风雷，可怜盛世存儒雅，好近班书酒一杯。"山东大学殷焕先教授赠给先生的这首诗，就是他一生的写照。

徐家二才子

——徐培富

渠河沿岸,自古人杰地灵,名士辈出。东晋孝武帝(司马曜)年间,今诸城市相州镇城阳村出了两位名人——徐邈和徐广,人称"徐家二才子"。

兄徐邈,"姿性端雅",仪表端庄,儒雅倜傥,左邻右舍交口赞赏。年少时,立志高远,发奋苦读,"勤行励学,博涉多闻","下帷读书,不游城邑"。那个年代没有电灯、挑灯夜读的是油灯。"三更灯火五更鸡,正是男儿读书时。"夜深人静、万籁俱寂、时间长了不免疲劳,打瞌睡。他揉醒双眼,继续伏案苦索。朦胧中,手像被什么蜇了一下,眼前一片火光!一个激灵醒来,案子上着火了!不知何时弄倒了灯油,烧疼了手指,烧焦了眉毛和头发。他扑灭案火,找来剪刀,剪去前面的头发,添上一灯油,又扎进了知识的海洋……饿了,啃几口红薯;累了,站起来走几步。他自信:"书中自有黄金屋,书中自有颜如玉。"经过多年的寒窗苦读,徐邈终于成为远近闻名的大学问家。

孝武帝早年喜欢读书,注重典籍,诏命选拔儒学之士以备"顾问"和校书。太博谢安推荐了徐邈。经考核,徐邈当选。44岁时补中书舍人,在西省侍奉孝武帝读书,为之阐释经典。这时,他撰作了《五经音训》一书,学者为奉圭臬。后迁散骑常侍。向孝武帝提出许多治国方略,深得嘉许。孝武帝在宴集酣乐之后,好作诗章赠给侍臣。这些诗章均经徐邈"刊削"后方赠赐。后迁中书侍郎,专为皇帝起草诏书。皇帝每每赞赏。又有人力荐他为吏部郎,"苦辞乃止"。当时皇太子年幼,孝武帝欲选硕儒教其读书。选来选去没有合格人选,于是孝武帝又任命徐邈为大中正,为太子传授经书。但仍"参综朝政,修饰文诏,拾遗补阙,勤劳左右"。孝武帝器重徐邈,打算再擢拔他,并"有托重之意"。不想孝武帝暴崩而未及施行。安帝(司马德宗)

即位,拜为骁骑将军。隆安元年(397),徐邈父丧,他因悲痛过度而病卒,年54岁。"州里伤悼,识者悲之。"所注《谷梁传》,备受当时学者推崇。

其弟徐广,也是东晋著名的学问家兼史学家。少年时即"百家数术无不研览"。继承家学,造诣精深。谢玄为兖州刺史,辟为从事。谯王司马恬为镇北将军,补其为参军。孝武帝时,授秘书郎,典校秘书省。后任员外散骑侍郎,仍领校书。尚书令王珣佩服徐广的才识,荐为祠部郎。不久,又被司马元显荐为中军参军,迁领军长史。桓玄辅政,又任命徐广为大将军文学祭酒。义熙初,奉诏撰《车服仪注》,被任命为镇军谘议,领记室,封乐成侯。后转员外散骑常侍,领著作。这时,尚书向皇上上疏,建议徐广撰修国史,以使"道风帝典,焕乎史策"。皇帝允请,赦命徐广撰纂。又授徐广骁骑将军,领徐州大中正,后转正员常侍、大司空、著作郎。历经12个寒暑,46卷的《晋纪》于义熙十二年(416)撰成,进呈皇上,并附表章"乞解史任"。皇上不许,迁为秘书监。元熙二年(420)6月,晋恭帝司马德文被迫禅位于刘裕,东晋灭亡。徐广眼见着自己所效忠的东晋王朝轰然倒台,非常伤心,"涕泗交流","乞归桑梓",不愿再为另一朝廷服务。归乡后,仍手不释卷,著述不辍,撰成《答礼问》一书,直至74岁寿终正寝。

文化教育

故乡教育回顾

——张凤升

  临浯教育最困难的时期,当属文化大革命中期。如果说前期的"红卫兵"运动是对它的"摧毁",随着 "复课闹革命"指示的下达,临浯教育就开始了"恢复"。上级接连的指示是;立即恢复教学秩序;贫下中农管理学校,普及初中教育,有条件的大队自办,无条件地几个大队联办。这些指示说说容易,但具体实施起来,不是当事人,很难体会到其中的苦衷。旧的教育管理体系被摧毁了,谁来组织复课,一个在文革前只有五处完小的临浯,一下子须建十几处中学,这校址,设备,师资从何而来?况且自中央采纳侯振民、王庆余建议,公办教师回原籍后,临浯的外籍教师全回了原籍。回临浯的不到出走的三分之一,而回来的教师又对临浯教育情况一无所知。这一系列的问题责无旁贷地压在了公社文教助理别其文肩上。冷静思考,顺理关系后,他决定先从贫下中农管理学校入手,建立学校的管理体系。各村派性斗争还很严重,谁去关心学校工作? 老别说服公社革委会主任李济田在村级干部会议上强调:学校复课是主席的指示,应把关心教育当作落实毛主席指示的政治任务对待。虽然腰杆硬了,但具体工作必须过细。别其文穿梭于全社各大队、各学校之间。从选取校址、建立班子,直到资金来源、师资、设施配备,逐一落实,把一腔热血全倾注在"恢复"二字上。

  关于"贫中下农管理学校",社会上非议不少。但就临浯当时的情况而言说,它却起到了稳定教学秩序的"定海神针"作用。因为那时部分学生仍沉浸在"闹革命"的"闹"字中,而多数教师被斗后心有余悸,加上各村派性斗争仍热,学校尚在动荡不安中,贫下中农代表进驻学校,在很大程度上缓解了这种局面。南林大队是两派争斗的"井冈山",情况复杂。贫下中农代表老韩是革委会主任的老丈人，他一到学校就说："我不管你以前是什么派，什么观点，现在的观点就是'复课'。老师教好学，学生安心学，这就是'革命'。"一下子把学校安定了下来。贫下中农管理学校对学校基础建设也起了决定性作用。新建十几处初中，村村设小学，上级又不拨款，这资金从何而来？这下好了，贫下中农代表多数是村革委会成员，各村自然承担起建校责任。没有教室，借民房，没有课桌凳，垒起土台子、泥凳子……后来教育界称这一时期为"土台子时期"。派驻临浯联中的代表老于，整天忙着去各村协调物资，成了名副其实的"校长"。而且他早上来校扫院子充当"校工"，晚上来校巡逻，充当"警卫"。尽管随着教育的逐步正规，贫下中农管理学校已逐渐销声匿迹，但知情人不会忘记这朵一现的"昙花"。

设备可以因陋就简，但是没有教师，"复课"就空谈。向来开朗幽默的文教助理变得少言寡语，他深知：全县情况大同小异，靠上级没啥指望，即使几个公办教师来，也是杯水车薪，解决不了大问题。唯一的办法是大量吸收民办教师，让一部分回乡知识青年挑起教学重担。用现在的观点来看，干民办教师是求之不得的工作，但那时不行。因为当时教师的社会地位是除了地、富、反、坏、右、叛徒、特务、走资派八类反动人员后的"臭老九"，无人看得起，且民办教师的任免权在大队，像队长分配农活一样，随时可以调换你。那些满怀"鸿鹄之志"的才子根本就看不上眼。而村中掌权者又因派性作怪，能教学的的不让进，不能教学的硬往里塞。对此别其文深入各村，填表摸底，把初中以上文化程度的青年梳理清楚，物色人选后逐一做工作。东古河大队高中毕业生牛志清，其父受迫害未解放，队干部怕受牵连，不敢让牛志清教学。其文主动担保，将牛志清请到学校。南林大队烈士子女、回乡知识青年李素兰看不起这份"哄孩子，擦鼻涕"的工作，老别三次登门做工作，终于成功。民主大队新媳妇王春田在娘家即教学，结婚后想继续教书，而"大队革委会"因派性作怪百口不应，别其文请出公社革委会常委潘庆功去一槌定音，排除了干扰……

"世上无难事，只怕有心人。"在别其文忘我的工作和同志们的不懈努力下,临浯教育的枢纽基本插成,但实质性的发展却是在文教组长宋国良来临浯以后。根据临浯教育缺人的的实际,县教育局派来了刘尚德、代华光、宿文化、代培俊等一批校干和孙宝华、郝治才、高焕智、代玲玲等一批年轻教师,并选派宋国良来临浯任教育组组长。他来到后的第一件事就是抓正规化教育。那时老师可以随便让学校放假,生产队长可以任意到学校让学生停课干活。在取得领导支持的前提下,宋国良主持制定了一系列规章制度,大到教学秩序,小到教师办公室用具的摆放,都做了明确规定,从而使临浯的学校管理逐步走上正规。第二件事是针对临浯缺乏校干的实际,大胆培养年轻干部,以防后继乏人。后来的临浯教委主任赵连仁,中心中学校长刘志民、张培满等人都是那时培养起来的年轻干部。包括后来担任安丘一中校长、县教育局局长的孙宝华,都离不开宋国良的精心培育。第三件事是努力稳定民办教师队伍。那时民办教师的任免权在各村干部,像分配农活一样任意更换。宋国良直陈利弊,取得公社革委会同意,把它收归文教组,为民办教师安心教学吃下了"定心丸"。对临浯教育健康发展影响最大的一件事尽快提高教师的业务水平,对此我想多说几句。那时学生基础差,底子薄,初中毕业生教初中已是常态,甚至有的代帽高中班都是初中教师上课。莫说吃透教材,有人连课本内容都难以基本掌握。宋国良深知教师业务水平低是教育发展的致命短板,果断地掀起了培训教师的热潮。没有时间,星期天,节假日不休息。没有辅导教师,宋国良亲赴高中,请来了李文其、李同丰等高中骨干教师。除大面培训外,个别学科也不放过。刘成连老师喜欢画画,宋国良推荐他去省美术培训班进修,王秀兰老师爱好唱歌,宋国良通过私人关系,介绍他到县文化馆和京剧团学声乐。应该说,这些举措不仅在当时提高了教学质量,也为日后临浯教育的健康发展奠定了良好基础。使临浯教育很长时期稳居全县前三名。

这一时期临浯教育上的另一件大事是安丘市第十七中学的设立。1969年,县教育局决定在临浯设立一所公办中学,但由于人力紧缺,教育局只能提供资金,任务落在从益都回乡的校干张大田身上。用现在的观点看建校是一件美差,但那时却是苦役。资金短缺,恨不能一分钢板掰成两瓣花。协助无人,只好自己吃住在工地上。白天要当三员(施工员、监工员、材料保管员),夜里还要当好警卫员。天天忙得晕头转向。有一次,一住益都老友专程来看望他。他竟无法脱身回家,只好叫家人把老友领到工地。当晚就挤在工棚里过了夜。还有一次,他的孩子得了急性肠炎,住进临浯医院。虽然医院离工地仅一箭之地,他却无时间长陪,只好把78岁的老父亲请进医院陪床。我曾与他谈起过那段时光的感受,他长叹一声:"难啊,这可能是我一生最紧张的日子。可再苦再累,咱无悔无怨,因为这是在为家乡父老造福。人活一辈子,能为故土做点贡献,心里乐啊!"

十七中的建成,不仅把临浯教育提高了一个档次,也为祖国的建设事业培养了大批栋梁之材。其中有在交通部工作的孙炳林,在中央军委工作的张培军,还有在国务院工作的苑衍刚,在山东大学工作的石玉华……一批又一批学子从这里步入高等学府。考上北京大学的杨均正、复旦大学的王春梅等,都是临浯父老乐道的高材生,可这些光环的背后,建校人的艰辛付出,都很少有人提及。前人不栽树,哪来后人乘凉啊!

"家贫出孝子,国难出英雄。"在临浯教育最困难的时期,一批勇于承担重任的教育工作者,无怨无悔地付出心血汗水,或者他们中有人现已故去,但临浯人民不会忘记他们,因为他们是恢复临浯教育的中坚,也是日后临浯教育走向辉煌的铺路石!请后人记住他们的名字:别其文,宋国良,张大田……

宋官疃王氏教育世家

——李存修

（一）

宋官疃，我们小时候称其为宋官头。南有洪沟河（下游称浯河），北有小浯河，形成两水护拥相抱之势。顺河下行，不出 10 千米就到景芝。

村址原在浯河北岸的九龙山根，因一山红叶，被当地人称为枫叶村。后村中有人在州府为官，因此被改称为宋官疃，这与清代王氏的官宦家族无关。

我对宋官疃产生记忆始自 20 世纪 50 年代初，那时我不满 10 岁，带着一脑子幼稚和憧憬，赶着牛，拉着一辆"二把手车"送秫秸到景芝，驾车的是我的大哥和一位叫李文秋的五叔。车从西头进村，经过一条东西街，街不宽，但很长，似乎中间高，两边低，路边多为灰色的砖瓦房，在路的中间段落，有一高大庄严的用青石条青石板垒砌而成的石门，我那时不知道是牌坊。"二把手车"刚好从底下穿过。还不到懂事的年龄，但自从见到那座石头牌坊后，只隐约地觉得这个村与别的村不一样，它有着一种我看不透的东西。等我再回到这条街道的时候，已是半个多世纪后的事了。

根本想不到，60 多年后来到这里，再也不是送秫秸，而是来重新认识、了解和考察。

宋官疃村位于安丘市区东南部，现有 1090 口人、2100 亩土地，新中国成立后几十年，这里曾先后成为区、公社、乡和镇的所在地。2001 年 3 月，宋官疃镇撤销，整体并入景芝镇。

当年为防捻军入侵窜扰，村外修筑了圩墙，西向为龟形，头足为门，正门朝西,南北各两门,尾部朝东为排水沟,石头地基青砖外墙,内墙用黄土坯制,设有东西南北四门,四角均设有炮台,南门加设一尊,全由生铁铸造,后来都卖了废铁。圩墙内东西走向两条主街,有牌坊的那条是前街,北边那条是后街。

关于牌坊,都说"天下无二坊,除了兖州是庵上"。而宋官疃一带人们却说:"除了庵上就数这座了。"这座牌坊建于道光十三年,仅比庵上石坊晚 4 年,是为旌表南皮县知县、北运河通判王濂长副室刘氏节孝坊。刘氏于牌坊立起 20 年后离世。牌坊命运不济,在 1964 年被人用链轨车拉倒,于是从宋官疃南街上消失、割断了这个古村落的一段历史传承,抹去了当地人一缕美好自豪的记忆,毁掉了名村宋官疃庄重的形象。

宋官疃管区食堂炊事员王绍高告诉我们:村里原有土地庙和大小 3 处王家祠堂,祠堂廊柱为粗大坚挺的原木,高高竖立,一人搂不过来,后来在"破四旧"时被拆掉。村后原有的大片碑林也在那个年代被毁掉,1964 年人民公社建大礼堂时用的就是碑林的石头和一些古墓的砖头材板,直到如今,村内还能见到散落在各个角落的祠堂石料。在村委会办公室的院子西南角的垃圾堆里,我们发现了一通横倒在地上的清朝中叶王家置地石碑,碑高约 150 厘米,宽约 80 厘米,厚 30 厘米,上面淤积了一层厚厚的泥土,拂去淤泥,碑面依然清晰。另外还有一块供桌石面,也遭遇了同样的命运。仅仅是举手之劳,后人们为什么不把它们立起来,或者还有什么别的的打算?我曾想自己请人去处理一下,但又觉不合适,还是等它们的后人自己去办吧!

以我之见,宋官疃的位置交通甚佳,但属土质并非上乘的浅丘地带,姜结核石与页岩到处可见。浯河从南侧东去,小浯河于北侧的石龙湾诞生,两条浯河的怀抱里紧抱的就是宋官疃,并将这片浅丘地带汇入了四水并流的景芝平原。从安丘南去临浯的公路与沂胶公路在镇中交汇,给这里的人们带来了极大的出行之方便,同时也拉动了这里的经济发展。

　　除了在镇中交汇的南北两条公路，村内还有东西平行的两条大街，一条南街，一条北街，街面宽阔整齐，两边植有不高的树木。街道全为新貌，不见旧迹。两边平房也是新的，找不到半个世纪前我曾经拥有的那点记忆。这次重返宋官疃，走了南街走北街，还有一个一个的院落，我在寻找什么呢？

（二）

　　我寻找的是灵魂里的东西，300 年来，宋官疃，这个人类社会最基层的生活群落，一个自然形成的集体生存单位，它的神秘、影响和名气是从哪里来的呢？

　　我所得到的，也是众人认可的，是历史、文化和教育，其中突出的又是文化和教育。是宋官疃的历史与文化孕育了王氏一脉家族，而王氏家族几代人又为国家和家乡这方土地创造出了文化与教育的功绩和光彩。

　　为此，访问了王氏后代四人，他们是：

　　王海平（81 岁），原籍宋官疃村，已退休的景芝酒厂副厂长。

　　王忠德（77 岁），晚清进士王范的曾孙，村民。

　　王亮鹤（71 岁），本村村民。

　　王绍高（60 岁），管区炊事员。

　　宋官疃村王氏家族十分重视教育，有史记载，王蔚青和王周两兄弟居功甚伟。老大王蔚青曾设馆授徒于诸城县，老二王周只身赴四川闯荡发展，获得利益，回乡后购置田亩，走大哥王蔚青之路，捐田兴学。族系中有家贫不能就学者，他悉数招来就读。王周之子王驭超少年勤学，31 岁时中举，一年后考取咸安宫官学教习，在满族贵族子弟学校担任助教。乾隆六十年（1795），40 岁的王驭超出任四川省遂宁县知县。王筠是王驭超长子，乾隆四十九年（1784）出生，受父亲影响，自幼酷爱读书，爱作文，善诗赋，一生著述宏富，影响巨大，个人著撰逾 50 种，勘订他人书籍 60 余部，共计数百卷，说著作等身并非虚言。所著的书籍如《说文释例》《文字蒙求》《说文句读》《说文属》等等，在国内当时文字学领域，多具有开拓性和突破性，因此位列清代"说文四大家之一"。

王筠一直在山西任职,辗转数县,任乡宁知县时,有段时间还代理曲沃、徐沟二县事务。虽然身为学者,并不情愿为官,但还是干得十分出色。用现代人的话说,他的学问、课题和著作都是用业余时间做出来的。清代大学问家、大书法家何绍基说他:"为治廉平,事不劳而办,在官十年未尝废学。"有几本大部头著作都是在这期间雕版刻印,这笔费用连同办案自己情愿赔上的款,都是由家中卖地来解决的。于是乡人这样说,别人是"'三年清知府,十万雪花银',而他却是'十年清知县,数顷祖业田'"。(意为"赔上了"。)

他在《教童子法》中提出了童年教育的三项任务,其首项即是"识字"。童蒙阶段要识两千字,先从象形、指事教起,因为文字之枢机即在乎此。应逐字讲解,再放入句中看引伸、假借,直到完全掌握。事实证明,此种教学法是行之有效的。有次太守考乡宁、吉州等地的学童,以"时有养夜"命题,结果只有乡宁的学生知其出处,并能从字面上给以阐释,太守大为叹服。

王筠在山西为官10年,晋人尊之为神君,被誉为"韩愈再出""华北当代儒宗",当地人为他捐建生祠,他嘱人拆掉。最后在弥留之际,仍手不离卷,还嘱咐嗣子王彦侗刻《句读补正》等书。这位在异乡播种文化、教育后者的老人就这样平静谢世,享年70岁。所任几县的学人、百姓闻讯十分悲痛,弟子们无不恸哭。有《哭师诗》7首留存于世。

归榇安丘后,大书法家何绍基又书写墓表,抗英将领刘燿春写墓志,铭曰:

先生之行兮,实内美之无亏;先生之学兮,乃举世之所迷;先生之治法兮,亦皆释以儒术,而为俗吏之所不为。

宋官疃王氏几代人形成了一个庞大家族,本文因受篇幅所限,不能一一顾及,只能就王筠和王简两弟兄在教育上的重大贡献和出色作为进行简单阐述。

最初为这个家族做出巨大业绩的是王周,但真正让这个家族融入教育事业的是他的儿子王驭超。王驭超生有4子:

大子　王筠(1784—1854)道光元年(1821)举人。

二子　王简(1794—1856)嘉庆二十五年(1820)进士。历任甘肃陇西县知县、固原州知州、西宁府知府、河南按察史、河南布政史。

三子　王簹　道光十九年(1839)副榜,历住叙布政使等职。

四子　王笵　道光二十一年(1841)进士,终生从事教育。

王驭超和他的4个儿子中,他与长子是举人,老二、老四为进士,老三为副榜,如此家庭,不仅在山东,在全国也少见,是个名副其实的"科举专业户"。宋官疃由此名声鹊起。

兄弟四人中,数老二官职显赫,但本文中不讲其人,讲的是老大和老四。

四子王笵,"读书外无他嗜长",考中进士后,听族内老人说,王家不能只去上学做官,还得有人当先生教书,也得有人去干郎中看病。王笵说:"人各有能有不能,临民之事,非余所能也。"于是,他辞去了到河南省干知县的任命,到洪沟河南岸石家埠村坐馆授业,一教就是15年。

当时,已就州判之职的三哥王簹也正居家,二人搭上了档,邻里无不羡王氏青箱之学,谓:"世家之能世其业者,当如是矣。"王笵教书40余年,弟子数百人,其中中进士者有刘树伦、韩仲荆、苑菜池、陈蜚声、李勋、崔培元、马步元等。中举人者更多。他春耕秋耘,勤于著述,尤精易学,著有《序卦图说》等若干部。他与长兄王筠以人师经师并称于世,闻名遐迩。王笵事业的直接继承者,迄今已延至五代而未辍。

石家埠村地广土沃,物产丰富,文风昌盛,村北早就发现龙山文化遗迹。王笵在自己40年的教书生涯中,有超过三分之一的时间是在这里度过的。邻村不少学童投奔到他的门下,学成后,为当地一方文化和教育打下了坚实的基础,树立了良好风尚。他的曾孙王忠德老人说,如今石家埠的王姓村民中就有他的后人,而且村外曾有他的衣冠冢,因年代久远,已无法寻找。

民国时期的安丘中等教育

——朱瑞祥

民国时期,社会动荡,安丘的中等教育受到了极大影响。本来学校就不多,兵荒马乱,东躲西藏,学校处于惶恐之中,三日搬家,两日停课,名字也改来改去,查阅这段历史漫无头绪。笔者试图用时间为纵轴,地域为平面,交叉展开这段办学史,希望能给教育史学爱好者提供一点方便。

民国时期的安丘中等学校,主要有安丘县立中学和"八联中",两校先后并存,"八联中"的全称是山东省立第八联合中学,是抗日战争时期,国民党省政府为恢复被日寇破坏的中等教育,组建的战时中学,按省内排序,安丘排名第八,故名山东省立第八联合中学,其前身为安丘县内的中等学校。本文即以这两所学校的发展史为时间轴,一点点写下去,至于其他中等学校,如教会学校,私立学校,日伪学校等,因存续时间短,社会影响力略差,故只是简单提及,详情可参阅附图《民国至解放初期安丘县中等教育学校存续图》。

安丘县的中等教育始于清末宣统三年(1911),此为公办。至民国三年(1914),又有教会中学创立,办学经费部分来自教会拨款,部分来自捐助,为私立性质,学生都需要上宗教课程,每周参加宗教活动。两学校纵向并行,各有千秋,下面分而叙之。

1911年,安丘南门里张氏家族的张公制等人,倡议将县城文昌阁东面的高等小学堂改办为县内第一所中学,定名为安丘县立中学,聘美国基督教长老会牧师刘光照任校长,只有一个班,学生十余人,此为安丘县中等教育之始。辛亥革命爆发后,因局势不靖,讨袁的中华革命军进驻县城,造成混乱,加之德育中学创立,县立中学失去优势,于1916年停办。

1941年，刘光照辞去安丘县立中学校长之职，在县城南关大街路东创办了县内唯一的教会中学——德育中学，首招两个班百余人。1916年，又创立了教会女子中学——萃文中学，首招一个班。两所学校的校舍，都是借用黄县人丁百万在安丘开设的当铺库房，房屋宽敞高大，毗邻的基督教堂，又有大礼堂一处，除了礼拜天之外，学校开会尽可借用。1918年是两所中学的鼎盛时期，共有5个班200多人。1919年，萃文中学停办，1927年，因学潮迭起，经费拮据，德育中学也停了。一直到1943年8月，安丘的日伪县公署第四科在德育中学旧址设立了安丘县立初级中学，招收1班72人，次年又招收1个班36人，至1945年日本投降停办。

1924年，郑书云先生续办安丘中学，定名为安丘县立初级中学，第二年9月开始招收两个班80人，后，每年保持3个班，每班40人。这一段时期，社会基本稳定，学校发展正常，到了1930年，招了1个高小补习班40人，准备将初级中学升级为完全中学。1931年到1934年，每年加招1个师范班40余人。1933年，山东大学毕业生韩连琪出任安丘县立初级中学校长，聘请山大同学任教，其中纪泽长任教务主任，王镜清任事务主任兼任数学老师。1936年，国民党省政府在济南辛庄举办军事训练班，韩连琪参加训练，自此，中学开始配备军事教官，增设军训活动。可惜好景不长，1937年日本全面侵华，学校内又发生了"逐韩"学潮，学校被迫停办。

1939年，国民党山东省政府设立山东省立第八联合中学，此时安丘县城虽已沦陷，但日军人少，势力尚未达到西南山区，所以"八联中"的校址就设在南逯，校长李荣锦，训育主任王佩实，教务主任王连全，事务主任于贯一，教师王熙美、王熙刚，油印员于炳信，一共7人3个年级，4个班，共232人，其中简师1个班45人。1940年春，在邻近的墨黑村设立了1处分校，尚未开课，日本人以为是国府的什么重要机关，派飞机轰炸，分校只得匆忙迁往杜家庄。1945年1月，日寇深入山区，学校被烧毁，只得迁往安丘最西北边沿地区的落车埠、路家庄子、南良等村，化整为零，分散上课。后来因为形势继续恶化，学校又经过长途跋涉迁往卞家洼，至1943年，学校已陷于停课状态。

在八联中成立后的第三年，国民党县政府设立了安丘县立中学，校址设在获鹿山前村，校长王佩实，同时在水帘沟设一分校。后来因形势恶化，学校整体迁往辉渠，不久又迁往十里河子。这里虽然离县城较近，但此时日军实力已大不如前，学校总部虽在十里河子，但先后成立八所分校，校址分别在宫家庄（分校主任郑培三）、李戈庄（分校主任孙衍祥，字云五）、石堆（分校主任孙荫华）、贾孟店子（分校主任王熙刚，字冠毅）、北小沟（分校主任刘宗光）、逢王（分校主任周树桢，字干庭）、夏坡（分校主任李云坡）、凉泉（分校主任曹经富，字维初）等地，第八分校的高中部设在班家官庄，主任别裕昌，字鸿高。各校分散上课，不太招眼，学校受到的骚扰相对较少。1944年，"八联中"并入安丘县立中学，但使用山东省立第八联合

省立安丘中学校歌

民国至新中国成立初期安丘县中等教育学校存续图

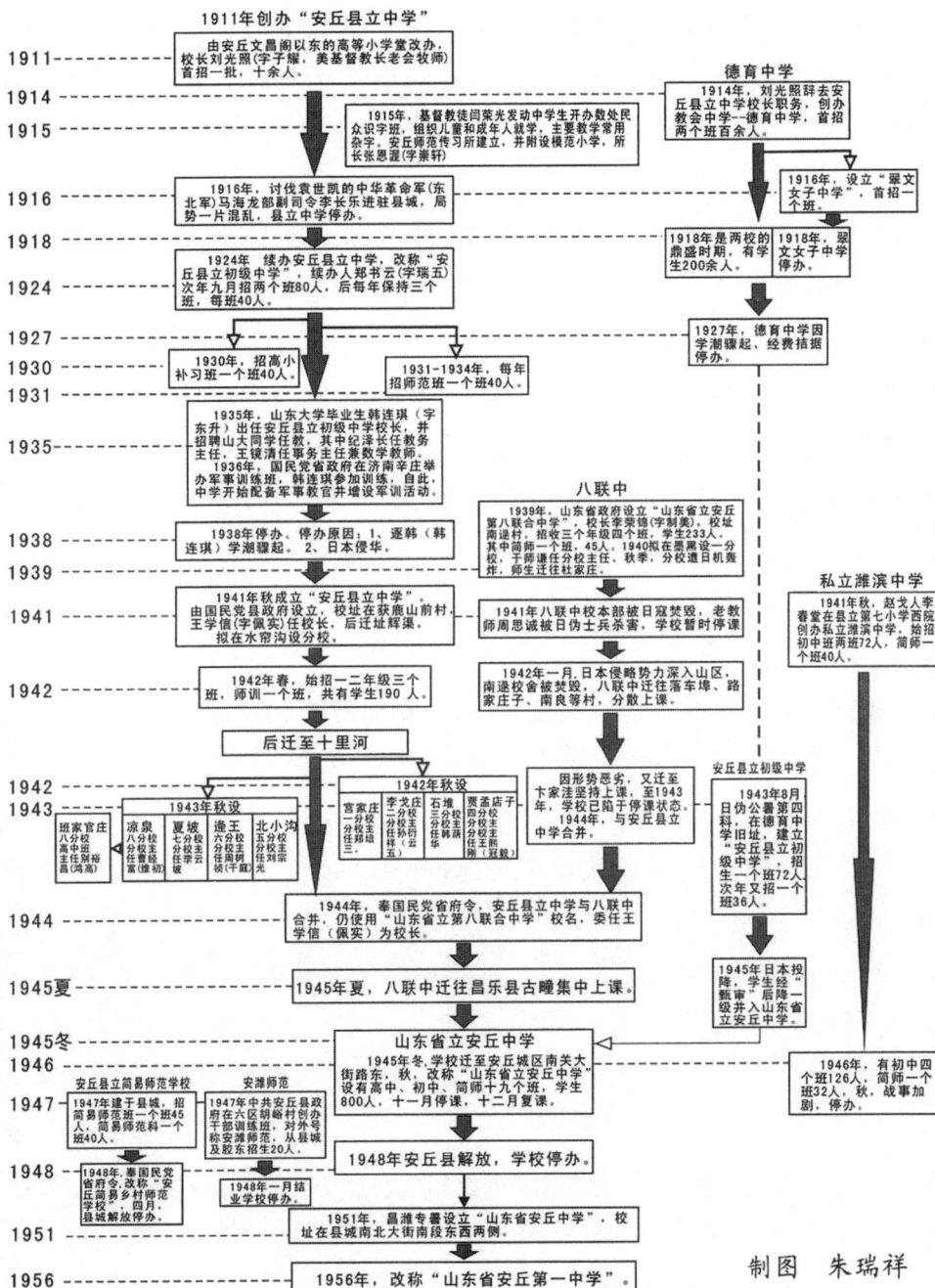

1911年创办"安丘县立中学"

1911 —— 由安丘文昌阁以东的高等小学堂改办，校长刘光照(字子耀，美基督教长老会牧师)，首招一批，十余人。

德育中学

1914 —— 1914年，刘光照辞去安丘县立中学校长职务，创办教会中学—德育中学，首招两个班百余人。

1915 —— 1915年，基督教徒闫荣光发动中学生开办数处民众识字班，组织儿童和成年人就学，主要教学常用杂字。安丘师范传习所建立，并附设模范小学，所长张恩澍(字兼轩)。

1916 —— 1916年，设立"翠文女子中学"，首招一个班。

1916 —— 1916年，讨伐袁世凯的中华革命军(东北军)马海龙部副司令李长乐进驻县城，局势一片混乱，县立中学停办。

1918 —— 1918年是两校的鼎盛时期，有学生200余人。

1918年，翠文女子中学停办。

1924 —— 1924年，续办安丘县立中学，改称"安丘县立初级中学"，续办人郑书云(字瑞五)次年九月招两个班80人，后每年保持三个班，每班40人。

1927 —— 1927年，德育中学因学潮蜂起、经费拮据停办。

1930 —— 1930年，招高小补习班一个班40人。

1931 —— 1931—1934年，每年招师范班一个班40人。

八联中

1935 —— 1935年，山东大学毕业生韩连琪(字东升)出任安丘县立初级中学校长，并招聘山大同学任教，其中纪济津任训育主任，王镜清任事务主任兼数学教师。

1936年，国民党省政府在济南辛庄举办军事训练班，韩连琪参加训练，自此中学开始配备军事教官并增设军训活动。

1938 —— 1938年停办，停办原因：1、逐韩(韩连琪)学潮骤起。2、日本侵华。

1939 —— 1939年，山东省政府设立"山东省立安丘第八联合中学"，校址在雹泉村，招收三个年级四个班，学生233人。中学部每一分校一班，45人，1940年在雹泉一分校时，于师谦任分校主任，秋季，分校遭日机轰炸，师生迁往杜家庄。

私立潍滨中学

1941 —— 1941年秋成立"安丘县立中学"，校址在获鹿山前村王学信(字佩实)任校长，后迁校址辉渠，拟在水帘沟设分校。

1941年八联中校本部被日寇焚毁，老教师周思诚被日伪士兵杀害，学校暂时停课。

1941年秋，赵戈人李春堂在县立第七小学西院创办私立潍滨中学，始招初中班两班72人，简师一个班40人。

1942 —— 1942年春，始招一二年级三个班，师训一个班，共有学生190人。

1942年一月，日本侵略势力深入山区，南逯校舍被焚毁，八联中迁往落车埠、路家庄子、南良等村，分散上课。

后迁至十里河

1942 — 1943

1942年秋设
宫家庄一分校主任郑书三。
李戈庄二分校主任协(云)。
石堆三分校主任韩刚(题)。
孟店子四分校主任(冠德)。

1943年秋设
班家官庄八分校主任真往裕昌(鸿高)
凉泉一分校主任义(家)坡
夏坡七分校主任云坡(维初)
逯王二分校主任望(千庭)
北小沟五分校主任宗光

因形势势劣，又迁至卞家洼坚持上课，至1943年已陷于停课状态。1944年，与安丘县立中学合并。

安丘县立初级中学
1943年8月，日伪公署第四科，在德育中学旧址，建立"安丘县立初级中学"，招生一个班72人，次年又招一个班36人。

1944 —— 1944年，奉国民党省府令，安丘县立中学与八联中合并，仍使用"山东省立第八联合中学"校名，委任王学信(佩实)为校长。

1945年，日本投降，学生经甄审"后降一级并入山东省立安丘中学。

1945夏 —— 1945年夏，八联中迁往昌乐县古疃集中上课。

1945冬 —— **山东省立安丘中学**
1946 —— 1945年冬，学校迁至安丘城区南关大街路东，改称"山东省立安丘中等学校"，设有高中、初中、简师十九个班，学生800人，十一月停课，十二月复课。

1946年，有初中四个班126人，简师一个班32人，秋，战事加剧，停办。

安丘县立简易师范学校
1947年建于县城，招简易师范班一个班45人，简易师范科一个班40人。

安潍师范
1947年中共安丘县政府在六区胡峪村创办干部训练班，对外号称安潍师范，从县城及胶东招生20人。

1948 —— 1948年，奉国民党省府令，改称"安丘简易乡村师范学校"，四月，县城解放停办。

1948年一月结业学校停办。

1948年安丘县解放，学校停办。

1951 —— 1951年，昌潍专署设立"山东省安丘中学"，校址在县城南北大街南段东西两侧。

1956 —— 1956年，改称"山东省安丘第一中学"。

制图 朱瑞祥

中学的名称,校长依然是王佩实。1945年夏天,"八联中"整体迁往昌乐县古疃,1945年秋,日本投降,学校迁回安丘县城南关,改称山东省立安丘中学。1948年安丘解放,学校停办。1951年,昌潍专署设立山东省安丘中学,校长孙日新,后来刘邑继任,校址在城里南北大街十字路口以南的东西两侧,用的都是张家的老房子,后来部分迁往东埠,1956年改名山东省安丘第一中学。

民国时期中学教育学制的设置有几次改动。清末,1930年的"癸卯学制"中规定,中学5年,不分高中初中。1913年,"壬子癸丑"学制规定,中学改为4年,还是不分高中初中。但是也有例外,1914年,教会学校德育中学规定学制为4年半,初高中一贯制。到了1922年,教育部公布"壬戌学制",规定中学实行三三制,初中高中分段,各3年。1939年的第八联合中学是个例外,为适应战时需要,不放暑假,4个月为1个学期,初中高中各2年,简师3年,后师2年,师范速成科1年。1940年,日伪安丘师范讲习所学制两年,嗣后,国民党政府设立的安丘中学、简易乡村师范学校皆沿用"壬戌"学制。

民国时期中学教育课程的设置,各时期略有不同。1912年,设置有修身、国文、英语、历史、地理、数学、博物、物理、化学、法制、经济、图画、手工、乐歌、体操。授课时数规定,第一学年为每周33小时,第二学年每周34小时,第三第四学年每周35小时。值得一提的是,这段时期把品德教育(修身)放在了第一位。

到了1924年,中学课程分科,社会科(公民、历史、地理)、文言科(国语、外国语)、算学科、自然艺术科(图画、手工、音乐)、体育科(生理卫生、体操),授课以学分制。"八联中"的课程设置不分科,课程有国语、数学(算术、代数、几何)、物理、化学、历史、地理(中、外)、生理卫生、动物、植物、音乐、图画、体操,高中班设英语,这些设置,与新中国成立初期的中学教育完全一样。

日伪时期的安丘中学课程与"八联中"差不多,但是没有了历史课和地理课,不知道是心虚还是用心险恶。

整个民国、日伪时期,安丘县立中学和"八联中"是安丘县的两所最主要的中等学校,后来两校合并,统称"八联中",安丘县立中学反倒少有人提及,这对安丘县立中学有点不公平。其实,不管是安丘县立中学还是"八联中",其办学环境都是极为恶劣的,生命安全都难以保证,何谈生活条件?常年处于逃亡状态,身心俱疲,没有对知识的渴求,缺了国家在心中的分量,如何能坚持下去?

日前访问定居台湾的原省立安丘中学学生、八十八岁高龄的高滢老先生,说起那一段求学经历,竟是十分地自豪。老人情不自禁唱起了安丘县立中学校歌,高亢豪迈,闻者动容。笔者录了音,记了谱,附于后。

那年冬天好大雪

——记我的小学校友苑汝奋

——李存修

那年冬天,故乡的大地上堆积着茫茫的白雪,河渠池塘结着厚厚的坚冰,气候冷极了。就在那个严冬,我们在雪地里分手,转眼便是三十几个春秋。

后来,我搭上了时代的游船,在这个地球上游来荡去,但无论转到那里,我总会想起他。从飘游的传闻和零碎的信息中,知他出没浪迹在白山黑水间的林海雪原。多少年了,我一直盼望他能突然敲响我广州的家门。果然,就在一个大年初四的上午,他经过锦州和天津两次转车及3天4夜的长途颠簸,梦一般出现在我的面前。

少年时的印象荡然无存,圆脸盘、大眼睛、还有那充满睿智的目光不见了,站在我面前的是一位满头灰发、眼窝深陷、身穿黑棉袄黑棉裤的关东山野老人。见此,我没有什么伤感,只有满腔遗恨,要恨就恨那个严寒的岁月。我真不敢相信,难道他就是我同窗6年的少年好友?命运就如此不公和绝情,把一个从小善良而又聪明的男儿摧残至这般形象,提前把他逼进了老年人的行列?

此次他南下广州,只在我家住3个晚上,什么也不想,什么也不要,仅为彼此见上一面,无论如何挽留,也无济于事。他已经离不开那片无边无际的大森林了。

他除了与我漫无边际地忆旧,便站在书架前看书,我也只好陪他站。他那一连串古怪的议论、评价与分析,令人吃惊愕然,我也只好用哼哼哈哈或点头耸肩的方式来应付。他耳聋,怕我听不见,说起话来几间房子都被震得隆隆作响。

"郭沫若的这本《李白与杜甫》,不知有何背景,他一向推崇杜甫,为什么在晚年一反常态,又扬李抑杜?"

"有位知名文艺批评家说杜甫'卷我屋上三重茅'句中的茅屋冬暖夏凉,只有富人才住得起,贫民只能住'一重茅'。把文艺批评搞成这个样子,到底有什么意义?"

"我十分佩服沈从文先生的大度,正因为大度,才终于成为中国文学史上的大器。"

"我查阅了许多资料,觉得杨贵妃'马嵬坡蒙难'属正史的观点,高力士把她救出的可能性极大。"

乍听到这些关系到文学、历史学、政治学、社会学及民俗学的议论,准认为我的这位童年时代的伙伴是位学者、教授或什么研究人员。非也,其实他是辽宁阜新蒙古族自治县高级中学的锅炉工。

我们同在小学6年,每次考试,他总是全年级状元,特别是解题的速度和方法,超过了那位师范毕业的算术老师,因此,被同学们称为"算术王子"。

我们同窗6年,他稳重沉着,我好动调皮,但学习各具特长,因此结成了纯真无邪的少年挚友。

小学毕业后,我考取高密一中,他上了硈泉二中,后来又在石家埠和临泷教过小学,因教学出色,获得了宋官疃中学的教鞭。我依稀记得,曾到宋官疃中学去看过他。他的教学业务受到学校的好评,那是他一生心态和境遇最好的季节。初中毕业教初中,这可不是一般人能够胜任的。

可惜,他是"剥削阶级"子女,父母受到了来自外界的不公正待遇,他当然也要受到株连。不久,父母先后离他而去,家里只剩下我常去的两间空洞洞的泥墙草顶小屋。由于怕相互连累,原来的乡邻也都开始回避这位孤零零的一肚子学问的青年。原来,家乡平原的天空那样蔚蓝美好,如今非云即雨,难以舒畅,于是,便背乡离井,出走江湖,只身钻进关东山里的大森林。

如此的人生之旅，是我很难想象到的。

流浪成了人生的主旋律。他独自深入原始森林几百公里挖掘人参，在林间的空地上栽种黄烟，在交通线上叫卖葵花子……无论睡马棚、仓库或车站，也不管啃生苞谷喝山泉水，他的身上总带着几本书，白天一边流浪，一边延续着儿时读书梦，夜里就变成了读书虫。他的精神，感动了一位县文化馆馆长，将他推荐给一所中学当了一名工友。

故乡虽说是家族历史上的一处驿站，但毕竟是一个人的根。这条无形的根，如同连着风筝的一缕丝线，永远系在游子的心里。当他挣到了一口饭吃，生命得已存活之后，又开始思念故乡，有时想得失眠，夜里起来在老林子里瞎转悠。我问过他，父母不在了，自己又是被逼出走，而且又没有混出个什么样子，怎么还想回去呢？他说："我只想回去寻找和重温童年的一个梦，有时连夜都没有过，在村里转几圈就走了。乡亲们把我忘了，但我还想他们。"

从十六七岁到二十好几，从不会干"歪门邪道"，因思乡心切，又身无分文，每次都是做假票回家。有一次被济南铁路公安处查出，因此被扣留了两天。开始，他闭嘴什么也不说，最后，他开口倾诉：我来回几天跑趟山东，路上无饭吃无水喝，就是为了回老家石家埠一趟。待乡亲们熄灯后才能进村，先去看看那间老屋，到村中央去摸摸那棵老槐树，再到我教过书的学校转转。鸡叫头遍，我必须赶紧离村，像个幽灵似的在黑夜里转几个小时，怕被起早的人撞上，误认为我回乡搞什么破坏。听了他的故事，管理他的女警们个个泪眼婆娑，并把他送上开向东北的火车。后来他有了工作，则经常购票回家，每次收集几大口袋老师孩子们穿不着的衣服，一件件送给家乡那些生活困难的人家。

动乱年代使他失去了读书的机会，是书籍给了他生活的勇气和力量。后来有了工资，又将全部节余买书，成了全县最大的个人藏书者，在花花绿绿的当今社会，他只有读书一种爱好。

他是从故乡辗转听到了我的消息，新年初一便离家来到广州，但拒绝任何物质上的馈赠,只希望有新书寄他一本便心满意足。我也没有办法,3日之后,只能买张机票把他送上了飞机。他回信时说,全校上百教职员,只有他在天上飞过,由此竟引来一双双羡慕的眼光。因为在当时,中学老师及校长都达不到购机票的级别,他从广州回东北的机票我是利用一些方便买出来的。

无论生活在社会的哪个角落,谁都有远远近近的一些朋友,但最让我牵挂的还是他。其实,山南海北的,这种历史的挂念对他又有什么补偿和帮助呢?既然书籍与知识让他走到了今天,而且还会让他继续走下去,一直走到生命尽头。毕竟时代变了,山花烂漫的春天会给他更多的温暖。

在流金淌银的珠江边,我也常为自己囊中羞涩感到惭愧。但只要想起这位读书破万卷、身为锅炉工的朋友,似乎什么都满足了。

又过了10年,他也早就以每月600元的工资退休了。因儿子上大学,妻子又过早失去了劳动能力,他只好又以每月300元的待遇为单位的宿舍院看门,请一天假扣一日工资。

他儿子学的计算机专业,从网上发现了我的一些信息,便告诉了父亲。他就迫不及待地买了一张硬座火车票,从辽宁来到广州。因他说话别人听不懂,别人说话他听不见,举止怪异,于是有人便报了警。我得到这个消息,匆忙赶到广州火车站派出所,把他领回丽江花园家中。

上次来广州是三九,穿着大棉袄大棉裤;这次是三伏,穿着一件已发黄的白衬衫,黑便裤和矮帮胶鞋。上次头上是灰白,如今全白了;那次半长发,现在却留起了平头,但脸盘上又加上了一层厚厚的沧桑。

上次来与我尽谈李白与杜甫,这次他把话题改成了岭南的文化名人红线女、金敬迈、秦牧、张永枚、陈残云等等,远在东北边远的一小县,他对这些人甚是了解。连红线女海外学舞、金敬迈北京坐监都能一套套地讲出来。与他交流,是用喊话的方式,吼不了几句,我的头会发晕,只好撤退。多数时间由着他讲。几间房子都隆隆地响,我把窗子关上,免得惊扰邻居。幸好家中其他成员到香港旅行,要不那可就不好办了。

他仍然只住两天。大部分时间是在读书，杂志报纸见到就翻，说他是21世纪的书痴或书虫一点也不过分。他不只是读，读了就要进行评论，我不说他有多高明，但许多观点我是在报刊上见不到的。在家时，他读书后，还要写书评，做读书笔记，而很多是用诗歌或顺口溜完成的。他曾给我写过信，上面有不少顺口溜，我在此仅择一段《王震访英》：

"老将王震访英国，访到失业工人家。前院小楼耸碧树，后院玉池种兰花……"

要说他博览群书，那一点也不过分。看过的也就看过了，对他来说，这还远不够，遇到感兴趣的诗词作品，他是一定要背下装进肚子的。他说要是不背下来，就对不住先人的聪明才智和祖国的灿烂文化。60岁退休后，他一边帮人家看小门，一边一字不漏地背诵了《离骚》《洛神赋》《胡笳十八拍》等等。这些古代经典，即便是专职研究和教授古典文学的，也不一定有人能背得出来，但是却由一个看门的初中未毕业的退休老人背了出来。当然这不一定有什么实际意义，可那些吉尼斯纪录都有意义吗？他的表现，起码说明了中国传统经典文化的魅力。

他在教小学时，我读高中。他每月工资22元，但主动掏出10元支持我到济南旅行。我独自在济南足足玩了4天，参观了千佛山、趵突泉、大明湖和黄河渡口，留下了4篇游记，这是我旅行留下的最早的文字作品。还有那十元钱，足足让我记一辈子，连我的后人也不会忘记他！

我这位姓苑的老同学，时代和命运亏待了他，可他一辈子对那个村庄满怀真情，念念不忘；社会忘记了他，他却尽一切可能回报社会；十几岁就失去上学读书的机会，可他在流浪中博览了群书。在我眼中，他成了大自然中一颗稀有矿石，是一颗土里生土里长多姿多彩的玛瑙石。

有人说："共产党员是特殊材料制成的。"而他并不是党员，也没有什么人征求过他的意见。他无党无派，我觉着他却是一位用特殊材料锻造成的社会最低层的纯洁的人。

我把朋友的事讲给著名军旅作家金敬迈（《欧阳海之歌》的作者）先生

听,他说:"啊呀,当今还有这样的人,以后请他来给我们大家讲一讲。"

这位老校友的最高追求就是手里只要有了几百块钱就买书,就旅行。他说:"只要看到铁路两边的青山绿水就压抑不住内心的激动。"当他第二次离开广州时我给他留了这样两句话:"你什么时候想来广州都行,来回的车票或机票我全包了。"

他还是领会了,然后看着我笑了笑。

苑汝奋,是位跨世纪的爱故乡、爱乡亲、爱朋友、爱学生的奇人,但他再也没有能力回到故乡来看一眼了。

从教岁月

——张培满

回母校当老师

1953 年秋,我在本村小学上 1 年级。读的是:大羊大,小羊小,大羊小羊上山吃青草……写字用石笔石板,用块布包着书,根本没什么书包。桌子座位都要自己从家中带。

那时小学是 6 年制,本村的学校是初级小学,本可在本村上到 4 年级,可只有 3 间教室,就一个老师教的还是复式。晚上还有村里的"识字班"要参加扫盲学习班,上 4 年级的时候,便是在临浯街东头的大庙里度过的。有一天,校长孙子宽来给我们上历史课,有几个大点的学生调皮,校长说他们也不听。事后才知道孙校长被打成了右派。上 5 年级的时候就去了完小大院。可惜一进入 6 年级,学校就在临浯街的西村办起了什么"共产主义"学校。集体住宿,吃大锅饭,就是不上课。班主任王存志老师每天带着我们去坡里往学校运地瓜,搬柴草。入冬不久,"共产主义"学校一哄而散。1959 年春节过后,我们又回到了完小大院。老师努力教,学生刻苦加倍地学,终于圆满完成学业,顺利地高小毕业。

1968 年 3 月中旬的一天,在六〇四〇部队当了 5 年通信兵的我,回到了自己梦牵魂绕的家乡院上村。第二天便去了本村的副业组干活,主要在磨坊干活,兼学纺绳。同年 6 月,临浯公社革委会决定:把临浯中心完小迁往院上大队副业组西边,并很快盖起了 9 间砖瓦结构的标椎教室。

7 月上旬一天,临浯中心完小校长刘兆魁找到我,要我去完小当老师。当时他们没有说什么待遇,我也是什么也没问,就这样稀里糊涂地成了一名民办教师。更让我没想到的是,这竟然成了我的终身职业。

当时,临浯完小有两个教学区,一个在原和平大队的养猪场,经过改造后,低年级的学生在那里上课;另一个是完小大院,完小大院是高年级班,其中5年级有两个平行班。学校领导安排我做5年级2班的班主任并担任所有学科的教学任务。说真的,初当老师的我心里十分无底,又有点害怕。任务也是相当艰巨,真是老虎啃天——无处下口。当时学校条件很差,所有任课老师都挤在一个3间屋的办公室里。有的老师没有办公桌,我是刚来的,连属于自己的一个固定座位也没有。

9月中旬一天,有人告诉我,让我去县革委文教办。接待我们的是一位戴眼镜、面部十分和善的李老师。他说:"根据县革委政治部安排,从今年回乡的复原军人中选一部分人做老师。"征得大家同意后,我们去县人民医院做了体质检查。9月16号,通知让我去县招待所开会。那位李老师告诉我们说:"经县革委政治部批准,你们12个人充实到教育上做老师。"让我和景芝公社的一位姓刘的青年同回临浯,并告诉我俩每月工资34元,从9月下旬开始,先领半月的,也就是17元。最后,给我俩办理了相关手续。这是我做公办教师的第一个月,也是有生以来第一次领工资。

秋收秋种结束后,原完小有两个6年级班搬到了新院的9间教室里上课。我所任的5年级二班也搬到院上村的一处民宅里。没有办公室,屋里除了有一块破旧的木质黑板外,什么也没有。课桌座位全由学生自己解决。至于课桌的高矮、宽窄、长短、大小等等不一,各式各样、五花八门。还有个别困难的学生,连张不像样的桌子也没有,只好把书本放在膝盖上。我去上课时,从家中拿着教本,几只粉笔,也没什么教具。黑板上的字,用块破布擦,连个黑板擦也没有。每天打扫卫生,都是值日生从家中拿工具。至于上课按钟点,更是不敢想,全由我自己估摸,或是看太阳,或是按村妇做饭炊烟而定,真是穷到家了。我所富有的是五十几个学生,他们天真无邪,对知识的追求如饥似渴。虽然学习条件十分困难艰苦,但他们从不迟到、早退,更不无故旷课。他们的年龄比我小不了几岁,有的个头比我还高。上课时,我是老师,课间时,我们一起玩讲故事,讲我当兵时的奇闻趣

事。相处得十分融洽,既是师生又是朋友。到现在,我的第一批学生已是古稀之人了,我和他们还保持着密切联系。

在村里,我和我的五十几个学生组成了无人管无人问的"独立王国",我成了名副其实的"孩子王"。可完小大院内,造反派和保守派的争斗却是十分激烈。1968年8月,"反复旧"开始,逐渐波及到学校。11月中旬,县工人宣传队、贫下中农管理领导小组进驻领导并管理学校。他们不调查,不研究,带着十足的派性,支持一方,打压一方,使得派性斗争更尖锐、更激烈、更复杂。不同形式、不同规模的大辩论随处发生。更有甚者,还有几次小规模的肢体冲突,严重干扰和破坏了原本就十分脆弱的教育教学秩序。

大概在1968年12月下旬,《人民日报》刊登了侯振民、王庆余的建议:"农村公办小学下放到大队来,小学公办教师转回原籍。"元旦过后,教师们吃了散伙饭,就各奔东西了,临浯中心完小也就名存实亡了。

1969年春节以后,从临浯完小分散回村的学生没了上学的机会和学习的场所。从临浯完小下放回来的3名公办教师和本村原有的1名民办教师,借助临浯完小的9间教室,把全村的学生集中起来自己办学,大队给予支持但不干涉内务,里里外外全由我们自己做主。就这样,渡过了1969年。

"侯王建议"把临浯的教育搞了个七零八落。别的地方我不知道,在临浯现有的公办教师中,不仅没有一位校长,更可叹的连个副教导主任也没有。只有我一名共产党员,还是从部队转回来的。外籍公办教师走得多,转回来的公办教师少,全公社的公办教师不超过30人。整个教师队伍一盘散沙,教学工作无人管无人问。如何办学?教师们都心中无底。村里也是各自为政,有的村根本无条件办学,既没有教室又没有教师,孩子们失去了上学的机会。

1969年春天,我参加县革委文教办组织的小学公办教师下放回村后的住房困难问题调查。去原孙孟公社时,陪同我的是王校长,他的家是孙孟公社的王家杭大队。他原是五莲县一个中心完小的校长。他们村从外地回去了 35 名校干和教师，原先在临浯公社东古河完小的王全镜校长就是王家杭村人。这么多校干和教师，本村学校根本用不了，只好在家赋闲。当然也有的大队特别那些偏远山区，是十分缺少教师的。

1970 年春节后，上级给临浯公社调来了 5 名校干。鹿思恭校长来到临浯中心完小主持全公社的教育工作。原来的辛庄、古河、民主 3 处完小和 1 处村小，也更换了新的校长主持工作。并且完小改称为学区，也有的称联中，从此就有了临浯、辛庄、古河、民主四处联中。临浯的教育再度步入正轨。

另外，上级派王金福为校长，张大田、李作良为老师，刘金平为炊事员，组建院上中学，这是最开始的叫法，不久后就改称为临浯中学，王金福校长因身体原因，没有到岗，工作一并由鹿校长负责。当年招收 1 个初中班，计 54 人。采用各大队推荐、公社革委会批准的方式招生入学。1970 年 7 月，学校被正式命名为临浯中学。1971 年至 1972 年，学校每年招收 1 个高中班，每班 54 人。此后，上级逐渐加大对学校的资金投入，征集土地、增建校舍、调派教师。1973 年 7 月，上级派宋国良同志任临浯公社文教组组长。至此，文教组成为独立的教育管理单位。

1970 年春，根据上级指示精神，对全公社的教师作了两种安排。一大部分年富力强、业务水平较高的继续拿工资，基本安排在学区和较大的村小；另一小部分教师留在本村小学或附近小学任教，这些大多年龄偏大，身体状况不太好，待遇是工分加补贴。刚开始，这部分教师有情绪。事实上，这部分教师比拿工资的待遇还要好。以我为例，当时我的工资是 34 元。如果我要享受工分加补贴的待遇，我所在的生产队，当年的工日值大约是 0、3 元，按每月 30 个工日，计 9 元，这样，生产队给计一个劳力的工分，国家再补给 25 元，到年底不仅能在生产队里分粮分草，还有二十五元的现金收入。别小看这 25 元，这在当时，我们大队有很多家庭在年终决算时，还分不到 25 元现金。享受了拿工资的待遇，不但不能在生产队里分粮分草，还因无劳力挣工分，年底结算时，欠下生产队 124 元。事实证明，这个办法不可行。上级于 1971 年 12 月，又将工分加补助的教师转为国家供给。

按照上级提出的中、小学校实行县、社、大队三级办学，做到上小学不出大队，上初中不出片，上高中不出社，逐步普及初中教育。1970 年下半年，临浯、辛庄、古河、民主 4 处完小招收初中班，称为联中。业务上联中管理小学。还有南林、石家埠、芝畔较大的村办小学，也招收初中生，称为七年一贯制学校（小学 5 年，初中 2 年）。

1970 年 9 月 24 日，安丘县革命委员会举办毛泽东思想学习班。全县公办中小学教师 3400 余人到县城开展"一打三反"运动，即打击现行反革命，反贪污、反浪费、反投机倒把。历时近两个月。

1971 年冬，临浯公社新的一届党委产生，相继各行各业的基层党组织，也得到恢复和建立。教育系统成立了以鹿思恭同志为书记的教育党支部，我为党支部委员兼教育团总支书记。各联中成立共青团支部，发展了一大批先进青年教师和学生加入共青团组织，共青团组织得到了发展和壮大 1972 年夏初，教育党支部根据教师队伍组织建设和思想建设的需要，在积极培养入党积极分子的基础上，一次发展了 5 名思想进步、事业心强、工作积极肯干、热爱教育事业的同志光荣入党，给党组织输送了新鲜血液，使整个教师队伍的精神面貌焕然一新。1974 年 8 月，有 3 人被县人事局任命为副校长，4 人被教育局任命为教导主任和副教导主任，结束了临浯公社多年来没有自己培养的校干的局面。

尊师重教

临浯中学的迅速发展，是和上级的大量投入及临浯人民的全力支持分不开的。到 1975 年 7 月，已有在校生 350 人，教职工 14 人。根据形势的发展和实际需要，1977 年 9 月，安丘县教育局决定：各公社中学应属县教育局统一管理，原临浯中学改名为安丘县第十七中学。县委组织部任命鹿思恭为校长兼支部书记。

1977年恢复高考招生制度后,在全公社范围内招收4个高中班,每班54人,计216人,学制两年。学校发展达到高峰。1978年8月,高守信担任第十七中学校长。根据上级精神,地区重点中学从全县招生,临浯公社属安丘二中的招生片区,安丘二中录取后,十七中再行录取。1980年底,王金福校长传达了县教育局的会议精神,会议提出:3类学校可把当年招收的高中1年级降为初中3年级,次年,可参加初中中专和县重点中学的招生考试。十七中随决定把当年招收的4个高中班降为初中3年级。到1981年夏,就有了4个高中转初中班、4个初中班毕业。1982年春,安丘县教育机构实行大改革,撤销安丘县第十七中学,改称临浯初级中学。1982年12月,赵景绪任校长。1984年8月刘志民接任临浯初级中学校长,1985年8月改称临浯中心中学。

如此同时,临浯的联办初中和小学教育也有了迅速发展。虽然也经历了1973年8月张铁生的《一份发人深省的答卷》带来的教学秩序上的混乱,1974年春《马振扶公社中学事件》的传达和《一个小学生日记》的发表,及批林批孔运动的开展。1975年2月,县革委会召开的教育工作会议提出"教育为无产阶级政治服务,教育与生产劳动相结合,为农业学大寨服务",随之学校开展学农学工,在无资金、无设备、无技术的情况下,大办工厂、农场、养殖场。像西朱耿小学的粉笔厂、民主联中的墨水厂等都因资金、质量、销路等问题而倒闭,造成人员、财力、时间上的浪费。1981年底,我接任民主联中校长时,学校账面上还欠县玻璃厂的瓶子钱。就临浯公社的情况看,单从经济效益上说,学校办厂完全是得不偿失。根据形势的发展,1981年9月,临浯中心小学成立,从联中分离出来自成体系。

1981年初冬,我被临浯公社党委抽调参加原民主大队的分队工作。原民主大队由西民主、中民主、东民主3个自然村组成,现分成了3个大队。分队工作结束后,我被留在民主联中任校长。说真的,从心里很不情愿留在民主联中。在参加分队时,我就对民主联中的现状有了大体了解,当时的民主联中只有5个教学班,校舍不够用,而且十分破旧,有的教室漏着

天，天好时，阳光照进屋里，雨天时外面大下，里面小下，外面不下了，里面还下。整个校园，除北面是教室，西、南、东三面无墙，更无大门可言。农村大部都有了电，可学校还点蜡烛和煤油灯，经费严重不足。更重要的是外部教学环境十分恶劣。领导和我谈话，征求我的意见，我没法说出不愿留下的理由。当时，我的工作单位是东朱耿联中，是 1974 年新设的 1 处联办初中。在一穷二白的情况下，白手起家，自己动手，我和同事们创办并发展壮大完善了东朱耿联中。在全公社教育上创下了 3 个第一：一是公办教师的生活第一，老师们自己动手打井，种地种菜，3 分多地的菜园种的菜吃不了，还在集上卖一部分，所在的大队还给公办教师每人每月补助 10 斤口粮。二是我们学校有篮球场，而且是从安丘百货公司购买的标椎篮球架，这在全公社中除了临浯联中有两个苍蝇拍式的篮球架外是绝无仅有的。三是在本公社范围内，第一家买上了"葵花牌"三用唱片机，朱耿大队开社员大会都借去用，这成了我们学校在社会上的一张名片。

虽然不愿意离开原来的工作单位，但领导既然决定了，那也只能无条件服从。要面对现实硬着头皮干下去。这么说吧，不说学生，也不说教师怎么样，单说办学条件的各个方面，在全公社的 6 处联中中，民主联中是最差的。那时，农村学校的管理机制是联中管小学，临浯以东的班岗小学、尧上小学、芝畔小学、仉岗小学、民主小学都是民主联中的招生范围。但就民主联中来说，只有几个初中班，校舍相当短缺而又十分破旧。我作为一校之长，办公室设在住有四位教师的宿舍里，还要兼做会议室、接待室，成了名副其实的多功能办公室。晚上教师办公，把两张办公桌拼起来，点上蜡烛，不仅光线暗，还十分呛眼刺鼻。无论怎么开源节流，杜绝一切不必要的开支，还是难以为继。实在没有办法，只好去找公社住大队的工作组领导，征得他的同意后，按各大队的学生人数，到各大队找村干部，说明情况，请他们帮忙。各村都给了尽可能的帮助，缓解了学校的燃眉之急。

1982 年秋，中民主大队架进高压线。我便去找中民主的支书杨金铖同志，请他帮助解决学校的办公用电问题。杨支书不但很痛快地答应了我的要求,而且还征得大队全体领导班子的同意后,连教室里的照明用电也一起解决,学校没花一分钱。学生上晚自习、教师晚上办公再也不用点蜡烛了,彻底结束了煤油灯时代,大大改善了学校的办学条件。

校舍不足、办公经费紧缺并不是让人十分头痛的困难,更让人不能容忍的是十分恶劣的教学环境。所有的教室、办公室的前窗没有一块玻璃,都用半头砖堵了一半多。本来教室的采光就不太好,下雨阴天时,白天也要点煤油灯。夏天更是难熬,天气本来就热,教室面积小,学生又多,空气一点也不流通,每个教室就是一个大蒸笼,师生们个个汗流浃背,大汗淋漓。校园里一棵树也没有,即使下了课,也没个乘凉的地方。每年都栽树,一棵也没成活,统统被那些"好心人"折断拔光。只要是星期天,教室、办公室必有门锁堵眼。每晚都有社会青年去找学生打架。还有上课用的一口破钟,不论白天还是黑夜不定什么时间就乱响,弄得学校周围住户十分紧张。尽管校舍十分破旧,经费奇缺,环境极端恶劣,联中的教师都十分敬业,学生们学习的积极性都相当高涨。1983年7月,两个班的毕业生,共计不到80人,就有5人考入安丘一中,创下民主联中最好的升学成绩,也是临浯公社当年考入安丘一中人数最多的学校。升入安丘一中的南金华在1984年11月参加全国物理竞赛,获得山东省第四名、潍坊市第一名的好成绩。1984年,刘成连老师辅导的学生参加潍坊市英语竞赛获得第三名的好成绩。

1984年秋,公社党委政府根据教育形势发展的需要,对全公社初中教育全面统一规划,决定在芝畔、西辛庄同时建设两处初级中学。是年底,校舍院墙基本完工。1985年农历二月二,民主联中师生喜迁新校——芝畔中学。

芝畔中学54间校舍只有9间办公室安了门、窗上有了玻璃,其他的教室什么也没有,门窗上玻璃全无。但师生们打心里高兴,芝畔大队的干部群众热情支持,教学环境也有了根本性好转。

搬入新校后,什么也没有,只有从头再来。亟待解决的难题有两个:一是整个校院建筑垃圾成片,地面高低不平,到处坑坑洼洼,根本无路可走。二是教室内没有一张课桌。原本打算把民主联中的水泥台搬来再用,解一时之急,可在搬家前,一夜之间被当地村民砸了个稀里哗啦。第一个难题好办,只要不动钱,芝畔大队出车出人往外拉土,整平地面,几百学生齐上阵,大车小辆,蚂蚁大搬家,从南渠河往学校运沙,仅用两天时间,校院整平了,路修好了,操场铺上厚厚的沙子,校园焕然一新。第二个难题就难解决了,学校无钱,教育组无钱,乡财政也相当困难。我天天跑教育组,教育组领导天天硬着头皮去见乡领导。乡领导也是有苦难言,表示想办法,在最短时间内解决。几天后,乡党委决定:由在校学生每人交现金十五元来购置课桌。学生缴纳款项,学校开出收据,学生家长凭收据可顶替现金交提留。仅用 1 天时间,就从县劳动服务公司购回新课桌,彻底告别了水泥台。同年 4 月,潍坊市教育局普及初等教育现场会在我校召开,乡党委书记李耀光作了典型发言。1985 年 9 月 8 日,安丘县召开教师节庆祝大会,会间,潍坊市人民政府代表山东省人民政府授予安丘县政府"大力发展职业教育"荣誉称号,授予临浯乡党委"尊师重教先进单位"荣誉称号。县政府授予芝畔大队党支部书记刘锡城同志"尊师重教先进个人"荣誉称号。

更上一层楼

1985 年 8 月,临浯的初中学校形成了三校格局:东有芝畔中学,中有中心中学,西有辛庄中学。教育体制也有了变化:小学不再接受联中管理而是直属教育组领导。

随着形势的发展变化,教育主管部门对学校提出了新的更高的要求,教育组也作出了统一的规划和要求。学校根据上级相关要求,一方面加强教师队伍建设和学校内部管理,另一方面积极落实"六配套"措施,并建立健全各项规章制度,校园环境有了根本改变,教育教学秩序有了明显好转,教学质量有了大幅度提高,各学校都有了良好的发展势头。

为加强教师队伍建设,学校根据上级要求购置了电视机,定时组织教师观看电视讲学,大大提高了教师的学识水平和教学能力。同时,为加强学生管理,学校结合《中学生守则》,严格对学生进行常规管理,并制定了相应的奖惩制度,既规范了学生行为习惯,又提高了学生的学习积极性。各班都出现了比学赶超的良好风尚。

为创造更好的教学环境,学校想方设法筹措资金购置了新的课桌,添置了篮球架、单(双)杠等体育器材,并购买了绿化树苗和花苗,校园里绿树成荫,百花争艳。在办公室前修建了直径4米多的圆形水池,水池中央有假山,假山上有小巧玲珑的八角亭,水池中有荷花和小鱼,小鱼在水中自由自在地漫游,水草随着微风吹动婆娑起舞。

在注重校园建设,搞好美化绿化,建设花园式学校的同时,加大对教育设施的投入。改建扩建学校实验室,新做实验桌、仪器厨、实验凳,添加实验器材,建立健全实验管理制度,配备实验管理人员,规范实验操作规程,使农村普通中学达到实验达标。

当时电力供应不足,晚上经常停电。为解决教师办公、学生上自习的照明问题,学校自筹资金,购置了一台195发电机组,借助校园的自然地形建起了地下发电室。芝畔村的两位青年教师主动承担了看管发电机组的任务,彻底解决了学校的用电问题。

制度的落实和校园环境的改善,又极大地促进了教师的教学积极性,教师们出现了互帮互学、你学我超的学习风气,在备课、上课、听评课、作业批改、课外辅导等环节都有了更高的要求和新的提高。学校对做出突出贡献、取得优异教学成绩的教师不仅给予表彰,还给以适当的物质鼓励,极大地调动了教师的教学热情和工作积极性。

为进一步提高教学质量,学校还十分重视与社会、家长的联系,对学生进行"三结合"教育,请老干部、老军人到学校给学生作报告、讲故事,帮助学生树立爱国情怀和正确的人生观。每学期定时召开一至二次学生家长会,通报学生的学习及在校表现情况,并听取学生家长对学校工作的批评建议。教师也有针对性地进行家访,加强学校与社会、学校与家长的联系,使学校、社会、家庭的"三结合"教育落实到了实处,推动了学校各项工作的顺利进行。

经过 3 年的规划建设、美化绿化,学校各项配套设施基本完成。1988年 5 月,顺利通过了县里的验收,达到了"六配套"(即学校内围墙、大门、操场、水井、旗杆、厕所)标准。并得到了县教育局领导和潍坊市教育局领导的充分肯定和高度赞扬。为学校争得了荣誉,我本人也被评为潍坊市级优秀教师。

三校合一再谱新篇

1989 年 5 月,教育组对中学领导班子进行大调整,苑佰海同志任中心中学校长,我因身体原因离开芝畦中学,调入中心中学任副职,协助苑校长工作,教学工作主要由张凤升和刘金录两位教导主任负责。在这期间,学校加强内部管理,狠抓教学质量,建立了良好的教育教学秩序。教学质量有了很大提高,连续 3 年中考试绩稳居全县第一,得到上级领导的肯定和群众的广泛赞誉。当时,落实"五三改制"(即小学 5 年,初中 3 年)中,顺利通过了上级的检查验收。1991 年至 1995 年,安丘市落实"两基"(基本普及九年义务教育,基本扫除青壮年文盲)需要,市委、市府与镇委、镇政府签订"两基"工作责任状。镇委、镇政府就如何实施"两基"做了大量工作。进入 90 年代,初中入学人数明显增多,面临校舍紧张、教师缺乏等问题。1992 年秋,初中学制改为四年,困难进一步升级。

按照国家义务教育法的规定,每四万人口的乡镇设 1 处初中。可当时临浯已有 3 处中学,按要求必须合为 1 处。镇政府决定合校,在原中心中学院内新建两座教学楼,后来,因为位置偏僻、场地扩建受限等原因又改变了计划。经过多次党委会反复商谈论证,并广泛听取群众意见,最后,决定在石家埠村前新建两座教学楼。消息传出,得到了全乡人民的高度赞扬和大力支持。

校址选定后,教委在建筑设计、学校布局等诸多方面做了大量的工作,时任教委主任刘成连组织部分校干到外地参观学习,经过周密合计,结合外地经验,提出了"实用、美观、一统、瞻前"的具体构思方案。

实施方案确定后,所需资金全是个大事。镇党委研究提出"镇财政挤出一点、银行贷一点、群众集一点"的集资方案。并通过广播站、各学校、各机关向社会发起倡议。一时间"人民教育人民办,办好教育为人民""再苦不能苦孩子,再穷不能穷教育""临浯最好的房舍是学校"等口号,成为全镇人民的呼声和一致行动。

教师们不仅积极响应,还踊跃捐款,所有公办教师几乎拿出一个月的工资,有刚参加工作不久的青年教师,捐款后连生活费都成问题了,民办教师也不落后,尽其所能,慷慨解囊。教育带了头,党政机关、各企事业单位的所有职工,个体工商户等也都争先恐后,在临浯大地上掀起了为新建教学楼作贡献的捐款热潮。李存修、孙炳林等众多临浯籍在外地工作的仁人志士,更是满怀对家乡教育的无比热爱,将自己的赤子之心奉献于校园之中。

世上无难事,只要肯登攀。只要是对人民有利的事,顺民心的事,有人民大众的全力支持,没有办不成的事。学校特意把捐款者的名字郑重地刻在中学中央雕塑的石座上,让人们不要忘记他们为建设这所新校的无私付出。

这么大的工程,从达成共识、确址、征地、审批、设图、动工等,一系列复杂而又艰巨的工作,在 10 多天完成,该是多么繁忙紧张,是何等的高效! 从 4 月初开工奠基,既要保证 8 月底按时完成,保证学生按时开学上课,又要迎接省里的"双基"检查验收。可谓是时间紧、任务重。镇长孙景祥亲自挂帅,主管教育的副书记杨瑞清现场靠上。建筑公司领导及职工全员出动,两座楼同时开工。石家埠村、苑家庄村、建国村三支建筑队分别由各村支部书记带队负责,承建实验院、后勤院、教委院的建筑项目。就是在"三秋不如一夏忙"的麦收季节也不停工,加班加点,克服施工中的一切困难,保证了工程按时完成任务。教委也派出专人在工地协调。刚上任的镇党委书记任健同志放下千头万绪的工作，多次到工地视察指导。安丘市教委主任魏敬元不但带头为建校捐款，而且还几次到现场检查询问施工情况。

万众一心齐努力，一所实用、美观、大气、前瞻的一流初级中学按时交付使用，同时也顺利通过了省里的"双基"检查验收。1996 年 7 月，原 3 处中学顺利实现合校。从此，临浯教育不仅有了全市一流的初级中学，而且，在原 3 处中学校址分别合并成立了学区小学，加上原有的 8 处村小，临浯的学校布局更加合理。临浯的教育事业更上一层楼，再谱新篇章！

乡 音 余 韵

看电影

——张维荣

看电影,对于如今的年轻人来说,一点儿也不稀罕。可是,要放在四五十年以前,看场电影,那简直比过年还热闹。

全县 1000 多个村庄,那些有头有脸儿的,而且交了好运的,一年才能看上一场电影,你寻思寻思,谁不去凑个热闹儿?

眼看日头西了,发电机开始发电,银幕也挂上了,可是家里还有一大堆营生等着:喂猪,拦鸡,打扫天井,幸亏昨晚把猪栏垫了。想到这里,心里还是叨叨着:俺娘千万别叫我去占碾碾猪食啊……

电影一般是在生产队的场院里演,电灯关灯前,是最热闹的茬口儿。大闺女小媳妇们,仨一堆儿俩一簇儿,有的磨牙,有的打哈哈儿,谁知道哪里的那些话来。还有那些半大小子,就和些泥鳅一样,在人空子里钻来钻去藏猫儿,特别是那些熊孩子,心眼子弯弯,钻来钻去使坏,老实巴交的吃了哑巴亏不做声。有些厉害的,有个算个,都是呱呱鸟,嘴一张,就和个破水瓢似的,大叫大嚷:"小死尸儿,家去摸您娘去。"

电灯灭了,开始演幻灯。使坏的青年故意地你推我搡,打呼隆,摸浑水鱼儿。这霎霎儿,不管是老实的,还是厉害的,一点谱儿也没有,尽着人家折腾。直到电影机子转悠了,秩序才安静下来,那些老头儿老妈妈儿们,也提溜着长烟袋,提溜着马扎儿,慢悠悠地转悠到银幕后,享受静好。

最可恨的是蚊子,"七月半八月半,蚊子嘴金刚钻",咬着谁,谁倒霉,要血命啊!

冬天,到外庄看电影儿,可就遭老鼻子罪了。穿个"灯笼"裤子,"十月的天,后老婆脸,说变就变",西北风嗖嗖儿的。往人空子里钻,个子小,看不着。站在外面，北风不饶你，冻得头皮发麻、腿肚子朝前。看到半截腰儿，自己往回走又害怕。好歹挨到散场，一路子懊悔："再演电影儿，叫'爷爷'也不来了。"紧跑慢跑窜回家，老的都困下了，没有一个搭腔的，光腚溜儿钻进热被窝，那个舒服滋味儿，不用拉了……

附记：

一个国家强大的基础、灵魂在于文化，其中语言文化是你重要的组成部分。

为了挖掘、搜集、整理和保存安丘方言俗语，并按照安丘独特的发音方式录制下来留存后世，朱瑞祥老先生提议辛丑年出一本集文字、语音、图像为一体的文集（书名待定），众人鼓掌叫好。

本栏目的文章是其中的一部分，刊发在此，以求抛砖引玉，欢迎更多的有志之士参与此项工作。

本文作者

2021 年元月 22 日

有娘真好

——夏淑云 口述　　张维荣 整理

我 16 岁参加工作。在外贸复烤厂、担山水泥厂、胜业集团转悠来了一圈儿，退休后终于在城里落了脚。

一天，早就在城里居住的大哥跟我商量："父母岁数大了，爸身体也不好，耳聋眼花的还坚持着给人看病，他们为这个家操劳了大半辈子，让二老来城里享几年福吧！"我说："中。二哥情况特殊，别指望他了，咱俩轮着侍候。"

记得搬家那天，老爸在装书的的几个箱子里，扒拉来扒拉去，抠搂出一本画册递给我说："给，你的画。"

我接过一看，是用四个薄铁装订的板板正正的画册，老爸用工整的小楷写的标题"自修图画本"里面每一幅画都有标注，什么炼钢工人、庄稼老汉、学习英语、背诵歌曲，什么思索、心事等。娘望着我的脸说："也不是什么值钱大物，是你 30 年前的铅笔画，一页一页给你攒着，一张也没瞎哩！"我捧着这本早就忘得一干二净的画本，心头一热，眼泪噗簌噗簌地滚到了腮上，打湿了手中的画页。万万没想到，我老爸那么较真儿又这么细心，更没想到的是，动不动就用火棒棍子抡我的娘，这么在意闺女的几张画纸，此时我的心里那种暖暖的感觉，无法用语言表达！

我有两个哥哥一个妹妹。凭工分吃饭的那个年代，全夏家庄顶数着俺家穷。那时老爸在公社医院管防疫，工作繁忙，明明在家门口，可是十天半月不回家。家里 5 个张着嘴吃饭的，日积月累欠了生产队好多工分，这一腔饥荒到"大包干"时，累计达 1200 多元钱，之后多年才还清。

养儿方知父母恩。想想那些年，娘真是不容易，生产队里每次分粮食

柴草，去早了人家会说："干活不知道上凑儿，分东西瞪起眼来了"去晚了，人家又会笑话我们："干活没有中用的，分东西拖拖拉拉的还得请着。"还有说得更难听的："老虎打食喂狗熊……"

每次遇到人家翻白眼儿或话讽刺挖苦的话，我娘总是默默流泪，甚至回家趴在炕上嚎嚎大哭！

吃的沾不上边儿，住的更不靠谱儿。俺家原来有一套老宅子，三间北屋两间东屋，爸爸两兄弟两头房屋儿住着，大爷去世后，大娘拉扯着几个孩子过。分家时爸和俺娘商议："老嫂比母，她拉扯着一堆孩子不容易，咱把正房让给嫂子，偏房我们住。"尽管娘脸上不欢气，嘴上却说不出来，也就这么着了吧！

都说分家三年生，这话真是不假。妯娌俩一个院子住，不是筷子戳着碗，就是勺子碰着瓢。实在住不下去了，爸爸求爷爷告奶奶，用两间东屋偏房，换了本族的两间烤烟房住着。

那些年，好天好道的，俺娘一准有说有笑满脸慈祥，可是一碰到阴天，俺娘的脸接着就呱哒下来，因为娘的脸一呱哒，十有八九会上来雨，娘的脸色就是俺家的气象站。下过庄户的都知道，所有烤烟房当门一般比地面矮半米左右，本来就"地气"，再遇上连阴天，外面的水就往屋里淌，有时房顶还漏，就像水帘洞。

记得有一年娘独自在家，一场急雨泼下来，用土坯垒的碗框让水泡倒了，盘碗碟子全部砸在烂泥里，最珍贵的油罐子也倒了。娘一直唠叨这半罐子豆油，那时的油可是用我老爸供应的指标买来的啊。每逢涝雨天，房顶上漏水，当门里淌水，只要姊妹们在家，我们娘五个一定会锅碗瓢盆齐上阵，舀水抗洪，上演一幅妇孺"战洪图"。偏偏二哥不看死眼儿活眼儿，腆着个脸和我说："咱比试比试？""爱和谁比试和谁比试！"我愤愤地说。娘直直腰，用手捋捋头发，狠狠地剜了我俩一眼，恨不得再揣上一脚。就是因为我俩不对眼，娘到现在待说就说："那时让你俩气煞了，谁道遭了多少孽！"平时只要我俩闹矛盾，娘是"无理三扁担，有理扁担三"，所以小时候不知挨了俺娘多少火棒棍子，无论自己孩子打架还是跟外边孩子打架，挨打的必定是我们，我娘就是这脾气。俗话说人家的庄稼好、自己的孩子好，可在我娘偏不认这个理儿，总是说："你不惹人家人家会打你？自己的孩子属什么，我还不知道？"对于娘的这个"双重标准"，我愤愤不平了很长时间。

挨打挨多了，我琢磨出一条经验，三十六计跑为上，就为这个"跑为上"，却闹出了误会。晌午头俺娘在家烧火做饭，我抱着妹妹，和邻居家姐姐在屋后桥头上拾"博狗"（一种儿童游戏），妹妹哭闹想挣脱我的紧箍咒似的左手，一哭一挣倒好，我和妹妹仰面朝天双双掉进湾里，幸亏湾崖边洗衣裳的姐姐看到我俩在湾里一冒一冒的，急得大声呼救，一个大哥才把我和妹妹救了上来。当时我娘又气又急，麻溜溜地赶过来看我到底伤着哪儿了，可直觉告诉我：又要挨打了！立马围着我家的磨台跟我娘转圈儿，最后老娘没撵上我。

我娘拉扯着我们四个，日子再累，我爸也帮不上多少忙，因为他在医院管防疫，工作比较繁杂，半月二十日才能一趟家。每次爸爸回家，我娘必定会把两块半头砖支起来，把黑铁勺子放在上面，点燃豆秸烧热后，再往铁勺子里滴上几滴油，吱啦吱啦喷出油香味儿时，打上两个鸡蛋，用筷子搅拌，大半熟时，娘再用两个指头捏上一捏盐，满满的黄黄的一铁勺子鸡蛋，整个屋子充满了香味儿，甚至半个村都弥漫着炒鸡蛋的香味儿。我娘再附就着火窝，给我爸燎一壶老白干，等把盅子筷子摆好酒也热乎了，老爸斟上一盅子酒在三抽桌边坐着，喝一口酒夹一筷子鸡蛋。这时娘坐在当门用玉米皮编的蒲团上烧火，一个门里一个门外拉呱。我猜想，这个时候大概就是二老最幸福的时刻了吧！

后来因为我大哥接班需要，我爸提前退休回家。为了生计，也是出于对职业的热爱，在村里开了中医门诊，无论刮风下雨、深更半夜，随叫随到，即便是大年除夕也照样出诊。每逢这个时候，娘总是说："去吧去吧，人命关天，病不等人，耽搁不起。"她和我爸一辈子就是这样，始终站在一条战线上。

娘不识字，可道理懂得一大串。自打我记事儿起，娘就给我们立了许多规矩：一家人吃饭，人不到齐不开饭，若是有一个人不回来必须把饭单独留出来，有好吃的还要多留些；吃饭时不能吧唧嘴，喝汤不得出声音，出门跟长辈打招呼，遇到老弱妇孺让路让座加搀扶……"夏子英（父亲名讳）家规矩多"，这句话就是这么来的。

闲暇时我娘最爱唠叨，常挂在嘴上的，就是诚信当先、善良为本、厚道做人。每当听到她这些唠叨，我心里就乐。在外面背诵"老三篇"，回到家里听"三句话不离本行"，不用愁脑子闲着。

正是娘的这三句话，教会了我们怎么做人，秉承娘的谆谆教诲，我们兄妹几个都有了自己新的事业。我利用爱好画铅笔画的优势，线上线下开了彩铅公益课，线上的已经覆盖了全国各了，年龄参差不齐，上至70多岁，最小的五六岁，用时髦话说就是我的"铁粉"；线下在社区教一至六年级学生，天天忙得脚不粘地，娘看在眼里疼在心里。前些日子心火旺盛了，我跟娘诉苦："娘，俺牙又疼。娘说："白闲的。"使劲呛了我一句，我心里有点憋屈，但脸上愣没让娘看出来。"倒是想起西关王大哥的故事来。他酒喝高了，大嫂一本奏到婆婆面前，母亲颠着小脚儿抓住大哥，摸起个笤帚疙瘩就打："我叫你再喝酒，我叫你再喝酒"！你想啊，耄耋老人打古稀儿子，不和挠痒痒一样吗？可儿子也要装装样子，一边抱头鼠蹿一边求饶："娘啊娘啊，我再也不敢啦，再也不敢啦，住手吧！"怒气冲冲的母亲，扔下笤帚，颠着小脚儿，回到自己屋里去了！

回过头来我又把这个故事说给娘听，还表示了对她说我牙疼那句话的不满。娘说："傻妮子，十指连心，哪个孩子不是娘身上掉下来的肉？你都钻到你的铅笔画里去啦，好说好道的你不听啊！"噢，原来如此。有娘真好！

俺娘不爱吃馉馇

——李新春

　　"民以食为天。"那些闲来无事的人们,茶余饭后总好唠叨些谁爱吃什么,谁不爱吃什么之类的家常琐碎事儿。一句"俺娘就爱吃馉馇",却把我带向了那遥远的回忆。这段回忆甚至让我心里滴血……

　　记得儿时家里很穷。粗茶淡饭度饥荒,地瓜干子当主粮。白面极缺,吃馉馇的日子也就少得可怜。年里月里吃一顿,俺娘总是热心地先伺候爷爷奶奶,又不住地往我和弟弟妹妹们的碗里夹。当我们把碗里的馉馇再夹给娘时,娘总是轻声地说她不爱吃馉馇,再倒回我们的碗里,宁愿剩下大家下顿再吃,她也不吃一个,只吃煎饼和地瓜面窝窝头。年复一年,我们从小就记住了娘不爱吃馉馇。以后吃馉馇时也就不顾及娘吃多吃少、吃还是没吃。

　　几十年过去了,生活条件好了,中午馉馇晚上面,成了家常便饭。有一次,我们兄妹几个一起回家看老娘,娘显得格外兴奋,手脚也麻利了,不住地跑前跑后,翻这找那,忙忙火火,洗菜、和面、调馅子,特意为我们包了"三鲜馅""芹菜馅"两样馉馇。当香气扑鼻的馉馇端上饭桌时,大家围坐在一起,有说有笑地吃起来。看着儿女们狼吞虎咽的样子,娘那堆满皱纹的脸像开了花,洋溢着美滋滋的笑容,不住地说:"满够吃的,慢慢吃,都多吃点儿……"

　　晚饭时,娘又亲手蒸了一锅香喷喷的大馍馍,准备了她最拿手的香菜肉丝小炒、海米烩芹菜、虾仁鸡蛋等许多好吃的菜肴。大家不约而同地抢起了馍馍,娘却津津有味地吃起了剩馉馇。我瞪大了眼睛好奇地问:"娘,您不是不爱吃馉馇吗?"娘翘了翘嘴角,善意地笑着说:"傻孩子,俗话说,好饭不过馉馇,谁不稀罕呀!过去家里缺,上有老,下有小,老的要保身子,小的要长身子,我哪能咽得下去。"一句说得我们个个目瞪口呆。小时候我们吃馉馇时,娘坐在一旁,看着我们抢食时的那种幸福与满足,历历在目。此时此刻,我一下子明白了几十年来娘那无私大爱的一片苦心。看着眼前的白发亲娘,只觉得脸上火辣辣的,鼻子酸酸的,说不出是什么滋味。顿时,屋里的空气像凝固了一样,我哽咽了,弟弟妹妹们的眼圈也红了。我们真傻!为什么就没有想到娘说的"不爱吃",其实是一句母爱的谎言!

羊有跪乳之恩,鸦有反哺之义。儿女们怎样报答也换不回娘付出的青春年华。从此,我们开始了积极的弥补和加倍的孝敬。然而遗憾的是,苦日子过完了,俺娘她老了;好日子开始了,俺娘却走了。

子欲养而亲不待啊!痛楚永远留在了我的心头。

老 碾

——陈安金

农村俏皮话很多。称头发白了的为"老白毛"，满脸皱纹的叫"核桃皮"，而年龄特大的，则叫"老的没有牙了"。

俺村——柘山镇陈家车庄，村中那盘老碾，几辈子人围着它转悠。现如今，碾盘上的槽沟磨平了，碾管芯开始生锈，碾砣子的齿儿也没有了，算得上是名副其实老掉牙的老者。正是这位老者，见证着时代的更替和家乡的变迁。

记得小时候，村子里有好几盘大碾，离俺家最近的是庄当央儿那一盘。这里是大人们聚堆凑热闹的地方，也是挑货郎担、爆大米花、演杂耍、兜售小玩意儿的生意场地，更是孩子们嬉戏打闹玩耍的乐园。

石碾由碾盘、碾砣子和碾樟子三部分组成。碾盘由一整块石材雕凿成圆形平面，并留有裙沿；中央放碾砣子，碾砣子像场院里打场用的碌碡，但与碌碡质地不同，多为大青石制作；碾樟子是由四根木头做成的方框子，多是用硬度大的松木或槐木。碾盘中间凿穿，安一根虎口粗的铁棍，穿过碾樟子内侧；碾砣两头中间各凿有深深的坑，镶嵌生铁脐窝，插进两根碾脐，碾脐固定于碾樟子上。推碾的时候，就可以轻松地把石碾向前推转了。推碾至少是两个人的活儿，前面的只管使劲推，后面那个人边推还得边用笤帚搅拌碾上的东西，这样碾出来才粗细均匀。至于石碾究竟诞生于何年何月，我无法考证，据上了年纪的人讲，自打有了村庄就有了石碾，这应该是不争的事实。

小时候，总觉得推碾很好玩，每当放学路过石碾时，只要看到碾闲着，就和几个调皮孩子飞跑过去，推着那笨重的空碾猛转几圈儿，让那石碾砣子发出"轰隆轰隆"的响声,犹如天空滚过的雷声,有时我们推得满头大汗正在兴头,遭来推米、碾面的大人呵斥而一哄而散。

进入腊月,特别是傍年根儿,便是石碾最忙的时候,家家办年货,蒸干粮,少不了推米碾面,推碾的人自然就多了起来。那时候,好多人家都是天不亮就起来,抱根碾棍,捧把地瓜干子放到碾上去,先占着,后面来的就只好在碾旁边排队挨号了。人们既不争也不抢,总是按个先来后到。后来的放下手里的家把什,自觉地上去帮着先来的推碾,等上家推完了,下一家挨上。就这样,下家帮上家推,一家帮一家,十分有趣儿。这互帮互助的淳朴民风,一代代传承下来,直到今天,村子里不管哪家有活落需要帮工,左邻右舍都是先放下自家手头的活儿去帮着干,并且是从来不讲报酬。

那时候,生活虽然不富裕,可是石碾旁边却总是少不了一片欢声笑语,邻里乡亲,家长里短,东拉西扯;村里的男女老少,一得空闲,就往石碾旁边凑合。你推我拉,手闲不着,嘴更是不闲着:女人们凑到一堆儿,有夸奖儿媳妇的,有点赞公公婆婆的,她们时而私语窃窃,时而笑声远扬;孩子们则围着石碾转圈追打嬉闹,整个石碾周围充满着醉人的浓浓乡情,石碾旁边,留下了儿时太多太多的记忆……

从 20 世纪 80 年代开始,各种各样的电磨、粉碎机进入了寻常百姓家,人推石碾的日子渐行渐远。村里仅存的这盘老碾,却依然在风吹雨打中卧在那里,以淡然的姿态,无声地记载着村庄的沧桑变迁。

现在,虽然人们的生活条件好了,但在农村,乡里乡亲们还是少不了用石碾来碾些豆粉、花生米粉、辣椒面什么的。用他们的话说,就是"用石碾辗出来的东西不失原味"。至今,村子里还时不时地传出"吱嘎吱嘎"的推碾声响……

过　年

——陈安金

　　一年三百六十五天，有许许多多个节日，但在人们的心目中，最重要的节日就数春节了，老百姓呼之"过年"。

　　记得小时候，一进入腊月，就天天数数算着日子。一旦过了"腊八节"，就感觉有了年味儿了，村子里的老少爷们就开始忙活"年"了。家家户户都要去赶年集，置办年货。在俺这里过年，都少不了买几个新碗，买几把新筷子，象征着来年添人增口。家里的老人孩子都要买几件新衣裳，买双新鞋新袜子。那时候，由于家里穷，没有钱，猪肉虽然才6角钱一斤，也没有买多的，每户也就割个三斤二斤的。至于鸡，一般都不用花钱去买，农户家里或多或少都养几只，母鸡用来下蛋换取油盐等生活日用品，公鸡养一年不舍得杀，一直留到过年才杀它，先是用做祭供品，之后，等到正月里再用来招待客人。

　　转眼到了腊月二十三，庄户人家叫"小年"。这一天，要"辞灶"，就是请灶王爷。传说灶王爷在"小年"这一天，吃过晚饭后要上天去面见玉皇大帝，汇报人间一年来的情况。因此，这一天的家庭主人，都要诚心诚意地跪拜，恳请灶王爷在玉皇大帝面前多说好话，给家里带来好运。正如农户家里贴在锅灶旁边的木板年画"灶王爷"两边的那副对联：上天去多言好事，回府来广降吉祥。

　　过了腊月二十三，年越来越近了。妇女们更是忙碌起来，蒸馍馍、蒸年糕、做豆腐、打扫天井、拾掇屋子，忙得脚都不沾地了。孩子们则最关心的是买爆仗、二踢脚、滴滴金子、钻天猴子……自然是越多越好。那个时候过年，穷人家好吃的可以少买点，春联不能不贴，除了哪家有老人过世在服里不贴春联外，其他人家，在年除夕这一天，都要在大门小门上贴春联，贴大红"福"字，在大门外贴"出门见喜"，在老人炕头上贴"身体健康"等等。在过去那个时候，没有现成的春联可买，都是买几张大红对子纸，根据自家门口的大小裁剪后，请村里会写毛笔字的人给写，写的春联也没有现在这么工整、对仗，各种各样的都有。当时用老人的话说就是"门上见红纸色，就算过年了"。但只有猪圈栏门上的大体都一致，都是"牛羊千口""好大肥猪""积肥如山"。记得有一年过年，由于二大爷不识字，把"好大肥猪"贴在了大门上，前去拜年的人们笑得前仰后合……

春联贴好之后，就只等着晚上炒一桌好菜，备一壶酒，一家人围坐在一起过大年了。大年夜有不少讲究：说话要压低嗓门，不许大喊大叫；菜吃完了，不许说吃完了，要说吃好了；盘子里的鱼吃了上一面之后，要说正过来，不要说翻过来；蒸馍馍裂开了口，要说"笑开了口"等等。总之，大年夜里净挑好话说，不吉利的言语一句也不能拉。

吃过年夜饭，妇女们把大人、孩子年初一要穿的新衣裳都找出来，放在炕头上，然后搂着孩子囫囵个子打个盹，准备早起来下饺子发"纸马"。

发"纸马"是过年的重头戏，家长要亲自上场，在自家天井里安上桌子，摆上供品，手捧线香，敬天拜地，祈祷四方神灵保佑一家老小四季平安；然后燃烧纸钱，跪拜磕头，燃放鞭炮。之后，一家老小回到屋里，等着吃新一年的第一顿饺子。

饺子吃完了，天也就蒙蒙亮了。这个时候，家里的老人在家摆放好香烟、糖果、瓜子、花生，只等小辈们前来磕头拜年了。妇女、小孩们则穿上新衣裳，纷纷走出家门拜年去了。她们东家进，西家出，整个年初一就在互相拜年问好中度过……

从正月初二开始，就要走亲戚去拜年了，直到正月十五"元宵节"为止。出了正月十六日，年就算过完了，人们又要开始数落着新一年的农活了……

现在过年不像从前，人们的日子都好过了。乡下人的日子一点也不比城里人差。平常日子家家户户鸡鸭鱼肉样样都不缺，想吃啥就买啥，新衣、新鞋随时更换，用老百姓的话说就是"天天十五月月年"。意思是说，现在平常日子吃的、穿的、用的，都比以前过中秋、过大年还要好！

嫲嫲烙的油煎饼

——朱瑞祥

21世纪20年代,我已步入老年,孙辈们都长大了,经济已经宽余,想吃什么不必再纠结财力,有一天,忽然想吃葱花烙煎饼了。

小时候吃过不少。

初中一二年级,学校就在家门口,在家吃,在家睡。到了初三,东埠建了新校舍,我们初四级8个班全部迁过去,离家远了,从家到学校,一路小跑要18分钟。早上要赶早操,晚上要上自习,我的粮食关系①不在学校里,3顿饭回家吃,一天要跑4个来回。中午饭时间宽裕一点,早饭晚饭只有1小时,半个多小时用在路上,吃饭就要狼吞虎咽。十三四岁的我,有点招架不住。嫲嫲说,别跑了,捎饭吧。我很小娘就去世了,跟着嫲嫲长大。

这事儿搁现在,不是事儿。学校有食堂,校外有饭店,刷卡扫码,愿意吃什么吃什么。那时候不行。计划经济时代,粮食按人供应,人的户口在哪儿,粮食关系就在哪儿,你吃你那一份儿,我吃我那一份儿,紧紧掐掐的,撑不着,饿不死。我的那一份儿口粮在家里,不能吃学生伙房,只能从家里捎饭。那时候没有保温饭盒保温罐,多水的、带汤的,怕我冷吃了肚子疼,都不能带。嫲嫲有办法,给我烙油煎饼,有葱花,有油盐,凉热都能吃。

我一顿吃俩煎饼,3顿饭捎6个。我下半夜起来撒尿,看见过嫲嫲烙煎饼。小米黄豆煎饼,对折成扇形,一半面积均匀地摊上用豆油细盐拌好的碎葱花,烙一下,翻过来,再对折,再烙。两面烙得起花了,然后折两角,再对折,前后5次,折成八九厘米宽、十五六厘米长的长方形,里面的葱花和煎饼层层间隔着,再烙。鏊子下烧的是麦穰,慢火,一直到内外全干,鼓起来有4厘米厚。两尺见方的蓝包袱,包了6个烙煎饼,书包里装不下,只好单肩背了，每一次都像行军出征。

那时候学生没有食堂，同学们打了窝窝头开水，在教室里吃。窝窝头是秣秣面加地瓜面做成的，紫黑色，趁热吃沾牙，冷透了瓷实，干了像石头，砸开了边棱锋利。我的油煎饼拿出来就招眼儿，通体金黄，褐花均布，咬一口酥脆，满教室飘香，有时候充大方，贡献一个出来，要好的同学一人咬一口，每顿饭都是一次炫耀。

一天天，一月月，连续吃了一年油煎饼，只觉得好吃，其他的什么也没想。这会儿自己动手烙，还真有点儿难度。早市上买来煎饼，家里有现成的大葱、精盐，也不用烧鏊子，打开电饼铛，没烟没火，煎饼折好了，烙就行。没用十分钟，葱香味出来了，但是，煎饼层层瓷实，不鼓，更不酥，咬起来费劲，完全没有嬷嬷烙的煎饼味道。没奈何，打开记忆的"链接"，想想嬷嬷是怎么做的。

记起来了。从第一个对折就开始烙了。以后一边折一边烙，每一个叠合都要间隔很长时间，以保证蒸发掉尽量多的水分；嬷嬷烧的是麦穰，一次填少许，这东西火力弱，鏊子不太热，还要用秣秸不住地拨弄，保证鏊子受热均匀。怪不得煎饼酥了，浑身没有一个焦糊点儿。

道理想明白了，照办就是。电饼铛开到最低档，手机微信聊着天，煎饼在电饼铛里慢慢地"爆"。终于，煎饼鼓起来了，咬一口，同样松酥。抬头看看墙上的钟表，我的心"咯噔"一下，仨钟头啊！我的眼泪下来了，嬷嬷给我烙，不也得仨钟头啊！

为了孙子吃好，下半夜爬起来，鏊子窝里蹲仨钟头，三百六十个仨小时啊！除了嬷嬷，谁能做到？

注：

粮食关系：20世纪80年代以前，是我国的计划经济时代，粮油供应紧张，尚不能保持敞开供应，所以实行计划购买，按人定额定量供应，粮随人走。

五十年前烫虱子

——张效芝

说起虱子,对于五十岁左右年纪的人来说并不陌生。但是,现今的年轻人已经不知道是个什么东西了。那么,秃头上的虱子——明摆着,脚后跟上的虱子——爬不到头里去……,诸如此类的歇后语总应该听过吧?

虱子是一种人体寄生虫,是贫穷的伴生物。它藏在衣服里,咬人,吸血,虽然不大疼,但是热乎乎的,特痒痒。扛痒扛得冒血渍了,还是觉得不解痒痒。

为了"造治"虱子,人们什么方方都使了,手拿,牙咬,开水烫……但这东西繁殖快,传播广,很难除净。

记得上初中时,学生睡通铺,被子、褥子、烂棉花毯子紧挨在一起,一人招虱子,全宿舍都难幸免,虱子成灾了。

住校生招虱子的事,引起了校领导的重视,安排伙房大锅烧水,要求全体同学把衣服集中起来,放进开水锅里烫虱子。

现在,衣裳多,换得勤,不等穿旧就撂了。衣裳洗得勤,成天洗澡,没有虱子的生存环境了,想找个虱子也找不着了。

故乡情怀

行走大河七十年

——李存修

"一条大河波浪宽,风吹稻花香两岸。"《我的祖国》歌词里的大河是著名词作家乔羽先生写的他故乡的河。先生生在济宁,长在济宁,1797千米长的京杭大河从他的家乡穿过,运河两岸盛产稻黍,两万多艘船在水中穿梭,有谁不说自己的家乡好!

在刘欢唱的《好汉歌》里也有这样的歌词:"大河向东流啊,天上的星星参北斗啊。"这是梁山108条好汉"替天行道"之歌。

但是,上面两条同样位于山东的河,并不是在我心中流淌了70年的河,这条河上、中、下游各冠芳名,古代与当今名称变异,官方与民间称呼不同。但永远留在美好记忆、让我每次流连忘返的只有一条河,她的名字叫南大河。

记得6岁那年,一顶4人小花轿把我18岁的大姐从石家埠抬到了河南沿的大近戈庄。大人们都称这条河为南大河。年幼无知,还想留下跟姐姐住在一起。但当日下午,大人们说什么也要把我拽回家。一个多甲子历经沧桑,多数忘得渺无踪影,但有的却牢记一生。那次,过了河回家的途中,我一路都在不停地哭。南大河,这条家乡的河,就这样开始留在了我的记忆里。

(一)西登太平寻河源

我心目中的这条大河古称浯水、浯汶,在沂水境内,短于沂河和沭河的全县第三大河,发源于沂水和安丘之间太平山,有东西中三个源头,东源头为上二郎峪,中源头为红石峪,两源的水在小弓河村南汇合;西源也是主源在太平山西麓大官庄村西，自西北流至圈里村南与中、东二源汇合，后沿沂水圈里乡、富官庄乡，诸（城）安（丘）二县边界东流，中下游称渠河，在安丘市景芝镇东北入潍河。

2014 年，为了体察和感受母亲河源头的形成与风姿，我和同伴王玉国一起，西上安丘之最高峰——海拔 523 米高的太平山。这里不是祖国西部，500 多米已有天高云淡和居高临下之感。虽没有"登泰山而小天下"和"登尼山而小鲁"的那般豪气，但见周近的唐王山、虎眉山、擂鼓山和摘月山等安丘西部群山一一退至脚下，也算满足了自己"山高我为峰"的内心向往。

太平山从东到西，大约有十几千米，最高点在安丘境内。全市有几百座山头，此为山头中的山头、峰尖中的峰尖，是无可争议的制高点。且有三条大河的源头旋流在山下，它们是南下淮河的沭河、东流入潍的汶河和浯河。这种三水争流的自然现象被称为"一水滴三江"。就是说上天落下的每滴雨水，均被分流进三条江（河）里，并把太平山上的"太平"带到山下村村落落。没有这种被恩赐的"太平"，哪有母亲河两岸一代代的生命！

当我们第一次从太平山顶下到南麓，在坡腰，我遇到了一截约 3 米高的石壁，石壁上，有密密麻麻被风化过又有水蚀斑痕的石缝与细孔，但这绝不是当地黑色麻状的玄武岩，而是另外一种少见的岩石结构。细看，见离石壁低端 4 米处，有一个约 1 米见方的小石潭，隐身在碎石和即将返青的杂草间，潭内水深 20 多厘米，有珍珠般的水滴向下滴，发着轻微的叮咚之声。这叮咚之声，就是大河生命之初啼叫的声音。停停干干时枯时竭断断续续的流水不是源泉，四季流淌的泉水才能叫源流。我深信，这里就是南大河的生命之初。

半年之后，我和王玉国开始了关于浯河源头的第二次考察。离沂水富官庄向西。经杨庄、马站再向北，走过一个大大的马蹄形，钻进一条细长荒野的山沟，蜿蜒而上，遇一村妇在溪边劳作。她说，在上边有个大官庄村，那里有泉有水，是浯河的真正源头。

果然，我们在村前发现了几处亮晶晶的水潭。可惜，山里的夜来快，暗影自远处袭来,很快将村庄捂了个严实,只有几扇窗户闪着灯光,一阵阵狗叫从黑乎乎的小院里传来。

从富官庄镇到圈里的大官庄听说此地仍叫太平山,也叫长城岭,离我们上次考察过的两处浯河源头相距不过数千米,因情报不准,白白走了许多冤枉路。

深夜,喜降春雨。天放亮,我们赶忙出去踩着河沿看水涨。清晨,河边一切都脆生生,水灵灵,水面泛着浪花,蹦着跳着赶路,哗哗之响声替代了叮咚之细音。这自太平山下来的源泉之水,滋润了两岸肥沃的土地,最后流进潍河,善始善终,修成了正果。

(二)"状元"石桥下马口怪鱼

次日,顺着浯河的流水南行。青春期的河流浪花飞溅,冲击着水中一块块圆溜溜的石头,溅湿了从寒冬刚刚醒来的一地野草,诱发出一层可爱的新绿。

至沂水县北岱庄前,蓦然发现浯河流水之上,南北横跨着一座巨大的单孔石拱大桥,眼前一亮,自是一个巨大惊喜。

由此,我顿时想起了此前见过的其他一些单孔石拱大桥。

如河北邢台李春设计建造的赵州桥。那是一座建于隋朝、世界最早、保存最完善的古代敞肩的石拱桥。桥身全长 64 米,主孔经跨度 37 米,拱高 7 米。隋炀帝东征高丽时来去都从桥上经过。此桥的建成,反映了当年中国建筑科学技术早已居世界前沿。

杭州市内,有座风姿、雅致而壮观的拱辰桥,桥长 98 米,高 16 米,东西横跨在大运河上。它是全国古桥中的佳品,给杭州市和整条大运河增添了说不尽的光彩。

而我见过的最长的是湖南凤凰县沱江源头乌巢河峡谷上的石拱桥,跨径 120 米,属当今世界第一名。是湘西桥梁中的脸面,是中国建筑史上又一项杰作。

相比上述三座国内国外知名大桥,这座桥只能算是"地方名产"。但这座由山东省交通厅李其生工程师吸取中国古老建筑技艺,结合浯河本身及两岸质地特点,组织圈里和杨庄两公社民工从1968年7月那个特殊年月开始,到1970年顺利竣工。我们恰遇一位年逾七旬老者在桥头闲逛,是当年建桥的参与者和见证者。他很得意而又自豪地告诉我们,当时山区农村无机械运输能力,所需大量石料,全由当地农民肩挑背扛从远处高山上搬弄而来。眼前这座桥虽没有河南红旗渠那样惊天地、泣鬼神,名扬全球。但大桥毕竟长88米、宽8.5米、高15米,全桥独孔,弧形跨径飞过60米宽的的流水,是山东全省最大的单孔石桥。山东是人口、文化和经济大省,无论何行何业,能争得"头名状元",已是卓越非凡,十分了得。

建桥有功的老者闲来无事,断断续续给我们讲了很多,而我最感兴趣只有两点:一是面前的单孔石拱大桥,二是在大桥底水中游动的奇特的马口鱼。

浯河马口鱼隶属鲤形目、鲤科、马口鱼属,是一种生活在溪流中的小型鱼类,当地俗称叉口、花翅,游动敏捷,善跳跃,性贪食,生长快,一般个体长15厘米、重约50克。受当地水质影响,浯河马口鱼特征鲜明,不仅肉鲜、味美、腥少,而且通体骨软,不同于其它水域的马口鱼。更不同于我小时常捉常吃的浮梢、麦穗子等。预计保护区建成后,年可产马口鱼5万公斤,生态、经济和社会效益显著。

我在下游来来回回几十年,少时无数次在这条河里捞鱼摸虾,但尽是些沙里趴、浮梢、麦穗子等,却从未见到和吃到这种大嘴巴而又特别昂贵的马口,同为一条河,难道它们就没有往来吗?将来会不会有那么一天,这种鱼类中的"稀客""精品",游出深山,经石埠子、官庄、石桥子、临浯、都吉台、一溜城阳,过景芝而进潍河,和"潍河鲤鱼"相会呢!

(三)大河之滨两明珠

安丘的水库如同九天仙女向大地撒下了一箩璀璨的珍珠,在起伏的山山岭岭间熠熠闪光,与天上的星星相映生彩。我早就听说,在这众多的水库中,尤数牟山、于家河、尚庄、下株梧和共青团五大水库最为知名。若按水系划分,牟山、尚庄和共青团属汶河地面,而于家河和下株梧两大水库则归渠河水域。

在走过无数条流水和说不尽的大小水库之后,我形成了这样一种理念:水库和湖泊对于大地和河流来说,不仅是一种美好的点缀、修饰和美化,更重要的是,它们变成了一座座水箱与水柜,调节、控制和补充大地河流及人类对水的需求。特别是在雨量过剩或欠缺的年代里,水库、湖泊能影响甚至保护人类和河流的生命。

1. 于家河水库

于家河水库 1966 年 10 月动工,1968 年 5 月建成。1974 年发洪水,水库受到第一次挑战与考验,她的功劳可让历史评说。水库东西长 440 米,最高 27.8 米,顶宽 5 米,前干砌石,后植草,有排水沟。开敞式溢洪道设在右岸两小山头之间,是一座以防洪为主,兼顾灌溉、城市供水、水产养殖、发电等综合利用的中型水库,具有理想的水库防洪能力,有效保障下游安沂公路等基础设施及 40 多万人生命财产的安全,为"引渠入白"(引渠河水到白芬子自来水厂)、农业灌溉提供水源保障,经济、社会效益显著。水库四周山峦起伏,一座座青山倒立碧水,如诗如画,风景绮丽。每到阳春之季,草木远近泛绿,花草含羞迎客,群鸟伴着白云飞过,分不清天上人间。若在清晨之际,泛一轻舟穿行于一抹山岚,万道晨曦之中,朦朦胧胧,那你就愿永远留在此地,再不想当过客了。

眼前的美景令人神往,但让我最感动的还是当年建设于家河水库时工地上热火朝天的场面。

那时正值 20 世纪 60 年代中后期,城市中的青年学生大都在街头喊口号,贴大字报,或一队队到全国各地大串联。我也刚被国家分配入川,在成都开始干一些耍嘴皮子的营生。

当时,通过书信了解到,我弟弟等石家埠第二生产队 8 大青年突击手,个个身强力壮,一米八零左右个头,自带窝窝头、咸菜疙瘩和勺瓢子,推着8辆独轮车,无一分一毫报酬,在成千上万人的建筑工地上,冲锋陷阵,迎难而上,勇不可当,形成了一道引人注目的劳动风景线。

如今,他们8人中只有两人还在世,但因体弱多病而居家不出。无论如何,他们都是建设南大河的功臣。想想当年他们在水库工地上热情奔放奋勇争先的火热场面,真是令人感叹!他们的名字没有留在报纸和书籍里,但一定还闪烁在于家河水库的波光月影里。

2.下株梧水库

下株梧水库在安丘算是个中上等的大水库了,但它不声不响不张扬,在省内和国内,你很难见到这个名字。与我曾专程造访过的那些水库,如三峡、龙羊峡、千岛湖、丹江口、新丰江、小丰满和小浪底,甚至峡山水库等等,差了很多个档次,那为什么我还会满怀激情地来写下株梧,只是因为它与我那心中的流水梦中的河——南大河命运相连,若没这条任劳任怨的大河,下株梧之水将泛滥何方呢?要是大河水涨浪跌、春旱夏涝,又有谁能平衡稳定呢?历史证明,未来岁月,河湖库三位一体,更是密不可分。

湖水四周,流水两岸,是安丘石埠子镇所属,这片土地对我们有着极大的诱惑力。它获得了国家级的"草莓之乡"和"樱桃之乡"之名誉,还是山东省政府命名的"历史文化名镇"。

我喜欢南大河上游两岸缕缕春风,尤其是那道长500多米、高20多米、宽5米多的大坝。站在坝顶望远,犹似画卷:西侧,山连水绕,高高低低,梯田上下,林木拥翠;眺望东方,田亩平畴,一望无涯。

（四）四过"浯水堰"

公元前2650年,"五霸"之首齐桓公的著名宰相管仲,为开发水利,发展经济,从古河村村家前至都吉台村后东北角之间的平地上挖掘了一条6千米长的人工渠,将古浯河和古荆河连在一起,西端的渠首叫"浯水堰",东端渠尾留下了一处深潭,被后人称作"人字湾"。

此后 20 多个世纪，由于这段人工水渠，让一条大河有了 3 个名字，改变了乡土地理和当地的水系水流图，同一段流水，人们却用不同的名字称呼……

地理历史文化教育等诸多资料，一代一代传下来，有的代代生辉，哺育后人。也有的谬种流传，一代忽悠一代。

眼见为实，而听为虚。此话有一定道理。但眼见也不绝对是实，耳听也不尽是虚话。

说一则近例。以前人们都说是三条水流向景芝，并称之为"三水并流"。我们经过实地考察梳理，发现是"四水并流"。它们是：潍河、渠河、浯河和小浯河。

从 2014 年至今，我从古河村走到都吉台村外"人字湾"，沿着一溜城阳到彭旺大桥，又经一个个傅岗，直到渠河终点吴家漫一带。历史上，此处常遇洪涝，当地百姓形成口头语：开了吴家漫，昌邑潍县跟着转。

与大河同时流入景芝地界的还有两条河，大河从西南方流进景芝地域，而另两条是从西北方流来，一条的名称以伏留为界，伏留之上被称为洪沟河，之下则改称浯河，经纬分明，前后有别，无人乱叫。洪沟河自官庄的两河村向上分二源，西源来自原白芬子乡高只有 178 米看上去不像山的寒登山，北源来自官庄北 10 千米路东孙家小庄附近岭坡下的蚂皮湾。及近前一看，果然如是，有两亩地大小的一处水潭，深不见底，四周长满灌木杂草，令人心惧。

那条被人忽视了的小浯河，从宋官疃北边的石龙湾向上还有两条支流，不过现已断水。西边的一条从石堆镇内流来，北边一条是从甘泉岭前的万戈庄村西一直向南流向景芝镇北，与真正的浯河（洪沟河）相会，并形成一片平缓的洼地，中间凸出来一处孤零零的小岛，上有几株细高的杨树。从河底松软的泥土中，我抠出了两扇完整的贝壳，大小如儿童头顶上的瓜皮帽。待浯河之水环流的时候，这里会变成一处清幽恬静的乡野风景区。

（五）母亲就是一条河

我们都喜欢说家乡的那条河是母亲河，其实，我们各自的母亲就是一条伟大的河。

我们齐鲁大地位居温带地区，大河两岸的诸安二县又是处北纬30度至40度之间温带中的温带地区。地球上的热带和寒带，没有明显的四季。可是载着我们生命流淌的南大河每个季节都会为我们奉献出一种悦目的表情。因我的家在大河北，姐姐的家在大河南，少时，母亲常牵着我的手从大河的水流中来来回回走过，因此，我记住了大河四季的变化，从而也记住了母亲的表情。

当河边嫩柳摇曳、燕语呢喃时，那是母亲的微笑；看到两岸麦浪滚滚，绿树成荫，联想到是母亲的高兴；当秋水浩渺，色如长天，那是母亲的欢乐；冬来大河无声，冰封雪盖，就像母亲静静坐在炕头沉思。

母亲生自临浯街最西北角圩子墙里边的那户人家，房子紧顶着内墙。姓刘，但不认字。20岁那年，闯关东的老爹回老家娶媳妇，就把我娘带到了吉林省临江县八道沟关东山里的那个家，住了15年，因日本强占东三省，一个大家族选择"分道扬镳"，我们这一支就趁夜上了鸭绿江里的小船，躲开了日本鬼子从两岸发射的枪弹，离开了那片深山老林，没几年，母亲在石家埠生下了我。

从四五岁刚刚懂一点事，就开始听母亲讲故事，说"瞎话"，几乎每天都有新鲜货。那些年，我幼小的心灵里，对临江八道沟的熟悉，远远胜过对临浯的了解。近几年看了电视剧《闯关东》，编辑写的那些故事，远没有我娘亲口讲得生动、有趣、惊险。因为他们是根据前人的讲述和书报资料编撰出来的，而我的老娘一字不识，又无任何新闻渠道，全是自己亲身经历实打实的生活。

虽然母亲是个一字不识的小脚女人，但她的胸怀像南大河那样开阔宽容，乐于不停地容纳支流和泉水的汇入与加盟。村里每年从正月初一到十五,总有戏班在关帝庙东侧的戏台上演出《小姑贤》《三娘教子》和《苏三起解》等一些周姑子小戏,老娘是村里有名的戏迷,看后能背下一段段戏词。

那时的临浯街,逢四排九大集,母亲就在夜里给全家办好第二天的干粮,一早就拽着五六岁的我,到临浯南场听说书。南场里,平整宽阔,周边有不少高大的草垛。每集都有四五棚说书场子。听母亲说,那个看着书念的是河南西院人,当过老师。那个唱得嘴里直冒唾沫星子的是从伏留来的。最吸引人的是高戈庄小瞎汉,他嘴里唱着,手里拉着,两脚踩着:右脚是呱打板,左脚还敲着一面小铜锣。他们各有绝活,都是当时临浯的艺术明星。后来我想,集市上说书场子、牲口市、鸟市和老汤锅等,皆是大老爷们的世界,但在临浯南场听书的人堆里,每次只有一个小脚女人,这个女人就是我娘,她冲破几千年的封建礼俗,不卑不亢地挤在男爷们中听唱书,她才是南场里唯一的明星。

开始,我纯是被母亲拉扯进场子,后来,渐入佳境,集集入迷,一听到说书场里传出:"小罗成,白盔白甲白龙马,手中一杆白银枪……"于是魂魄飘荡,就不顾一切向里钻。

后来上学了,那时一至六年级都没作业,晚上偶尔读课文自乐,竟被母亲发现了我的"才分",她就从外面借了些旧书让我读给她一个人听。这一开读不要紧,一下子就是三个冬春。我记得十分清楚,第一本就是线装的《呼延庆打擂台》,读唱兼顾,每晚两回,接连不断,一本又一本,如《薛仁贵征东》《瓦岗寨》《罗通扫北》《樊梨花征西》《岳飞传》《隋唐演义》《薛刚反唐》《五鼠闹东京》《穆桂英挂帅》《黄天霸大战窦尔敦》等等,大小近 20 本。三四个冬天,几百次热炕头,又读又唱,越来越进角色。听众不仅坐满炕头,而且窗外也人头攒动。母亲很少表扬人,但说我比西院那位念唱书的老师念得好听。

转眼高小毕业,离中学还隔一道门坎。老父亲只管种地干活打粮食,从不过问我的读书。但对我的升学,老两口发生了激烈争执。老爹认为我的学问已足够用,因他见到村里有老者仙逝后,需先到四川丰都去报到,其后人要叫我去为故者写到丰都一路的"介绍信",而且还可以回村当会计拨拉算盘珠子,就能顶一个全劳力。老母亲却不以为然,她看的戏多,听的书多,不仅知道唐、宋、元、明、清和袁世凯,更知道状元、榜眼、翰林和进士、举人、秀才,她是位目不识丁的"农村知识分子"。她最有力的逼迫我老爹服从她的理由是:我们这么小个孩子,作文在临浯全校就考了第一,要是将来在州里府里也能中榜,就会有人在你们老李家门前竖根旗杆!老爹愕然无语。

一个月后,我以高分考上山东省高密县第一中学,一进校就当上了少先队大队长。可噩耗突降,初中学业未竟,母亲去世了。

母亲早逝,让我难过一辈子。她与南大河一样有着宽阔的胸怀,容得下四周的世界;有着大河一样直入东海的眼光与远谋。她用自己的智慧与勇气,冲破了中国农村几千年夫权旧俗,力主让儿子外出考学读书。仅在关键时刻的一个坚持,就使我一步走上了通向知识连通世界的宽阔大道。父母的坟头就是故乡。村北的洪沟河边的那抷黄土,是父母永久的安息之地。几十年漂泊四海,难回故乡,如今年逾古稀,只要回归故里,总要趋前叩拜,和老母亲会话。母亲对我慈祥中带有威严,因过度顽皮,少时没少挨笤帚疙瘩。我说话一向比较随意,但在母亲墓前,严求自己站有站相,说话杜绝南腔北调,开口要用原生态石家埠话,以免老母生气:"当年好容易把你送出去上学,回到家不准给我撇腔拉调!"

儿子无能,未能给李家门前挣来一根旗杆,望您老人家原谅!

(六)不是母爱　胜似母爱

1987年冬的一天,广东《羊城晚报》的"花地"副刊推出一期"散文专页",文章有4篇:首篇的作者是云南作家张长,第二篇是我为悼念大姐去世而写的《厚爱》,第三篇是全国政协委员、《上海文学》主编赵丽宏的作品。因时过30余年,第四篇作者是谁已忘记。

这期"专页"在读者群中引起广泛好评,副刊部为此组织了专门评论。

文章传到海外,旅居巴黎的华人也发表了意见,称赞这位中国农村妇女的勤劳朴实和伟大的牺牲精神。

6 岁那年,我随着一顶抬着我大姐的花轿到了大河南岸的大近戈庄村。那是 1948 年的事。40 年后,大姐去世,又葬在大河河堤内侧的一处高坡上。在那里,天天都能看见河水从眼前流过,一年四季都能欣赏大河风光。

她的后人为她选择了一处幽静美好的归宿,虽无风帆船影,但有滚滚麦浪和浓浓花香,大姐该停下来享享身后之福了。

俗话说,人的一生有三大不幸,第一是少年丧母,我遇到的就是这第一不幸。母亲去世后,全家如同散了架,于是我就经常向姐姐家跑,中学的十几个寒暑假,大都是在姐姐家度过的。

姐夫部队复员后在外地谋事,工资不多,给家里帮贴不了多少。她有 6 个儿女、一个体弱的婆婆、还有我,全靠她一人拼着命支撑。除了拉扯孩子,赡养老人,还要种田、浇园、推磨、做饭、喂猪、养鸡、缝补等等,这么一大家人,有时整夜整夜地干。一人干了几个人的活。但她不叫苦,不报怨,一天内变化着无数个工种。她有着女人的慈祥善良,又有着男人的刚毅果断,一人担着全家人的命运。

姐姐是她全家的灵魂、榜样和模范,在如此艰苦的生活条件下,她的儿孙中,有一位考中文科状元,一位获得北京医学科学院的博士,还有六名本科生,如今分别在北京、天津、上海、广州、郑州和高密等地工作。一个如此艰难贫寒的农民之家,凭大姐的努力与影响,大河的无私与润育,造就和培养出这样一批人才,大姐应该宽慰了,村边的大河也满足了。

在离开故乡前,我无数次涉水跨过南大河去看望大姐,在这无数次的来回往返中,有不少惊心动魄的经历,这些都是后来的回顾,当时也没想到有什么了不起。

每当五黄六月,秫秫棵长起来了,在未开花前,西山里的马猴(指野狼)要到平原来找吃的,有人在家前的运粮河里发现过狼的爪印。那时我未见过狼,只知道"狗咬马猴两下里怕",也不过与狗彼此彼此的一种动物。于是,我扛着一杆飘着红缨的攘枪子(也叫扎枪子),一次又一次穿过高家庄到小官路村中间的人行小道,两边全是密不透风没有一个人影的高粱地。我真想碰上一只战斗力不强的狼,一攘枪把它扎死。可是几年都没有碰上一只,连只狼崽也没看到,全部幻想落空了。

有次到河南岸姐姐家,南大河突然涨水,满河都是激流浊浪,水面上漂浮着杂草、树枝、木棍和家具等,还有淹死的家畜动物,看上去挺吓人。要不是看姐姐,也就打退堂鼓了,这次我不能回头,因和大姐有约定。于时,撸光衣服,用扎腰带子斜背在肩,那时并不会蛙泳、侧泳和自由泳等样式,只用狗刨式的"打嘭嘭",少年无畏,一口气游到河对岸,不过被水浪冲下了二三里地,到都吉台地界才上了岸。姐姐惊得抱着我不放,但说我长本事能干了。

大近戈庄到小官路道口,就一里多地,有条小路相连,途中路旁有片墓地,大小如同一个足球场,里面有高矮好几十座土坟。无数次从墓地旁经过,从没有拿着当回什么事。

大约也是十一二岁,有个冬晨,一场夜雪封盖了道路,我凭着记忆和感觉去大近戈庄。过河后,地上没有一丝路人的脚印,空中迷蒙一片,十来步外便一片茫然。我不知不觉迷迷糊糊进入了那片墓地。看上去,全是上细下粗圆溜溜的雪堆,其实雪底下全是一堆堆土坟,其中十几孔是新坟。我前后左右,进进退退,转来转去面前老是坟,怎么也出不去。现在当然是无神论者,那时年小,仍半信半疑。但我坚信,外面冰封雪盖,里面的那些尸体是爬不出来的,他们只能用鬼魂迷惑玩弄我。只要朝一个方向走,就一定能出去。后来,果然冲出了墓地,出了一身大汗,虽不是被吓出来的,也是被急出来的。那次,我没有告诉姐姐,我怕她担心。就是因为这条南大河,给我的青少年时期增添了许多惊险与离奇,不知不觉间,我更亲近大姐,由于我的一些奇特"案例",大姐也就更操心关注我了。

时光荏苒,岁月流转,大学毕业后分配到了四川。

初入天府,处处新鲜别致,因年轻而易激动,由感慨而抒情,于是常在报刊发一些游记随笔,样刊样报一到手,随即寄回给我大姐。她十分关注我的异地生活,但无阅读能力,不分春夏秋冬,我寄的资料一到手,她立即叫我的外甥们停下活读给她听。有一次收到外甥的一封信,叫我农忙季节千万别再寄书报文章了,自己的娘蛮不讲理,地里的活再忙也要停下来读报给她听,把一些急活忙活都耽误了。从此,农忙季节,我再也不敢向家寄东西,我大姐也有不讲理的时候……

进入 20 世纪 70 年代后期,自己竟然有了官衔职务,常在国内国外飞来飞去。一次,回到北京后,匆忙赶回山东老家看望大姐。见面后,从不问我有什么职务,赚多少钱。只说寄来的文章她都听了,以后有了还要寄等等。临别,习惯依旧,她从枕头底下摸出了平日积攒的 5 元零碎钱,一定要塞给我。我怎么还能要呢?并告诉她:"现在跟上学时不一样,出差在外买票和吃饭住宿都不用自己花钱了。"她立刻一脸不高兴:"自古以来住店交店钱,吃饭要饭钱,你怎么就不用花钱了呢?"

这就是住在大河边的哪位亲姐姐,我能对她解释什么?

到了 20 世纪 80 年代中期,大姐患严重的高血压,进而引起半身不遂,临终前的那段时间过得很苦很悲。幸亏外甥孝顺,让大姐没有遭受多少罪。但因大姐的偏爱,却又让外甥感到心理不平衡。她生命的最后阶段,我因刚调广州,事务忙碌,日夜周转,实在难以脱身,所以未能回家照料。那时,大姐已分不清周围人们的面孔,包括自己的六个儿女和两个在家的亲兄弟。但倘若有人突然在她跟前喊我的名字或晃一下我的照片,她就会哇哇大哭。大姐去世后,二外甥把这一切在电话里告诉了我,我感到伤感至极,当晚就写成悼念散文《厚爱》。

回顾过去 70 年,年轻时常年在天上飞,到了暮年,却又常常在地上爬,路走得还是很累,但南大河给我艰辛曲折的经历增添了无数闪亮的符号。虽说酸甜苦辣一言难尽,但有幸在两位杰出的女人抚养下成长。一是老母亲,她闯过时代和社会之难关,把我送上外出求学的大道;再一位是大姐，她不是母亲，胜似母亲，把我从中学到大学拉扯了十几年。若无此，我哪会有今天！生前，她们生活在大河两岸，身后两人安息在流水南北。她们虽不能相互走动看望，但还有我，在有生之年，我就是她们灵魂信息的最忠实的传递人。

（七）少年试险"人字湾"

从"堰浯入荆"四字可以看出，筑一堤坝挡住浯水，引水流进荆河。说起这条荆河，源自诸城石桥子镇西南部，一路流向东北，经大近戈庄村前，过都吉台村东，向北直入我心目中的南大河。

20 世纪 50-60 年代，我常住大近戈庄，因此也就常去附近的石桥子逛大集，在两村之间路西的一处高崖下，有个一亩地大小的水潭。居高临下俯视，半边为古柳环绕，水面常蒙一层薄薄雾气。听大人们说，有人提着鱼从水旁经过，鱼们能跳出篮子跃入水中。这虽是路人嘴中闲话，但却让我们懵懵懂懂的小学生半信半疑。

这条荆河在都吉台村东北角与南大河交汇，交汇后两股水形成了一条河，但却有了四个名字：渠河、浯河、荆河和南大河。

就在两河相交形成的那个锐角处，七八米高的崖头下，有个数亩大小的深潭。水面蓝幽幽，绿闪闪，自古就是个说不透解不开的迷。有人说是古浯河水与荆河水在此相撞旋流而成。也有人说西山里的独角兽（状如犀牛），随着浯河的洪水来此安家落户。更有人说有一个千年水怪，在水底打造了豪华水宫，月明星稀之夜，有都吉台的好事者窥见老水怪携妖子怪孙围绕八仙桌，在水面推杯问盏，呼风唤雨……这些家乡的故事，一个比一个邪乎！

我们临浯小学四、五、六三个年级的高年级生，每年都要几次到南大河洗澡野游。那些河妖水怪的故事，让我们心存敬畏，谁也不敢造次，只知道在温乎乎的水窝窝里游玩嬉戏。有几次我跃跃欲试，最后还是因打怵而退却。

高小毕业前夕，老师领着我们又去了一次南大河。这次我有了准备，想的并不是创造奇迹，而是想显摆一下自己的水性，在同学们跟前出出风头。我们十几位水性高超的，悄悄离开河中心水道，到了南侧的"人字湾"。在湾东岸稍稍迟疑了一下，我赤溜一下就下了水。一离岸，两脚就没有够着湾底，心中立刻扑通起来，怎么这么深！难道真的会深不见底？刚下水也不能回头再爬上来。鼓足少年那点点勇气，又向里游了两米，胸口以下的水立刻变得刺骨凉，以至两腿的动作已不协调，我大吃一惊，恐惧袭遍全身，甚至连喊叫都来不及了。

还是年少无知，只知道河水温乎乎的，甚至浅水窝里还有些烫人。不知道日照温度与水深水浅的关系，也不懂静流则深的道理，突然被冷水吓慌，于是赶紧回游上岸。要是懂点知识，不要去试水深水浅，就在表面温水层游到对面，来回也不过 200 米，对我是轻而易举的事。只怪那时年少有勇无知，吃了惊害了怕，也牢记一辈子。

一生爱游水，最初的技能，是在本村石家埠的池塘和大湾里学成的，胆量和勇气在南大河和"人字湾"里炼成的。七十年如一日，还是游水不止，去年夏天的一个夜晚，在烟台山下的大海里，一直向深海里游，一直游到没有人的地方才回游。回想起来，尽管游过了世界上许多江河湖海，但印象最深的，还是南大河滔滔的流水和"人字湾"那眼无底深潭。

俺娘不识愁滋味

——牛钟顺

耳朵不聋眼不花，

身板好像十七八。

俺娘不识愁滋味，

永远都是笑哈哈。

这是俺娘几年前80寿诞时，俺给她编的顺口溜。这顶算得上量身定制的"帽子"，戴在俺娘的头上，可谓不大不小正合适。俺大大比俺娘还小1岁，可是10年前就走了。记得大大去世时，我们兄妹5个商量，要给大大以当地农村最好的葬礼，要用上棺木花罩，要请上说唱班子和吹鼓手班子。因为大大一辈子不容易，颠沛流离，经历坎坷，还做过诸如心脏搭桥之类的手术，挣扎在死亡线上好几回。所以一定要让他风风光光地走，这样不仅给逝者长脸儿，生者特别是我们做子女的也觉得有面子。可俺娘得悉后却坚决不让，她给出的理由是，吹鼓手和说唱班一路上吹吹打打说说唱唱，会引来大批乡邻围观，这要多少时间才能到达墓地？天气这么冷，死人不遭罪活人还遭罪呢，你们兄妹几个怎么受得了？活着的时候尽了孝就行了，死了还要那面子干什么用？我们兄妹几个本来从小就最"怕"俺娘，一听觉得说得也在理，于是也就按俺娘的意思办了。

说从小怕俺娘可不是一句空话。记得俺大大只要一看我们兄妹几个调皮捣蛋，就立马吓唬我们："来了你们的娘了，她要打你们我可不管"。一听到俺大大这样说，我们就像老鼠见了猫，立马变得鸦雀无声。说起来，我们兄妹几个从小可没少挨俺娘的打，我和二妹挨得最多，不下几十次，大妹最乖所以挨得最少，仅仅只有一次。记得给我留下最深印象的几次是：早晨因懒炕不麻麻利利地起来推碾推磨，贪玩逃学半天未去学校上课，爬邻居柿子树上偷摘人家的柿子吃……就因为诸如此类的事情，结结实实地挨了俺娘不少筲帚疙瘩，有时屁股都被打得不敢落座。而且俺娘还边打边问："以后还敢不敢了？"直到听到满意的回答才停手。于是，现在有时我就跟俺娘开玩笑说，小时候你那么能打俺，好像后娘似的，你就不心痛？俺娘振振有词地回应道："怎么不心痛？可是不打不成器呢。你看你们兄妹一个个都出息得这么好，尤其是你，都把你打成了厅级干部，你们还得感谢我呢。"倒也是，俺娘虽然对我们施以棍棒教育，可她从来不胡厉害，都是教育她的子女要走正道做好人。

俺娘有三句"经典名言"：人就这一趟买卖，没有第二回；为人要知足，不知足给他个月明（月亮）抱着也嫌不明快；三条路走当央（中间），谁也治不得。我就说："娘啊，你虽然没进过学校门，可你还是个哲学家呢，第一句是说珍惜生命，第二句是说感恩知足，第三句是说中庸之道，为人一辈子，只要把你这三句话给弄明白了，也就活得不至于太稀里糊涂了。"俺娘受到了她这有"学问"的"大官"儿子的肯定和鼓励，对此讲得就更加起劲和生动了。

俺娘不只那样说，她也是那样做的。

记得文化大革命期间，担任村支书的俺大大作为"走资派"被造反派批斗，被关牛棚，被办"学习班"，被戴上大纸帽子游街，曾一度想不开，认为活着太委屈，遂产生了轻生念头。俺娘察觉后，对俺大大没头没脸的就是一顿"训斥"："亏你还是个大男人呢，亏你旧社会还逃荒要饭呢，亏你还是在组织的人呢，连个老娘们都赶不上，有什么大不了的，天塌下来有个地接着，该吃吃该喝喝，我就不信，干屎能够抹在人身上，早晚有还你清白的那一天！"俺娘可不只是光嘴上说说，还用实际行动来温暖俺大大：每天保证让他吃上一个鸡蛋，每天保证让他喝上用地瓜干换回的烈酒，家里最好吃的东西先让他吃，硬是帮俺大大挺过了那一关。

俺娘还是个很能吃苦的人。记得改革开放前那段时间，物资可谓极度匮乏，虽不至于食不果腹，但半年糠菜半年粮是习以为常的事。为了让包括爷爷、奶奶在内的9口之家填饱肚子，俺娘除了白天到生产队里干活挣工分外，每天天不亮就起床，到田野里去捡拾柴草和拔野菜，然后赶回来将饭做好。伺候全家人吃完饭后，还耽误不了我们兄妹几个去上学。俺娘做的饭最好吃的应该是"七七毛"小豆腐，再配上甘甜的煮地瓜，那叫一个美味，到现在想起来还馋呢。那时俺家人口多，全家人所有春夏秋冬穿的衣服和帽子鞋袜，包括夜晚睡觉用的被褥，都是俺娘在农忙之余一针一线缝出来的。现在想来，这该是多么的辛苦和不易啊！

俺娘也是个不记仇的人，好像在她的眼里，这个世界就没有坏人这一说。当年俺大大挨批斗时，有一个人对他特别狠，揪他的头发扇他的耳光，还用脚把他踹倒。后来这个人得了癌症，我们都说这是报应，是上天看不过眼给他的惩罚。俺娘见我们不仅不同情还幸灾乐祸，就把我们"教训"了一顿，说你们怎么能这样，他都是要死的人了，得原谅他，他对不起咱咱可不能对不起他。这个人在弥留之际，俺娘多次带着礼品甚至带着钱去看望他，他去世后，还跑前跑后为他张罗后事。

俺娘见不得不平之事，具有一副热心肠，挺会讲些家长里短的"大"道理，以至谁家有婆媳吵架等家务事，准会让俺娘去调解。一般来说，只要俺娘出了面，这事基本就能摆平了。还有谁家有红白之事，俺娘一定到场帮忙。譬如，在殡葬用的直径近半米的"富贵馉馉"上画图案，要根据逝者的子女家人情况现场"创作"。这可是俺娘的拿手绝活，四邻八舍那是非她莫属。全村每到春节，几乎家家户户都贴俺娘剪出的各式窗花，那可真叫一个鲜活靓丽呢。俺娘还乐于玉成人家的婚姻大事，经她牵线搭桥成了夫妻的共有十几对之多。俺娘还是个爱唱爱跳的人，据说还是"识字班"（姑娘）的时候，什么扭秧歌打花棍了，什么登台表演节目了，样样少不了她，是村里最为活跃的文艺骨干分子。即便到现在都是七老八十的人了，还整天咿咿呀呀唱个不停，不过，唱的都是那些"老掉牙"的歌曲。

当然，俺娘也有笨拙的时候。我小妹妹家住一楼，住所前面有个院子，可俺娘愣是数次把自己反锁在院内进不了屋。这在暖和的时候还好说,可要在冬天那就遭了罪了。我们兄妹几个现都在城市居住,可她无论住在谁家,只要把她领出家门,她就认不得回去的路。于是我就经常调侃她,说她做的都是高难度动作,做到一次并不很难,难就难在还能反复这样做,我们智商这么"高"都做不到呢。对此她也不气不恼,嘻嘻哈哈一阵也就过去了。

　　这就是俺娘,一个与泥土打了一辈子交道的农村妇女。其实,俺娘不是没有愁事,没有难事,没有劳心事,她就是心态好。

清末民国到新中国成立初期
安丘境内的道路

——朱瑞祥

现如今市内道路四通八达，且不说省道、国道、高速路，就是村与村之间的村道，都是硬化路面，阴天下雨，照样畅通无阻。

新中国成立初期，县内只有从县城辐射出去的 7 条主要干道，还是从满清民国继承下来的。够得上公路级别的，只有从潍县经安丘、过景芝、去诸城的一条，叫潍台公路，其余的只能叫"大路"。这些大路，宽不过 5 米，两边没有行道树，左右都是庄稼地，泥土的路面，被木轮车的车辖辘压出了两道深深的车辙，一场大雨，三五天交通阻断，人们习以为常，也没觉出有什么不方便。遇上阴雨连绵天，大水漫过路面，一两天退去，车辙里积水，偶尔发现几条小鱼也是常事，这些我都见过。明代无名氏所著《四贤记·告贷》中所言"惊心草木皆兵，举目椿萱何在，累累如丧家之犬，围围似涸辙之鱼"还真不是瞎说。

台潍路是潍徐公路的前身，修建于 1926 年，由山东军务督办兼山东省省长张宗昌指示山东省路政总局勘察测量，自潍县经安丘、诸城、莒县、临沂、苍山、兰陵，到台儿庄，后来延长至徐州，责令沿途各县分段修筑，那时候徐州还属于山东。经过安丘的一段，要跨过汶河，为此还在汶河上修了座水泥板桥，位置在现在的汶河大桥的东面约 30 米，这座桥建成没有一年便被大水冲垮，算得上是汶河上最短命的桥梁。潍台路是在旧有的官道上修整改造而成，路基只有 6 米，泥土路面，就是这么一条低等级的汽车路，也因为张宗昌的倒台而停工。

新中国成立后，依靠"民工建勤"政策和"因地制宜，就地取材"的原则，改善台潍路，路基加宽，路面铺设粗砂粒料，养路工分段包干，用木推耙把碾压抛洒分散的沙粒推回路心,幸亏那时候汽车少,一个小时就能看见一辆,要是搁现在,这工作没法干。这条汽车路,一直到 20 世纪 60 年代,一天也不过有三四次班车开往潍坊、坊子。20 世纪 60 年代初,我参加高考,考场设在潍坊,全校 90 多个考生,坐不上汽车,只能步行 40 千米去"赶考",古代举子进京赴春闱,还有一个书童"担簦负笈",可惜我们没有,我们考的是"秀才",不够级。这条路对上级报称晴雨通车,其实,雨天是禁止跑车的。而且,平行于这条公路,还设置有一条副路,3 米多宽,坑坑洼洼,不铺沙粒,专为木轮车行走。当时规定,即便是晴天,木轮车也是不准上公路的。那时候没有筑路机械,道路只能随高随低,陡坡没能力削平,马司、崖头两段,坡度好歹没有超过极限,汽车加加油门能上去,骑自行车就要考验你的体力了。

其他的 6 条大路,路况比台潍路差不少。到了 20 世纪 60 年代,县境内的 7 条大路都成了沙子路,除了雨天,跑汽车没问题。两边栽了棉槐,看着很漂亮。唯一的缺陷是坡道多。一个羊埠岭,载货的手推车上不去,要结伴拉车。于是就催生了一个职业"拉崖头"。附近的壮年男子,假期的学生,身板结实的女人,拿一根麻绳,拴一个铁钩,候在坡下。独轮车来了,也不答话,搭上钩子使劲拉,钩子是反挂的,上了坡,绳子一松,钩子脱落,车把式掏出五分一毛钱打发了,各走各的。这种状况一直延续到 20 世纪 70 年代。有一次我坐了大队的拖拉机去白芬子霹雷山,看他们的粉碎石子的机器,好仿造加工石子,一路上颠颠簸簸,我被弹起来,脑袋能碰到驾驶棚顶。

附图是清朝末年安丘大路图,依照马步元所著《安丘乡土志》所载画出。后来的国道、省道、县道,多是由这些大路扩建而成。

第一条,自县治起,出南门,经南关大街,出南关头,有两股道,东股经南埠、三里店子、石泉、马留店、三十里铺、官庄,从花家岭西面转向东南,过浯河进入诸城。我家的庄稼地有好多在南埠顶上、三里店子附近,这段路常走。路宽不足 3 米,路东是 10 米的深沟,不小心要摔下去。后来,这条路成了 222 省道的一部分。

西一股是安丘的第二条大路,爬上南埠大崖头,经曹家楼、朱家埠、石戈庄,转弯西南,经白芬子,爬羊埠岭,过管公、十字路、陆戈庄、庵上,从赵家营出境至莒县。这条路后来成了安丘南部的主干道。一直到20世纪60-70年代,这条道路的路况还不算太好,可以跑汽车,但是坡道太多,有的路段,路面上还有裸露的大石头,那时候没有筑路机械,对这些巨石毫无办法,只能任凭它趴在路上。整条路骑自行车很是考验体力,那一年我骑了自行车去白芬子买南瓜,有五六处需推车步行。

第三条,出南门东拐,走小关街,出海晏门或启文门,一直向东南,走冯家坊子、十里河、草甸子、团埠、岳家店子、甘泉到景芝,出境去高密。这条路后来成了台潍路的一部分,后扩建为国道潍徐路。

第四条,自县治出南门向西,走西关,出河清门,经三里庄、七里沟,到牟山店子,过凌河、大路、偕户、平原、高崖出境到临朐,那时候平原、高崖属安丘。这条路是后来的221省道的一部分,但是,平原、高崖段没有被选用。

这条路出西关后有一个向西北的岔道,经尧洼、关王庙,向西北从椿树岭出境去昌乐。

第五条,自县治出东门向东北走,经贾戈庄、韩家王封、韩吉、杞城、逢王至黄旗堡、峿山出境去昌邑,1950年我跟奶奶上青岛,叔叔用独轮车推着我们,走贾戈庄这条道去黄旗堡坐火车,弯弯曲曲,坑坑洼洼,太难走,时不时要下车走一段。这条路也是后来的221省道的一部分,但是没有从县城经过。

第六条,自县治出北门,过汶河,经焦家庄,过了小汶河,从归家疃出境去昌乐,这条路比较短,就是后来的潍徐路县城至收费站这一段。

马步元的《安丘乡土志》说:"境内道路,北至归家疃可达潍县,东南至景芝可达高密诸城,此二路最为冲繁。"后来这两条路避开了繁华市区,在老市区北郊连接,扩建为国道潍徐路。

乡间土路村村通,1米宽的羊肠小道数不胜数,按当时的民间标准,3米宽就是大路了。虽然不像样,但推车挑担没问题。农忙收庄稼,过年串亲戚,平常日子窝在家里不出门,我们的先人,就这样规规矩矩地生活了几千年。

景芝古镇的庙宇

——李连科

景芝镇是"山东三大古镇"之一，顾炎武所著《天下郡国利病书》中有较详细的介绍，顾炎武大半生生活在明代，殁于清初，在当时他称景芝为"古镇"，看来景芝镇的历史堪称悠久。

相传，景芝建村在汉代，是一个历史悠久的集镇，因而庙宇很多。景芝玉皇阁建于何年何月无明确记载，但是在重建玉皇阁时发现的碑文中有记，明朝嘉靖四年（1525）重修。当时有一郭姓道士在玉皇阁当住持，他的外甥薛授益，字谦若，家贫，投奔他舅舅住在庙里。薛授益人高马大，臂力过人，但不求上进、不务正业，整天游手好闲，赌博成性，他舅舅一气之下将其赶走。他回家正逢其时母亲去世，大哭一场，用芦席一卷，埋葬于一个大土坑。当晚风起，旋土成冢。葬母之后，薛来到玉皇阁发誓："今后我如果发迹，重修此阁，再塑金身。"薛随后参加了戚继光抗倭队伍，屡建战功，最终由朝廷封为武侯。皇帝亲自下旨赐名——薛谦若。薛氏富贵后，实践了自己的诺言，运来大量银钱重修玉皇阁。

我曾询问已故景芝酒厂离休干部赵雷先生，他详细介绍了当初他所见到的玉皇阁全貌。玉皇阁坐北朝南，东西25米，南北20米，共3层。之所以叫阁，是以土台为基座，高约5米，台上有建筑楼阁。土台子四周砌砖，当中填土，土台正中是拱形的南北通道，全部为砖石发碹，能够通行来往的骡马车辆。大门上方有清末进士陈蜚声书写欧体榜书"玉皇阁"。

玉皇阁殿前东南角为悬挂千余斤铁铸大钟的钟楼，楼西有一铁铸的焚化香纸的焚烧炉。真武殿内供奉主神为真武帝君，两厢有水德星君、火德星君、龟蛇二将等。

第三层为玉皇大帝所居"凌霄宝殿",身后有两仙童侍奉。塑像前有一铜铸的玉皇大帝肖像,个头不大,做法事时可以搬入轿撵,以便出巡。分列两边的群神有托塔天王,太白金星,南斗,北斗,左手拿錾、右手持锤的雷公,双手持闪光镜的电母,手持三尖两刃、脚踩风火轮的哪吒等十二种神祇,造型精美,工艺细腻。

再向东走有便门,有百子殿,主神是文王。文王左右有百子山,山上有若干个泥塑小男孩,供女香客来祈子。平时玉皇阁来跪经、祈福、瞻拜、参观的人很多,最热闹的时候是正月初九,为玉皇大帝的生日。周围县市区来人不少,景芝大小街道水泄不通。

另外,三官庙建于景芝镇内景阳门里,有尧、舜、禹的泥塑像。庙宇的建筑全部都是砖石结构,砖石的雕刻,壁画内容丰富多彩,鲜艳夺目。菩提庵、观音堂的建筑都很精微,门口大石狮的雕刻艺术、神像十八只手的雕刻艺术、建筑的艺术,真是精妙绝伦。鲁班庙里的鲁班泥塑造像,塑造出了鲁班的勤劳、朴素、智慧,是劳动人民的典型化身。

脚步下的家乡大地

——王玉金

一、竹杖芒鞋轻胜马

面对这样一群故土乡亲，我突然错愕好奇——

作为土著，我熟知乡亲们的秉性，谨小慎微，处世稳妥，害怕掉下树叶打破头，信奉路不平由旁人踩，坚守无利不起早。这样一个群族，何来如此胆魄，竟然标新立异，选择了茫茫原野？居然像一支地质考古队，身背行囊，远离喧嚣，徒步游走在荒山秃岭河流沟壑间。他们叩问大地，遍访先贤，"竹杖芒鞋轻胜马，谁怕？一蓑烟雨任平生"，竟是为了挖掘整理随流水而匿遁因时间而消失的历史文化遗存。这个举动，让我不由地肃然起敬，刮目相看。

他们一边追寻着遥远而模糊的历史足迹，一边抚摸着清晰的现代时光，规划着多姿多彩的愿景，显示着天降大任于斯人的贤者高度。

没有上级赋予的硬性任务指标，没有专家履职的固定模式套路，更没有薪酬奖励，其性质类似于古代侠客和当下各类义工。用一个说法来形容，就是介乎于考古与侠客之间的一群现代文化使者。

"我是谁？我从哪里来？我要到哪里去？"这个由古希腊思想家、哲学家柏拉图提出的哲学命题，在新时期安丘这块土地上，因这群特殊的乡亲们而复活了。本来，他们开展这项活动的根本宗旨，是为了寻根问祖，继以水流为方向，承弘扬历史文化，却无意中呼应了异邦先哲柏拉图的"天问"。

以家乡为中心，行走在周边山水间，上千份历史与水文资料，万余幅图片，几百万字的文字。他们的《千秋汶河》《文化潍河》两部著作，成为当地中小学生认识家乡、热爱家乡的课外读物,将被文化、水利、旅游和专业史志等部门馆藏。两年多的足迹脚印,踩响了"文化历史旅游徒步考察队"的名头。

二、大地的呼唤

李连科为发展这支队伍功不可没。退休前,他任安丘市文化局长,也是这块崇尚"耕读传家"土地上的代表人物。"退休只是退出工作岗位,不等于不干事了。活着,就要活动些有意义的事儿。"继而,他创建了"安丘市历史文化研究会",还把一批志趣相投者招至麾下,组织联络起一大批热衷于家乡历史文化旅游行走的爱好者,其中有专家学者、大学教授、中小学老师、作家诗人、公务员企业家、医生农民、个体工商户、退休官员、退役军人等多种身份,既有86岁高龄的耄耋老者,也有年仅15岁的阳光少年,多达百人。

2018年秋,他们打出了中华大地上第一面"中国当代徐霞客徒步齐鲁文化行"这面大旗。这面首创的红旗,已被有关单位收藏,他们已复制了一面新旗。交谈中,李连科告诉我:"家乡很多历史事件、历史人物、传统文化的枝叶,志书上要么没有记载,要么记载不完整,有的甚至误记。我觉得咱这些退休的人最适合干这个,像编纂家谱那样,把家乡的历史文化挖掘整理出来,传承下去……"

这番话让我吃惊不小,一位普通基层退休人员,竟有这般家国情怀,选择文化建设家乡。把追求与文化联系起来,就是文化自信的体现。坚持文化自信,具体到地方层面,当然要首先弄清楚本地的文化根脉,不然自信何来?

李存修,今年79岁,生于乡土,阅尽人间,终于成为一位职业旅行家。近70年的岁月里,他从中国大运河出发,到西亚幼发拉底河、底格里斯河,再到埃及尼罗河、美洲密西西比河和亚马孙河……他的汗水滴进了这些异域河流,变成一朵中国的浪花。很难设想,一位早已进入古稀的人,3

年前却勇闯南极冰川,与那些"绅士"装束的企鹅结下了深厚情谊。

从大运河出发,从南北两极归来,以"古来稀"的年龄,回归故乡三大河的怀抱,从 2013 年行走汶河,一走就是 7 年。他以一颗虔诚之心,拜谒过三大河源头,并携手将她们一直送入大海。他视三大河为自己生命的起源,同时也是生命的归宿。他已把自己的灵魂融入故乡的土地和流水。

他跑出了一场人生的马拉松,也跑出了个人事业上的辉煌:作家、教授、旅行家,现已出版旅游文化专著 35 部,被称为 "中国行走大运河第一人""中国第五地貌—山东岱崮地貌发现者",曾接受过央视记者白岩松的独家采访……

现实生活中,我们常为一些不起眼的现象所困惑:这棵草、这棵树、这个小虫子叫什么名字? 无人解答,无籍可查,最终不了了之,从疑惑重归疑惑。这个团队中 80 岁高龄的朱瑞祥老人,凭着儿时记忆,写出了一部有关安丘城的书籍《老城忆旧》,并通过电脑合成了当地方言解说词,翻页可读文字,扫码可听语音,创造性地填补了当地一项空白。一位耄耋老人,何以有如此成就? 看完这个细节明白了。"呱哒板子"哪去了? 这是当地一种草的名称,近年来这种草似乎绝迹了。为寻找这棵草,他不仅跑遍了本地,还去过周边的青州、临朐、沂水、诸城等地,足足找了 6 年!

朱老不服老,他靠双脚把自己跑成了新闻人物。20 年的时间,他写出了 1400 页的《安丘植物图鉴》、全四卷的《民间技艺》、受人欢迎的少儿读物《认识身边的植物动物》。需要说明的是,他没有任何专家学者头衔,其身份为普通农民。

在团队中还有一大帮乡党,在此不能一一去表彰宣扬他们的功劳与业绩,他们有的帮着运筹帷幄,有的跑前促后,有的指点迷津,有的慷慨解囊,3 年来,让团队旗帜辉舞,脚步流畅,他们是完成这项事业的主体和基础。如郝雨东、张维荣、王宝林、孙宝平、张凤升、王锡文、刘浩泉、郭斌海、王东军、王明艳、王玉国、王玉芳、刘学刚、刘中才、棉布裙、韩香云、苑汝花、君子兰……

三、清除蓬蒿祭先贤

独立故乡的山峰、河堤,忽生孤独。不知是史学家太少呢,还是着眼现实者太多,当下人群中,了解家乡历史与河水流向的人越来越少,能知道100年前事情者已寥寥无几,我便是其中之一。为此,我感谢这群行走的乡亲们,他们让我看到了一幅古代家乡的人文历史和河流湖库的广阔画面。时下隶属于安丘的这块古老土地,历史悠久,文化底蕴深厚,尤其是南部一带,历史上曾历经数次区划调整。"礼崩乐坏"的东周时期,曾一度隶属于古莒国(公元前431年灭于楚),秦以后又属古琅琊郡。直到民国年间,南部临浯等部分村镇还在诸城治下。他们也曾考察过莒县、五莲、沂水、临朐、诸城、胶南、高密、安丘的人文地理,发现这一带的语境发音相似,生活习惯相同,确定为同一族群。因此,把这一带比作为中国历史的缩影也不为过,已出土的各个历史时期的大量遗迹表明,东夷文化、大汶口文化、龙山文化都曾在这里叠加,构成了中华文明的一个重要章节。

上下五千年的文明史散落于各地,被发掘整理成典者九牛一毛。在安丘,很多历史就是下雨阴天炕头上的故事。如何将这些散落尘埃的瑰宝一个个串联起来,是这个团队自我赋予的使命。

这里有道家鼻祖李耳的遗迹,"老子村"至今尚存;与管仲护送公子纠回国都抢夺王位的召忽,在这里为救主而死,现有"召忽村""召忽墓"为证;这里是成语"管宁割席"的诞生地;孔子"七十二贤"之一的公冶长,出生于古浯水南岸的公冶长村(现改为近贤村),传说他凭能听懂鸟语拯救过一方百姓,不仅洗白了奸人诬陷,还成了孔子的贤婿,唐玄宗封其为"莒伯",宋真宗追封他"高密候",他当年讲学的课堂,就在县城西南的城顶山上,"公冶长书院"现已成为当地一处景点,大殿前的两棵高大银杏树遮天蔽日……

在叩拜历史先贤这个共同课题下,每个人的研究方向也各有侧重。这位网名"淡淡雨意"的学者,就把视角投向了家乡古人的学术成果。他根据当地口口相传的线索，翻阅古典，走访专家学者，去传说发生地现场考察，先后完成了《三国第一人：管仲后代管宁》等古代安丘名人系列专著。其中，《东汉著名经学家、占候家郎顗（yǐ）》，专门研究了此人与气象学的关系，最终得出了"郎顗为中国地震研究第一人"的结论。

曾几何时，"抢祖宗"现象泛滥盛行，某邻国就拿我们的端午节向联合国抢注非遗，闹出国际笑话。在国内，此种剧目更是遍地上演，一个"化蝶"的传说，就遍布大江南北。凡此种种，除了少量历代口口相传者外，多数盖因一句"文化搭台，经济唱戏"。很奇怪，拥有众多老祖宗的安丘为什么不抢？那些山丘、那些河流、那些村庄、那些故事，分明还一一健存的呀？考察队在实地考察中，也在不断地考问着脚下的距离。

"我们不是抢，而是想弄清楚历史真相，为什么那么多村庄用历史人物命名？这其中，难道就没有必然的联系吗？"

老子、公冶长、召忽、管宁们太过古老，老得让人难以辨清面孔。而刘大同就好认多了，尽管也在先哲之列，但他毕竟是近代人物，就出生在浯河下游的芝畔村。

刘大同（1865－1952），原名建封，号"芝叟""芝里老人"，原临浯镇芝畔村人，清末秀才。1909 年出任吉林省安图县知事期间，亲率 5 名测绘生、队兵 16 人，历经千辛万苦，对长白山进行了空前的全面勘查，写出了《长白山江岗志略》《长白设治兼勘分奉吉界线书》《白山纪咏》3 篇著作，填补了中国地理的一项空白。他参加过中兴会、同盟会，曾与孙中山共过事。武昌起义爆发不久，他在东北创建了中国有史以来第一个民主政权，国号为"大同共和国"，比中华民国早两个多月。"西安事变"前，他于天津法租界创办《渤海日报》，因抨击蒋不抵抗政策，险遭匪特暗杀。日军侵占天津后，要他承认伪满洲国，他把文件撕得粉碎，厉声道："任他风雪十分苦，不受东皇半点恩！"

闻知新中国成立的消息，刘大同以诗庆贺："人人盼共和，徒唤莫奈何。今日新成立，我先击壤歌。"1952 年 7 月 1 日，刘大同在济南病逝，享年

88 岁……

　　"贤愚千载知谁是,满眼蓬蒿共一丘。"无论是功名加身的精英,还是碌碌无为的莽夫,百年之后,谁能说清他们的是非功过? 不过是蓬蒿下的一丘土堆而已。而历经若干朝代后,那些土堆早已烟消云散,成为虚无飘渺的传说,也铸成了今天的无奈和悲哀。徒步考察的实践意义,正巧折射在了这个视角上。

四、河悠悠心悠悠

　　相比行走汶河而言,浯河则不那么容易行走了。不是因为路途遥远,而是因为早在两千多年前,浯河已不再是一条完整的河流。这条同为发源于西山里的河流,只剩下上游沂水之大官庄、安丘之白芬子境内的"浯河头",以及下游景芝境内的"浯河尾",而流经原临浯镇境内的"浯河身子"(也称运粮河)却不见了。他们只好绕道支流,沿渠河溯流而上,来到一处古老大坝处驻扎。在这里,他们终于解开了这个千古之谜。

　　浯河即古浯水,北魏郦道元在他的《水经注》中提到过"堰浯入荆"说,故事发生在齐桓公时期。《三齐略记》记载:"昔者,堰浯水南入荆水,今尚有余堰,畦畛存焉。"更多资料表明,古浯水临浯段的"河身部分",早被齐桓公截断,同时新开渠河改道东南流,并入荆河后汇入潍河……他们翻遍古典,实地考察,遍访同道者,终于印证了上述说法。

　　这条古老的河流,自 2000 多年前开始,流淌的不再是碧波玉带,而是坎坷曲折的多舛命运。20 世纪 70 年代初,一场百年不遇的大洪水找到了老家,把古老的河床冲刷出来,让人们依稀看到了原貌。但大水过后的第二年,人们继承了齐王传统,展开了一场史无前例的填河造地运动。从此,古河仅存的缩影也彻底消失。

　　中华民族素有治水传统,整个华夏文明就是一部与水抗争的悲壮史诗。有资料表明,全国有大小河流达十几万条,现已消失的约占三分之一强。除了大自然不可抗拒的因素外,人是改变水系生态的始作俑者。气候与生态,本来是一门与生命最直接的大学科,但直到近年来,才开始纳入了更多人的视野。我们追忆治水的历史,只记住了李冰父子流芳百世的都江堰,却忽略了更多因鲁莽造成的败笔,比如那些用生命代价换来的大片荒漠。

河流的兴衰决定着地域的兴衰,突出表现为人群大迁徙,尤其是人才和劳动力的出走。就在古浯水上游以南,有户葛姓人家失去了河水滋润,举家搬迁远走南阳。为让后代永远记住故乡,便将姓氏与其他葛姓区别开来,前边加上了家乡诸城的元素,为儿取名诸葛亮,这便是“诸葛”复姓的由来(诸葛镇现隶属沂水县。河南大学教授王立群之《百家讲坛》)。

如果说诸葛亮的故乡有待商榷,那么宋代《清明上河图》作者张择端、金石学家赵明诚等,先后去了水乡江南,他们的祖籍均在古浯水南岸。至于明代以后,一直到20世纪70年代的闯关东者,则不计其数了。在当地,几乎家家都有闯关东的亲戚。

择水而居,上善若水,有水就有灵气。失去了河流,人们的视野开始收窄,思维开始僵化,人才就很难生成。作为浯河子孙,这个冥冥中的问号一直在困扰着我:从春秋时期的人才济济,到宋代以后的人才衰落,浯河流域的这一现象,是否与齐桓公的“堰浯入荆”有关呢?

我们没有权力评判先贤们治水的功过,但时下的这个英明论断,已成为整个社会的共识:留住绿水青山,就是金山银山!

这些尘封的历史,并没有随着千年乱风被刮走,而是深埋地下变为了化石,只有少部分似乎裸露在故乡的封面上,那些地标,那些传说,那些古典,则是打开这部大书的索引。

“青青子衿,悠悠我心。”一首进入《诗经》的先秦恋歌流传至今。家乡的河流之于一代代的子孙,又何尝不是苦苦依恋的母亲!遥远的母亲河哟,你可知道,你的子孙们怀念你的悠悠之心?考察研究母亲河及历史人物,探索先贤与当地的种种文化对接碰撞,找寻对当地经济文化发展贡献的痕迹,研究地域特色文化的形成……已成为他们脚下一条看不到头的路。

"大江东去,浪淘尽,千古风流人物。"这里没有大江,但却有大河,更有河水孕育的千古风流人物,也有河水浇灌的千秋大业。

五、行走着的历史文化

这群用脚步寻找历史、书写历史的"当代徐霞客"们,可能不曾想到,这项说起来并不复杂的创意和实践,是一种时代发展进程中的文化现象,折射出了十分丰富的文化内涵,也是历史文化在一定条件下传出的回声。

行走与文化,从来就是一个不可分割的整体,"读万卷书,行万里路"就是最形象的概括。还记得李白吗?诗人屡试不中,最终走上游学之路,走遍大半中国,为我们留下了无数千古名篇,也成就了他"诗仙"英名。还有苏轼,他的一生总是在不断的"被调动"中风雨兼程,感叹"人生如逆行,我亦是行人"。

《论语》说,"君子以文会友,以友辅仁"。他们的团队就产生了这样的效应,特别是自打出"徒步考察行"旗帜后,就像磁铁一样,吸引着越来越多的"铁粉们"。

近些年,很多人都建起了自己的朋友圈。他们这个圈不分年龄、姓别和职位,都是同道人:中国海洋大学教授李兰生、北京某军医大学教授王昌恩、天津音乐学院教授刘自力、某研究所所长范希春……还有一大串真名与网名混合标注的同乡文友,共同的价值趋向让他们聚在了一起。他们的脚步和梦想仍然在路上。由近走改为远行,他们已经把目光和脚步投送到更远处的地平线上,去追寻更加靓丽的风景。

去年这个时候,我回乡对"中国当代徐霞客徒步齐鲁文化行"活动进行采访时,得知当地政府对他们的行动给予了高度评价,感谢他们对家乡文化建设所做的贡献,还以"河长制"为平台,聘请他们的代表李存修和王锡文担任"汶河文化河长"和"渠河文化河长",在全市开展起了爱河流爱湖泊的活动。

　　一年来，我的思绪一直萦绕在他们的故事里。著名文化学者余秋雨先生在他的《乡关何处》一书中写道："文明的人类总是热衷于考古，就是想把压缩在泥土里的历史扒剔出来，舒展开来，窥探自己先辈的种种真相。"我不知道余先生是否到过我的家乡，但他这番文字，好像是专门为我的这群乡亲们写的。

　　不见祖先真面目，是无知，是不孝；往事越千年，去倾听祖先的呼吸，感受他们的心跳和血性，才算合格的子孙，才不至于枉活一生。而这，也可能就是乡亲们这项活动的初衷和意义吧。

　　每个人都有故乡，中华文明史就洒落在各个故乡里。把一个个故乡连接起来，就是中国。路在脚下，中国梦也在脚下。

我见青山多妩媚

——牛钟顺

《诗经》生长的地方,最适合生命生长。

——题记

一

锣鼓响起来的时候,夜幕就降临了。这是开场前的热身锣鼓,专为吸引观众而击打的。冬天天黑得早,可我总觉得这夜幕是我们用锣鼓敲下来的。我所说的我们,是我们四个负责打锣鼓的人。作为舞台文场武场总指挥,鼓槌自然是掌握在我的手里。其余的 3 人,一个执大锣,一个执小锣,一个执"哐叉",随着鼓槌的起落变幻,就灵巧地打出了各种花样的铿锵作响。

生产大队的社员们,早已被这一通接一通的锣鼓声所撩拨。特别是那些半大不小的孩子,根本再也顾不上好好吃晚饭,就提溜着小板凳和马扎子跑来占埝子了。有的甚至用树枝或石块划出领地,一如那美猴王用金箍棒给师傅和师弟划界一般,不过美猴王划的是个"圆",而孩子们划的是个方形。

汽灯也早已点起来了,照得舞台上下锃明瓦亮。那个时候农村还没有电,家家户户晚上照明用的都是煤油灯。所以,汽灯就是个稀罕物,点汽灯也自然是个技术活。由此,那个专门负责点汽灯的大"男"人,还会借此收获好几个女"粉丝"呢。

农闲时节的正月天里,也正是闲着"耍"的时候。刚过完春节加上忙碌了一年的社员们,除了白天走亲访友、喝酒捞肉之外,业余时间的精神生活,就基本靠我们的演出来提供了。见用半干不湿的泥土堆积起来的舞台下面,已经黑压压坐满了人,这些七大八小的观众们,也早已等得快耐不住性子了,我们的演出也就正式开始了。

> 鸡叫三遍快明天,
>
> 穿上衣服去扛锨。
>
> 为给人类做贡献,
>
> 大寨田里去参战。

表演唱《老两口争修大寨田》谢幕后,紧接着就是独幕戏《新的家法》。这一幕小戏,讲的是农村生产队粉坊的事。那时几乎每个生产队都有粉坊,在粉坊干活的,一般都是做事利索的人,不多,一般就是三四个。主要做粉皮,鲜有做粉条,粉丝直接做不了。所以这节目当属源于生活,也有较强的针对性。没有现成的脚本,是村内文艺骨干分子西顺哥用一个昼夜写出来的。最后的压轴大戏,自然又是茂腔《沙家浜》。只听金秀姐扮演的沙奶奶与西顺哥扮演的郭建光正在对唱:

> 让你们一日三餐九碗饭,
>
> 一觉睡到日西斜。
>
> 直养得腰圆膀又扎
>
> 一个个像座黑铁塔。
>
> 消灭日寇清匪霸,
>
> 驰骋江南把敌杀。
>
> 等到那家家都把红旗挂,
>
> 再来探望你革命的老妈妈。

许是条件反射的缘故,我的肚子又开始咕噜起来。我也想一日三餐九碗饭,我也想壮得像座黑铁塔。可是自从吃了早饭以后,这都快一整天了,至今还汤水未打牙呢。不只是我,参加演出的每一个人,都是这个模样子。他们的肚子,这时恐怕都咕噜得比我还响。

　　这时是 20 世纪 60 年代末 70 年代初。村里组织成立了庄户剧团,由颇有表演才华的炳祥大爷爷领头,利用冬天夜晚排练好了节目,眼巴巴专等年后集中释放。一般是大年初一在本村演一场,然后从大年初二开始,一直到正月十五,方圆 10 千米之内的村庄,基本都要去演一个遍。白天先派两个人外出联系打前站,下午就带上道具和京胡、二胡以及锣鼓家什集合出发。一律靠步行前往的二三十人的队伍,看上去也是浩浩荡荡的。

　　点灯熬油地"费"了这么一大顿儿"事",目的只有一个:演出完后饱餐一顿猪肉炖粉皮。就在我们演出正酣的时候,前往演出的生产大队的队干部,早已安排了三两个饭食做得好的中年妇女,和面擀单饼和烧火炖猪肉粉皮了。一等演出结束,饥肠辘辘的我们,根本顾不得洗脸卸装,立即就开始狼吞虎咽起来。满满一大八人锅或十人锅的猪肉炖粉皮,和近一尺厚的一摞饼,不大一会儿就被风卷残云了。几乎一天不吃饭,就为这顿炖粉皮,就为这时吃个肚儿圆。如此这般,基本能管一天不饥困。如此持续十几天,一日也不舍得落下。然后,盼来年。

二

　　就为连续半个月,天天饱餐一顿猪肉炖粉皮,目的如此简单明了。现在说起来好像很是狭隘,甚至可笑,可在那个天天琢磨怎么填饱肚皮的年代,这是最最真实的感受与想法。所以,没有尝过忍饥挨饿的滋味,就很难体会"民以食为天"的真正内涵。

　　吃粉皮虽然不容易,可吃粉条就更难一些了。因为粉皮属家常菜,而粉条可就精细珍贵多了。那时我们吃的粉皮,一律是用地瓜作为原料。不只是粉皮和粉条是用地瓜做的,即便是我们的日常饮食,也几乎顿顿离不了地瓜。这么说吧,每年只有三天不会直接食用地瓜:年除夕、年初一和年初二,其余的 362 天,不是直接食用煮、烤的地瓜,就是在食用煮地瓜干,以及用地瓜干面做的窝窝头或者掺和着少量玉米高粱面摊的煎饼。

　　几十年前,在养活这方土地上人们的食物当中,地瓜可谓功莫大焉。

虽然不少人厌食地瓜，可我却是百吃不厌。据传野生的地瓜起源于美洲的热带地区，由印第安人最先人工种植成功。又传帅哥哥伦布初见西班牙女王时，曾将从新大陆带回的地瓜呈献给这位女王陛下。史料记载我国种植地瓜，是从明朝万历十年，也即16世纪末叶开始的，"甫及四月，启土开掘，子母钩连，大者如臂，小者如拳"。不仅《农政全书》详细记述了地瓜的种植方式，李时珍也在《本草纲目》中写道："南人用当米谷果餐，蒸炙皆香美。海中之人多寿，亦由不食五谷而食甘薯故也。"时间延宕到1995年，美国生物学家在地瓜中，发现一种叫脱氢表雄酮（DHEA）的化学物质，可以用于预防心血管疾病、糖尿病、结肠癌以及乳腺癌等。原来，在普通民众眼里，普通的不能再普通的地瓜，却是如此的神奇和伟大。

老娘时常说我是个地瓜肚子。知子莫如母，老娘说得一点没错。打从记事起，一直到离开家乡去上大学，地瓜就从来没有离开过我的视线，以至于有人戏称我们是一帮地瓜孩子，吃的是地瓜，喝的是地瓜，玩的是地瓜（用小刀将地瓜刻成各种玩具），身上长的是地瓜膘。于是我就想，有些东西，经过岁月的沉淀与洗礼，会刻在你的脸上，会刻在你的眼神，会刻在你的心灵深处。所以，地瓜是自带光芒的。

父亲虽然厌倦食用地瓜，一看见地瓜就吐酸水，可却十分喜爱用地瓜做的粉条。奶奶曾绘声绘色给我讲过父亲小时候吃粉条的有关趣事。奶奶说，你大大最爱吃蒜泥拌粉条了，如果举行个比赛，估计谁也比不过他。因为粉条丝丝滑滑，用筷子夹起来比较费事。可是你大大根本不用筷子夹，而是用筷子"团"。每当过年过节或者走亲访友有这个菜时，就见你大大将筷子伸于盛放的器皿中，然后轻轻一转悠，一大撮粉条就上手了。

不用说我父亲爱吃粉条，我也是个粉条的吃货呢。记得上中学之前的每年正月初三，我都会跟着爷爷去临浯街上三老姑家看望爷爷一母同胞的三姐姐。到了中午吃饭时，三老姑在招待娘家这一老一小的菜肴中，必定会有一大瓦盆肉丸子炖粉条。最后，这个在我眼中美味无比的菜，也必然是被我吃得一点儿不剩。

"换粉条啦！换粉条啦！"村里大街上每每响起拉着长音的吆喝声，我便怂恿最疼我惯我的奶奶盛上半篮子地瓜干，去换回一扎子粉条来。那个推着独轮车换粉条的壮年汉子，见了我们老娘俩，总是用他憨厚的笑容迎接我们。

三

《诗经》生长的地方，最适合生命生长。《诗经》开始生长的时候，地瓜还没有生长在这片土地上。可我总觉得，它们二者之间，总有那么一些剪不断理还乱的关系。

"关关雎鸠，在河之洲。窈窕淑女，君子好逑。"一部《诗经》，穿越中国西周到春秋时期数百年的时光隧道，在历史的长河中蜿蜒行进。300 多个故事也是 300 多种心情，时而在风里鸣唱，时而在雨中吟哦，吸引着人们去体味那其中的无限美感。"乡土之音"为"风"，"朝廷之音"为"雅"，"郊庙之音"为"颂"。整部《诗经》的内容即由风、雅、颂三部分组成，产生地区包括今天我们所在的山东，当然还有山西、河南、湖北等广大领域。若干年前，我曾经写过一篇《与〈诗经〉藕断丝连》的文字。就想我们每一寸华夏土地，我们每一个华夏子孙，不管自觉与否，哪一寸，哪一个，不是与《诗经》有说不清、扯不断的关系啊。

我在这儿提及《诗经》，非是为了生拉硬拽，牵强附会，只是想说，《诗经》来源于民间，来源于采风。《诗经》的要义本在世道人心，本在省时醒世。"以言时政之得失""以知其国之兴衰"。采诗亦即采风制度，首先得行于周文王时期，此乃当时的一项重要国策。而采集民间创作的诗歌，旨在民意调查，"命大师陈诗，以观民风"。就因为《诗经》中有"国风"，后世即改"采诗"为"采风"。所以，我们现在所言的"采风"，即来源于此。

夏天是生命最为蓬勃的时候。在万物旖旎中，作为一路前行而被大自然命名的采风者，我们走进了一个粉色的梦境。在这里，那绵如丝的"粉"色回忆，都能寻觅到它的曾经与现世，都能寻觅到它的坚持和守望，都能寻觅到它的初心与归宿,都能寻觅到它的从脚下土地到漂洋过海,都能寻觅到它的从粗放到集约、从手工到机械、从笨重到智能、从迟疑愚钝到文化自觉的不凡旅程。与其说是走进了一个梦境,毋宁说是走进了一部质感的《诗经》,走进了一段厚重的文化,走进了一个旺盛的生命。

忽然觉得,我的回忆,已像还未曾切断的粉丝一样长。在我上了大学的时候,已经吃上了国库粮,为此每到过年,就会供应半斤鱼、一斤肉、半斤花生油、二两香油。另外,还有半斤粉丝。能够食用粉丝,就是从这个时候开始的。试想一下,粉丝都在被供应之列,它是该有多么的金贵。不消说,这半斤粉丝,自然得留待隆重的年夜饭时供全家享用。

一如未切断的粉丝一样长的这些"粉"色的回忆,我的感觉,关于粉皮的回忆是绵软的,关于粉条的回忆是绵长的,关于粉丝的回忆是绵延的。地瓜的品相、地瓜的品质以及地瓜的经纬与地瓜的灵魂,都深深印记在这"粉"色的回忆里,都灵动于这"三粉"的脱胎换骨与生成转化中。所以,人类行进的锣鼓敲打到这里,人类演进的舞台演绎到这里,离不开物质的保

障,更离不开精神的支撑。

演戏的故事可以淡忘,但炖粉皮的味道会一直在那儿。粉条的故事可以消失,但粉皮、粉条与粉丝,这些"粉"色的尤物会一直在那儿。我曾经问做粉皮、粉条与粉丝做得风生水起的一位乡党:"现在这"三粉"是用多少种原料做成的?"她说:"主要是地瓜、土豆、绿豆、豌豆和玉米。"听了乡党的回答,我想最早的原料一定只有地瓜,其他的原料种类,只是跟着地瓜沾光而已。

我见青山多妩媚,料青山见我应如是。我的这些文字犹如一个晾晒场,这些回忆,就如搭在晾晒场架杆上的粉条与粉丝。既然如此,那么就有理由相信:在暗处野蛮生长,终有一日馥郁传香。

故乡石家埠

——郝雨东

我的故乡在安丘市景芝镇石家埠村。那里的一草一木、风土人情在我脑海里印下了深深的烙印,直到今天仍然记忆犹新。

迷人的河流

石家埠虽然不大,但境内有两条河流贯穿东西。 洪沟河位于村北 1 千米,因上游水带红砂,俗称洪沟河。发源于寒登山东麓,流经金冢子、官庄、景芝、王家庄等乡镇,于大孙孟村东入潍河,全长 51 千米,是安丘的 5 大河流之一。过去由于河床高、河道窄且弯曲不直,每至汛期山洪暴发,经常泛滥成灾,故有"坏河"之称。1950 年 5 月至 7 月,昌潍地委、行署调集淮安、安丘、丘南三县的大批干部、技术工程人员和万名民工,按照科学规划、综合治理的要求,摆开了治理洪沟河的战场。指挥部设在河埠村,由淮安县县长刘勇任指挥,开展红旗竞赛,搞得热火朝天。改造后的洪沟河,截弯取直,加宽加深了河道,增高了堤坝,提高了泄水能力,并在沿河两边的农田里挖了一、二、三级排水沟。60 年来虽遇到多次洪水,这些工程都发挥了重要作用,再也没出现泛滥成灾的现象。昔日十年九灾的"坏河",如今变成了"清水河""生态河",沿河两岸的农田变成了富庶的"米粮仓""吨粮田"。临浯段河南岸栽植的丰产林带宽 500 米,长达 10 千米,引来了几十种鸟类,白鹭、山鸡等随处可见。

提起洪沟河,有几件事我记忆犹新。 一是洪沟河有三件宝:鸭蛋、蟹子、蓑衣草。鸭子在水中吃鱼虾、吃蚊虫、吃青草,产的蛋味道特好。蟹子个小皮软,一切两瓣,放上葱、酱炒着吃,特别鲜美。蓑衣草编成蓑衣,既可披在肩上防晒防雨,又可铺在地上睡觉,舒适至极。二是在挖河工地上见到了淮安县(1950年6月改为潍安县)县长刘勇。这是我头一次见到这么大的官,感到很荣幸,认为共产党的县长不和戏里的县长那样威风凛凛,而是和咱贫民百姓一样平易近人。1990年我去省里找他办事,谈起这段历史,他笑滋滋地说个不停。三是在洪沟河见到了"龙卷风"。在河的中上游、小顺河村西北,有个"角西湾"。水呈墨绿色,不知道有多深,因淹死了几个人,没人敢去洗澡。传说水里有个千年大鳖,也有说是水蛟。当治理洪沟河的工程进入到尾声时,突然从此地刮起一阵很强的龙卷风,一支黑、黄、白的风柱子直插云霄,左转三圈,右转三圈,直向东南方向刮去。我从村北大门出来正好遇上这股大风,迎风根本走不动,一抬脚就是飘起来的感觉,大人喊我快趴下,否则有被卷走的危险。事后都说这是"角西湾"里的水蛟行风到东海里去了。

运粮河也叫浯河,位于村南1千米处,宽300余米,在临浯境内长16千米。据说"临浯"这个地名也是由此而来。相传汉朝初期,刘邦与项羽相争时,为方便军需辎重运输,将原河加宽,河道加深,遂改为运粮河。据资料介绍,全国有39条人工挖的运粮河,这条运粮河排列第30位。先人为何在此开挖运粮河?据说历史上韩信战败龙且的潍水之战,就发生在这条河下游的潍河。这条河是为潍水之战运粮而被命名为运粮河的,给我的记忆特别深刻。20世纪50年代,我在高家庄乡工作,每天上下班两个来回经过运粮河。50年前的运粮河河床很宽,两岸坡度较陡。由于渠河的上游层层截潜拦水,使得水源越来越少,很早就不通航了。而今河道不足10米宽,两岸都种上了庄稼,上坡种花生、地瓜,下坡低洼地种高粱、大豆。

辉煌的渠道

1958年人民公社刚成立不久,为了探讨一条快速发展农业的新路子,临浯公社党委在调查研究的基础上,决定在渠河上截流,引水灌溉农田。公社成立了工程指挥部,由时任党委书记田茂芝任指挥。"三秋"生产刚结束,即调集了数千名劳力上阵,工地上热火朝天,大干两个多月。在大坝"合龙"的时候,共产党员带头跳进冰冷的水里,数小时不下火线,腿脚冻麻了没有一个人叫苦叫累,顺利完成了大坝"合龙"任务。因已进入冬季,田间渠系配套设施暂不施工,便利用原来的一些沟渠试放水。试放两个流量,水很快流到了石家埠,到处沟满壕平。人们看到流来的渠水,想到今后再也不怕天旱无水,都高兴极了。当年的水利设施,对发展农业生产起到了重大作用。在半个世纪后的今天仍继续发挥着效益,全镇 37 个村除上游 3 个村外,其余 34 个村的农田全部实现自流灌溉,既不用油,也不用电,庄稼年年旱涝保丰收。近年来,由于雨水减少,加之渠道淤积,已不能自流灌溉,只得用两座发电站发电提水,但渠河里的水仍有一定流量,只要再进行一下清淤,仍可自流浇地。

难忘的湾塘

一个村有 13 个湾塘是不多见的。但我们村确确实实有 13 个湾塘,据说是修圩墙时挖土形成的。这些湾塘都位于圩墙的四个大门内外,有西门里湾、南门里湾、南门外湾、东门里由子湾、北门外的窑湾、北后西湾、北后东湾,小则数亩,多则上百亩,常年有水。湾里有鱼虾、芦苇、蒲草。鱼类以鲫鱼、鲢鱼、黑鱼居多。特别是面积超过 150 亩的窑湾,由于水浅,全部长满了芦苇,里面的鱼多、鸟多。芦苇秋天开一片白花,采下来编成茅窝子鞋,穿在脚上特暖和。大队专门成立了副业队,社员们冬天踩着筏子到水里割苇子,编成苇席和苇笠到集上卖,是一项很可观的收入。这些湾塘不仅给人们带来了收入,还带来了优美的环境,更给孩子们带来了无穷的乐趣。春天,我们到湾里捞鱼炖着吃,夏天,小伙伴们脱光衣服,跳到水里洗澡、捉鱼,到了夏末秋初,湾里长满了一种"扎菜",捞回家,是猪的好饲料,冬天湾里结了冰,年轻人和孩子们都到冰上滑冰或者打冰球,就和东北的冰球场似的。

肥沃的土地

石家埠村原有土地4700亩,人均2亩多。农业合作化以前,土地私有,各户的地有的长有的短,有的宽有的窄,有的地里有坟有井,横七竖八。种植上也没有统一要求,你东西种,我南北种,你种高粱,我种谷子,既不便于耕作和管理,也不利于庄稼生长,庄稼旱了没水浇,涝了相互排水,排来排去还在地里。年年都有旱有涝,丰产丰收年份少,加之落后的生产条件和种植方法,亩产粮食不过二三百斤,年年种粮,年年缺粮,靠吃糠咽菜度日。人民公社化以后,土地都入了社,按照"山、水、林、路统一规划,排、浇、路、林综合治理"的规划要求,各级党委、政府把整地改土列入重要议事日程,一代接一代地抓,建成了旱能浇、涝能排、道路如网的农业高产田,用上了渠河的自流水和机井水,旱涝保丰收;靠科学种田,产量节节攀升,实现了亩产吨粮田,1年产的粮食3年吃不了,人们的生活水平大大提高,饭食以白面为主,粗粮当了饲料。在种植上,根据市场需求,什么挣钱多就种什么。增种了经济作物,1亩园胜过10亩田,彻底改变了单一种粮的格局,农民收入逐年提高。

纯朴的民风

过去没有建房规划,各户的房子基本都是低矮的泥土草房,木棍子窗户,透风撒气,冬冷夏热,陈旧落后。实行大包干后,村民经济收入高了,都按统一规划建房,全村东西10条街,南北20条巷。一般都是四间正房,青砖再贴上白瓷瓦,前后玻璃窗子,室内进行了装修,还有偏房、仓库、猪圈和过道,整整齐齐,漂漂亮亮。院内有的种植果树,有的种菜养花;村里修了柏油路,安上了路灯,购物有商店,看病有诊所,外出有公交车,幼儿不出村即可入托儿所。如今的石家埠村正在启动为期5年的"乡村文明行动",按照"生产发展、生活富裕、乡村文明、村容整洁、管理民主"的总体要求,建设富裕文明,和谐安定,生态良好,环境优美的社会主义新农村。历经沧桑的石家埠,养育了一代又一代勤劳善良、聪明智慧、富有奉献精神的乡民。解放战争和抗美援朝时期,先后有 268 人参军参战,有 12 人光荣献身。进入和平时期,村里更是人才辈出,单位任职达到行政副科以上、职称中级以上的 58 人,其中,正县级 2 人、副县级 1 人,正厅级 1 人;部队正团级 3 人、副师级 1 人。他们中有早年参加革命曾任安丘县检察院检察长的李锦先,全国计划生育先进个人刘占美,"全国孝亲敬老之星"李素娟,知名翻译家、作家、旅行家李存修等等,这说明石家埠村确实是一个人杰地灵的好地方。

"八一三"大洪水的回忆

——李锡海

渠河上游是古浯河,它从太平山发源,一路接纳了众多支流后汇入潍河。渠河走出大山之后立马来了一个"S"弯,老家就在 S 弯的右岸,小村紧紧地挨着河堰(我们对河坝的俗称),站在河堰几乎能跳到临河人家院墙上,我们祖祖辈辈就靠着甘甜的河水繁衍生息。那时候的渠河在记忆中是非常美好的:清浅甘甜的河水,绵软洁净的白沙,嬉水跳跃的游鱼……没事的时候去河里游玩是非常惬意的事情。但这一切,被一场大水给打破了。1974 年 8 月 13 日,渠河一改过去的温顺恬静,浑浊的河水发出巨大的咆哮声,携带着树木柴草以排山倒海之势滚滚而下,平日百米左右的河床已经望不到对岸,只看到一片漂浮着杂物和泡沫的滚滚洪水,河滩上的树林只露出树梢在水中挣扎……

这年的 8 月 10 日左右起就开始了剧烈的降雨过程,连绵的降雨填满了沟渠水湾,润透了大地,泡坍了土墙,连空气中的水分都饱和到极点。暴雨带滞留在沂河、潍河一线,最大点雨量安丘石埠子水文站已经达到 600 多毫米。大人不用上工了——那时还是生产队,可以躺在家里睡个好觉;学生也被迫放了假,泥泞的道路、处处的积水、不断倒塌的土墙、路一般平的大湾……都危险得很。

小孩子放假没事,功课轻松,我们就凑成堆打扑克,那时流行"三反""五反",开始挺有意思,但打了两天以后也腻了,而大雨并没有停止的迹象,紧一阵慢一阵让人心烦,扑克也打不下去了。外边到处是水,大人不让出门,只能趴在窗棂上看雨,听着雨点打在梧桐叶子上发出噼里啪啦的声音,不再是诗一般的意境,而是令人心惊、令人心烦的敲击。到了 8 月 13

日上午,大雨仍紧一阵松一阵不停歇,人心开始躁动,似乎都预感到有不祥事件将发生,大人在屋里躺不住了,披着块塑料薄膜上了街,上了河堰,相互之间焦虑地谈论着雨情,注视着迅速上涨的河水,焦躁、恐惧的情绪在人群中蔓延,但又没什么办法来避免……

8月13日午饭以后(都没心吃饭了),雨似乎小了一些,青壮年都上了河堰,眼看着河水一点点上涨,接近坝顶即将漫出,都徒劳地用铁锨往坝顶堆土。那时河面宽阔,主河道外侧是上百米宽的河滩,密密麻麻长满茅草、芦苇、树木,严重影响行洪。下午2点左右,河水开始全线漫过堤坝,冲向村庄,冲向田野。河堤上的人们看到已不可救,都匆忙跑回家准备出逃。父亲从河堰上跑回家,河水跟着他后边追。他招呼了一下包了几件衣服(当时连阴天,阴冷)拉着我和妹妹向门外跑,村子地势低平周边都是水已经没有出路,只有西北角是个沙岭子,高出平地一两米,那是千百年来西风从河滩出吹的细沙堆积而成,有七八户在那儿居住,成了全村人避难的地方。可一出大门,街上的激流已经没过我的膝盖,且流速很快,几乎站不稳,东边主街上的水已经有至少一米深了。只好转回来,砸开后窗,把我们一个个递出去,我叔父在后边接着。全村人都逃到村子这一角,离家晚一些的蹚水而来,说村东头路上水深过腰,有妇女差点被冲走,幸被其男人拽住头发。胡同西头的那户人家正对洪水,很快房子就倒塌堵住了胡同口,保护了这小安全岛。过了一会儿大雨停了,只有零星的雨点,大家多数顶着块塑料薄膜,无助地看着大自然发威。青壮年进进出出四处察看水情传递消息,年长的人们谈论着上一次大水,说是正好一甲子60年了,那次大水是阴历6月24,不过没现在的大,村子虽然进水了但仅仅没膝盖深……那下午我姑母站在她村后北望,看到娘家小村一片水茫茫,哭着说"娘家人怕是没了,秃尾巴老李快来保佑吧(周围村子说秃尾巴老李的家是俺村)"。

雨渐渐停了,但水位仍在上涨,河水的咆哮声显得愈大,这时忽然有"哗啦哗啦"的巨大声音响起,伴随着木头的断裂声,那是房屋在倒塌。每一次房屋倒塌,男人们就根据声音的位置、房屋的结构估计这是谁家的房子,女人听到可能是她们的房子,就会爆发一阵凄厉的哭声。房子密集倒塌的声音一直延续到晚上 8 点左右,此时水位已经下降,河里的水基本不再外漾,房子倒塌声也很寥落了,青壮年逐渐离开这个安全岛到村里看看情况,妇幼老弱则在这十几户人家或坐或躺或站,期待着明天的来临,这是一个真正的不眠之夜。

第二天一起来,发现村子全变了样,差不多一半的房屋倒塌,临河的房屋基本全军覆没,大多数户的院墙倒塌,家家户户望去都一览无余。柴垛、衣服、家具冲得到处都是,村东的地瓜地里面到处是"麦根子"。猪圈倒了,猪都"解放"了到处跑,猪的水性不错,一般淹不死。死鸡到处都是——鸡的水性是最差。渐渐地,外村的亲友有来看情况的,都担心小村在大河边,怕是冲没了,没想到还不错,一个人也没有损失,但财物就不用提了,多数人家的粮食泡了汤,锅台坍塌,土炕坍塌,做饭也没有地方,睡觉多数都在地上放上几根木棒铺上帐子。很快,没受灾害的村庄送来了吃的,多数是"杠饽饽",有本县的,也有外县的(挨着临沂地区),都是自发送的,饿了近两天的人拿着干粮边吃边落泪,打心眼里感谢党、感谢政府(那时叫革委会)。随后,救灾的干部来了,了解灾情,调度救灾,规划新村,号召尽快开展自救,房子冲倒的户自己备料,公社调人帮着建新房。一位被称作"吴书记"的中年男子在和村干部交谈,不断重复着"大家不要急,一家有困难、大家来支援",号召大家把过水后来不及晾晒的粮食过秤送到未受灾害的村,兑换干粮食。

大人在救灾,建房屋、打院墙、抢晒过水的粮食,没受灾的亲友都来帮忙,我姑父在我家一直待了半个多月。小孩子没事出去转,看到有的良田几乎成了河道,原来的大河则全变了模样,很浅的地方变深了,原来水深的地方竟然冒出来一片大沙洲,差不多是"高岸为谷,深谷为陵"了。河水逐渐消退,好事者在水较浅的地方捞鱼,大的有 30 多斤。我拿不着鱼,钓了 10 多只青蛙。学校则延续了 1 个多月才开学,教室一部分冲没了,在树林子上了一些日子的课。冬天,全公社的劳力都来给我们修河堰,把河堰修得又高又宽,转过年来的"八一四"又一场大水,幸亏加高的河堰保护了村子。

大水过后,也出来一些传说。什么发水当天有人看到大水中有两只白鹅嬉水,是"鹅蛟"闹事引发的水灾;还有的说有"黄泥鳅"在"挡坝",本来水位没那么高,是这些水怪把水挡出来的;也有人说于家河水库有两条大血鳝,水桶般粗……其实水灾的主要原因是雨量大,暴雨中心石埠子雨量达到 611.4 毫米,形成的最大洪峰流量达到恐怖的 5740 立方米 / 秒;其次是草垛、树木把夏庄大桥桥洞堵塞影响了行洪,大桥北端因水流受桥洞约束,下切形成了一个又大又深的深潭,几年之后才淤平。

几十年过去了,现在已经把河道的沙子挖光,河床比原来深了几米,河岸的杂树林、芦苇、茅草也都消失,再有那样的大雨也不会再有那样的灾害了。

一九七四年的那场大洪水

——周汝顺

1974年8月,安丘县临浯公社遭遇了一场历史上罕见的洪涝灾害。8月13日这一天,渠河水暴涨,泛滥成灾,冲垮了沿岸的西古河村,小官路村,东、西石埠村,里岗村,仉岗村和芝畔村的民房,使3200余户农民受灾,全公社32个村庄118个生产队的9100名青壮劳力投入了抢险救灾之中。

1974年的8月10日至13日,天降大暴雨,连续3天,日降雨量都在420毫米以上,最大降雨量在8月13日,达到508毫米。暴雨来势凶猛且持续时间长,造成全域的河流湾塘沟渠暴涨,特别是渠河,由于于家河水库的山区流域垮塌,水流更是暴涨到了临浯西边的里丈大桥处,因为大桥下面的拦河堤坝的阻挡,河水漫过西岸。临浯沿岸的西古河、小官路、东石埠、西石埠、里岗、仉岗、芝畔等村,民房几乎全部被淹甚至垮塌,造成灾民6800多人无家可归,使1400农户房屋倒塌,另外倒塌棚圈8800间,倒塌烤烟房220处,淹没农田42000亩,冲毁耕地1860亩,冲毁塘坝6座、小型桥函34处。

灾情发生后,省水利厅边副厅长、潍坊水利局和安丘县水利局的领导和水利专家来临浯指导抗洪救灾工作,安丘县委书记刘永森率县委部分领导班子连续几天坐阵临浯,指导抗洪救灾工作。并派出以县委政治部组织处处长李长春任组长、县教育处副延长贾玉良为副组长的抗洪救灾工作组分别进驻灾情严重的小官路村和里岗村。

9月2日,国务院慰问组一行5人到安丘视察灾情,慰问受灾群众。慰问组在潍河治理规划办公室姜主任和水电部基建处赵处长以及昌潍地委副书记孙志瑗等人陪同下,在安丘县政府招待所接见了抗洪救灾先进单位和先进个人,临浯公社的小官路村、里岗村和芝畔村的村支书作为抗洪抢险先进单位由县委工作组副组长贾玉良带队参加了表彰大会,受到了亲切接见,并合影留念。

发大水的这一年,我是临浯公社小官路村的一名四年级学生。在我的记忆中,13号这天,倾盆大雨从早上到下午一直没停,因为大雨,学校在下午提前放了学,我们有的披了雨布,有的披了蓑衣,还有的戴个苇笠,用块雨布包着书包,分别结伴回了家。在回家途中,见村里的青壮年劳力抗着铁锹匆匆往村南的渠河跑去,村民互相传递一个惊人消息:渠河水正在暴涨,随时都有漫过河岸、涌入村庄的危险。我的心里很惊恐,不知河水冲入村庄后会发生什么样的危险。

我家在村子的最西南角,地势低洼,房后的大路由于地势低在大雨天便成了排水渠道。回到家,见奶奶和母亲正在收拾衣服,准备随时转移。大约过了半个小时,到渠河边堵河堤的爷爷、父亲和两个叔叔回来了,说渠河水已经冲到村头了,让我们赶紧带上衣物和干粮转移到村后地势较高的地方。一番准备之后,11口人扶老携幼赶往村后躲避大水,可到了村中心一个十字路口处,见渠河水正从上游顺着大路凶猛地往村内流,混浊的河水翻着浪头,漂着木柴、杂草,还有一些农用家具漂浮在水中,大水已经阻断了我家转移的去路,只能返回去,就地寻求避水的方法。天已渐黑,在无路可逃之时,我父亲找来井绳,把两扇大门摘下,在四棵树之间绑了木棍,把两扇大门搭在上面为家人搭建了台子,以备急需,我的三个弟妹和奶奶提前上了这个临时避难台。我及爷爷和母亲在台下守候,应对随时发生的变故。父亲和两个叔叔则寻到我的邻居也是本家二爷爷家,帮助他们脱险。半个小时后,见父亲和叔叔背扶着80岁且双目失明的二奶奶还有年仅6岁的远房弟弟过来了,一同上了我家搭建的门板台子。

晚上9点左右,风刮得很急,雨也更大,此时我们所处的位置水深已超过1.5米,且有迅猛上涨的趋势。我的父亲和爷爷便重新搭台,力图把原来的门板台子,再搭高一些,以应对上涨的水位。不料由于台子上人多,用于搭

台的一棵碗口粗的杨树不堪重负,实然弯倒。此时风大浪急,我们只好轮流用肩膀扛起了台子的一个角,替代倒伏的树木。那年我奶奶 60 多岁,裹着小脚,体态瘦小,三个弟妹中大的 11 岁,小的 8 岁,再有我的失明的 80 岁的二奶奶和她 6 岁的孙子,6 条生命依靠这个仅两扇门板且一个角是用人的肩膀扛起的台架子。台子下我们爷几个轮流扛门板,恰如中流砥柱。

到了傍晚 11 点左右,洪水势头更猛,站在地面上,水位已经到了脖颈,搭起的台子也已经淹没在水中。我们只能放弃架子,分头寻找比较粗大的树木,把老人和小孩托举到树上,自己则搂着树木,用肩膀托举着上面的人。随着水位的上涨,人也往上攀爬,直到次日清晨 6 点,我们全家人才下到地面,然后又转移到已经倒塌的屋脊上。看到全家人脱离危险,方感觉疲劳至极,都躺在披着麦草的屋脊上动弹不得。

上午 10 点,大水已完全退去。村民们脱险后,互相安慰,互相打听他人的下落和处境。在这一夜中,有爬到树上的;有爬到倒塌的房顶上的;还有人把一根木棍模在两棵树中间,让家人搂着木棍脱险的;更有很多人把自家的老人和孩子放在大筐里,或放在水泥瓮中,然后用绳子吊在大树上脱险的;只有少数人早些动身、护着家中老小转移到村后高处,幸免大水冲击。

当天下午,公社干部们来了,各家各户的亲戚都来了。我们全家老少都被舅舅家接去。没有亲戚接的,由公社统一安排到附近村庄,有的住在了大队办公室,有的住在了学校,还有的暂时安置在生产队的屋子里。

第二天,县委书记刘永森带领大批干部来到临浯公社,召开救灾大会,并派驻了工作组,由李长春任组长、贾玉良任副组长。李长春带领 10 人驻扎在受灾较严重的里岗村,负责里岗、仇岗、芝畔等重灾区,贾玉良带领一支工作队驻扎小官路村,分包小官路,西古河,东、西石埠等重灾村。公社党委则号召全公社的老百姓做干粮,支援灾区群众,一时间四邻八乡支援灾区的煎饼、火烧源源不断地运过来。灾区的青壮劳力统一组织属地防疫,把被淹死的马牛猪狗等牲畜尸体收集起来喷药消毒,统一掩埋,做无害处理,以防止传播疾病。

大水过后第五天，省水利厅边副厅长一行在昌潍地区水利局干部和县水利局技术人员陪同下来到临浯，对受灾严重的小官路村和里岗村进行了走访慰问。好多人感动得嚎啕大哭，还有人高呼"共产党万岁"！此情此景，感人至深。

10月份，县委安排抗洪救灾的任务是为灾民筹集过冬的衣服和被褥，播种小麦和为部分灾民重建家园。

小麦播种时，四邻八乡运来了犁耧耙具、牲口，并带来了麦种、化肥，仅一周时间，全公社6个重灾大队率先播种完毕，而后受灾较轻的村才开始播种。

在支援灾区重建家园时，根据灾民各家各户的人口数量，建房材料的筹备情况，本着人口多的家庭优先，材料筹备齐全的灾民第一批建房。县里安排一个公社包几个灾区生产队的办法，分配基建任务。我们小官路村由雹泉公社包建。我家则由老峒峪大队西北崖生产队帮助建房。翻建房屋的户杀伐了房前屋后的树木，到亲戚朋友家借来了秫秸、麦秸和檩条，把旧房屋上能用的砖石、木料继续用在新建房屋上。前来帮建房子的民工自带伙房，自备工具，对帮助对象秋毫无犯，使受灾群众深受感动。很多筹建单位的民工和帮助对象10多年后还保持着密切往来。

据统计，到11月底，灾民翻建住房的户达到760户，向灾民发放棉花15000斤、单衣12000件、棉衣15000件、毛毯3500条、统销粮2100000斤，贷款52万元，发放救济款156万元、煤160吨、柴油600吨。次年开春，县委统一安排雹泉、慈山、牛沐等多个公社派出援建工程队，帮助灾民翻建住房。西古河、小官路、东石埠、西石埠、里岗等村整村迁移到了地势较高的地方，临浯公社的受灾群众得以重建家园。

到了1975年秋冬季节，潍坊地委统一安排根治渠河。对河两岸的杂草、树木分工包段彻底清除，并组织全县劳力在属地河段的岸边修筑堤坝。堤坝最宽处10米、高4米，在以后的数十年中，虽有几次雨水较大的年份，再没有遭受过洪水冲击，使临浯这片肥沃的平原连年丰产丰收。

奔跑的香草

——刘学刚

在洪沟河南岸,在野蒺藜三棱草毛谷英蓬子菜马齿苋之间,香草最有女人味。

出了村子,向北走,一直向北走,远远望见一片果园,绕过去,就是洪沟河。这果园,村里人叫它苗圃,广播站的大喇叭也喊它"苗圃"。苗的圃,人的脚是不能乱印的,怕惊扰了苗的梦。到了洪沟河南岸,就是另一番天地了。

洪沟河,顾名思义,是洪水冲出的大沟,人们因势利导,疏通为"河",村里人说话"ong""eng"不分,一出口就是"横沟河"。一条大沟横在那里,两岸的村庄牵根红线,都让媒婆费半天口舌。闭塞,也有闭塞的好处。河的南岸,白杨长得比屋顶的烟囱还高,槐树在浓密的枝叶里爽朗大笑,一些灰麻雀呀红蜻蜓呀绿蚂蚱呀,就会从草滩上扑棱棱乌压压地飞起,统治了偌大一个草滩。

说说草滩吧。自然要从春天说起,从零零星星的鹅黄说起。米粒儿大的草芽拱出土层的时候,还异想天开地顶起一小撮泥土,像顶了一个小小的斗笠。也有穿蓑衣的,那是一丝鹅黄沿着干枯的草棵往上窜,鹅黄,嫩绿、浅绿、草绿,当这根温度计的水晶柱到达翠绿的高度时,阳光已是夏日的温度。稍稍远处,苹果是绿的,果叶同色,一枝枝深绿在微风里晃悠,一副举重若轻深不可测的样子。草滩上,草不像嫩绿的时候那么内秀:到处乱跑,勇敢而又偏执;自信满满,甚至有一些疯狂。毛谷英长到一尺多高的时候,就开始抽薹吐穗,向天空肆意扩张,毛茸茸的穗子突然变得谦逊,向下弯曲,立着,摇着,颇有谷子的风度。熟草蔓,单是这名字,就有鸡鸣、炊烟、羊肠小路的味道。在草滩上，它是熟练的偷渡客，巧舌如簧的媒婆。一棵草分枝发杈，波纹一样四散开去，前脚路过一蓬野蒺藜的家，后脚跟已在一株灰灰菜那里安家落户，拉拉扯扯，盘根错节，但看上去，翠绿墨绿深绿碧绿覆盖了整个草滩。

也有香气。细闻，不像是果园的。苹果平和的呼吸，要拨开枝叶浓密的喧哗，越过花椒树站成的篱笆，从远处跑来，微微的青涩，已细若游丝。这香，起初是一线微光，不动声色地擦过你的鼻翼。等你察觉空气的氛围微微变了样，那香气却飘忽不定，就像一阵好风，迟疑着，犹抱草叶半遮面，过了一会，你的鼻子抽动了一下，声响很大，告诉眼睛耳朵们它的新发现，它激动得有些语无伦次，继而又抽动了一下，香气还有些羞涩，淡淡的，和空气一般稀薄，鼻尖却有一种温柔的抚摸，就像情人的低语，毛毛虫的蠕动。就这样走着，香气它有脚啊，挪着细碎的脚步，走一路香艳。过了一些日子，那香，真叫一个香，仿佛猪肉片裹在滚烫的油锅里，嗞啦嗞啦地香，香破了鼻子，还要香到肉里去，快要把骨头撑开了。

这香，是草的魂，空气里的宝石，隐秘的空中花园。它四处奔跑，给绿的草滩镀上了一层黄金，它把夜晚的秘密、朝露的纯净、空气的激情、阳光的明快以及不可名状的幸福都集聚在这片草滩上，无限扩张着我们的嗅觉世界。

草有香味，就叫香草吧。有些艳，有些野，但朴实，有质感。草是丝绸，薄薄的凉；香是肌肤的气息，细腻的香，温柔的香。香草，把我们从高大光明激越宏亮的核心世界里搭救出来，呼吸着新鲜的香气，自然的香气。香草，无疑是人类的一个重大发现。

窄着身子，香草散布在三棱草、熟草蔓、野蒺藜和毛谷英丛中，苗条的茎配以细长的针形的叶，酷似古代的静女，它把更大的空间让位给伞状的草冠。纤细的茎上，丛生着微凸的节，节上分生出枝杈，枝杈上再生枝杈，细丝一样的枝杈吐出细密的苞蕾，互生，有茎和枝杈相连，就像摊开的婴孩的手。说是苞蕾，细细碎碎的，星星点点的，更像是草籽，靠近根部的稍稍大些，草尖上的就娇小得让人心疼了。就叫花吧，它有花的体态和香气。似乎一生出来就那般小巧，柔弱，单薄，开了，和草叶一色，是淡然的绿；枯了，也不萎谢，和草叶一色，是淡定的黄。这花之伞在微风里摇，即使你对它视而不见，它也在摇，摇啊摇，而盛大的空中花园就是从这里向我们敞开了它的门扉。

《圣经》里矗立着一座"香草山"。洪沟河南岸的草滩，它是伊甸园的别名，每每走在那里，"如羚羊或小鹿在香草山上"（《圣经·雅歌》）。

故乡的原风景

——牛钟顺

一棵桃树

一棵树，一棵桃树。

孤零零地，站在这河的北岸。

没有它的同类，只有它自己。

花期到了。花期不能错过，就这么兀自地开。

每一个骨朵都要展开，每一个骨朵，都有展开的价值。

鲜有人走近它。

在这田野里，在这方圆几十里的田野里，有大片的桃园。

人们想欣赏桃花的时候，会去看桃园。

人们会端详桃园里的每棵桃树，看它的花色，看它的繁盛，看它秋天能结多少果子，看桃园的主人，一年下来，能有多大的收获。

就这么孤零零地站在这河的北岸。站在这高低不平田地的地头。站在这去往河边，不算窄也不算宽的路的东侧。

这地头的位置很是重要。因为，它不会妨碍，这块地主人的耕作。不会影响，这块地主人的收成。

否则，这块地的主人，不会容许它的存在。

我在猜测它的身世。

它不会是人为种植的桃树，它是私生子。

人为种植的桃树，会数棵数棵的，会一片一片的，会进行精修细剪的，会计算它的收益与成本的。

它的身世应该是这样的，一个少年，手握一个硕大的桃子，一边啃吃，一边蹦跳着去往河边。

桃肉吃完，随手用力把桃核扔了出去。

第二年的春天，一个小芽儿，破土而出。

只是那个少年，你在哪儿？

你知道这河边，有一株，因你而生的生命吗？你会记得，来看它一看吗？

还有那个，曾经以梦为马的少年，你当年，随手扔在河边的桃核，它们的命运如何？

你无意当中，种下的桃树，它们是否，依然安在？

一场春雨

一天未露面的太阳公公，像极了一个蓬头垢面的老者，像极了那满腹经纶却以流浪为乐的沪人沈巍，被强行按在浴缸里，先洗净了身子又洗净了脸，今早起来，笑得格外艳丽。

一场春雨后的清晨。

最先感知到这春雨的，是同居一院的两家邻居。

这两家邻居可是金贵，称得上是真正的芳邻呢。一家是院内梧桐树上的喜鹊，一家是大门过道房梁上的乌眉。每天清晨的五点左右，他们就像公鸡打鸣，又像母鸡下蛋，准时鸣叫起来。喜鹊一家叫得活蹦乱跳，乌眉一家叫得清脆婉转。它们的叫声，让这所农家小院，格外地生动起来。

可是这一天的早上，它们都一起哑声了。原来，是随风潜入夜的春雨来了。它们都趴在暖暖的窝里，骨碌着蓝蓝的小眼睛，悄悄地看雨呢。

便从被窝里爬起，朝院子里望了一望，就见已经有了浅浅的一湾。

虽说是春雨贵如油，但一场春雨，实在也没有什么好稀奇的。

可是于我，还是感到了它的稀奇。

40多年前，自己就已离开了这方土地。而每次往家乡走一走，又总是步履如捣，行色匆匆。不用说没有遇上过春雨，即便遇上，也是满腹的埋怨。因为,它会迟滞我往返的脚步。

可是这一次不同了,我躺在家乡的怀抱里,聚精会神地欣赏这一场春雨。曾经浮躁的心,也由此而安静下来。

雨中的乡村是寂静的,一切都被那细细的丝线遮掩。那些丝线,拴拽着一座座农舍,拴拽着一道道新翻的墒垅,拴拽着颜色深深浅浅、地势高低不一的麦田与菜园,像是要给它们量身织就一套合适的新衣。

可那细丝拴拽住的,只是浮伏的表面,内里是沸腾着的。如果将耳朵贴近那些绿色的尤物,就会听见它们在欣喜地窃窃私语呢。还有那些房子里的人们,春雨是他们的盛大节日,是他们尽情狂欢的时候。他们有的在看电视,有的在打扑克,有的在唠嗑唱歌,有的邀上三五乡邻,盘腿坐在炕上喝着小酒。尤其是当他们谈起自己辛苦种下的庄稼,谈起有了这雨的滋润,庄稼会愈发苗壮,兴奋的脸上便如蒙上了红布,布满了吉祥的云晕。

对于一场春雨,生活在城里的人和生活在农村的人,感受是不同的。下在农村的雨,是下在人心上的。而下在城里的雨,却是下在人身上的。尽管这个不同,会因人而异。也就是说,对于那些居住在城市里的某些上班族而言,下雨是湿漉漉,是阴沉的天空和烦闷的空气;是打车难,是不方便,是密闭的交通工具;是牢骚满腹,是怨天忧人,是对下雨天的不待见。所以,如春雨有知,就选择合适的地方栖身吧。

我的小院里有一棵梧桐、一棵山楂、一棵榆树、一蔟蔷薇、一簇月季、一团迎春,还有三五株香椿。它们都老老实实地站在那儿。它们虽然不会动弹,可与我一样,对这场春雨,也是欢呼雀跃着的。手执一把雨伞,信步走到村前,映入眼帘的,是所有植物的足蹈手舞,一如人们的喜极而泣。凡是它们能够示人的地方,都流淌着幸福的泪水。雨停了,那颗颗泪珠,依然挂在俊俏的脸上。细细端详一番,这泪珠又仿佛是镶嵌在新生幼儿的腮际,让驻足观望的人们,恨不得大步跑上前去,美滋滋地亲上一口。

一场春雨,总是把意义写在自己的每一滴水上。它是为乡村而生的,因为田野里的庄稼,因为村庄里的绿植,因为那些饥渴的生者,它来了。

这是一场来自上古的春雨。从“不如油”开始，淅淅沥沥，下到了“贵如油”；又从“贵如油”开始，淅淅沥沥，下到了比油还更加的金贵。因为这场春雨，南河里的水，也开始流淌起来了。

一盘热炕

抗得住冬天的寒冷，却差点冻晕在去往春天的路上。

娘啊娘，真冷啊！您也不给我攥攥手，您也不给我捂捂脚，冻煞您儿子了。

老娘：嘿嘿嘿嘿……

竟然没有叫我“锅锅”。好吧，那就继续给您烧火炕，把您的后脊梁给烙煳它。

可我的老娘，就愿意让这热炕头，去烙她的后脊梁。

老娘的年纪已在朝着90上数了。身体还硬朗，就是思维能力已严重退化。面对着喊我“锅锅”的老娘，经常有朋友“评头品足”。有的说，老娘这不是老年痴呆，是返老还童。有的说，有娘就有家，有一个患痴呆症的老娘，也是身为子女的福分。有的说，母亲因为不记得而回归童年，儿子因为孝顺而顺遂母亲的世界，此乃人间大爱。这些说法，对于老娘来说，都如那锅底下越烧越旺的柴火，都如那一盘热炕一样的实在。

贵如油的春雨，正淅淅沥沥地下个不停。可老娘不喜欢。自从回到这家乡的老屋后，老娘一天要上街十几趟。返老还童的老娘，具有的已经是幼小的心灵。这雨，根本挡不住行为已如少年儿童的老娘那颗不安分的心。

于是将院门和屋门反锁。老娘叫给她敞开。于是说钥匙被邻居拿走了，人家是好心，怕您被雨淋着。老娘这才逐渐安静了下来，唱“张大娘淘完了米”，唱“东方红太阳升”，唱“北风那个吹雪花那个飘”。

老娘是坐在热炕头上唱的。一首接一首，唱个不停。一盘热炕，就是有如此的魅力。可别小看了这么一盘普普通通的热炕，它可是乡村一道独有的风景呢。它既是农家人的出生之地，又是农家人小时候的摇篮，还是农家人长大后的休憩之处,甚至连吃饭、待客、聚会、聊天,都要在这热炕上进行。要不怎么会说"三亩地,一头牛,老婆孩子热炕头"呢。热炕,的确是农家人的一方天地呀。

这盘热炕,似乎也激发了我的灵感。为逗老娘编顺口溜,几乎张口就能来。老娘也竟然像听懂了似的,裂着嘴笑了起来:

> 满园春色关不住,
>
> 关不住的是老娘。
>
> 一天出去十几趟,
>
> 一霎不出就出样。

> 娘的个娘叫姥娘,
>
> 娘的个爹叫姥爷。
>
> 娘做馒头叫饽饽,
>
> 养个儿子叫锅锅。

> 俺和老娘炕头坐,
>
> 七说八拉还唱歌。
>
> 东扯葫芦西扯瓢,
>
> 看谁下炕添柴火。

这盘热炕,也似乎让老娘恢复了一些记忆。我的老家在渠河北岸,区划属于安丘,老娘则是一河之隔的诸城人。相州是诸城的重镇,小时候老娘曾唱过《八路军打相州》,因时间久远,这首民谣已基本不记得了。今天,趁着这室外的春雨下得欢实,与老娘盘腿坐在这热炕头上,你一句我一句,竟慢慢地回忆起来了。当然这首民谣反映的是否是历史的真实,在此自是无从细究:

> 相州据点修得真是好啊,炮楼三丈高啊。
>
> 鬼子司令吹大气,八路打不了啊。

八路同志真也么真勇敢啊，

慢慢地往前挨啊，攻破相州街啊。

小鬼子小汉奸，死了个三四千啊。

剩下了百十个啊，跳出圩子来。

正碰上发河水，淹煞些狗杂碎。

一上午就这么过去了，一下午就这么过去了。除了大小便，这盘热炕就像磁铁一样，把俺这娘俩牢牢地吸附在了上边。孩子的妈妈做好了饭，端将上来让我们吃，趁此，我就又抓住机会"开涮"老娘："娘，您儿子娶的这个媳妇好不好？"老娘随口道："好媳妇，花骨嘟。见人来，一怵怵。"反应那可真叫一个快当呢。

带老娘回老家住上一段时间，本来是一件很平凡的事，可在县城从事教育工作的鹏志侄儿，却像发现了新大陆，振振有词地褒贬了起来："叔叔所为，犹如旧时乡贤回归故里，官绅告老还乡，示范孝道，播文督事。我们现在乡村社会最缺乏高端人才引领。日本尚有此风，如前首相村山富市，卸任后便回到了他的老家大分市。今年我们的两会，也已有人提出了设立高级官员告老还乡制度的提案。"

对于鹏志侄儿所言，为叔叔的我当然不敢当。也许，侄儿所言的本真，就在这盘热炕上搁着呢。我给老娘烧一盘热炕，与老娘坐在这热炕头上唠嗑，就是侄儿话语中的要义所在呢。

南官场
——苑汝花

如果没有老乡王玉金的那首诗,南官场,这个临浯人曾经再熟悉不过的场所,几乎就在我的记忆里消失了。

南官场不是个独立的地名,它是早年间临浯大集的一部分。那时公社驻地所在的周围 3 个村子统称为"临浯街",又以政府办公的位置为坐标,分别叫做"前村""后村""西村"。南官场就在政府门前横贯整个临浯公社的东西大街南侧,应属于"前村"的地盘。据说南官场这个名字,清朝时期就存在了。它同当时的临浯大集一样,不仅在安丘有着很高的知名度,在周边的诸城、高密、五莲、沂水一带也颇具影响力,早年间连南海(指日照地区)那边的商贩都赶过来卖海货。

那个年代的大集,囊括了现在的超市、影院、戏院,以及商贸城等所有的功能。是老老少少的社员都极其向往和乐于聚集的地方。大集的中心是那条东西大街。卖布的、卖鞋的、卖针线的、卖老鼠药的,剃头的、打铁的、钉马掌的、镶拔牙的,还有老是沸腾着的飘着香味的老汤锅……都挨挨挤挤地在地摊上热闹着。各种各样的声音此起彼伏,不绝于耳。

南官场是这拥挤大集的"分会场"。这里地面宽敞,是专卖大物件的地方。卖檩条的,卖秫秸的,卖窑货的,还有卖牲口的,也有卖苇笠蓑衣的……

除去年集时那震耳欲聋噼里啪啦的鞭炮声,平时的南官场集相对安静一些。这里卖的东西基本不用吆喝,只有买主和卖主的讨价还价。这些声音在诺大的南官场里不足以成为噪音。

当然,老临浯人对南官场的情结,不单因为这里有这些百姓离不了的物品,更多的是因为南官场是乡村里的"文化娱乐区"。

那时的孩童最喜欢的，当然是南官场里的那些杂耍儿。其一就是变戏法儿，也就是简单的小魔术。三两个小碗扣在那里，羊粪蛋儿一样的几粒小黑球，连同我们聚精会神的目光，被表演者手里的一根小棒指挥着，"嗖"一下这边，"嗖"一下那边，永远都弄不清小黑球跑进了哪只碗里，却又不厌其烦地看了又看。

那耍杂技的，一会儿嘴里吐出火来，一会儿又将一把长长的剑从口里顺着喉咙插进去……吓得胆小的观众直揉眼睛。

还有那耍猴儿的，用细绳牵着的小猴子穿着花花绿绿的衣服，在当当的铜锣声里，让它戴帽就戴帽，让它开箱就开箱，让它翻跟斗就翻跟斗，还会拿着铜锣兜着圈儿替主人跟观众讨赏钱……在那个还没有"宠物"一说的年代，这机灵的能懂人话的小猴子，享尽了没见过山里动物的内地农家孩子的追捧和热爱。

大人们最多聚拢的是说书匠的场子。两个穿大褂的人搭档，轮流说唱。或坐或站，面前架子上一面小鼓，一根鼓槌，手里两片半月形叫作鸳鸯板的铜片。道具就这么简单，可说书匠嘴里精彩的内容，却是源源不断，曲折复杂。不管说还是唱，用的都是我们当地的方言，大家都一听就懂。那些环环相扣的情节，说书人配以轻重缓急各不同的鼓点来衬托，和着清脆的鸳鸯板的碰击声，使四周围听的人痴痴迷迷，欲罢不能。更有那说评书的，仅凭艺人一张嘴，风声雨声枪声，狗叫猫跳打呼噜，全都惟妙惟肖地送进观众耳中。

说唱到一个高潮处，随着一声鼓槌的重击，说书人的声音戛然而止。他悠悠然端起面前的搪瓷缸子喝水。搭档便拿一器具在众人面前讨要赏钱。无论多少，给就道谢，不给也不勉强。一圈下来，说唱继续开始。

那时还是小孩儿的我们，挤在人群里，每当说书人讨要赏钱时，就吓得赶紧躲出去。脸也羞红了，觉得像做了很不光彩的"小偷"似的。那年代的小孩儿手里从来都不会有自己的一分零花钱，可那说唱的诱惑力太大了，我们只好一边羞愧一边继续偷听。

南官场最让我痴迷的是戏场子。它虽然比不了那些搭着台子的大戏好看，但是因为能够近距离接触演员，这让我感觉特别过瘾和激动。

那个时代的小女孩眼里，最美的女子便是戏台上的旦角。她们就像天上的仙女一样，美得梦幻不真实。那穿戴的凤冠霞帔，那或镶珠或彩绢的各种"头面"，那耳前垂着的长长的黑丝"线戴（yi）子"，那旋转抛起的长长水袖……都是我们艳羡不已的"天物"。

南官场的戏班，实际称不上"班"。它一般由夫妻两人搭档。早上画好脸谱，这一天便不再卸装。无论怎样的戏段和角色，都是这一"旦"一"生"或一"旦"一"丑"的形象。

当年我有一个姑姑家就在南官场西南边上，有一对唱戏的夫妇曾把她家作为落脚点，在那里吃饭和化装。我因此有了细观他们的条件。我站在旁边好奇地看到：唱戏人对着蛋圆的镜子，取出粉扑，沾上厚厚的白粉涂了满脸，再沾了粉彩涂到双颊上；又拿一支像父亲写字的那种毛笔，蘸着黑黑的油彩，把那眉毛画得斜插入鬓角，把那眼睛画得很大，眼角高高吊起。最后点上艳艳的"朱唇"。穿好戏服，戴好那一套复杂的"盔头"——这就可以上场演出了。

有一次，那家男人画了一个三花脸的妆，鼻子正中用白粉扑出一个圆饼，头上戴一个直直冲天的朝天辫。跟他媳妇演了一段嫂嫂和小叔子的戏，接着又唱一段小姐跟丫鬟的词。因为知道了幕后他俩的关系，又是不曾换过的同一身装扮，这让当年我的小脑袋疑惑万分，那一整天都在他俩真真假假的身份中转换不过来。

南官场除去大集时的盛况，春节期间还是舞龙、舞狮、踩高跷、划旱船的重要场所，清明前后又会在里面竖起各样的秋千……

后来，随着计划经济的结束，农贸市场的规划、搬迁，南官场不再是集市，场地上慢慢盖满了民房。南官场这个称谓也渐渐不再被人提及。它最终成为一辈辈老临浯人大脑里的记忆。

可是仿佛又不止如此。在那个贫穷、匮乏的年代，南官场，这一小块曾长满百姓文化的土壤上,也许结出过好多好多的种子。这些种子播进了多少当年流连在南官场的人的心田,如今,它们在天南海北的临浯人身上发芽、成长,然后开出了美丽的花。

小河·老屋

——孙 英

最近几年，随着年岁渐长，有一种情愫不时涌向心头，总想写下点什么，关于我的故乡，我的童年，我村后的那条河以及储存了我太多记忆的老房子。但总是迟迟不敢下笔，因为这份情太重，以至于我不知道从哪里掀开记忆的盒子。直至上周，我拉着80多岁的父母回老家，途径村后那条已经完全干涸了的小河，回到家打开老屋大门的刹那，许许多多的记忆聚拢又散开，像礼花般灿然绽放，生命中一个个藏得很深的片段竟让我无法抗拒，以至于我觉得必须写下点什么。

与我童年生活联系最密切的当属村后那条河，尽管它连名字都没有。据父亲说，只是从牟山水库切开一个口子流出来的一条河。但是对于流经的我老家的几个村子来说，它毫无疑问是我们的母亲河。它在灌溉两岸农田滋养一方百姓的同时，也浇灌了我整个的童年。

我家的房子在村子最后头，一家人傍河而居，河坝成了我家坚实的屏障，因而我们与这条河的感情更加深厚。春天汲水播种；夏天担水浇灌；秋天，我们则会在河坝上晾晒粮食；冬天，我们在河坝两侧捡拾柴禾。每到饭时，奶奶唤我们吃饭的声音从后窗悠悠传出，我们便飞一般跑回家去。几乎童年所有的记忆，都流淌在这条河里，都埋藏在那座老房子里。

傍河而建的老屋是1979年建成的。那时我尚小，但是我们家的孩子从来不娇惯，记忆中我从赶得上碾屋的磨棍高便开始做家务。于是在修建老屋这堪称浩大的工程中自然也有我和妹妹的分工，那就是不足10岁的姐妹俩无休止地挎着盛满地瓜干的筐子去换烧酒，拿着母亲给的一叠皱巴巴的毛票，亦或是一大把钢镚去村里的小卖铺买"丰收牌"和"金鱼牌"香烟。两者相比，我们更喜欢去买香烟，也喜欢香烟淡淡的香味。我们姐妹俩最喜欢的还是等帮工的抽完烟以后去收集烟盒的彩页封皮，记得"丰收牌"香烟外壳是黄色的，"金鱼牌"香烟的外壳是浅蓝色的，我们无数次地将收集到的香烟外皮纸伸开，抹平，再小心翼翼地叠起，第二天到学校里换取同学们艳羡的目光，这便是我对老屋修建过程中的所有的记忆。但是在父母的记忆中建屋毫无疑问是他们一生中最艰苦的一段时光，老屋的建成也是他们最辉煌的回忆。

1994 年，我的奶奶在老屋走完了她 96 岁的生命历程，我们一家人搬离了老屋，也离开了村后那条河。就这样把它孤零零地丢给了岁月。20 多年后的今天，村后的河已经完全干涸，浇灌农田的使命已经被现代化的大机井取代，我家老屋与周围高大堂皇的现代化民宅已经是格格不入，但是在我们一家人的心里，故乡的那条河，我家的老屋封存了太多美好的记忆。只要幸福曾经进驻过里面，简陋的柴门又如何？朴素的茅屋又如何？幸福的笑容从来没有因身份的卑微而失去明媚的光芒，我家的老屋亦如是。老屋里的东西大都已损坏或者送人，但是，留下来的，随便抖一抖，便是一串回忆，一段往事，它们被压埋在我心域某处，但依然有光泽的情愫。

老屋的大门被岁月风化得斑驳陆离。过去的岁月里，我们兄妹四人无数次地背起行囊跨出大门，经过河坝四处求学，又无数次地收拾行囊回家。在那考大学如千军万马挤独木桥的年代里，我们家从老屋里走出了 3 个大学生和 1 个师范生，成了我们老家那一带的一段佳话，后来我们一个个学成、长大、成家，最终离开了老家。但是，故乡的这几间小屋一直是我们兄妹 4 人心目中共同的家。

老屋的院子因为正房的矮小而显得特别宽敞。记忆最深刻的是 1982 年，我们家买了当时几乎是我们村里的第一台 14 英寸"三元"牌黑白电视机，于是在村子里引发了一场静悄悄的娱乐革命。每逢夜幕降临，邻居们在收拾好碗筷后纷纷拿着马扎会聚到我家院子里来，那是集体共享的快乐时光，我永远都无法忘记。那时大哥二哥已经在外上学，于是每当节目转换时,我便责无旁贷地成了转动天线更换频道的不二人选。我抱着竖在窗户下那根高高的大竹竿转动时,邻居们在一边喊着"好了"或者"再转"。那时我感到无比骄傲,仿佛抱在怀里的不是一根天线杆,而是能指挥千军万马决定功败垂成的令旗!那时那刻,我小小年纪的虚荣心得到了何等的满足啊!

就这样,在老屋的院子里,留下了我们一家和我们的邻居们无数欢快的笑声和悲悯的泪水。时隔经年,这笑声,这泪水,凝成了我内心深处永不褪色的记忆。当今社会尽管越来越物化,但是尘封在我记忆中的、留在老屋院子里的那份乡邻情,永远温暖着我。不知我儿时的伙伴和乡邻们可曾记得?

穿过院子,来到堂屋,我能清楚记得我们一家人吃饭时每个人坐的位置。爷爷坐过的一把旧的看不清颜色的椅子有幸被留了下来,走近一看,椅子面一直裸着,岁月按屁股的大致形状涂上了一层暗色。摆在中央的那张三屉桌,曾经是我们家最上档次的家具,在这张桌上,不记得有多少个黑夜或者白天,我们兄妹 4 人奋笔疾书,桌子面的中间部位的黑漆已经被我们磨光,堪与王羲之的入木三分比肩。我们如饥似渴地学习,至今清晰记得在昏暗的煤油灯下,我们一次次被烧焦了头发……这张三屉桌的抽屉里,曾锁住全家的最高机密,每次见母亲从某个神秘的地方拿出钥匙,悉悉索索地在抽屉里翻找着什么,我们都立刻停下手中的活,伸长脖子希望能窥探到点什么,每次都是被母亲高高扬起的巴掌吓得缩了回去。

走进东边的卧室,那盘土炕依然静默在那里,只是没有了记忆中的温度。这盘炕勾起的大多是我对奶奶的回忆。奶奶生于 1898 年,她在这盘炕上度过了她的晚年时光,90 岁时在这盘炕上读完了《朱元璋演义》,零星地读《红楼梦》,无数次给我们背诵《三字经》。当时我们并不觉得她有多么了不起,当我当了语文老师以后,她经常问我《红楼梦》中的句子,我答不出来,觉得无比汗颜!那时我才觉得我曾经拥有多么宝贵的财富!炕尽头的窗台上,也是我们经常将煤油灯放在那里读书的地方,记忆中的在某个暖

暖的冬日的午后,偶尔有一缕阳光漏进来缓缓移动,那是奶奶心里最古老的时钟。

走遍老屋的每一个角落,童年就这么一点点回来了,我也在过去的时光里找到了很多久违的东西。童年的生活与今天相比毫无疑问是贫穷的,但是我们那么幸福,既没有那么多划伤我们心灵的荆棘,也没有所谓愉悦我们精神的鲜花,我就在那个年代里默默长大。今天的我自信自强,踏实能干,我从不怨天尤人,也从不低声下气!我用自己的勤奋和努力做最平凡而精彩的自己。因为我懂得,一个人格卑微的人,无论凭恃他人得到多少,最终在自我矮化的奴才人格里,冷暖自知,甘苦备尝。

这是老屋给我的,也是故乡的河给予我的。今天,当我自己觉得看倦了世事,读累了人情,回到家乡后仿佛回到了自己的清澈流年,蓦然觉得,很多不幸与苦难,是被我们人为放大了的。

故乡,我永远的家!

人间至味是清欢

——韩香云

民以食为天，此话不假。

随着人类的出现，食物就是人们关心的头等大事。中华民族比任何一个民族更注重饮食，且不说著名的八大菜系，单说各地的小吃美食也是丰富多彩，数不胜数。这些体现着劳动人民勤劳智慧的美食不仅丰富了人们的餐桌，带给人们口腹上的享受，也带动了各地经济和文化的发展。

若说安丘美食，其中的"杠把子"应该非景芝"三页饼"莫属。

此饼既不是葱油饼，也不是杏仁饼、老婆饼、鲜花饼，更不是外国的可丽饼、百吉饼，当然也不是周村烧饼、武大郎炊饼。这些饼基本上是借助别的作料为辅助，应划归点心类。我说的是更接地气、全民可食的三页饼。

三页饼因其制作简单、耐储存、好搭配、老少皆宜而稳居安丘餐桌文化的"大姐大"。称其"大姐大"有两方面原因，第一因为其圆圆的模样像女孩脸庞，第二因为好吃的三页饼绝大多数出自心灵手巧的女子之手。

我专程拜访了已经三代做饼的百年老店，主人赵大姐正在忙碌着。她热情无私地介绍着三页饼的制法，还要麻利地为购买者装箱。

做三页饼是个功夫活。从和面开始，除了水之外，需加入一定比例的盐。面和得劲道才好。揉好的面搓成粗长条，然后一个一个采成大小均匀的剂子，再压成火烧大小的饼，每三个一摞，中间各刷一层豆油，压在一起用擀面杖从中间向四周均匀擀开。

旁边的火炉正旺，鏊子热得均匀，擀好的饼一搭上鏊子，另一个人就要时刻注意多次翻动，还要用细苗的小笤帚扫去上面多余的干面粉，并轻轻拍打，让受热均匀，三层饼之间的热气散开内部不粘连，直至两面都烙出均匀的小花,透出面粉本色的香味,就算完活。

其间,擀饼和烙饼的人要配合默契。面不硬不软,火不急不缓;擀饼的手脚麻利,烙饼的观色察颜;面团在擀面杖下迅速旋转如变戏法,生饼在鏊子上掌握火候,相时而翻转。

三页饼在赵大姐手中被演绎成了行云流水的生活艺术。饼儿圆圆,理论上可以无限扩展,但鏊子限制了其娟秀小巧的身形。生面经历了大力揉搓,大火的煎熬,达到和谐,终成正果。

我们所熟悉的美食都各有形状,三页饼也不例外。在儒家文化浸润下,三页饼取其圆状。圆是柔,是变通。这小小的三页饼,恰巧符合了中国人内心深处的向往,圆满、团圆、圆润,带了几分谦虚,几分婉约,几分禅意。

饼熟了,取一张,一抖搂,轻易就能揭开三层,每张薄如纱衣,小麦的香味在口中蔓延,盘踞你的味蕾,贴近你的脾胃。

一般收割完新麦子,每家每户总要磨好新面,擀一顿三页饼,把时间

的味道、亲情的味道融入其中。感受大地对人类的馈赠,感受阳光给人间的温暖。

三页饼上桌了,这时候你就开始卷吧。这款出自民间、享誉民间的美食,跟有涵养有雅量的智者高手一样,跟谁都可以打配合。来点葱蘸酱,吃起来有田园的感觉;来点小炒肉,吃起来有富贵的感觉;据老饕们说,最经典的是卷上鸡蛋,撒上芝麻盐,那吃起来的感觉,幸福的人都深有体会。哪怕平时饭量小的纤纤女子,也能轻而易举地来上三张。

我是好打发的。哪怕就是卷上个辣椒,卷上点虾皮,都能吃得口舌生津,淋漓尽致。记得小时候母亲在上坡干活前,总是烧上几壶水,炸上一碗油葱花,擀上一摞三页饼。放学回家后的我就可以自己吃饭。加葱花油泡三页饼,也能吃得心满意足。我还爱吃甜,常在最后一张三页饼里盛一匙子红糖卷上,那糅合了母爱的美味香甜,至今回荡在舌尖。

三页饼在时光中日日沉淀,陪伴我们一天天成长、蜕变。正如乡情在全国各地安丘人心中兜兜转转,真心实意地思念,亘古不变的信念。

现在的媒介迅速发展,安丘的三页饼已经能够乘坐火车、飞机到达千家万户的饭桌前,世人可以共同品味这人间至味,简单中的不平凡。

朋友们,来安丘了,请您务必多卷上一张三页饼。

汞窝洛子传奇

——刘浩泉

临浯，衣襟三水，南临渠河，北靠洪沟河，中有运粮河穿越。其地风景秀丽，环境优美，土壤肥沃，水源充沛，物产丰厚。洪沟河岸边更是绿树成荫，草木丛生；河水清澈见底，常年哗哗流淌；河内鱼翔浅底，静影沉璧。小时候常听老一辈人们说："洪沟河里三件宝，蟹子、鸭蛋、蓑衣草。"如此美丽的环境自然少不了大人小孩的光顾。时间一长，在经常玩耍的地方形成了一个"道口"，河水较小的时候，"道口"成了河岸两旁人们来往的交通要道。

"道口"的一旁，方圆几百米，乱石沉积，无法耕种，杂草丛生，当地百姓称为"汞窝洛子"。由于常年无人耕作，荒凉寂静。以前曾流传着一个神奇的故事：这里有一种奇特的小动物，叫"话痞子"，白天人看不见它的踪影，但每到夜晚它便外出活动，一旦遇到有人说话，它就学着说起来，就像鹦鹉学舌一样，不过它只能照原话说一句，你说什么，它就说什么，你说它就说，你停它就停……一时间，这里被视为神出鬼没的地方，增加了一层神秘色彩。

"汞窝洛子"不出汞石，而是出产重晶石。也许是过去人们的认识出了差错吧！这里的重晶石，20 世纪 50 年代就有零星开采者。到 1976 年建成社办企业开始集中开采，该企业称为"临浯重晶石矿"。

重晶石主要成分为硫酸钡，是一种不可再生的非金属矿石，多产于低温热液矿脉或沉积岩中，在我国分布很少。重晶石一般呈晶体状，纯的为无色透明体，一般的则呈白色或浅黄色，具有玻璃光泽。重晶石有多种用途，可用作白色颜料、化工原料，或提炼金属钡，还可用于医疗事业。但最主要的还是因其具有高细度、高比重的特点,而大量应用于油井、气井钻探时,被制作为钻井泥浆加重剂。在石油钻探中,有时地下油、气压力很大,造成井喷事故。20世纪70年代,我国西南部曾发生一起特大井喷事故:井内油气冒出井口引起火灾,随即熊熊烈火卷着呼呼吼声,形成巨大的火焰,直冲云霄,整个火焰像一根擎天柱一样,直径达几十米,烈火一直燃烧了好几个月。全国乃至世界的有关专家聚集于此,想了很多办法都无济于事,最后采用重晶石粉制成的泥浆灌注,才将大火扑灭。

临洺重晶石矿位于原临洺镇驻地以北约2千米的洪沟河南岸,自1976年在这里建成社办企业后,荒漠变为宝地。1980年该矿开采发展到高峰期,年产量超2万吨,使用矿工260人,既解决了劳动力就业问题,又取得很大的经济效益,一度成为社办企业的佼佼者。该矿地下蕴藏的重晶石分布不太规则,浅层位于地面以下十几米,深层则达130米。其结构纵向为重晶石与普通矿石分层交叉分布,即每隔一层普通矿石便有一层重晶石;而横向则为阡子型,每一阡宽2至3米,高3至4米,短则十几米,长则上百米。

该矿不仅开采矿石,还加工制粉。因其各项支标均达到国家规定的标准,所以深受用户欢迎。产品销往全国各大油田,还曾出口日本和美国。1980年以前,时任临洺公社管委会主任贾玉良通过时任四川省旅游局副局长李存修介绍,将该矿产品大批销往四川省石油管理局。

1998年乡镇企业转制,时任该矿矿长于建民接管了这家厂矿,经过精心打理,投资扩建,效益一直很好。企业已发展成为集开采代购、加工、销售于一体的综合性实体企业。近几年,由于开采石层不断加深,开采成本越来越高,产量亦随之下降。

仿佛记忆　仿佛童年

——刘中才

　　童年时,经常跟村子里的同龄人玩一种"打转儿"游戏。三人一组排成阵列,每人手里拿一根木棍,将地上的石球打入对方的土坑。"打转儿"不但要有明确的方向感,还得具备很强的臂力。我那时个子矮小,手上的力气也不足,每每分组时大家都不愿跟我在一起,生怕我出了差错输给对方。所以,在很长时间里,我只能站在一旁看别人玩儿。

　　在同龄人中有一个叫大奎的男孩,他跟我是同班同学。每次"打转儿"时他都像一头倔强的牛犊,冲在最前面。而且,每次接到石球后他都会大声喊着,我的球连着我的心,随你去吧。奇怪的是,那球往往都能轻松落入土坑,很令人羡慕。

　　有一次,我在街上碰见了大奎。我想让大奎教我如何"打转儿"。大奎说教我"打转儿"可以,但要答应他一个条件。大奎说完后,就拉起我的手把"打转儿"时手臂的力度,重心的方向,还有其它应该注意的技巧演示了一遍。他还告诉我,"打转儿"不能用蛮劲,要用得巧,用得有感觉。

　　之后,我跟着大奎的做法学会了"打转儿",每次分组时,大家也没有了排斥我的意思。每次放学回家,不等把书包放下,我就插进队伍中间,疯狂地玩着手里的球棍,直到天黑以后,才气喘吁吁地跑回家吃饭。

　　那个时候大家都无心念书,大奎也是如此。他"打转儿"的手法无人能敌,但在学业上显得十分吃力,每次上课回答问题时他都瑟缩着身子,完全找不到"打转儿"时的那种勇敢。可我有些与众不同,老师在课堂上随口一讲,我基本都能记在心里,每次考试也稳在班级前三名。为此,在学校里很多小伙伴都对我刮目相看。

大奎的家庭条件稍好,他爸在县城一家煤矿做保管员。小学四年级后,大奎跟随父母去了城里。大奎去了城里我就很少"打转儿"了,有时路过街上,看到一群人围在一起蓄势待发的样子,我也只是默默看一眼,最后背着书包跑回家中。

每年寒暑假时,大奎会跟着他爸回老家探亲,我们偶尔在街上碰到,还会回忆那时在一起"打转儿"的事,但大奎已经完全没有了兴趣。他说话的语气不再像当初那样粗犷暴力,但他长得比以前还要高大魁伟。后来大奎的奶奶去世了,大奎回老家的次数越来越少。以致于初三之后我再也没有见过他。

高中毕业后我考入了一所工科院校,一直到现在走上工作岗位多年,我还是延续着原来的生活状态。有时在闲来无事的日子里,翻起旧有的回忆,总会想到大奎教我"打转儿"的情节。

去年我在山城买了套两室一厅的住房,我有个远房表叔在山城做海鲜生意,那天去山城办理入户手续,去表叔家做客时提起了我的那个小学同学大奎。表叔说,大奎也在山城,早就结婚了,现在一家建筑设计院上班。我有些奇怪,大奎怎么会在设计院上班呢。我问表叔,大奎是托关系进去的吧。表叔说,他不清楚。搬到山城后,我很少回乡下,有一日堂哥跟我打电话说大奎回来了。我一面吃惊,一面放下手里的工作在急切中回了老家。

那天我真的碰见了大奎。显然我眼前的大奎完全变了。他戴着一副眼镜,满身学究气,说话文质彬彬的,再也找不到小时候的牛脾气。后来我知道,大奎到了县城后学习十分卖力,高考时顺利地进入了北京一所名牌大学。大奎跟我说,他现在是一家建筑设计院的项目负责人,每天朝九晚五上班,生活过得很充实。妻子是重庆大学的法律研究生,女儿两岁多了,每晚都要吵着大奎讲故事。大奎还跟我说,当初要不是因为我答应他的那个条件,他现在还不知道是什么样子呢。

我有些疑惑了,问大奎什么条件。大奎说难道你真的忘了?我突然想起小时候跟大奎学"打转儿"的事,冷不丁冒了一阵冷汗。

大奎说,那时我的学习成绩特别好,老师对我很器重,班主任把我安排在了教室第一排的中间位置,那里听课最清楚。为了跟大奎学习"打转儿",我跟老师撒了谎,说我坐的地方到了中午有太阳的时候会反光,看不清黑板上写的字。之后我跟大奎调换了位置。

这件事已经过去很多年了,可大奎永远记在了心里。他说有时间我们在一起好好玩一下"打转儿"的游戏。那个游戏很好,一杆木棍,一个石球,三人一组,排成一列,我的球连着我的心,随你去吧。

故乡三叹

——王畔政

久在故乡,对故乡的情感就越来越浓,时间越长,就浓得化不开了,有道是,最是难忘故乡情。在故乡工作时,时常接触些南来北往的客人,我常让他们猜一个迷,谜面是我的家乡有"一山一水一圣人"。客人总是掩面而笑,谁都知道山东有"一山(泰山)一水(黄河)一圣人(孔子)"抵得上江南的"千山千水千才子",而对一个小镇的"山水圣人说"却是闻所未闻。我只好自揭谜底:山是锡山,水是渠河,至于圣人嘛,则是我国古代杰出的思想家、教育家孔子之佳婿——公冶长。

我的家乡马庄境内丘陵纵横,虽然没有巍峨雄峻的山峰,一个个小山岭土丘却散布在故乡的角角落落。如果实在要找一座山,那么,坐落在镇驻地东面的锡山就是故乡最高的山。锡山海拔不足 200 米,但却蕴藏着许多故事。

锡山是一座矿藏丰富的山。相传山底下有银矿,明朝大太监魏忠贤雇了大批民工来挖银子,最终只是挖出了一点铅,铅的颜色与锡相近,当地人就把铅当成了锡,于是把这座山叫作锡山。锡山就如同江苏无锡市的锡山一样,锡山无锡。

锡山矿藏最为丰富的是重晶石,其次是铅。重晶石探明储量约 500 多万吨,其储量之大远近闻名。重晶石开采始于清朝光绪年间,经青岛船运出口到德国。自古以来,周边的百姓就上山采石,养家糊口。新中国成立后,随着我国石油事业的不断发展,重晶石需求日益增加,锡山就一直为祖国的建设奉献着自己的矿藏。尤其是 20 世纪 80 年代初,政府在锡山建起了全县最大的重晶石粉厂,当地农民上山采石,他们靠采石赚钱,解决了经济上的燃眉之急。记得我家 1981 年盖起了全村第一处砖瓦房,就是靠父亲采重晶石攒钱建起的。粗略估算,锡山重晶石共为周边农民赚取了上千万元。1982 年,家乡建起了全县第一个罐头厂,年产水果罐头 1000 多吨。筹建工厂时,重晶石粉厂一下子拿出了数十万元帮助建厂。当时,在一个公社建起这等规模的罐头厂,也是一件前无古人的大事,各地参观者络绎不绝。家乡的乡镇企业名声大噪。

锡山是一座英雄山。山顶矗立着一座抗日烈士纪念塔,1945 年,这座由诸莒边县党政军民同建的塔,经历了半个多世纪的风风雨雨,依然向后来人讲说着英勇的战士打击侵略者的动人故事。1944 年 2 月的一个夜晚,盘踞在宋戈庄据点的 100 多名日本鬼子,采取“分进合击”窜至锡山脚下的夏家营子村抢掠财物。得到消息的诸莒边县县大队和独立营的战士火速赶赴投入战斗,一举消灭了 40 多名日本鬼子,残兵败将仓皇逃回据点。这就是著名的夏家营子反击战。在以后许多次战役中,独立营牺牲了 29 名英勇的战士,英雄的鲜血染红了锡山大地。

为给先烈们一个长眠之地,诸莒边县县委、县政府选择锡山建纪念塔,让烈士们的灵魂栖息于青山绿树之中。塔的背面镌刻着 50 位烈士的英名,其中的 21 位是当时本县在外地牺牲的战士,与独立营的烈士合葬在一起,寄托了全县人民的哀思。纪念塔上刻写着碑文和挽词,县“各救会”的挽词极具代表性:“战功卓著,根据地依作屏藩,至今德在诸莒,名扬滨海;噩报传来,老百姓如丧考妣,霎时风寒浯水,云暗锡山。”挽词高度概括了先烈们的功勋,形象地描写了老百姓的悲伤之情。抗日烈士纪念塔是诸城 4 处近现代纪念建筑物之一,已成为爱国主义教育的重要基地。岁岁年年,各地群众常来瞻仰纪念塔,缅怀先烈业绩,学习革命精神,建设美好家园。

锡山以其无私的精神奉献出了自己的矿藏,锡山以其博大的胸怀拥抱了英雄的灵魂,锡山永远留在了故乡人澎湃的心田里。

山不在高,有仙则名。家乡的山不高,却有着功绩像高山一样的英雄,在锡山长眠的革命先烈,他们就是锡山之"仙",锡山因此而声名日隆。

水不在深,有龙则灵。故乡有三条河:文龙河、闸河和渠河。文龙河贯通镇境七八个村,从文墨官庄到龙尾村,但那基本上是一条干涸的河。闸河在家乡西部,属于渠河支流。只有渠河才真正算是流经不息的一条河。渠河发源于沂蒙山脉,经沂水县,流至诸城、安丘,注入峡山水库。渠河是诸城的第二大河,流经我的家乡达 10 千米,水面宽 20 多米,河床宽 60 多米,这是一条常年不干涸的河,这是一条家乡的母亲河。

渠河东岸有个龙宿村,相传是因东汉光武帝在此驻驾一夜而得名,世所罕见的国家一级文物鹰首提梁壶和编钟在村东的冢子岭出土。也许是真龙天子的光临为当地的山水增添了灵气,龙宿村自古农耕发达,人才辈出。新中国成立后,教育决策者选择此处建起了第十一中学,中学东依摩天岭,西靠渠河,北面是满坡的果树园,在青山碧水绿树中环抱的学校,为国家输送了大批人才。

我在中学读书时,同学常结伴嬉水于渠河,炎炎夏日,在河中洗澡,在水中捞鱼摸虾,在岸边树阴下乘凉,在树林里捉谜藏,渠河,给莘莘学子以无穷的乐趣。

新中国成立后,当地政府先后在渠河上修建了两座扬水站,一座是闸河扬水站,一座是后里扬水站,水浇面积达 3 万多亩,缺水的家乡因了渠河的滋润而不再焦渴。故乡成了举足轻重的粮棉之乡。丰沛的渠河水汩汩流着,为家乡的农业发展提供了无尽的第一资源。渠河沿岸的李家屯、朱堡、夏庄、齐家庄子等十几个村,得益于渠河水的浸润,农业发达,农民富裕。数十年前,勤劳的农民在河岸上栽植山楂、苹果等果树,结出了累累硕果。20 世纪 80 年代初,家乡的 5000 多亩山楂到了盛果期,市场走俏,一棵山楂树换一台彩电使多少人艳羡,渠河沿岸的百姓富得流油。当年河两岸争相建设罐头厂,仅对岸的两处乡镇就建起了四家,山楂更是身价倍增,争相抢购,一时蔚为大观。如今,渠河沿岸的人们种大姜,栽草莓,建蔬菜大棚,植黄烟,使家乡成为名闻遐迩的草莓之乡、蔬菜之乡、黄烟之乡。勤劳智慧的人民还谱写了省首批"明星乡镇"的光辉业绩。渠河是一条灵动的河,渠河岸边勤劳的人民不愧为龙的传人,创造了农耕文明的奇迹。

千里江山水为魂。水是大地的血脉,是哺育人类的乳汁。

当我们在享受着水的滋润的同时,身边也常常发生意想不到的故事。20 世纪 60 年代末,渠河就发生了一件惊天动地的事件。河东一个村为了蓄积河水建拦河闸,但影响到河西邻县村庄的安全,愤怒的人们要炸毁拦河闸。听到消息,愤怒的河东村人立即赶去阻拦,男女老少排在拦河闸上,一场大战一触即发。千钧一发之际,一个年近 90 岁的老人躺在拦河闸上说,要炸就先炸我吧。那行为非常悲壮。此事惊动了两岸官员,他们穿梭谈判,最后和平解决,避免了一场血战。故乡的水啊,演绎了这样一段惊心动魄的故事,听先前参与过的人娓娓道来,你会咂摸出些许无奈和感叹。

一方水土养一方人。家乡的水土滋养了龙的子孙,使家乡人民的性格像渠河水一样谦恭、善良、憨厚、淳朴、豁达。

锡山南麓有个近贤村,古时候叫公冶长村,破"四旧"时改名先进村,1984 年改为现名。春秋时期,一代历史名人公冶长就诞生在这里。提起孔子,世人无所不知,无所不晓,但提起孔子的乘龙快婿公冶长,人们或许就知之不多。即使在我的家乡,甚至也有人怀疑他是否真的是孔子的女婿。人们疑惑,天下第一大圣人怎么会选择一个乡下人当女婿呢?这也难怪,除了他离我们的时代太遥远外,他流传下来的东西实在不多。但公冶长毕竟是一代学人,他自幼俭朴好学,成年后,慕孔子大名,跋山涉水去鲁都曲阜,拜孔子为师,终成孔子 72 贤徒之一,名列第 20 位。成名后,"鲁君欲为大夫,其不受,终身治学,而不仕禄"。后被人诬陷入狱,在狱中虽遭受囹圄之苦,然苦读经书,命运多舛的公冶长走在人生的低谷里,他学优而不仕,遭陷害入狱而不萎靡。也许正是这种做人的原则契合了孔子一贯倡导的处世原则,故而他用"以女妻之"的实际行动表达了对弟子的敬佩之情。哲学家选婿与常人不同,他们用哲学的思考来取舍,勤奋好学而又质朴善良的公冶长于是成为万世师表、世代景仰的孔子的乘龙快婿。

有史料记载，有公冶长的道德懿行，有孔子的择婿之言，谁还怀疑他就是孔子的女婿呢？了不起啊，我的家乡出了个圣人的贤婿，这不是值得骄傲的盛事吗?！

近贤村上了年纪的老人说起先贤公冶长来，都能够讲出一大串故事，从他们如数家珍的叙述里，流露出了对先人的崇敬和自豪。

公冶长不仅博达书礼，而且通百鸟之语。他在监狱的时候，一只鸟儿飞到附近啼叫："公冶长，公冶长，齐人领兵侵我疆，沂水滨，沂山旁，当去御之莫彷徨。"得到信息的公冶长立即求见鲁国国君，国君虽不全信，但还是派兵前往。果然齐兵在沂水滨、沂山旁调兵遣将、蠢蠢欲动。这才相信公冶长真的通鸟语，于是派奇兵突袭，把齐军打得落花流水。国君把有功的公冶长从牢狱放出，欲封其为大夫。然而，被认为通过鸟语获此官位是羞耻的公冶长婉然谢绝。

宋朝词坛领军人物苏轼知密州时，曾吟诗"至今东鲁遗风在，十万人家尽读书"，赞叹密州人民自古崇尚读书的良好风尚。"东鲁遗风"源远流长，而首开此风者，便是先贤公冶长。自古至今，诸城能开列出一长串文化大家和社会贤达名单，诸城的文化繁荣现象曾被有识之士誉为东方的"佛罗伦萨"，不能不说这与先哲公冶长首开崇尚读书的风气有千丝万缕的联系。

而今，在公冶长的家乡近贤村仅存他的墓庐。明朝修筑的公冶祠，建筑精美别致，祠内安坐着公冶长泥塑彩像，四壁挂满了历代圣者名流的诗画条幅，文墨荟萃，蔚然大观。祠堂大门上写有"天下门士祖，贤人弟子群"的对联。堂前碑碣排列整齐，长石安放有序，墓前古树参天，幽雅肃穆，香火不断。只可惜土改期间公冶祠被毁灭殆尽，破"四旧"时再次遭到一些狂热分子洗劫。一抔黄土，已不是原有的实物，站在先人墓庐前，悠悠的历史，给人留下了无尽的回忆。

如今，人们寻觅先贤踪迹，就常到故乡西北25千米的城顶山上去，那里曾经是公冶长读书的地方，群山环抱，古木参天，泉水潺潺，曲径通幽，一尘不染，大概陶渊明理想的桃花源也不过如此，确是读书授徒传艺的佳境。特别是山前相传为公冶长手植的两棵巨大的银杏树，一如他开启的学风精神，千年不老，生机无限。公冶长在此专心治学，去世以后，乡人十分怀念他，便将此山改称书院山，并立公冶祠，后来成为地级重点文物保护单位。

公冶长一生治学而不仕，生前贤达，死后哀荣，唐代追封为莒伯，北宋追封为高密侯。家乡人称教师为圣人，先贤公冶长不就是一个典型的圣人吗？

沧海桑田，岁月轮回，青山依旧，大江东流。家乡有一座神奇的山，有一条灵动的河，有一位古代先贤，还有一代与时俱进的人民大众，这已是我们的造化了。

美不美，家乡水，亲不亲，故乡人。故乡的山山水水，故乡的一草一木，无时无刻不牵动着我的绵绵情怀。

故乡呵，永远是我咏叹的主旋律！

乡事三题

——王玉金

沂蒙山绵延到百十里以外，终于疲倦，让给了一条水系，古称浯水，河北岸的这座古村镇也就有名有姓了。临浯，成了这一方人的标志性符号。有一年九叔逛青岛，误闯某禁区，当值士兵猛呼一声："站住，你是哪里来的？"九叔老实回答："临浯的。""哦，临浯，听说过那个鬼地方。"鬼地方？若干年后的一个月夜，我翻开临浯这部大书的目录，重新阅读那些鬼里怪气的章节。

1.赵家集

早些年省城取来外经，开办起夜市，爱人当新闻说给我听。我说，俺临浯在几朝几代以前就有夜市了，接着拉起了赵家集的故事。

京城有八宝山，那是埋葬大人物的墓地，曲阜有孔林，那是圣人家的园林。是的，这赵家集虽然没有那么大名气，却也是一处坟墓。在浯河中游北岸的一处皱褶里，那片古坟不知经历了多少朝代，早已无人烧纸上香添土，变成了一簇簇土疙瘩。这里平时草木茂密，时有长虫野獾出没。大人时常提醒孩子：别去那赵家集。人们害怕此地，不光是因为荒凉，更有那些光怪陆离的传说，比如月黑风高时刻，赵家集灯火辉煌，车水马龙，按现在话说，就是一处热闹的夜市。

临浯街的大集逢四排九，四邻八乡的人们总在这两个日子赶集上店，经营一些小买卖。西乡有位菜贩子每个集都来卖菜，往往天不亮就摆开了摊子，大人孩子都认得他，要是哪个集见不到他，反而感到奇怪。果真，有一集真没见到他的影子，后来传说他摊上事了。

那个逢集的日子，他起得特别早，鸡叫几遍也没记住，急急火火地码好菜篓，挑上担子就出门了。来到集上，呼啦围上一群人，不问价钱，也不言声，买完菜就走。菜贩子满心兴致，今天的买卖可真好，可又疑惑这些人怎么这么面生，看不清模样，还都不说话，咋回事呢？菜卖完了，人也累了，就地一倒睡着了。

"勾勾——油——"高家庄的大公鸡最先报来时辰，随后是几声狗叫，这时候天亮了，菜贩子一个激灵，从梦里醒来，揉搓了一下眼皮，张大了嘴巴，"啊"的一声，又倒头晕去。原来，他看到自己卖的菠菜，一把一把地码齐在各个坟头上……

从此，临语集上再也没人见过菜贩子的身影。

2.火皮子

那是一个冰冷的寒夜，从屋檐下的木棂子小窗里，发出几缕昏暗的煤油灯光，出门推车的父亲还没回来。娘把灯笼递在姐姐手上，说去接接，还是走那条路，走路边啊。

"接车子"是村里"推脚户"的专属名词。这些人家靠脚力为生，把土产品运出去，把油盐酱醋针头线脑运回来。开始是独轮推车，后来是地排车。近处几十里，远处上百里，风里来雨里去没个准时，有时日照当头，有时半夜三更。于是，分付家里能走路的孩子前往接迎一下，是这些"推脚户"家常有的事。

在这个黑夜，四处的村落树木影影绰绰，时隐时现，路上空荡荡的，能听到树叶被风刮动的声响。姐姐手提灯笼，踽踽独行。突然，姐姐揉搓了下眼睛，怀疑花眼了，手中的灯笼一变十，十变百，围着她不肯离去。姐姐心头一惊，手中的灯笼摔在路上。夜深人静，一个孩子的哭声能传很远，附近一位大叔把姐姐护送家。娘从她惊魂未定的哭诉中得知，说是碰上了火皮子。

那一年姐姐8岁。等我长到8岁的时候，也认识了火皮子。

也是一个冬天的夜晚,小伙伴们都很自觉地来到村头空地上,开始了只有我们才懂的各种游戏。不知是狗蛋还是柱子,突然大叫一声:"快看,火皮子!"大家抬头望去,只见一个个乒乓球大小的火球,像一盏盏小灯笼闪烁着,上下跳跃,有时还会变成一条火蛇,彩练般当空乱舞。从此,天黑后去村西大崖头看火皮子,成了我们每天进行的新增项目。火皮子到底是什么,稍大一点的邻家哥很神秘地说,那是饿死鬼在打火镰。火镰就是一块铁片,电之前是洋火,洋火之前就是火镰,猛烈撞击石块后产生火花,用来生火取火。可饿死鬼什么样?都说,但都没见过。

火皮子不咬人不害人,从恐惧到熟悉,成了我们的朋友。那个兴致勃勃的黑夜,我们搭成共识:抓一个火皮子放进笼子里玩!可是,我们跑它也跑,我们走它也走,我们停下它也停下,永远在我们前方百十步的距离上。直到夜很晚,不得不回家的时候,也没抓住火皮子。

直到上学后,老师才给了我们一个科学的解释:"你们说的火皮子,其实是磷火,尸体腐烂后产生一种叫磷的物质,遇到空气会燃烧。"

几十年后的今天,再也无人看到过火皮子。我还是一直怀疑老师的解释,坚信火皮子是有生命的。在内心的某一角落,我时常怀念这些既熟悉又陌生的小朋友,甚至还有点小小的感激,是它的神秘给了我胆量,是它的光亮引我走出了黑夜。

3. "挡"

不知是谁先发明的,把这东西取名叫"挡"。挡,即挡住的意思,据威望最高的二大爷说,"挡",就是一堵大黑墙。

"挡"在哪里?居无定所,有时在西岭脚下,有时在南河底的庄稼地里。

故事之一。前庄大老怪赶临浯集赶到天黑,把细碎银两换成酒饭,吃饱喝足后走夜路回家。出了街,路窄了树多了,老怪的脚步也加紧了。不就是三五里地吗?今黑夜怎么这么远,走了半夜也没到家?走啊走,老怪早已累得精疲力尽了,干脆就地一躺迷糊了起来。天亮后有人看到了他,一问才知道，原来他围着 10 亩高粱地转了一黑夜，都说他遇上了"挡"，叫"挡"挡住了。

故事之二。同样的情况，发生在了西庄大老憨身上。也是赶集赶走晚了，在街上喝酒吃饭后回家。走着走着，竟没有路了，该往哪个方向走？管他的，直走就中，东西两庄的，还能找不到家了？结果走进了秫秫棵里。大老憨还算明白，觉得自己可能是喝高了点，清醒一会就好了。果然，等了一个时辰，就看到前边有条又宽又亮的大路。这下可好了，走吧。结果，那根本不是什么大路，而是一座大水湾。直到第二天早晨，人们才把他捞出来。说到"挡"，就不能不提南大河边的孙老歪，他是被"挡"挡住次数最多的人。孙老歪也喜欢赶集，不同的是，人家赶集是做买卖，他赶集纯粹是为了来饭店喝酒，逢集必来，每来必醉，不喝到天晌日头西不算完。所以，看孙老歪喝酒醉酒，是我们小时候的一大乐趣。几盅酒下肚，老歪便开始演讲，讲他辉煌的经历，尽管是醉话，却也听得我们目瞪口呆。老歪年轻时是当过几天兵，但是否参加过战斗无人知晓，还有人说他是私自跑回来的。不管怎么说，政府多少给他些照顾，他逢集喝酒，用的就是这笔钱。

这样一个人，日子过得怎么样可想而知，别人家都住上大屋了，他家还是那几间草坯房，儿子老大不小了，也娶不上媳妇。每当他喝醉的时候，也有好心人善意地骂他："还不快滚，小心再叫'挡'挡住！"

自从那年我离开家乡以后，再也没有孙老歪的消息，知道了那"挡"也叫"鬼打墙"。不过，村里还是有几个发小，似乎重蹈了老歪们的覆辙，日子过得紧紧巴巴，稀松了了。难道说家乡的那个"挡"还在吗？他到底什么样？

浯河村落

渠河边那些有趣的古村名

——杨宗亮

自古以来，人类逐水而居，文明沿河而生，古老的渠河再次证明了这个定论。现在让我们一同走进诸城境内的渠河沿岸，通过解读那些有趣的古村名，从而体味渠河文化的深厚和悠久。

近贤村

近贤村位于渠河上游的诸城市贾悦镇，锡山东南麓，现有 200 多户人家。古时称孔子为圣人，称孔子的 72 位得意弟子为 72 贤人。近贤村正是因为与孔子的女婿、72 贤人之一的公冶长的故里公冶场村毗邻而得名。后来，公冶场村并入近贤村，现在近贤村就是公冶长的故里。由此可见，近贤村建村应在春秋战国时期，距今已有 2500 多年的历史。

公冶长，复姓公冶，名长，字子长。据《公冶氏族谱》记载，公冶长生于周景王 25 年（前 520），他幼年家境清贫，但节俭勤奋，师从孔子后努力治学，而且懂百鸟之语。公冶长因误释鸟语而获罪，孔子曰："公冶长虽在缧绁之中，非其罪也。"后来，公冶长成了孔子的乘龙快婿，并成为 72 贤人之一。

近贤村现存公冶长墓，原在锡山之上，明朝在锡山开矿，遂迁于山下的公冶场村北。曾有祠 3 间，置公冶长泥塑彩像，大门楹联为"天下门土祖，贤人弟子群"。墓地与祠堂有洞相通，墓茔古树参天，幽雅肃穆，历代文人墨客常慕名前来凭吊拜谒。今祠已毁，墓尚存，被列为诸城市重点文物保护单位。

龙宿村

龙宿村是诸城市贾悦镇一个较大的村庄,现有居民 430 多户,西临渠河,北与安丘市石埠子村相望。村子坐落在渠河上游的一条支流上,这条河古称"一迈河",形容河床极窄,一步就可以迈过去。

龙宿村的得名来自于一个民间传说。说是东汉光武帝刘秀曾在这里驻驾一夜,刘秀后来当了皇帝,真龙天子嘛,村子因此改名"龙宿村"。据当地人讲,刘秀当年在今河北省南部一带与王莽军作战,兵败东退,敌军紧追不舍。刘秀仓惶中与自己的部属失散,单枪匹马逃到该村,见村前有一座不大的土地庙,就在庙里藏了一宿。时值盛夏,周边又有水坑,原该蚊虫肆虐才对,然而一夜没见蚊子。据说蚊子们怕骚扰龙体,都远远地躲开了。从此,土地庙一带就少有蚊子,现在成为村人消夏纳凉的好地方。史书记载,刘秀起事于南阳,起初势单力孤,兵微将寡,屡被王莽军所败,有次真的败退到了山东商河县一带。至于他到没到过龙宿村,不见正史,就无从考证了。公元 25 年,刘秀终于击败王莽,在鄗城(今河北省柏乡)称帝,年号建元,定都洛阳,史称东汉。

传说虽不可尽信,但龙宿村周边的古墓群却闻名天下,说明这个村至少在汉代就已具有相当规模。考古证实,这些古墓是汉姑幕城(今安丘市石埠子村)的贵族墓地,另有更早的战国时期齐国王族驻守姑幕城的最高统治者公孙朝子的墓葬。这些古墓出土了大量珍贵文物,其中包括国家一级文物大型编钟、鹰首提梁壶。

龙尾村

龙尾村是个小村子,不足百户,位于诸城市贾悦镇锡山脚下。该村原名叫作"龙尾子",之后又称"灵衣子""领衣子",民国十八年出版的《诸城县志》上写作"岭衣子",究其原因,盖因当地土语读"龙"为"灵"音,尾巴的"尾"念"衣"音,故出现这么多异名。

该村为什么叫这么个奇特的名字呢?这还得从一个古老的民间传说

"没尾巴老李"说起。当地人传说,没尾巴老李就是这个村人,他娘怀胎3年6个月,生下了一条小龙。其父以为生下的是一条蛇,兆显不祥,遂拿起菜刀,一刀砍去了小龙的尾巴。这条尾巴就扔在了村西小河边上,后来化成了一道石冈,人称龙尾石,蜿蜒数百步。这个村后来就取名龙尾村。关于"没尾巴老李"的故事,在山东以及东北三省传说甚广,几乎家喻户晓,如今已被列入国家级非物质文化遗产名录。

"没尾巴老李"的故事当属传说,但该村的"龙尾石"确实存在。据清《重修莒志》记载,宋代大文豪苏轼任密州太守时,曾于神宗熙宁八年到公冶场村拜谒凭吊公冶长墓,途经龙尾村,见龙尾石石质奇佳,遂取一块做成砚台,取名"龙尾砚",并写长诗《龙尾砚歌》以记之。

里丈

里丈隶属诸城市石桥子镇,北临渠河,全村500余户,近2000口人,是域内较大的村庄之一。据清《诸城县志》记载:"邑西北六十里李章集。……自唐咸亨二年,始名李章。"由此可见,该村始建唐代。据村中老人介绍,立村之初,李姓与章姓族大势强,掌握着村政大权,故以两姓"李章"合而名之。李姓是唐代国姓,故李姓居前。至清道光年间,村名按谐音称为"里丈"。

当地有俗语云:"里丈一村分两截,一边一个石佛爷。"是说此村东西两头各有一座规模较大的寺庙,因寺中供奉的是石佛像,故村人称之为石佛爷。清乾隆《诸城县志》载,该村两寺,一曰东洪禅寺,一曰寿圣禅院。金大定四年《重修东洪禅寺碑》记述:"北依渠河,流水潺潺;西望青山,郁郁葱葱;东看李章,楼阁重重……"说明当时这个村是一个山清水秀、已具相当规模的城邑。

里丈村后、渠河北岸,有一古冢名曰"梁祝坟",传为梁山伯与祝英台化蝶之处。梁祝传说是中国四大传说之一,影响深远,妇孺皆知,因此关于故事发生地,全国有多个版本,而诸城传说是其中人物、村庄、坟冢、遗迹等链条最为完整的一个版本,已入选潍坊市非物质文化遗产名录。

妠家庄

妠家庄是诸城市石桥子镇南部、荆河上游的一个古老村落。荆河水至镇内的斗鸡台一带入注渠河,因此将荆河看作渠河的一条支流,亦无不可。

说这个村子古老,可真不是瞎说,因为这个村是舜帝的姥娘家。荆河上游古称妠水、妠汭,后世又称朱龙河,妠家庄就坐落在妠水之阴。

诸城是舜帝故里,舜生于诸城的诸冯村,现已被史学界所公认,特别是史学大家范文澜、翦伯赞、郭沫若等等,都支持这一说法。如此说来,在诸冯村西北约25千米的妠家庄,被认为是舜帝的姥娘家,也顺理成章。史料记载,舜帝的姥娘家姓妠,依妠水而姓。因此,后世说舜帝也姓妠。这一说法比较可信。因为,舜帝时期,虽说已进入父系氏族社会,但母系氏族社会的一些传统风俗依然存在,子随母姓并不奇怪。"妠"是中国最古老的姓氏之一,说明妠家庄一带的人类文明史至少已有4000多年。当然,舜帝还有姓姚、姓朱等说法。说其姓姚是因为舜曾在姚虚制陶,"姚"与"窑"谐音,"姚墟"就是"窑墟"。说其姓朱,是因为舜入主大位后,"以土德王,色尚赤",赤即是朱,妠水后世又称"朱龙河"也是这一原因。姚只是舜制陶的场所,赤乃是虞舜部落崇尚的颜色,将之说成舜帝的姓氏,可靠度不高。

关于朱龙河,清乾隆《诸城县志·山川考》载:"朱龙河从西南荆山东十五里来,注之。又东北流十五里,径平昌县故城南,屈从城东北流一里,注入浯。"

岳旺

诸城市石桥子镇有6个叫"岳旺"的村子,其中鲁家岳旺立村最早,其他5个岳旺是随鲁家岳旺而称。

这几个村起名岳旺,从字面上看毫无道理,这都是因为几次三番谐音更名或谐音误写造成的。

鲁家岳旺村西北原有一座三官庙，明代所铸庙钟铭文中有就"邀王庄"字样，说明岳旺村早年是叫"邀王庄"的。

传说舜曾在家乡诸冯种地。那时的人多以采集草籽野果、猎捕野生动物为食，不懂得如何种庄稼。舜躬身田亩，辛劳多年，终于总结出一套农事经验，大大改善了人类生存的条件，这在人类历史上无疑是一项极其伟大的创造，舜也因此声名远扬。当时部落联盟的首领是尧，尧年事已高，他得知了舜的事迹后，对舜非常敬佩，于是决定亲自来邀请舜接自己的班。舜深为尧的重贤举能所感动，便来到尧的身边，把自己积累的农事经验传给了天下人。不久，年迈的尧便把首领位子"禅让"给了舜。尧王在暗访邀请舜的那些日子，就住在这个村里，于是后人就把村名叫成了"邀王庄"。

据村中老人介绍，清康熙年间，有自称鲁二公子的人迁居该村。后来鲁姓繁衍壮大，就把邀王庄谐音改成了"鲁家越旺"，寓意为鲁家越来越旺。后来，识字的人少，"越旺"又被谐音误写成了"岳旺"，一直沿用至今。

在荆河南岸的张家岳旺村东有一古槐，树龄高达1300多年，传为当地一座寺庙玉泉寺的建寺纪事树，说明岳旺一带确实历史悠久。明万历《诸城县志》载："玉泉寺，西北荆山社，距城五十里，唐贞观七年建，正德元年重修。"

都吉台

诸城市石桥子镇都吉台村位于荆河与渠河交汇之处，北濒渠河，荆河自西南而来，注入渠河，三面环水，秀若江南。村东南有一古台，人称斗鸡台，村名"都吉台"便是谐此音演化而来。郦道元的《水经注》亦有记载："浯水经平昌城北，城之东有台……名为斗鸡台。"

明万历《诸城县志》记载："斗鸡台在城阳城东北，高两丈，圆六百步，春秋鲁昭公25年（前517）季氏与郈氏斗鸡处。"当时的斗鸡是一种赌博的形式，各出赌注，以两鸡相斗的胜负结果决定输赢。2700多年前的这场斗鸡，是历史上有名的赌局,并由此引发了一场战争,以至于司马迁的《史记·鲁周公世家》都有详尽的记述,史称"斗鸡之变"。斗鸡那天,鲁国的这两位大神级的大夫为了取胜,都各使了坏心眼儿:季氏季平子将芥末面儿撒在鸡翅上,欲以辣坏郈氏鸡眼而取胜;郈氏郈昭伯则在鸡爪上暗缚铜钩,欲以利爪斗赢。结果季氏鸡败,季氏恼羞成怒,侵入郈氏之封地大闹。郈氏则联合臧氏到鲁昭公处告状,鲁昭公于是起兵讨伐季氏。季平子一时吓傻,请求坐牢或赴死,但昭公均未批准。没有退路的季氏遂联合叔氏、孟氏三家共伐昭公,结果鲁昭公败而失国出亡,郈昭伯亦为孟氏所杀。"斗鸡之变",看似偶然,但亦有必然的成分,说明当时鲁国的社会矛盾已经相当尖锐。

斗鸡台遗址现今仍存,为诸城市重点文物保护单位。台下有古井,人称"龙井",传说有龙自井口出入。亦有村人传说,古台上常有斗鸡的幻化影音出现,两鸡跳跃飞扑,活灵活现。

民间传说固然有演义神化的成分,但考古发现,斗鸡古台的文化遗存可上溯至西周时期。这里出土了大量的陶器、铜器等珍贵历史文物,是诸城境内最早的人类聚落遗址之一。

至汉代,此地成为平昌侯刘印的封地,即平昌故城。平昌故城几经兴衰,至清初,又形成村落,村名依台而取,叫作"斗鸡台"。清咸丰十年,捻军进犯,而斗鸡台是时已为较大村落,圩墙坚厚,民团强悍,防范严密,百姓皆安然无恙,盛传"都吉都利",村人遂据此意将村名改成"都吉台"。

凉台

诸城城区北偏东35千米处,境内最大的两条河流渠河与潍河东西相夹,形成河套。凉台就坐落在河套地区,地沃物华,水光潋滟,自古为诸城名胜。

凉台是历史上有名的古台,此台的形成有多种说法。《高密县志》记载,汉王刘邦在潍河西岸筑台,台上建楼阁,为汉王乘凉之地,故名凉台。不过当地百姓的另一种说法恰恰相反,说筑建此台的不是汉王刘邦,而是他的对手楚霸王项羽。说楚汉战争时期,两军在潍河一带对垒。霸王为显示自己兵多将广,传令让每一名兵士从陕西带一捧土至此,撒土成台,名曰"点将台"。第三种说法不仅与残酷的战争毫无瓜葛,而且应该说是浪漫爱情的直接产物。相传,古时候,每年的春秋两季这里都举行一次浪漫的"情人套花节"。春季定在初春,即农历二月十三日之后的 5 天;秋季定在仲秋,即农历八月十三日之后的 5 天。套花日是男女青年的盛大节日,凉台便成了远近四乡不同氏族男女青年相亲定情的地方。时有约定俗成的规矩,凡来此地寻求配偶者,不论何方人氏,皆要从当地带一抔乡土撒在台上。人们一见有人在台上撒土,亦即明白此人是来相亲寻侣的,若有相中此人的男女便可主动上前接近了解。情人套花节是当时规模最大的节日,不仅节日时间长,而且参与人数多,据传节日期间,人头攒动,熙熙攘攘,热闹非凡。与楚汉两方筑台之说相比,笔者认为这第三种说法更为可信。

当今考古发现,凉台近乎正方,南北长 200 米,东西宽 215 米,总面积 43000 平方米。筑台之土确系客土,土质黑中透白,粘度不大,与当地河套土质绝乎不同。古台遗址文化层厚 6 米,最底层为大汶口文化,中层为龙山文化,上层为岳石和西周文化,当地出土了大量有重要价值的历史文物,内涵极其丰富,是距今五六千年的文化遗址。

依凉台而取名的村子有两个,一曰前凉台,一曰后凉台。凉台一带,几十里沃野平川,气候温和,水草丰美,湖光水色,白鹭翻飞,风景如画。古人在此选址筑台,举办情人节会,当属上佳之地。此外,凉台还是诸城有名的鱼米之乡,肥美可口的潍河鲤鱼,自古就是朝廷贡品,是当地非常有名的特产。

南张洛

南张洛是渠河与潍河之夹岸地区较大的村庄之一, 全村近 500 户,人口约 2000 人。该村西靠渠河,东临潍水,与高密田庄(汉代称城阴城)东西相望。

据郦道元《水经注》记载,这里古称"落马口",相传为楚霸王大将龙且被斩落马的河口。楚汉战争末期,历史上著名的"潍水之战"就发生在这里。南张洛村名,便是由"落马口"演化而来,村人张姓居多,且位于落马口以南,故称"南张落",后嫌"落"字不吉,遂改为"洛"字。

关于潍水之战,司马迁《史记·淮阴侯列传》中有详细记载。汉高祖三年(前204),韩信奉刘邦之命带兵破赵之后,挥戈东进,乘齐王田广不备,攻破齐都临淄。田广仓惶逃至高密城,降楚,并派使臣向项羽求救。正在荥阳围剿刘邦的项羽,急命大将龙且率兵20万赶赴高密救齐,大军在潍河边上与韩信军相遇,隔河对垒。

龙且是楚霸王的一员名将,武艺高强,胆识过人,性情高傲。韩信深知龙且之勇,力抵必败,只能智取。于是韩信精心部署了以水制敌的战役方略,他安排将士在潍水上游筑土为坝,屯集河水。入夜,双方交战,韩信兵且战且退,诱敌深入。龙且不知是计,穷追不舍。待追兵过河将半,韩信发信号掘坝放水,潍河水霎时像野马奔腾,呼啸而下,龙且军被冲走无数。更严重的是,20万大军被分割在潍水两岸,龙且左右不得相顾,被韩信各个歼灭。激战中,龙且虽勇,但难匹敌众,终被斩首落马,葬身潍水。

韩信所筑之坝,史称"韩信坝",至今遗址尚存,"韩王坝月"自古为诸城八大景观之一。南张洛村后有一古冢,人称龙且冢,传为龙且首级便葬在此处。村东有一沟,村人称为"张良沟",说是汉王谋士张良曾在此驻扎。从当地一系列地名以及史料记述看,在楚汉战争中起到战略转折作用的潍水之战,的确就发生在这个叫"落马口"的地方。

渠河岸边是故乡

——刘浩泉

芝畔村地处安丘东南端,南靠渠河,东邻206国道。1945年以前,属诸城二区。1945年6月,安丘东南部解放,7月在景芝成立淮安县人民政府。原诸城渠河以北的38个村和原高密潍河以西的57个村,以及原安丘的景芝、孙孟、甘泉、金堆、官庄等区归属淮安县,时芝畔属渠河区。1950年淮安县改称潍安县。1952年6月潍安县并入安丘县。1953年8月丘南县并入安丘县后,全县共设置1个镇25个区,时划为安丘县十五区。1955年9月复称渠河区。1958年2月撤区设乡,同时将洪沟河以北划出归属宋官疃,芝畔以西原属渠河区的村庄划归临浯乡,同年9月临浯乡、宋官疃乡合并成立临浯人民公社。1962年4月分为临浯、宋官疃两处公社。1984年4月撤销公社成立临浯乡。1994年11月撤乡设镇。2007年8月临浯镇合并归属景芝镇。在这历史的变迁中,芝畔始终以美丽富饶而享有盛名。

芝畔何时建村,无史料记载。不过据芝畔刘氏族谱记载:洪武二年,刘氏三兄弟自四川成都府启程,途经河南归德府信县、安徽砀山,最后在诸城城后超然台定居。至万历年间,社会动乱,群贼四起,家中遭匪掳夺,本是大户人家的家庭随之七零八落,流亡异乡。五世祖率4个儿子来到芝畔,长子孟春、次子孟夏在此定居繁衍至今,现在已是村中一大姓氏。全村2400口人,有六成以上为刘姓。三子孟秋、四子孟冬流落他乡。五世来到芝畔以前,村内已有人家在此居住。由此可见,芝畔历史之悠久。

芝畔村原位于现村址之东北约1千米处。1974年8月13日,一场百年不遇的洪水将芝畔绝大多数房屋冲垮。当时,大雨一连下了三天三夜,雨水积得沟满壕平,本来就雨水成灾了,可偏偏河流上游又泄洪。村干部带领全村社员在村西运粮河口阻截泛滥洪水，整整苦熬了一天，就在傍晚时分，河水越来越大，来势汹汹，全村人奋斗了一天的"堡垒"再也抵挡不住洪水冲击。就这样，大水翻着汹涌巨浪，卷着浑浊的泥浆冲进村子。急促的传呼声在村内响起之后，全村老少只顾得逃命，根本来不及转移财物。一夜之间，全村人变得无家可归。好在第二天傍晚，村里就收到了上级派救援队送来的干粮。三天后大水才退走。

一方有难、八方支援。党和政府调集夏坡等公社的社员帮助我村重建家园。在原村址西南处建成新村。新的芝畔，更加靠近了两条河：南面原来相距1.5千米的渠河，现在只有0.5千米；西面原来只有0.5千米的运粮河，现在紧靠在边沿上了。

渠河发源于太平山南麓，绕山前东流，穿过沂水县北端入安丘县境，沿境区南部与沂水、诸城交界处东流至景芝于家庄村东入潍河。渠河古称浯水，西汉时期人们在下游（西古河村前）开渠灌田，故有上浯下渠之称，今已统称渠河。

渠河是我童年的乐园。那时河面宽敞，河底沙质平坦。泄洪时，河面宽达二三百米，河水跌落时，水面会减少很多，这时，不仅会露出平整的沙滩，河水也浅而清澈。我和伙伴经常来到这里洗澡、捞鱼摸虾。河内鱼质很好，最多见的是浮梢，光亮无比，食之鲜嫩而无杂味，偶尔也会遇上鲤鱼。最不想遇见的当数鳝鱼，因为它很像蛇，伙伴们都叫它水蛇。鳝鱼是不常见的，一般不在河水中出现，只是藏在水边的树根堆里。

渠河的沙滩更是有无穷的乐趣，这里有一种特有的产物——嘎啦（即蛤喇，当地老百姓称之为米嘎啦），有时在河水中玩累了，就到沙滩上扒蛤喇，用不了多久，就能扒出好多，它皮层金黄，光滑亮丽，阳光下放在一起，闪闪发光、金光灿烂，很像一粒粒金珠。捡些稍大点的带回家煮成汤喝，味道极鲜。这在其他的河中是不曾见到的。每次雨后泄洪过后，河滩上总会留下无数大大小小的水湾，随着河水不断下跌，水湾的水位自然也会消减，这便是捞鱼摸虾的最好去处。因为水湾已和河流隔开，鱼儿、虾儿就无处可逃了，只好任由宰割。累了躺在沙滩上晒太阳，渴了随便在沙滩中扒个窝窝，一会儿水就澄清了，便可以喝起来。水湾周围长出一团团柳条、一片片芦苇，还有蒲草和杂草丛之类的，有时会遇上鸟窝，运气好时，还会碰上未引飞的小鸟，这时，就可带回家中，以笼养之。秋收以后，又会有另一番新的景象出现，田野里大片的庄稼收回家了，作为平原的田野里可谓一望无际，而地面上的任何东西便一览无余、尽收眼底，野兔、野鸡根本就无处藏身了。当来到沙滩里扑捉蚂蚱时，就会看到野兔、野鸡频繁出现，这时就可以放声吆喝几声，兴奋兴奋！然而，那是万万捉不到的。

河里的乐趣很多，所以，经常结伴来玩。我喜欢来玩，还有另一个原因：我的爷爷在河岸边的果园里看管果园，夏季有瓜，秋季有苹果，每次下河回来，必到果园里找爷爷。这是我特有的待遇，其他伙伴们是不曾享受到的。

运粮河原是浯河主流。据说潍水之战时，韩信带兵与项羽的大将军龙且决战于潍河下游一带，曾经自都吉台（古称斗鸡台）兵营运送粮食至战场，从此浯河改称运粮河。

20世纪六七十年代，全国大搞农田水利基本建设，村民们在挖机井时，曾挖出一根古船上的桅杆。老人们说，可能是那时运粮的船沉于此地留下的。不管这种说法是真是假，但桅杆出土是事实。可惜呀，没有保存下来！

运粮河过去河面宽阔，流量也大。从西古河村前，经临浯区内自西向东弯曲绵延，至芝畔村西转弯向北流入景芝境内。在童年的记忆里，运粮河的水流量不再那么大，而是与渠河主次颠倒了，渠河逐渐大了，运粮河则渐小了，河水只有在河心主道内常年流淌。那时，河道中没有发电站、闸门之类的，鱼类从莱州湾可以逆流而上，畅通无阻，所以，河内的鱼类杂多，淡水鱼、海水鱼皆有。有时会逮着较大的鲤鱼、黑鱼之类的，不过那是大人们干的事。秋天气温下降时，河内的蟹子特别多，简直就是成群结队往下游。

1974年,芝畔迁入新村后,1975年社路改修,原来贯串东西的社路向南移动,随之运粮河临语以段也沿路而挖,形成了现在的河道。

芝畔很早就有集市贸易。新中国成立初期,芝畔的集市是附近有名的大集,西有临浯集,东北处有景芝镇集,除此之外,周边没有其他集市。所以四邻八舍的人们大都来赶芝畔集。市场上不仅有自产自销的蔬莱类,还有粮食市、木货市、牲口市等。木货市里既有未加工的木材,也有成品的大门、房门、嫁妆(过去的嫁妆主要是木箱和柜子)等。牲口市里有牛、驴、猪、羊等。每到逢集日,周围村庄来往赶集的人络绎不绝,或出售、或购买。集市上更是人山人海,叫卖声、讨价声、说笑声吵成一片,人声嘈杂,热闹非凡。

经济要发展,商品要流通,道路至关重要。芝畔是安丘西南部连通青岛、高密一带的必经之地。1974年洪水之前,村后有一条大沟,贯通东西,沟底平坦,这里就是沟通东西两地的交通要道。村址迁移之后,镇区内社路改修,将原来的社路向南移动并除弯取直,路况大有好转。但是,芝畔以东段却没有畅通,过往车辆不仅需要穿越芝畔、油坊两个村庄,而且还要拐几次弯才能到达206国道。

20世纪80年代初,上级有关领导计划改修这段道路,设想从芝畔向东取直接通206国道。但是,村内原有道路太窄,无法通车。若要通车,村内路段需要拓宽,村子自西至东有36个住户要搬迁,但搬迁费用又没有着落,该计划不了了之。到了1992年,该计划再次启动,还是因为搬迁费用的困扰,没能取直通车,只好从芝畔村西绕道转弯,经伏留村前向东,然后再拐两次弯,才能到达206国道。2006年,路面经过硬化,路况大有好转。称为彭(旺)花(家岭)路。

芝畔村地处冲积平原,土层深厚,土壤肥沃,水源丰沛,水位平稳,大旱、大涝之年水位跌涨不大。两面邻水,环境优美、物产丰盛,小麦、玉米、高粱、大豆、小米、豌豆、地瓜都有,经济作物有黄烟、棉花等。20世纪60-70年代以前,小麦、玉米面积较少,产量也不高,儿时的记忆中,以高粱、地瓜居多。高粱虽说产量高,吃起来却不讨人喜欢,高粱面窝窝头很难吃,不过用它和玉米、地瓜干掺在一起推成煎饼还是不错的搭配。地瓜就另当别论了,它不仅产量极高,而且对人畜皆宜。秋天收来的地瓜,既可以切片晒成干,又可下窖储存。储存后的地瓜就是整个冬季的主粮了,每天晚上煮一大锅,然后再添上少量的煎饼便足够全家人吃一天的,人吃剩下的就可喂猪、喂狗。黄烟曾经是生产队的主要经济支柱,年底决算时,家家户户从生产队分来的钱,黄烟占了很大比重。棉花的种植面积小一些,主要用于自给自足。

20世纪70年代末,玉米良种普及了,小麦种植也推广了,大田里的植被发生了较大变化,粮食生产以小麦、玉米接茬种植为主,其余杂粮几乎全部退出历史舞台,黄烟、棉花也销声匿迹。小麦、玉米产量确实高,真正达到了全年亩产过吨的高水平。1980年以后,全村每年向国家交售小麦超40万斤。

改革开放后,村民响应党的号召,发展多种经营模式,经济作物、养殖业、手工加工业,齐头并进。享有美名的"芝畔烧肉"加工户迅速发展至20多家。村集体在1980年建起的造纸厂,又进一步扩大生产,解决了本村100多名劳动力的就业问题,同时也大大增加了经济收入。1984年村集体副业产值过百万元。之后,又建起纸箱厂、面粉厂、水泥预制厂等工副业项目。1985年,芝畔村被县委、县政府评为"文明村"。

芝畔村环境秀丽,气候宜人,人丁兴旺、文化深厚,耕读并举,人才辈出。1911年在吉林省安图县建立"大同共和国"的刘大同,就是青年时期从芝畔走出去的。1924年考入武汉中央军事政治学校、1926年加入中国共产党、1927年参加广州起义壮烈牺牲的烈士刘增,也是自幼在芝畔长大的。

贫穷落后的芝畔已成为历史,美丽富饶的芝畔正在迎着时代的呼唤,昂首阔步向着小康社会迈进!

管公村由来

—— 刘玉森

据《安丘县志》载：县城南 25 千米，官庄镇老管公村东南，有一座相传为东汉末年至三国时期独行君子管宁的墓葬。墓高 3 米，直经 13 米，内杂汉代砖块，墓上杂草丛生。

弘扬传统文化，就要从历史中寻找那些具有代表性的人物和事件，以此为核心阐述、发掘、彰显那些具有时代精神的文化含义，用以熏陶润泽世人头脑，创造良好的文化氛围，从而达到教化的目的。管宁身上就集中体现了"忠、孝、仁、义、礼、智、信"，打造和弘扬管宁文化，在当今社会具有重要的现实教育意义。

在中国历史文化传统中，地名往往具有丰富的文化内涵，有的以重大历史事件为名，如安丘市官庄镇"寨庄"社区，就是因为这里曾经驻扎过军队，"军队下寨而生庄"；有的以地理特色为名，如安丘市官庄镇的"小红沟"村，因为这里"土色发红而临沟"；有的以纪念某一有影响力的历史著名人物而命名，"管公"就是因纪念管宁而得名。

安丘市官庄镇有以"管公"命名的5个村落,其中4个村以地理、姓氏分别,唯独一村以"老"称谓——"老管公",追溯其中缘由,因其为三国高士管宁故里。

管宁(158—241),字幼安,北海郡朱虚县(今山东省安丘)人。东汉末年至三国时期著名隐士。

南朝刘义庆所著《世说新语》记载:"管宁、华歆共园中锄菜。见地有片金,管挥锄与瓦石不异,华捉而掷去之。又尝同席读书,有乘轩冕(miǎn)过门者,宁读书如故,歆废书出观。宁割席分坐,曰:'子非吾友也。'"

陈寿所著《三国志》载,管宁与华歆、邴原并称为"一龙",华歆为龙首,邴原为龙腹,管宁为龙尾。三人洞察世事,俱为奇才,论及德行,管宁第一。汉末天下大乱时,与邴原及王烈等人至辽东避乱。在当地只谈经典而不问世事,并引来大量同是逃避战乱的人,管宁就开始做讲解《诗经》《书经》,谈祭礼、整治威仪、陈明礼让等教化工作,人们都很乐于接受他的教导。直到魏文帝黄初四年(223)才返回中原,辽东太守公孙恭亲自送别。文帝下诏任命管宁为太中大夫,管宁坚持辞让没有接受。

此后,魏文帝曹丕、魏明帝曹睿分别以"司空""太中大夫""光禄勋"等官位数次征召管宁,他都没有应命。足见其不为荣华富贵所动的意志和决心。这就是史书传流的"三诏不应"。

正始二年(241),管宁逝世,享年84岁。著有《氏姓论》。

管宁去世后,当地人民为了纪念他,彰显高士操节遗风,命名管宁居住之地为"老管公",随后4个管公相继产生。以地理位置命名"河北管公""河南管公",以姓氏命名"阎家管公",以村落大小命名"小管公"。

"老管公"村前有河,名曰"墨溪河",又曰"挥金河"。南埠高处有木楼,名曰"坡楼"。相传,曹魏篡汉后,管宁头裹白巾,身穿皂袍,足不履地,终日读书,背魏向汉,以示其清白。西坡有地"挥金坡",史书名段"挥金不顾"就发生在此处。西山阳坡"台子地"原有"管宁祠",明末毁于战乱,祠前有两株侧柏,粗至两人合抱,大炼钢铁时代被伐。

安丘境内的齐长城

——孙宝平

齐长城在连年的战争中屡兴屡废，是中国历史上影响最大的巨防之一，是目前国内年代最久远、规模最大的古建筑遗址。整座齐长城，巍巍峨峨，恢恢宏宏，恰似东方巨龙，盘旋于崇山峻岭之中，将黄河、泰山、东海连成一体，它是中国劳动人民智慧与力量的结晶，是齐鲁大地的脊梁。

春秋战国时期，中国的长城除了北方的燕赵长城外，尚有齐长城、魏长城、楚长城。齐长城横亘於山东中部，又名长城岭、大横岭，西起现今黄河东岸的长清县西南孝里镇广里村北，向东进入丘陵区，又逐渐蜿蜒攀升至泰山西麓的中低山区，尔后沿泰沂山脉分水岭，直达黄海西岸的今青岛市小珠山之东的黄岛区东于家河村东北入海，蜿蜒约619千米，史称千里长城，现存遗址约398千米，占总长度的64.3%。齐长城的走向，虽在泰沂山脉的分水岭之上，但不走山脊线，而是筑在山的阳坡陡险处。

安丘境内的齐长城自西南与临朐、沂水交界处的太平山入境，沿与沂水分界线东行，至青石胡同后完全进入市境内，然后向东转南至浯河出境，与沂水复线的第二段相接，经石门顶、石虎山、磨山、大车山、紫草山、城顶山、摘月山等主要山峰，全长46550米，历经75座山头，其中有遗址39000米，占总长度的83.7%，途经郚山、柘山、辉渠、石埠子等镇。长城沿山势修建，沿线地质为玄武岩、火山岩、麻岩、粘土和砂土等，构筑用料多为就地取材，石块垒筑，沙土夯筑，或以山体陡崖为城，两侧成堆的擂石、山寨遗迹和烽火台等依稀尚存。安丘段齐长城的重要特征为复线长城，是齐长城三条复线中的最长一条。这条复线长城，自临朐与沂水交界处脖根腿南山与主线长城分离，自太平山进入安丘境内，沿主要山峰东行南折过浯水达安沂交界处卧牛城进入沂水境内，沿沂莒边界南行至三楞山与南部长城主线会合，全长 63890 米。现存约有 800 米，位于城顶山的书院风景区内，经过两千多年的历史洗礼，至今墙基、垛口等还依稀可辨。在抗日战争时期，齐长城遗址还发挥过军事掩体的作用，国民党的第 51 军曾在此与日军展开过殊死搏斗。

东段包括安丘境内的齐长城是战国初年所筑。齐长城沿山脊修建，蜿蜒曲折，根据不同的地势，或石块垒筑，或灰土夯筑，或以沙石混筑，或以陡崖为城，在峦山峻岭中，绵延逶迤，十分壮观。齐长城从太平山向东，沿与沂水边界线至青石胡同长 12300 米，除西太平山 2000 米左右辟为农田外均有遗址，沿山南崖走向，自西向东有烽火台遗址和山寨遗迹；至青石胡同后，由东行转东北行，穿越磨山、大车山、紫草山等山峰，至马时沟村北山遗址连续不断，长 14750 米，平均宽度约 12 米，高约 3.6 米；从马时沟村北向东南转西南再转南，穿越北河水库、悬崮山、峰山、城顶山、搁灯山、钟楼顶、摘月山、虎崖等山峰，至浯河有遗址，长 19500 米，遗址平均宽度约 11 米，高约 3 米，峰山顶有城堡遗址，据传是清代乡民为防捻军修建的"圩子墙"；城顶山西南有双面墙体，宽约 5.5 米，高约 2.5 米，山上关隘被拆除。城顶山遗址上，当年 51 军修建的战壕、指挥所掩体等依然尚存，有的地段借用墙基加高加厚加固十分明显；摘月山东山脚有双面墙体，宽约 7 米，高约 3 米，虎崖南山脚至浯河约 1400 米的遗址被辟为农田，已无墙基踪迹，安丘境内的齐长城遗址走向大致如此。

安丘齐长城遗址在城顶山段和大车山段，因植被茂密，树木葱郁，苍松怪石，风景秀丽，成为山东省级森林公园，正在建成旅游开发区。大车山现已建成五龙山风景区，因该段山势五脉相拥，巧似五条龙相聚首，建风景区时，便以五龙山命名。原名大车山，相传齐国修建长城时，有位大夫乘车前往视察，行至该处山岭时，车辆损毁，弃之山下，故该山取名大车山，山势不高，有的地段却陡峭难攀，奇松怪石为五龙山的特色，沟谷松石之间流淌着无数美妙的传说。风景区的建设已初具规模，景点布局设计建筑合理。山顶齐长城遗址两侧,擂石成堆,蜿蜒的齐长城也在向游人诉说着孟姜女的故事,凡到五龙山的游客,必看齐长城,必听孟姜女的传说,必与孟姜女(雕像)留影。一年四季,春夏秋冬,五龙山游人络绎不绝。

物产美食

景芝小炒

——刘学刚

景芝古镇有一条小街,叫景芝小炒一条街。三步一菜馆,五步一酒家。招牌以"小炒"为名号,店铺大都在市招上前缀店主名字,提升家常菜的高度。匾额多为朱红色,黑底黄字,香蕉黄,白日古朴郑重,夜晚被光一打,醒目,温暖,很是让人食欲大增。

我的一个师兄,在景芝教书20余年,那一个黄昏,他领我拐进一条胡同,踅入一户人家。正房3间,灯火亮堂堂;西侧偏房颠勺声叮当直响。掌勺者户主,端菜的是一乡野村姑,衣着素朴,面容姣好,那可是秀色可餐的邻家女孩。点菜上菜皆乡音缭绕,让人感觉这不是下馆子,而是走亲戚,吃大席,等一盘小炒端上来,热气氤氲,菜香满屋,家的味道更足。大锅蒸饭,小锅炒菜,够味,好吃。景芝小炒所用炒锅为耳朵锅,带一手柄,磕磕两下响过,便有新菜上桌,炒好一个上一个,若是几桌都点一味炒菜,亦是单独起锅,讲究先来后到,绝不以大锅菜敷衍。

小炒肉,大滋味。外乡人寻小炒,贪恋的是新鲜的口感,我们吃的是回味,那是一种温暖人心的乳汁般的味道。青菜切为小段,猪肉斜刀切细丝,细小处见真功夫,一盘活色生香的小炒,体现着厨人对生活的认真,对美味的追求。

正宗景芝小炒有四道菜肴:香菜小炒、韭菜小炒、蒜薹小炒、贡菜小炒。会做香菜小炒就能开菜馆。像我这等厨人,是天桥的把式,嘴上功夫了得,所炒之菜全不对味。香菜小炒,以食材之优下和火候之拿捏为最重要。

先说食材。香菜择叶,洗净,只取菜梗中间一段,切成小段,三公分长。斩去的两端,粗细不均,折损佳肴之美色,可切细丁,油盐调食,作提味小菜赠送食客。香菜茎纤细,味辛香,炒食后尤为脆嫩清鲜,有老人说,香菜那个脆啊,掉在地上能摔成两半呢。猪肉选取后臀肉,其质地细嫩,嚼劲十足。略带一点薄膘,切为细肉丝。木耳四五朵,入温水泡发,待其如浪花绽放,触之柔软有弹性,撕成小朵。各色调料,香葱、姜丝、八角、食盐、味精、陈醋、香油、花生油、黄豆酱油,悉数到场。

景芝地处潍河冲积平原,地肥水美,物产丰饶,食材丰盛。儒家思想亦是此地之膏壤沃野。孔子所处时代是中国饮食文化的形成期,灯高下明,其思想由鲁地辐射全国。"食不厌精,脍不厌细",前者说食材须精选;后者言工艺求精细。

景芝小炒的工艺是爆炒,热油旺火,快速煸炒,简便迅捷。爆炒有酱爆、葱爆、芫爆、清爆数种。景芝小炒是鲁菜,以香葱爆锅。香葱切为碎末,叫葱花,待锅内花生油烧热,放入葱末、姜丝、八角,一锅油真的开花了,香花大朵大朵地开,香气扑鼻。加细肉丝,炒散至肉色泛白,淋入酱油上色,亦增鲜美之味。肉色转黄,下香菜、木耳,炒至香菜断生,撒细盐、味精,炒匀。最妙的是烹醋。沿锅沿往下溜几滴,增鲜细无声,勿劈头盖脸地浇,以食之无醋味为佳。出锅前点几滴香油,可谓画龙点睛,其味鲜美无敌。景芝小炒咸香适度,鲜脆爽口,深得鲁菜之精髓。其最高境界在于口感,也在于视觉的审美。猪肉细如粉丝,与香菜梗搭配,油润光亮,绿意盎然,小小木耳散落其间,宛如倾听自然的风声,青菜的拔节声。一盘上好的香菜小炒,搁置半天都不黄烂,香菜依然鲜嫩翠绿,让人啧啧称奇。

适口者珍。有一次,我们吃香菜小炒,一半淋了香醋,另一半原汁原味。一盘菜,酸鲜香咸两重天,更像五味杂陈的生活,极耐咀嚼。依香菜小炒之法,以肉丝炒西芹,名字就叫西芹小炒,又是一种新鲜的味道。此菜单可罗列若干,譬如黄瓜小炒、扁豆小炒、白菜小炒、咸菜小炒、土豆丝小炒、茶树菇小炒,天下菜蔬可分而治之。鲜嫩菜蔬小炒,碧绿油润,香鲜味美。木耳、贡菜等干货予以泡发,重返青春,炒食以后,清爽可口,柔软有韧性,嚼之有异趣。皖地贡菜与吾乡猪肉合一锅而炒之,谓之贡菜小炒,吃起来有萝卜干的口感,但闻唇齿间咯吱咯吱响,那是美食和味蕾合奏而出的音乐,已是听觉的盛宴。

景芝古有"四县通衢"之称,206国道贯通镇区,商旅骚人往来不绝,饮食自是考究,有三页饼、金丝面、景芝古酿闻名于世,景芝小炒味兼荤素,制作精细,又兼容并蓄,吸纳南北风味。在古镇,呼朋三人,小炒四味,古酿一樽,薄醉之时,以三页饼卷小炒,吃一个风卷残云,人生之酣畅淋漓,莫过于此。

景芝菜馆前身是自家灶台,烹饪之时,镇区的街道满满当当地拥塞着馋人的香气,可谓一家炒肉众人闻香。从灶台到菜馆,依旧全心全意为一种吃食而精工细作,经济实惠,物美价廉。景芝小炒的发展,与坚守地域性有关,亦与商业城镇的繁荣有关。小炒不小,味道万千,有吾乡精致的生活在里面,亦有中国饮食文化的高度。

绝世美味人间烟火

——安丘美食之芝畔烧肉

——李凤玲

清晨，一声渺远的鸡啼唤醒沉睡的村庄。5月的风，沾染着麦子的香，在晨光熹微中吹过绵延的绿树红墙。

沾染着露水，沐浴着霞光，我们一行4人来到位于安丘市东部的这个古老村落——景芝镇芝畔村。早在明朝万历年间，这个村落就因为一道菜而名扬四海，它就是芝泮烧肉。传说在乾隆三十八年（1723），刘墉之父刘统勋病故，刘墉正任陕西按察使，回家奔丧。在回陕之前去其姑家（其姑家就住芝畔村），其姑送其本村特产烧肉10斤，刘墉带至京城，乾隆帝品尝后赞叹不绝，龙颜大悦，当场挥笔书写"芝盘留香"四个大字（因乾隆将"芝畔"误以为"芝盘"）。据说乾隆书写此四字的资料有一位安丘人曾经在北大图书馆查到，但这四个字并没有得以流传，实乃遗憾。

走过久远的历史，如今的芝畔烧肉已经不仅是一道菜，它更像是一缕情，绵延成游子的乡愁。究竟是怎样繁杂的工序，让一种滋味醇香绵厚，又究竟是怎样传奇的秘方，让一种传承历久弥新。带着这些疑问，我们走进了村中70多家烧肉加工户中的一家——刘家。村民们都说，他们家的烧肉加工，颇为传统，也颇为正宗。

刘大哥和刘大嫂都是特别爽朗的人，对于我们的突然造访，他们略带羞涩但充满热情。我于是有幸见证了芝泮烧肉的制作全程。

日出而作。刘大嫂为丈夫扎上围裙。一天的忙碌就从这小小的动作中，温柔地开始。

霞光初露，空气清新，院里的蔷薇吐出新蕊。

房子是前几年才盖的，足够宽敞。庭院。堂屋。正房。但每天早晨，只要一起床，刘大哥和媳妇儿的活动范围便仅仅囿于整个院落和南屋的灶间。一年 365 天，他们都要在这片不算太大的天地里让自己的劳作实现色、香、味地完美蜕变。

比刘大哥更勤劳的当是附近的屠户。他们早早地就送来了猪头和下水。十几只白白的猪头在案板上排列整齐，很有些气势。它们在等待下一步的工序。十几副下水也分门别类在各色的盆里，等待清洗。如果逢上中秋或者春节，这十几副猪头和下水也将供不应求。但无论市场的需求有多大，刘大哥始终坚持着自己做烧肉的数量和质量。慢工出细活儿，古老而传统的家庭工艺尽管有些追不上现代文明的步伐，但那份正宗的滋味儿，却让一代又一代的芝畔人心甘情愿地恪守传统，咂摸其中。

朴实的刘大哥性格开朗，整天乐呵呵的，一副喜庆模样儿，媳妇儿对他颇为依赖，宛若他的跟班儿。小两口儿夫唱妇随，本本分分地做着自己的烧肉，不偷工，不减料，多少道繁复的工序走下来，那味道，自然就有了。今天的猪头很新鲜，刘大哥相当满意。

拔毛是第一道工序。镊子在手，刘大哥动作娴熟，娴熟而细致。从鼻孔到眼角，每一个毛孔，他都照料到。一个个猪头在他手里宛若珍宝，几番雕琢过后，更显其珠圆玉润。

刘大嫂也没闲着，她在清洗大肠儿和小肠儿。刘大嫂笑容憨厚，性子也绵柔。生活中，丈夫就是她坚实的臂膀，大小粗细，皆可仰仗。但唯独清洗猪下水的活儿，每次都是她亲历亲为。她说，洗肠这活儿，考验的不仅是体力，更是心力。

卤水斩豆腐，一物降一物。肠们在盐水的刺激下杀了性子，但每天三遍的搓洗依然相当劳神费力。但无论怎样的烦琐，刘大嫂也绝不会有丁点儿的偷工减料。只有最咸的汗水，才能腌渍出世间美味。

炉火烧起来了。很旺。这滚烫了十几年的老汤锅在刘大哥的调理之下，保持着一如既往的沸腾。

烧火棍被岁月打磨得锃亮。捅进灶底的一头焊上了钢铁的方块。可别

小视这些钢块,它们一方面要很踏实地护住炉底,让火势永远旺盛不息;另一方面,它们还担负重任:给猪头和猪蹄祛除油灰。

烧火棍已经通红。刘大哥轻轻地抽出一根,双手紧握,烙向案板上的猪头。有条不紊,细致均匀。

空气中弥漫着烧烤的诱人香味。脸部,嘴巴,耳朵,在火块的炙烤中,猪头由白变黑。刘大哥动作从容,语言却朴素而幽默。他说,猪生前可是从来不洗澡的,为了卫生,在做成食品以前当然得好好地清洗一番。于是,这烙去油灰就显得尤为重要。

太阳渐渐高起来,刘大哥的额头沁出密密的汗珠。其实随着时代的发展,很多的烧肉制作人已经改用喷灯给猪头祛油。但刘大哥说,喷灯烙得虽然快,但味道差得很远。所以,他宁愿累点,也要用最原始的方法做出芝畔烧肉的本来味道。

猪头烙好了。表面的焦黑之下,包裹着的却是本质上的洁净。

新一轮的清洗又开始了。刘大哥移动着手中的钢丝球,擦拭着猪头被炙烤后的黑色。

猪头被还原出本色。这次,它们白嫩得更加纯正,由标至本。

刘大嫂也已经齐活儿。

十几副猪下水,5个小时。如今,它们肝是肝、肺是肺地躺在属于自己的盆里。盆里的水清清白白,无比清澈。盆内之物也再无半点腥臊。

院子里满是缸缸盆盆。红塑料大盆,椭圆木质盆,黑色泥陶盆,它们大大小小、或古朴或现代地陈列在院子里,干净卫生,各司其职。

万事俱备。刘大哥开始磨刀霍霍。

猪头劈开了。照例是三块。刘大哥将它们一一浸入老汤锅。石头和铁质的箅子让肉与汤的相容更加浑然一体,彼此相依。

看看灶底,火势正旺。

簸箕端出来了。在一味味中药的敲击研磨中,它苍老了自己的容颜。豆蔻、砂仁、肉桂、花椒、八角、茴香。这些婉转而古朴的名号,给芝畔烧肉的制作,添加了画龙点睛的一笔。但传统而又朴实的芝畔人,从来不把它看作什么秘密。在他们看来,即便告诉所有的食客芝畔烧肉的秘方,他们做出来的烧肉也绝对不是芝畔村的味道。因为无论是用料的多少,还是火候的把握,都需要时间的历炼、经验的积累,而在历练和经验之外,更要有一种对食物的天生敏感。当这一切的因缘际会聚合在一起,这锅肉,才算是上好的美味。厨房的秘密最终是没有秘密,而这没有秘密,得经过滴水穿石的岁月的熬煮。

撒几粒枸杞。这是刘大哥的别出心裁、推陈出新。这一颇具匠心的小小细节,给注重养生的现代人,增加了一道健康的砝码。

很多在外的安丘游子,如果过年不得回乡,便经常想方设法自己动手做烧肉。凭着记忆,也凭着想像,自己鼓捣配料,放在大锅里熬煮,但费尽心机,却终不是家乡的味道。这时的烧肉,已经不仅仅是一味菜肴,更是一枚家乡的符号。这枚符号,饕餮着安丘人的舌尖,也绵延了游子的乡愁。肉已下锅,炉火正旺。

刘大哥终于可以忙里偷闲,坐在马扎上抽一支烟。戏匣子打开了,唱的是《小姑贤》。带着乡土气息的朴素唱腔里,小两口儿享受着片刻小憩。刘大哥记起今儿个是周末,外出求学的儿子会回家晚餐。这让他很是兴奋。和妻子悠闲的对话里,多了些慈父的表情。一只苹果被刘大嫂咀嚼得有滋有味,看似无心的问答里,充溢着女人的温顺和满足。窗台上的小花猫伸长脖子,偷窥这夫唱妇随的甜蜜。

袅袅升起的烟圈里,刘大哥瞅瞅院子里的表:肉该出锅了。

揭开锅盖,热气腾腾,香气扑鼻,不油不腻。

3个小时。大火与文火的有序交替,大概只有煮了十几年烧肉的刘大哥拿捏得最为有度。

撒一勺白糖。再将锅盖,盖个严严实实。这甜丝丝的滋味,将为夫妻俩一天的劳作,做最后的封笔。

下午6点,正宗的芝畔烧肉出锅。热乎乎,香喷喷,油而不腻。门外已经站了不少的买客。一盘刚出锅的芝畔烧肉，将是他们晚餐桌上的重头戏。

"烧肉一嚼，才叫生活。"熏风乍起里，来一盘"凉拌猪耳朵"。雪白的香葱，脆绿的黄瓜，透明微红的猪耳朵，谱成一篇写意小品，装点着夏日黄昏。在视觉与味觉的双重盛宴里，我们享受其中，欲罢不能。

俗话说："一级烧肉不出庄，二等烧肉下了乡，三等烧肉集上卖，四等烧肉精包装。"夕阳西下，吃一口刚出锅的烧肉，是刘氏夫妻对自己的最大犒赏。在这个古朴的村落，在这个传统的家庭作坊，这一桌正宗的芝畔烧肉，当是至鲜至仙的绝世美味，却又是实实在在的人间烟火……

石埠子旋饼香四方

——王培增

　　浯水之畔多美食,地处下浯水下游的芝畔烧肉、景芝小炒肉、景芝三页饼等自不必说,而处于浯水中上游的石埠子旋饼,数百年来也是成为当地乡民的珍爱食品,并一度走向东海海边,现在更是成为石埠子特产之一而名声在外。

　　"石埠子旋饼圆又圆,香味可口人人馋。"从这两句小唱中就足以看出位于渠河之畔的安丘市石埠子旋饼是一种地方面食名吃。

　　据传,石埠子旋饼算起来已有700年的历史了。早在元末至正年间(1341—1368)就是莒北(今渠河中上游的石埠子、召忽一带1943年以前原属莒县)农家的面食。

　　石埠子旋饼真正走向远方从而出名的时代是在明末崇祯年间到清嘉庆年间。在这200年间,处于浯河之滨的莒北石埠子一带出现了大批的鱼贩子,叫"跑海",就是去东海边(莒安诸交界处乡民称今胶东黄岛以南和苏北之间的海为东海)贩海鱼,去时还带着浯河与摘月山一带生产的板烟出售。他们到东南沿海贩鱼时,每人总要带上数量不等的旋饼在路上吃。所以从那时起,石埠子旋饼就一直闻名于东南沿海。

　　因为旋饼这种面食要经过用锅笼(即用铁条编成的大孔凹形的铁网)烘烤。旋饼做好后,先用锅烙硬皮,然后放在锅笼上烘烤,直至把旋饼烤熟、烤酥。而现在大多用平底周边高的炉鏊和平面的鏊笼烘烤,这样一是一次烤得多,二是火色匀和。经过用锅笼等烘烤后的旋饼,一是酥,好咬,口感好,越嚼越香;二是没有了水分,不易发霉变味、变质,半月二十日也坏不了;三是结实,又好带,又充饥;四是牙口不好的可以烩着吃,更有滋味。

起初,石埠子一带的鱼贩子到东南沿海贩鱼时只作为自己的干粮。可时间长了,当地渔民每看到鱼贩子吃旋饼时,那个香味把他们馋得受不了,有的连口水都流出来了,还有的甚至从鱼贩子手里要过来啃上几口,更有甚者直接用自己家的好饭好菜或鱼来换鱼贩子们的旋饼吃。当他们向鱼贩子问起这底平、周边凸、中间凹、像个大瓷盘式(也像现在的海军水兵帽)的面食是怎么做出来的时,鱼贩子们都不肯说,因为那时的人一般都比较保守。

值得欣喜的是,近年来,在石埠子镇的石埠子街、召忽街、庵上街的 30 多家饭店中,餐桌上所上的面食,大多都是石埠子旋饼,这就为进一步开发这一面食名吃奠定了坚实基础。2008 年初,笔者到石埠子街交通饭店买旋饼时,正遇上来自黑龙江的 3 个青年客户到石埠子镇洽谈生意而到石埠子街交通饭店吃饭。当时他们对合作方准备的一桌子菜看不甚感兴趣,先指名要旋饼和辣疙瘩咸菜尝尝。吃后一个劲称赞旋饼好吃,并说,就着辣菜疙瘩咸菜吃旋饼更香。临走时他们每人又要了 10 个旋饼,说是带回去给家里人尝尝。饭店经理臧佳玲出于好奇一问,才知他们原籍都是安丘的,一个是柘山镇、一个是官庄镇、一个就是石埠子镇。吃旋饼就辣疙瘩咸菜格外香就是听他们的父母说的。

石埠子旋饼制作的标准数据为:标准圆型,直径 25 厘米,中间薄、边缘厚,最外边周边底又变薄。最厚处 8 厘米,中间圆心最薄处是 0.5 厘米,最外边薄边宽为 1 厘米。装饰纹样是是以里面最薄处的圆心为中心,在整个圆盘内侧割成标准四半扇形,圆盘外侧则不能划割,否则就完全分离了。每一扇形内侧用筷子插点上 6 个眼,一是透气,二是易熟,三是不容易变质,四是好看,6 个眼的排序是最厚处三个眼,中间两个眼,靠近圆心是一个眼。制作材料只用上等小麦粉,特二粉是最低限度,否则口味不佳。不添加任何东西。制作工具是六人锅、八人锅、炉鏊和铁条网锅笼。方法是先烙后烘烤,先烙硬外皮,后烘烤,方言叫"炕"。"炕"出来的旋饼一个一般在

0.5 公斤左右。特点是香脆可口,特别是保存了小麦面粉的最原始的香味,由于水分极少,保存时间较长,正常情况可保存 15 天左右不变质。

2010 年,在笔者的大力宣传下,在安丘市文化主管部门的支持下,"石埠子旋饼"终于成功申报为省级非物质文化遗产。其中,石埠子镇西召忽村的鞠福强因从 2000 年左右重新打旋饼并推向市场,成为"石埠子旋饼"非遗传承人。现在,每到中秋节、春节,整箱整箱的"石埠子旋饼"远走安丘、潍坊、青岛、济南等地,成为走亲访友的"抢手货"。

石家埠"玛瑙酱茄"

——王玉国

景芝镇石家埠村有种传统美食，以前说就像计划经济年代的干部烟——"丰收"牌香烟一样，只听说不见卖。那就是晶莹剔透、鲜嫩甘美、酱香浓郁、咸酸适中、肉质酥软、入口即化的石家埠酱茄。潍坊电视一位刘姓主任看到酱茄的照片像玛瑙，形象地称其为"玛瑙酱茄"。

早些年曾有人这样说：

石家埠酱茄声名久，

如同大户家藏闺秀。

难得一见绝无仅有，

飞入官家佐餐美酒。

酱腌茄子需要小麦和大豆，过去小户人家吃饭都成问题，没有条件腌制酱茄。如今生活条件好了，石家埠酱茄腌制的多了，但因为腌制工艺繁琐，不可工厂化生产，而且腌制时间长，需要经过夏末的适温发酵腌制和整个秋天的温焙，到元旦温凉，方能出缸食用，掌握不好火候极易腌酸（即口感发酸），所以，腌好的酱茄非常珍贵。腌制酱茄成本高、价格也贵，近年售价是30元一只，大多作为春节期间走亲访友的礼品，一般人家不舍得享用。

石家埠酱茄源自本村李家"福隆"堂。"福隆"过去是商号,是当代"徐霞客"李存修的祖上,经营糕点、食品和酱油醋生意,是村里的富户、大户。有生意上的来往,难免有官商贵客的招待应酬,美酒佳肴自不可少,酱茄就应运而生了。开始是用生产酱油的剩料酱渣腌制,后来经过几代人不断改进,才形成了现在的腌制工艺和方法。

虽然流传下来了腌制工艺和方法,但因操作和火候难以把握,上好的酱腌茄子的成功率也就有七成左右。

现在村里的腌制酱茄高手是 75 岁的付淑英,她自 14 岁跟"福隆"堂的姑家生活,到成为"福隆"堂的孙媳,腌制酱茄 60 多年,掌握了腌制酱茄的要领。

开始腌制酱茄的适宜时间是立秋之后的农历七月上旬,酷暑慢慢退去,气温中午高、早晚低,宜于豆酱发酵和茄子腌渍,不会高温腐烂。

腌制酱茄第一步先要准备原材料,"玛瑙酱茄"晶莹剔透,对原材料的选择极为苛刻。所有原材料必须是当季的新鲜食材,尤其是茄子,必须是当天采摘,否则会影响酱茄的口感和质量。茄子须用圆茄,老嫩适中。备好当地品种的自产黄豆和小麦,黄豆要用盖垫滚选,要求颗粒饱满、无破损,剔除有虫眼的和杂质;小麦也要用颗粒饱满、无虫眼、无杂质的,以保证酱茄味道纯正和色泽美观。还有适量的麸皮和黄蒿,麸皮是小麦磨面后滤出的外皮;黄蒿是本地的一种芳香植物,加味和防蝇用。

将黄豆和小麦洗净后按 3∶2 的比例放入铁锅中,慢火煮熟,火候至关重要,多一分过烂,少一分则不够。烧的柴草也有要求,玉米芯为佳,不能火大火硬。可用木屑在保证温度的前提下控制火势大小。黄豆和小麦在慢火细煨下逐渐变得软糯,蒸煮时间以 7 个小时为宜。

将煮好的黄豆和小麦捞出冷透晾干,在表面裹上一层厚厚的麸皮,然后放到席子上置阴凉处铺开让其自然发酵,上面覆盖一层新鲜黄蒿驱避苍蝇。发酵时间需要 7 天,黄蒿自身独特的香味也会随着时间慢慢沁入其中。

发酵好的黄豆和小麦还要晒干，阳光好的天气需要1天时间。然后用钢磨磨成细粉，这个过程叫作磨面子，磨好面子即可进行酱腌茄子关键的一步——装缸。

酱腌茄子装缸

用缸也有讲究，不能随意搭配，需要选用一种特别的砂缸。磨好的面子与食盐按照一定比例搅拌搅匀，然后倒入提前烧好的花椒水，这也是整个腌制过程中最为关键的一步，如同"卤水斩豆腐"，一招定乾坤，由付淑英亲手操作。

水多会使茄子提前腐烂，而水少茄子无法完全腌透，其中的分寸和剂量需要付淑英根据天气的变化随改变。

事先将圆茄蒂去除，注意不能损伤圆茄肉身，洗净晾干。装缸时将酱料放在缸底一层，摆放圆茄一层，陆续一层酱料一层圆茄摆放好，装满缸后酱料必须全部覆盖圆茄，从缸面看不到圆茄为准。

装好缸后用清洁干净的白布盖好缸口，用细绳扎紧，适当透气，防止蝇虫及灰尘进入。在腌制过程中，产生的亚硝酸盐能抑制肉毒梭状芽孢杆菌及其它类型腐败菌的生长，并且具有良好的成色和抗氧化作用。所有的工序完成到元旦，入缸腌制的时间为4个多月。中间还需要多次转缸，以利光照和受热均匀，确保成品率高。

特别还要说一下选用圆茄的品种，圆茄皮厚，本地人已不喜欢食用，而是习惯吃长形的叫做"线茄子"的品种，所以本地没有种植圆茄的，因此腌制酱茄需要到种植圆茄的地方购买。由于集市上的圆茄一般在商贩手里待过一段时间，难以保证新鲜度，所以付淑英的儿子李建中一大早就骑上三轮摩托车，载着他的媳妇，前往距离本村50千米的东北乡黄旗堡镇去购买圆茄。

那日是 8 月 22 号,立秋后的第 14 天。虽然一早一晚略有凉意,因晴朗无云,还不到 9 点,菜地里太阳就开始灼烤人肤了。

我们晚到一步,李建中夫妇 8 点前就到了。潍坊电视台科教频道的两位记者闻讯从潍坊驾车匆匆赶来,这种酱腌茄子的神秘与独特深深吸引了他们,从早到晚,从烈日下的田野到 600 年古槐下的村庄,两位青年记者对采摘、配料、制作和装缸全程跟踪,并进行了精心细致的录制拍摄。

"关在深闺人未识。"几百年来,石家埠村的酱腌茄子孕育在民宅,成长在乡间,他们要让这道村野美味在更多人的舌尖上流传。

听菜农说,今秋蔬菜价格上涨,圆茄价格比去年翻了一番,但为了能够挑到最新鲜的圆茄,李建中坚持要自己去卖家地里采摘。我们无选摘经验,只能站在地边观望。茄棵长势好,枝桠高过他的前胸,如入密林寻宝,小心翼翼地选摘了几百个优质圆茄。

李存修教授说:"少时在石家埠,14 岁就外出读书工作。在记忆中,好的年景,家中父母会腌制一小瓮茄子,也就是 10 来个,专门用来招待客人,我们小子辈,只有看的份。茄子摆上桌,紫里透红,油旺旺的,如同鸡肉,一层一层的。大人们喝一口酒,用筷子夹一小块茄肉放进嘴里,尽情享受酒与茄子的美味。小时候我是又瘦又矮的小馋猫,他们越享受,我就会越难过。60 多年过去了,我也熬到了享受的年代,可小子辈们再也不馋我们吃什么了。"

挑选圆茄的要领,选择一级侧枝上的"对茄"和二级侧枝上的"四母斗"圆茄,要果形圆匀周正,大小适宜、老嫩适中,无斑点、锈皮、裂口、腐烂,同时要保证皮薄、肉厚、细嫩、籽少的佳品。

今年付淑英给小儿子李建中腌了 4 缸茄子,比去年多腌了 3 缸,大儿子李建平也腌制了 2000 多个。

一朵鲜花不是春,万紫千红才是春,能让更多的人分享到石家埠村这一传统风味,才是更好的。

2017年5月,国家工商行政管理总局商标局批准发放了"石家埠玛瑙酱茄"注册商标。

2018年11月,安丘市人民政府公布"石家埠玛瑙酱茄"为县级非物质文化遗产代表性项目。

今年春节前夕,安丘电视台马连娟主任从微信群里看到"石家埠玛瑙酱茄"的文字、图片和被公布为县级非物质文化遗产代表性项目的信息,她以媒体人的职责和敏感迅速连夜编播,于1月21日在《今日安丘》微信公众号上发布了《【安丘朗读】石家埠玛瑙酱茄》,对这一非遗项目进行了有文有图有声的融媒体传播。

安丘美食（山东快书）

——马才

安丘美食人称颂，

各种美味数不清。

话说之间到了半夜，

厨房里边起了战争。

这一边，四喜丸子摆开了阵，

咱今天，评一评宴会之上，谁立头功。

那一边，芝畔烧肉发了话，

哎，我告诉你们，俺今天宴会之上立头功，

俺是状元魁首第一名。

因为俺做工细、香味浓，

一上餐桌就吃净，

俺理所当然立大功，

谁也不要和我争。

三页饼一听不乐意，

呸！告诉你！没俺你也逞不了能，

俺本是乾隆爷下江南，

路过景芝点的名。

他说是三页饼叫千层饼，

油盐鏊子慢火来煴，

吃一张饼，你得费细工，

俺不立功谁立功？

五瓣火烧听了咧嘴笑,(学)

绿豆糕气得脸发青。

蜜枣酥到嘴它就化,

芝麻片(动作)挤扁了身材往前冲。

景芝小炒是个棱头青,

说起话来特别冲。

俺这是重火候,看刀功,

芫荽去掉叶留当中。

五花肉切成了丝,

急火快炒才能脆生生。

波菜饼子加了鸡蛋,

外酥里嫩香味浓。

土豆丝扭着细长身子发了话,

俺是全国家庭名菜,都别争。

嘿! 大豆腐身子白又净,

雪白的身子往前冲。

羊肉汤中间一使劲儿,

嚯! 一下掉进了白面坑。

油炸果子叫油条,

萝卜丸子你赶紧搬救兵。

萝卜丸子不怠慢,

搬来了一锅小豆腐,

哼! 豆瓣青菜把它做成。

小笨鸡眼看要清炖,

驴肉火烧把气生。

柘山镇花生不服气,

气得它脱了外衣白生生。

俺们本是国家地理标志的农产品，

五湖四海有俺的名。

庵上的樱桃羞红了脸，

那真是樱桃小口一点红。

石堆的鸭梨有涵养，

黄金外套百媚生。

安丘蜜桃嘴巴甜，

咬上一口脆生生。

石埠子草莓一高兴，

嚯！里外全都红彤彤。

地瓜南瓜争红了脸，

告诉你们，怎么吃俺都养生。

怎么吃俺都养生！

到底听清没听清，

听清就该有掌声啊！

玉米煎饼急黄了脸，

别吵了，别吵了，

要口福还是咱煎饼卷大葱。

那个煎饼卷大葱！

父老乡亲都喜爱，

那个有人说，

我一顿离它都不中。

我问大伙一句话，

玉米煎饼好不好啊，

好就应该有掌声。

白面馒头热腾腾，

硬面大饼嘎嘣嘣。

疙瘩汤一口就暖了胃，

辣疙瘩咸菜不出声。

辉渠小米黄登登，

说起话来慢腾腾。

俺这汤水有营养，

坐月子离俺可不中。

这几年俺的身份可高了，

价格蹭蹭蹭地往上升。

价格蹭蹭地往上升。

俺这食品多好啊，

俺也想听听那掌声！

红沙沟的西瓜它个子大，

吃上一口甜就到了胸。

辉渠葱白芬子蒜，

官庄的辣椒来起哄。

哎！没俺这些调味菜，

你们什么的本事也白搭工。

全国姜蒜市场有俺的份，

俺们在安丘立头功！

现如今父老乡亲腰包鼓，

离不开俺大姜和大葱。

俺要在餐桌之上头功，

发财的老板都给掌声。

大白菜一听脸发白，

哎！俺当年向朝庭进过贡。

俺应是安丘头一功，

谁也不能和俺争。

现如今,熬白菜,炖白菜,炒白菜,

乡亲们一顿离俺都不中。

俺是餐桌的家常菜,

爱吃菜才给掌声。

景芝酒资格老,

酒瓶一开香味浓。

今天没俺景芝酒,

客人怎能来尽兴?

大蒜争得散了瓣,

芋头抱团往前冲。

各种食品乱哄哄,

四喜丸子做点评。

别吵了! 咱们都是安丘美食大家庭,

离开谁也行不通。

安丘农业先进市,

全国食品树标兵。

食品安全大如天,

咱们要餐桌之上立新功。

大家点头说声是,

齐心协力创名城。

这就安丘美食一小段,

欢迎大家来品评。

逢 年 过 节

临泸年事

——王玉金

古泸水沿泰沂山脉顺流而下,形成了一块冲积小平原,这就是我的家乡临泸。临泸名不见经传,历史却在这里留下了两大辙印。其一,齐桓公曾在此大兴水利,"堰泸入荆"这一记载出自北魏郦道元的《水经注》。其二,泸河经临泸与诸城之间,流向高密西汇入潍河,历史上"潍水大战"正酣,汉军即从泸河撑船运输粮草辎重,故临泸段又称运粮河。枕河而居的临泸先民,在这方水土上到底生存了多少朝代,现已很难厘清。但仅从"堰泸入荆""潍水大战"算起,临泸人在这里已经过了至少2000多年了,这就为我斗胆写一写临泸过年的那些事提供了充分的理由。

从腊月初八这天开始,整个临泸就拉开了过年的序幕。"腊八日"都有哪些活动?哪些规矩?人们可能会说,不就是喝腊八粥、腌腊八蒜嘛。没错,临泸也有这些内容,只是当年的腊八粥名不符实,因为当时根本就没有那么多杂粮,一般人家熬的就是平时的黏粥。不过,临泸这一天的重点,并不是喝粥腌蒜,另外还一有项非常要重的活动,这就是扫屋。临泸地处胶西,民居与胶东类似,多数人家为3间房屋,内用两堵壁墙隔出东西两间正房,用墼垒的火炕,占了三分之二的面积,再摆放些柜子箱、小半橱、一两把椅子或方凳,就没多少活动空间了。灶间两边是连接火炕的锅台,鼓风吹火的木制风箱,紧靠北墙边的是碗框(橱),外加一张条桌,上面摆满了坛坛罐罐,以及切菜、和面的案板。有人把这种陈设布局归纳为"临泸三大怪",其中一怪就是"进门两个大锅台"。

拿今天的眼光看来,所有这些乱七八糟的东西,没有一样值钱的物件,可庄户人平常过日子,少了哪样都不行,所谓的"家贫值万贯"可能就是这个道理吧。那时候，临浯人家平时烧火做饭多烧柴草，偶尔也烧煤炭，是那种大烟大火的劣质煤，上哪找干净？即使是新房屋，经过一年来的烟熏火燎，也都会变得黑黢黢的，不管到谁家，一进屋门，就像进了烧制砖瓦的黑土窑，这恐怕是每年扫屋这一习俗的主因。日子尽管清贫，但绝不允许邋遢，怎能容忍陈年的污秽带进新年呢！俺家扫屋这活儿，都是由娘亲自操作。记得每到腊八日这天，从早饭后就开始忙活，娘指挥着我们把屋里的柜子箱、桌椅板凳、坛坛罐罐统统搬到天井，然后自己穿上破旧衣服，戴上风镜，举起那根绑上扫帚的长竹竿，由上到下，刷刷地打扫起来，那装扮，像极了现在的卫生消毒员。扫屋不仅仅是普通的家务活儿，还是一项完整的仪式，有一套严格的程序。我印象中有这样一个细节，动手前，娘先在天井中摆上饭桌，放上贡品，点香烧纸，磕头跪拜，同时还念叨着一些我们听不懂的话，想必是向诸神祈福吧？扫的时候还伴有口诀：一扫百虫跑，二扫病灾消，三扫财贝到……就像是使法驱鬼的钟馗，每每引得我们笑声不断。

　　扫屋说起来只有两个字，但干起来却相当复杂。不说3间房屋上上下下清扫起来多么不容易，单就把那些杂七杂八的家具一一搬出来，等清扫完后，再一样一样地搬回原处，往往就是一整天工夫。等把最后一件物件收拾完，天就上黑影了，人也累得腰酸背痛，饥肠辘辘。小的时候感觉扫屋新鲜好奇，跑前跑后添乱，可到了稍微大点儿，多少能干点活儿了，才觉得这扫屋真不是人干的营生，又脏又累不说，一不小心，还有可能让灰尘迷住眼睛，只好用手不停地揉搓，直把脸搓得跟小鬼儿似的。一岁年龄一岁心。懂事了，就开始置疑当时的一些习俗行为，觉得大人们在对待清苦的日子方面，投入太多的时间和精力不值得，因为劳而无功，效益甚少。比如这扫屋，扫来扫去，不还是那几间破屋吗？娘却不这样认为，始终坚持着自己的信仰：过年嘛，就得有个过年的样儿，要是脏乎乎的，天地神灵也不依！一年到头，娘的心里总是装满了太多的神灵。若干年后的今天，当再度回忆起当年扫屋的情景，不免又有了新的认识：日子可能不富有，但过日子的心要富有,不论生活如何不堪,都必须认真对待,绝不可以将就应付,以快乐的心情对待生活,再苦的日子也会变得美好,幸福。娘就属于后者,在她漫长的一生中,从来没有怨过饭不好吃,从来没有怨过活儿太累,像一只永不疲倦的陀螺,一年到头,总是带着希望和憧憬不停地旋转着。近些年,临浯的民居有了很大改进,房间面积扩大了,不少家庭安装了专用厨房和卫生间,人们终于体会到了什么叫窗明几净,特别是随着水电、煤气的普及,烧柴草的少了,从前那种黑黢黢的房屋已成为传说。不变的是,腊八日扫屋的习俗仍在传承着,那把绑在竹竿上的扫帚,秉承着年年的坚守,扫除着年年的陈旧,寄托着年年的希望,各家各户总是把里里外外打扫一新,以最虔诚的姿态,迎接新年到来。

腊月二十三,临浯人不称小年,而是直接叫辞灶。所谓辞灶,就是祖辈流传下来的一种祭祀仪式,即送灶王爷爷上西天,向玉皇大帝禀报该家庭一年来的表现。因事关重大,家家高度重视,竭力把灶王爷伺候好,求他老人家"上天言好事,下界报平安"。辞灶,也是过年这台大戏的正式开场。小时候,听不太明白大人的话语,一直把"灶王爷爷"说成是"早晚爷爷",就问娘:"这早晚爷爷在哪里?他怎么还不出来?"娘把脸一沉,教训道:"不许乱说!"有一次,为了让"早晚爷爷"多说好话,我顺手把一块地瓜抹在他嘴上,害得娘用草搓了好几遍手。奇怪的是,娘并没有责怪什么,只是笑了笑。虽然有"男不拜月,女不送灶"之说,可因为父亲常年在外跑脚力,家务活儿均由娘操持,包括这辞灶。娘事先买一张灶王爷画像,贴在锅台上,天快黑的时候,把果品、糖块、点心等贡上,等于为灶王爷饯行;另外的一碗清水、一碗黄豆当作饲料,专供灶王爷的座骑灶马之用,然后上香、烧纸。烧纸前,须先把地面清扫干净,将一摞黄裱纸铺在地上,用一只叫作"钱捻子"的专用工具按顺序敲打,打上古钱的印记,再用双手交叉划匀,那摞纸瞬间即成梅花状,整个过程行如流水,干脆利索,让人眼花缭乱,为之叫绝。不知为什么,这道工序必须由家中男丁完成,闺女只能看,不得沾手。到烧纸即将燃烬时,娘一边命我们跪下磕头,一边念叨:灶王爷爷上西天,买着爆仗买着鞭,多捎银子多捎钱,再过 7 天回家过年……最后,由我们燃放一挂鞭炮,列队欢送。

这场既庄严又神秘的仪式结束了,我们仍然站着不动,心里还在期待着一件事儿,依次站在锅台边,等着娘分发那些糖果点心。现在想来,当年我们盼望的辞灶,其实并不是为了前边的那一大套程序,重要的是最后的分享。对我们来说,那时候的一块糖果、一页点心实在是太有诱惑力了。不少有闯外的人家,早在腊月二十三之前就一趟趟地往车站跑,看亲人是否回来了,说是等着他们回家一起辞灶。那些游子们更是归心似箭,一般都会赶在这个节点前回到家中,为的就是不误辞灶。对于一个家庭来说,这灶台实在是太重要了,不论是泥垒还是砖砌,它始终坚守着自己的岗位,默默无闻,任劳任怨,常年累月奉献着自己的全部能量。对内,它养活着全家老老少少,让百姓得以繁衍生息;对外,它连接着千山万水,让天南海北的人们牵肠挂肚,念念不忘。都说父母在家就在,这话言简意赅,直击人们的心尖子。近些年来,随着父母相继离世,我很少回老家过年了,辞灶一事也就成了记忆。现在想来,哪有什么灶王爷爷,负责锅台大任的分明是娘啊,天天烧火做饭,日复一日,年复一年,大锅台就是娘的全部生活,一辈子为之累弯了腰,熬白了头,娘才是真正的灶王啊!

临沭人一直把"年除夕"说成"年除日"。"夕"字的本意是指时间,一般与"朝"对应,朝为早,夕为晚。因为是一年来的最后一天,把这天称为"年除日",似乎也没什么不妥。贴春联是"年除日"的重头戏之一。刚吃完早饭,各家各户就忙开了,有的父子搭手,有的兄弟配合,都是男丁干,少有女性参与,虽无明文规定,但一直这样传承,好像是在炫耀家族势力,表示人丁兴旺。

贴春联是个技术活儿,先用刀刮去往年的残存,拿笤帚扫干净尘土,把新联的反面铺在桌面上,刷匀浆湖,根据大门的尺寸找准合适位置,先固定好上部,再拿笤帚由上到下,精准有力地扫一下,形成基本雏形。然后,再目测核对一下是否有误,如无问题,接着向左右两边依次扫平,这样贴的春联才平整，抒展好看。如不得要领，就会皱皱巴巴，遭人耻笑。春联的内容，有传统的"天增岁月人增寿，春满乾坤福满门""忠厚传家远，诗书继世长"，也有祈盼吉祥的"向阳门第春常在，积善人家庆有余"等。庄稼人不懂诗词楹联，经常为哪联在上哪联在下争执不休，贴反了的也不在少数。有一年邻居家的二小子帮他爹贴春联，咋呼着提醒他爹："不对不对，反了反了，应该先贴这幅！"他爹根本不听，说哪有那么多讲究？二小子赌气把浆糊盆子一摔，说你自己贴吧，转身跑了。他爹一来气，从凳子上摔了下来，跌得直哎唷。写春联、贴春联既是一项古老的文化传承，也彰显着农家人的价值追求。我家有位德高望重的五爷爷，早年上过私塾，年轻时曾在大户人家当过账房先生。有一年，老人家戴着老花镜，端详着我写的一个"福"字说"福字待要好，口小田要饱"，末了又自言自语地说"田肥产粮多，小口吃饭"……廖廖数字，充满了人生哲理，老人家是在教导我们，为人要守规矩，不能有贪心，只有凭劳苦挣来的饭，吃了才会心安理得。

那个年代，村里能写毛笔字的人不多，多数人家要请人写，也就发生过一些有趣的故事。南河村有位老王头，平时嗜酒如命，一年到头醒的时候少，醉的时候多，是四邻八村的活笑料。有年他把请人写的对联早早贴上，不料引得人们指指点点，哄堂大笑。原来，书写者专门为他量体定制，写的内容是：见酒心欢喜，喝完如上天，横批是：再来一瓶。老王头虽然嗜酒，但性格极好，他听别人念完内容，嘿嘿一笑就算过去了。这是一片经受过古老文化熏染的热土，不管日子过得多么五饥六瘦，人们依然保持着积极乐观的心态，不断从生活中打捞出各种素材，编织着多姿多彩的岁月。张贴春联，是临浯过年的重要组成部分，否则就不叫过年。有闯外的不能回老家过年，族人一定会帮着在空宅子贴上春联。这些年，一些举家去城里生活的人家，老房屋常年上锁，可到了年除日这天，都会纷纷回来贴春联。贴上了通红的春联，也就有了人气，表明这一家还是有人的，人们用这种不言的方式捍卫着各自的尊严。红红火火的春联，象征着红红火火的日子，弥漫着农家院落的喜庆，寄托着人们心头的无限希望。

如果说上午的贴春联活动是年除日热闹大戏的开场锣鼓,那么下午的请家堂则是全剧的高潮。因为,这其中既包含着千百年来敬宗祭祖的大汉先民遗风,又承载着教化后人辩识未来方向的传承重任。因此,请家堂就成了这片古老土地生生不息的一个重要符号。

何为请家堂?最朴素的解释,就是请已故列祖列宗回家过年。在临浯,素有家庙祠堂之说,都是恭放敬奉先祖牌位的专门建筑。听老人讲,从前有的大户人家拥有自家的祠堂,当年打土豪分田地,被当作住宅分给了穷人。多数人家是建不起家庙和祠堂的,就有了一年一度的请家堂之说。这一古老仪式又分为三部分:请家堂、守家堂、送家堂,即年除日下午请,大年夜至初一守,初一天黑时分送。仪式一般在家族中最有威望的家庭中举行。在堂屋正中央北墙上,挂上一幅叫作"主子"的大幅圈轴,上面标记着家族先人的姓名简历(多数仅有姓名),"主子"下的大贡桌摆满各种贡品,以及两盏蜡烛、三炉香火。落日前后,族长或长辈手托传盘,上边放有烧纸、香炷、酒具,率一干族人面朝"主子"磕头跪拜,接下来,列队去村外的河塘湾边或十字路口,焚纸燃香,燃放烟花鞭炮,再次磕头敬请先人。结束这一程序,族长或长辈双手托举传盘,回到家中"主子"前安放停当,再行磕头跪拜大礼。至此,整个仪式全部结束。请家堂时段的村庄周边,构成了一个由家家户户共同演绎的大舞台,张王李姓,都在基本固定的位置分头行动。尽管当时没有路灯,但从鞭炮燃放的火光里,可大体看清人的模样。经历多了,不用近看,仅从鞭炮烟花的场面阵式中,即可分辨出是哪一家。于是,哪家有钱有势,就成了过年期间的话题之一。

小时候,对家堂的"主子"是什么,那些繁琐的程序是啥意思等,一直弄不懂,只知道各家都很在意队伍阵营是否强大,烟花鞭炮是否气派壮观,场面是否隆重热烈。后来才渐渐地明白,这其中有个可意会不言传心理,即这些能够代表一个家族是否人丁兴旺,是否团结有凝聚力。由此可见,这请家堂也有多重意义,其中就有着对外宣示家族势力的意味。千百年来的农耕文化,孕育了族人的立世之本、生存之道。惟此,才使香火得以传承,命脉得以延续。印象中,请家堂并不容易,有的年份北风呼啸,有的年份大雪飘飘,但风雪再大,也阻挡不住人们心头的火热。上至颤颤巍巍的耄耋老者,下到咿呀学语的黄口小儿,此时此刻,都会出现在敬宗祭祖的行列里,践行着那个永恒的信仰。20世纪60年代末至整个70年代,请家堂曾一度被当作"封资修"禁止,直到改革开放后,这老传统又回到临浯人的生活里。

"一夜连双岁,五更分二年。"不少人家房门上的这副对联,一下点到了大年之夜的精髓,也给人留下了丰富的想象空间,引领着千家万户,走进了唐太宗"寒辞去冬雪,暖带入春风"的诗境,迎接那令人激动又有些茫然的年五更。没有参加请家堂的女眷们,把里里外外打扫了个干净。因为从年五更守岁开始,一直到初一全天,是不能动笤帚的,人们造制的那些瓜子皮啦,水果把儿啦,爆仗纸啦等等,已经不是平常说的垃圾了,而是岁尾年初的好彩头,如清扫了,就等于扫走了新一年的财运。晚饭前,必须首先敬奉天地诸神,在堂屋门外摆上桌子,点上香炷,把刚出锅的饺子连汤加水盛上三碗,放上筷子,碗前是1把酒壶和3个酒盅。为什么要取3这个单数?据说是有讲究的,阳为双阴为单,鬼神属阴,故取单数。

大年之夜,各家各户的大门是不关闭的,为的是方便先祖先宗进出,但必须找一根木棍横放在大门下,称作"拦门棍",其作用就像《白毛女》中唱的那样,叫"大鬼小鬼进不来"。按说,这拦门棍须用桃木,一般都没有桃木,只好拿普通木棍代替了。那个年代的大年夜,所有带电的物件一概没有,准备的零食也极其简单,通常都是事先或买或自炒的瓜子,以朝阳花(葵花)种为主,长生果(花生)也不多,比较富裕的家庭才备有糖果、橘子、苹果和梨。如此单调的守岁,怎么坐得住?当年,我们的大年夜就是这样度过的,昏暗的煤油灯光,照不透漫漫长夜,只是,大家在不知不觉中又长大了1岁。条件虽然简陋,但规矩却不少,最忌讳说不吉利的话。为此,娘总是事先反复叮嘱:"都记好了,今后晌别不拉人呱啊(不说不吉利的话)!"还举例说,某人家的孩子不会说话,吃瓜子吃出个瘪子,咋呼说没有仁啊,挨了一顿揍。临浯方言里，"仁"与"人"不分，说"没有仁"，就是"没有人"，能不挨揍嘛！我想，关于"说过年话"一语，可能就来源于此吧？"田家占气候，共说此年丰"的诗句，就出现在了孟浩然的《田家元日》里。在说说笑笑中熬到了下半夜，早已人困马乏，往往都不由地睡着了。但不久，就会被隆隆鞭炮声惊醒，不用问，这是有的人家开始"发纸马"了。"发纸马"就是将各路神仙的座骑"纸马"烧掉，送神灵回天堂，过程还是老套路，烧纸磕头放鞭炮。随着"发纸马"的结束，整个大年夜的所有项目就全部完成了，这时的天也就放亮了。接下来，就进入了初一拜年的模式。尽管还黑灯瞎火，但小孩子们兴奋不已，早早穿上了专门为过年买的或做的新衣服。拜年分两个批次进行，第一批次是男丁，天不亮就出发，先从辈份最高的一家开始拜起，把整个大家族中所有的家庭都拜一遍。每到一家，先跪拜磕头，然后按不同称呼问一句"过年好"，说不了几句话就匆匆转到下一家。在拜年的队伍中，年龄较小的最兴奋，只有他们才有资格收到"压岁钱"。那时的"压岁钱"不像现在，一般都是三毛两毛的，当时并不觉得少。我最多的一次收到了一块钱，晚上睡觉都攥在手里，攥得手心出汗。

第二批次是女眷们的拜年，一般都在早饭后开始，可利用早上时间认真梳妆打扮一番，她们的拜年时间较长，能从容地坐下拉拉家长里短。一些过门不久的新媳妇，拜年就成了双方相互了解熟悉的好机会，很多家族人口众多，没有一年半载的认不过来。大年之夜，这个不同寻常的夜晚，就这样在一环扣一环的节奏中度过，仪式复杂繁琐，场面热烈隆重，过程紧张有序，把年过进了各自的理念，过进了每个人的生命，家家如此，年年如此。

在临浯语系里，人们通常把走亲戚说成"出门儿"。说到年事，就不能不提"出门儿"，因为这也是其中的重要一环。从大年初二开始，人们就开始陆陆续续地"出门儿"了，姥娘家、姑家姨家、儿女亲家，以及各类表亲，林林总总，所有亲戚都必须要走到，不然，亲戚就会"迷了门子"，生分疏远了。因此，各家对"出门儿"都格外重视，先去哪家，分别带什么礼物，都经过反复商讨,并且早在年前就已谋划好了。

要走的第一家亲戚,首选孩子的姥娘家,姑娘出嫁后不管多少年,总选在初二这天回娘家。在早先,看姥娘是要全家出动的,当时乡村没有像样的路,有的路程较远,加上孩子们尚小,走不了远路,人们就把独轮车铺上被子,盖上大皮袄,由女婿推着前往。去其他亲戚家,则根据关系亲疏,或大人或孩子,派个代表去就可以了。这"出门儿"并不简单,多少人家为之费尽了心思,路程远近不重要,重要的是带什么礼物。在那个物质匮乏的年代,这事儿曾难为过许多家庭。临浯"出门儿"使用的工具,多数是那种用顺河柳编的半篓子,通常在底部摆上几包饼干、点心,或自家蒸的馒馒,上边码放几股用高粱秆串起的香油果子(油条),口部用崭新的毛巾封盖,煞是好看。大家都很在意礼物的轻重,少了会遭外人耻笑,有人就在篓子里做文章,底部码放一层白菜帮子或者地瓜干,显得货多。当时各家境况都差不多,善解人意的亲戚一般不留或尽量少留,好让客人把礼物带回,继续出下一个"门儿",也就有了"出门一正月,还是满篓子"的说法。

在更早年间,临浯"出门儿"带的是一种烧饼。这种烧饼由两片薄面页组合而成,表面撒一层芝麻,呈球状,大小如现在的柚子,看起来个头不小,但里面却是空心,装篓子时需要小心翼翼,以免碰碎。拿烧饼"出门儿"的现象,竟引出了这样的俗语:半斗麦子打烧饼,谁家还不知道谁家;"出门儿"拿烧饼,胡弄亲戚。小孩子不当家不知柴米贵,却知道"出门儿"是好差事,能坐席吃到好东西。记忆中,俺家的"出门儿"总是轮不上我,主观上,要紧的亲戚即使不走也不会怪,比如姥娘、姑舅姨等,要是哪年不来"出门儿",都会心照不宣,知道是饼干点心香油果子不跟趟;客观上,我排行小,上有哥姐,该出的"门儿"都由他们出了。为此,我曾跟娘理论,凭什么不叫我"出门儿"?有一年,娘终于满足了我,在哥哥已经看望过姥娘后,同意我再去看望了第二遍。"出门儿"并不都是吃好东西,还有许多讲究。比如要穿戴整齐,礼貌周到,说话得体,免得丢面子。吃饭时,要顺着主人的节奏,不得太随便,主人动筷子后才能动,主人放也要跟着放,下筷子要夹面对自己的部分，不得乱伸。这方面，也曾闹出过一些笑话。有一年，邻居家二小子跟哥哥一起到姑家"出门儿"，菜还没上齐，他就迫不及待了，大声咋呼说："快来吃啊，好肴儿来！"这事被当作笑话迅速传开。从此，"好肴儿"取代了他原来的真名。多少年过去了，现在想来，这事儿并不好笑，童言无忌，平时都是清汤寡水，突然面对一大桌子美味珍馐，一个孩子怎能经得起这样的诱惑呢！如今，传统的"出门儿"也在悄然发生变化，比如有的人家一天工夫就把全部的"门儿"出完了，也有的于年前就走完了亲戚。变化的是形式，不变的是宗旨，正月里"出门儿"的欢声笑语，还是那么亲切撩人，浓浓的亲情叠加着祥和的气氛，继续在人们心头荡漾。

乡间喜事

——李凤玲

常常想起小时候看过的婚礼。中式古朴，简单纯粹，充满了人间情意。

小时候，日子穷。但大事小情，桩桩件件，都充满了仪式感、人情味。尤其是结婚，这件几乎要耗尽一家人心力的事情，不仅是一家人的事情，更是全村人的事情。

那时候的结婚日期，多是定在冬天。用庄稼人的话讲，叫"拾掇完了"。也就是利用秋收之后的空闲，把年轻人的婚事给办了。奶奶还说："冬天不仅有工夫，还能放住东西啊！那些饭啊菜啊的不容易坏。"

是啊，那时候没有冰箱，储存食物的最好方法，就是冬天的冷空气。

结婚的好日子是村里的老学究"查"出来的，他们捋着灰白的山羊胡，郑重其事地为新娘批八字、查日子。日子查好，便用红纸写了，由新郎择吉日送到新娘家去，俗称"送日子"。待到女方点头，日子便送下了。于是赶紧回家准备婚礼。

婚礼准备的序曲，是为一对新人做棉被。

记忆中，母亲经常被村里的人家叫去棉新被。而每次被叫到，她都会很开心。母亲说："给新人做棉被的，必须是'全命人'。啥叫'全命人'懂不？"我说："不懂。"

母亲一笑，说："就是父母健在、夫妻恩爱、儿女双全！"哦，原来是这么个"全命"法。怪不得母亲如此开心。她是在为自己的幸福开心，为自己在邻居们心里的完美开心！那时候，爷爷奶奶都身体硬朗，而父亲母亲的恩爱更是村人皆知，我们姐弟仨个也都健健康康，在风日里生长。日子可不就是个完美！

　　每次母亲做棉被回来,奶奶总是问:"几铺几盖?"铺盖,就是被褥。贫瘠的年代里棉被是头等重要的结婚装备。四铺四盖还是六铺六盖,相当体现新郎家的实力。大人的关注点在铺盖的数量上,我的关注点则在被面的花色上。

　　那些大花的被面,可真好看啊!底色都是大红,或者大绿。可是怎么就那么大俗,而又大雅。凤凰穿过了牡丹,孔雀张开了彩屏。还有那些缠缠连连的花叶,看似无序实则有致,无论图案还是色彩,都透着浓浓的中国风!它们舒坦坦铺展在大炕上,母亲和村里的婶子大娘们则围坐在四周,一边唠家常,一边做棉被。

　　棉絮是自家的棉花弹出来的,又白又软,一看就暖和。母亲的手很巧,婶子大娘们的手也都很巧。她们一层层地絮着棉花,它们还在被子的四角,缝进干花。菊花,木槿,蜀葵,蔷薇。春夏秋三季里,它们都曾热烈烈地开在院子里、大门外;冬天来临,风干后的它们被棉进喜被,为一对新人带去喜庆与祥和。

　　喜被的四角内缝进了干花,喜被的四角之外,则缝上了栗子大枣和花生。花生染成了红色,和栗子大枣浑然一体。它们提醒和祝福着一对新人,要恩恩爱爱,早生贵子。

　　棉被做好了,新郎家喜宴的主厨也已定好了人选。那时候没有饭店,所有的酒席都只能在家里吃。"莫笑农家腊酒浑,丰年留客足鸡豚。"那些炸鱼、炸肉、四喜丸子,全都油而不腻,味道纯正。前来贺喜的亲友们不仅吃个味道,更是吃个心情。

　　日子穷,看喜的方式也就简单实用,名字也相当乡土,就叫做"送饭"。多是带一刀肉,买一捆芹菜。五花肉红白相间,新鲜的芹菜翠梗绿叶。看喜的客人把礼物挂在车把上,然后蹬着自行车,叮铃铃一路响着车铃,去喜主家讨一杯喜酒喝。

　　我们学校的老师常被喜主家请去写喜联。老师是全村人的老师,深得一村老少的敬重。他自带笔墨,挽袖挥毫。

"洞房花烛夜,金榜题名时。"这是大门上的。"芝兰茂千载,琴瑟乐百年""天上双星渡,人间六礼成"是堂屋和睡房的。这些充满了诗词歌赋古典味道的对联,意韵悠长,历久弥新。

窗户上则贴了双喜字。也是婶子大娘们自己剪的。大红的喜字映着新糊的洁白窗户纸,灯光一照,喜气洋洋!

佳期将至。新郎官亲自来到我们学校,和老师商议婚礼那天的锣鼓家什。班里的男同学顿时精神抖擞,他们知道,又到了他们耍酷炫帅的时候了。那一天,老师会给我们早早放学,准备迎亲。

虽无牲酒赛秋社,却有箫鼓迎新婚。那一天,男生们都穿着干净的学生蓝,携了全套的锣鼓铙钹,列队村口,翘首以待。

"来了来了!马车来了!"负责报信的话音未落,男生们便迫不及待,落下了鼓槌。"咚咚锵,咚咚锵!"鼓声震耳,铙钹清脆。鼓槌、铙钹上飘着的红绸,和喜庆的曲子相得益彰。

夕阳在山。马蹄哒哒。车篷上的流苏晃晃悠悠。伴娘撩起前帘,露出了马车里低眉含羞的新嫁娘。

锣鼓家什愈敲愈烈。鞭炮也在此时炸响。正应了那句"锣鼓喧天,鞭炮齐鸣",真个似"普天同庆,大地回春"。

新娘就在这样的氛围里,被簇拥着进了院子。她穿了红棉袄,蓝棉裤,辫子上扎了红绸,腮上两团胭脂。

一拜天地。二拜高堂。夫妻对拜。送入洞房。没有太多的插科打诨,这本是严肃而隆重的仪式。新郎新娘都很羞涩,他们抿嘴浅笑,羞答答入了洞房。婚礼的主持将一盘小点心、糖果迎空撒下,我俯身捡拾,抢到了一个扭着花边的小糖夹。

花烛燃起来了。新娘坐在崭新的被窝上。"看媳妇儿"的挤了满屋。新媳妇腮上的两团胭脂氤氲弥漫,漾了满脸。

天地静谧。夜色温柔。那一场场冬日里的乡间喜事啊,让我至今怀想,念念不忘……

旧时端午粽子

——李凤玲

小时候，我不记得吃过粽子。但我却记得粽子的香。

应该是个午后，奶奶踮着小脚，去了村东的大河。她要去河里采苇叶。大米小米已经洗好淘净，小米很黄，大米很白，它们掺杂在一起，徜徉在黑色的泥瓦大盆里。

小时候的大河，总是长着丰盛的植物。有茼，有麻，有芦苇，还有亭亭玉立的荷。芦苇的腰身很直很细，叶子却很宽很长，它们在五月的风里站着，莽莽苍苍。

奶奶把采苇叶叫作"打"。她去打苇叶的时候，我没有跟着。我奇怪这样的一个小脚老太，年年都要把包粽子这件事，做得如此执着。

苇叶采回来，也泡在瓦盆里。在它一旁的大瓢里，还泡着红枣。

夜幕降临，掌灯了。奶奶开始包粽子。她先将苇叶伸展铺平，一层一层错落交叠，再用手将它们"窝"成漏斗形状。她捞一把盆底的大米小米，放进这个"漏斗"里。先放米，再放枣。枣放得非常谨慎，有时候是一颗，有时候是两颗。米和枣都已放妥，奶奶便两手交互着包裹和绞缠，直到苇叶将大米小米包缠得严严实实，滴水不漏。然后，奶奶便用苞米皮捻成的细绳，将粽子缠紧，绑实。摆叶，放米，夹枣，包裹，绑绳。奶奶的工序严谨，动作麻利。包好的粽子依然被放在一个黑色的瓦盆里，棱角分明。奶奶会在第二天一早，就将它们煮进大锅。

我还在炕上睡着，奶奶的粽子就出锅了。我闻见了它的香味，清清凉凉的，非常独特。

这么香的粽子，我却不记得我曾经吃过。也不是奶奶吝啬。奶奶要拎着它们去看大姑,去看二姑。老话总是说,"嫁出去的女儿,泼出去的水",而能让她们理直气壮与娘家相连的,就是一个又一个的节日。

我不馋奶奶的那些粽子,我也不觉得奶奶吝啬。我希望姑姑们幸福,岁月给予她们的,已经太过单薄。

艾蒿

奶奶去打苇叶的时候,顺便还采回一大抱艾蒿。村东大河紧靠着树林,树林里的植物名目繁多:益母草、蒌蒌菜、马齿苋、芙子苗……艾蒿的味道最为特别,叶子是淡淡的绿,泛着浅浅的白,叶的边缘参差有致,弯出好看的曲线。它和粽子一样,属于端午,属于五月。

早晨醒来,觉得耳朵里毛茸茸。用手一抠,有东西从里面掉出来。奶奶正在灶下忙着烧火,听见声音赶紧走进屋来:"别抠别抠,快塞上,省得夏天招毒虫儿。"尽管觉得不舒服,但因了奶奶的这句话,我还是乖乖将艾蒿塞回耳朵。身为女孩我天生胆小,我怕极了夏日里各类虫儿的泛滥猖獗。那时候家里没有任何的灭虫措施,艾蒿是唯一的神器。

奶奶不仅将艾蒿塞进我的耳朵,还将它们插在屋檐下,铺进席子底。于是家里的边边角角,到处都散发着艾叶的香。奶奶还将它们编结成一根又一根长长短短的草绳,燃在夏季漫长的夜里。烟雾缭绕上升,奇异的香味熏跑了蚊虫。我躺在院子里的凉席上,听着奶奶的故事,数着天上的星星。

草绳就趴在凉席一旁,火头闪着点点的红光。

五丝

端午当日,奶奶总是起个大早。她悄悄地给我的耳朵塞上艾叶,又偷偷地给我的手腕和脚腕扎上五丝。我奇怪奶奶是用了怎样的法力,才将这项也算比较复杂的工程,进行得不露痕迹。

红红的太阳透过了窗户纸,刚刚醒来的我,正要把手伸向耳朵,却让腕子上的五彩丝线，晃了一下眼。红黄蓝绿黑，正好五个颜色。那是母亲夹在鞋样子里的花线，奶奶一个颜色挑出一根，轻轻地用手一搓，便将它们捻成了五彩斑斓、崭新的花色。

看看我的，再看看姐姐的。她的花色和我完全相同，倒是弟弟，他带的却是单一的红色。除了手腕脚腕，他的脖子上也带了一根，大红的颜色，和虎头虎脑的弟弟一样，神采奕奕。

奶奶说："弟弟小，三岁以前就得带这样的。"奶奶还说，我和姐姐小时候也是这样带的。我表示非常怀疑，因为弟弟总是受到家庭的特殊优待，他拥有的东西总是和我们不同。他的衣服前襟上还挂了一个用丝绸和花线做成的荷包和扫帚，奶奶说这样弟弟就能在夏日熏人的风里，恣意成长。

长大了。结婚了。一进五月，母亲也总是带着粽子来我的新家，就像当年奶奶去看望我的姑姑。时光的轮回总是让人慨叹，如今的粽子也已经不只属于端午。它们非常日常地呆在各大超市，里面的大枣一颗挨着一颗。我用花露水给儿子驱赶着蚊虫，他已经不知道艾蒿是一种怎样的植物。我笨手笨脚地为儿子搓好花线，却无论如何也扎不出奶奶当年的那份神秘……

二月二

——苑汝花

二月二的步子很快，像个刚脱下过年华丽衣裳的调皮小不点儿，不经意间就从春节的身后钻了出来。春姑娘的脂粉匣儿还尚未打开，刚在柳条儿上抹了几笔浅浅柔柔的绿色，二月二就急切地把她牵了出来。

乡村人对这个日子是敏感的。二月二一大早，村子里就"处处遥闻打囤声"了。各家的当家人在院子里端着盛了草木灰的簸箕，轻轻敲打或者颠动边沿，草木灰均匀撒下，款款落成一个个大大的圆圈，圆圈旁边再撒出一架小小的梯子。"二月二，龙抬头，大囤尖，小囤流。"流传千年的打囤风俗，在老家的父辈人这里还完整地保留着。

春开解冻，雁阵北飞，犁牛遍地。二月二是农人一年耕种的开始，打囤是仪式，是祈愿，也是给自家画下的一幅丰收蓝图。

这蓝图我们小时是看不懂的，我们只会把这些圆圈当作皮筋一样在里面蹦跳嬉闹。孩子们所青睐的二月二，是大锅里翻炒着的啪啪炸响着的豆粒儿，是满空间里都飘着的活泼泼的香甜。

二月二的炒豆在我的家乡叫"蝎子豆"，也叫"炒蝎子脚"，这大概跟老北京的"照虫虫，敲炕沿"出处一致。"二月二，照房梁，蝎子蜈蚣无处藏"，"敲呀敲，敲炕沿，蝎子蜈蚣不见面"。二月二后是惊蛰，土地醒了，蛰伏的虫类也开始活动。二月二其实就是催醒万物的起床号。

平日里场院中，木棍敲击下滚落一地的黄豆粒，在这一天，不，从前一天就已经开始，俨然成了主角。妇人们将黄豆洗净、泡开，捞出来摊放在盖垫上，拿大太阳底下晒至半干。二月二这天拿出来放大锅里翻炒，谓之"蝎子豆"。炒出来的豆粒儿酥脆爽口，香而不腻。很多的人家还会在炒熟的豆粒上再裹上一层炒糖。炒糖是个技术活,各家孩子聚一起玩耍时,小手里拿出的"蝎子豆",从糖的颜色是黄是白、粘手不粘手,一眼便辨别出谁家主妇的手艺好。

小时候的二月二里,还有一种与"蝎子豆"并存的东西"地瓜枣儿"。煮熟的地瓜切成片或条,摆在里面糊了窗户纸的木窗格上,一天天任由慵懒的阳光将它们晒到透明。时时会有麻雀在窗前飞来飞去,它们和小时候的我们一样,善于偷窥美食。

正月里的太阳畏冷,很晚才出来,早早又躲回去了。所以地瓜片地瓜条的晒制颇费时日。好在家家都有耐心,被小孩偷吃掉的还有充足的熟地瓜可以补上。那偶尔偷吃到的地瓜条,韧性十足,能在牙齿和手指之间抻得很长。那份特有嚼头的甘甜里,还有着暖暖的阳光味道。

二月二那天,将晒制好的地瓜切成指头肚大小的菱形,上锅一炒,就成了"地瓜枣儿"。 我们的童年里没有零食,"蝎子豆"和"地瓜枣儿"就是二月二给我们带来的奢华美食了。在那梦里从未离开的小村子,那些陈旧的老屋内,那家家灶上的大黑锅里,翻炒出了多少香甜啊!

"二月二新雨晴,草牙菜甲一时生。"蜀中地区将这一天谓之踏青节,我那些生活在鲁中农村的老家人却没有这么浪漫。我们除去冰封的冬季,每天都奔波在田间地头,田野的复苏与满目的青绿于我们是司空见惯的生活常态,是活计和收成。家乡人憨厚拙朴,那些传留下来的风俗,也都简单而务实。

二月二倒是个"耍日子",村里的小媳妇们这一天解脱了正月里不能回去住娘家的枷锁,可以兴高采烈回爹娘身边疯一疯了。据说古代的新媳妇可以从二月二在娘家一直住到三月三。

"二月二,龙抬头"的由来毫无疑问是先祖们智慧的结晶。古代天文学中,二十八星宿里的角、亢、氐、房、心、尾、箕七星组成了"东方苍龙",在雨水后惊蛰前,苍龙的角宿初露地平线,这是龙抬头的真正由来。

到乡村这里,"龙抬头"与星宿已没了关系。早年间的私塾先生会选择在"二月二"这天收生开学,"二月二龙抬头,龙不抬头我抬头",取个"鱼跃龙门、独占鳌头"的吉利。

如今,"龙抬头"的风俗在二月二这天一股脑儿涌进了理发店里,正月里不剃头的习俗将个二月二挤得异常热闹。

二月二虽不是个重大的节日,但乡亲们从来没有忽略过。它像野地里那些小小的紫花地丁,不起眼地开放着,在春寒料峭里,早早地给人们带来一些美好信息。

故事传说

渠河沿岸的梁祝传说

——王玉芳

自古至今,关于梁祝的传说流传广而久远,遍及全国众多地区,其内容也大致相同,著名的小提琴协奏曲《梁祝》更是享誉海内外。而流传在渠河沿岸诸城、安丘一带的梁祝传说却别有一番情味,以其真实、凄美而独具特色。时至今日,位于诸城市相州镇梁山屯村西北小梁山上当年梁山伯祝英台求学的塾堂遗迹至今尚存,大门石墩及书房寝室仍清晰可辨;而石桥子镇北梁祝"十八里相送"的小石桥至今犹在,这座不大的悬砌石桥光滑、结实,历史久远,相州距小梁山恰恰十八里整;特别是在渠河北岸一条通往安丘的旧道旁,那座高耸的"英台坟"(梁祝冢),南望渠河,北览安丘,都是这个凄美的爱情故事的见证。梁祝传说在诸城、安丘均被列入非物质文化遗产名录。

笔者外祖母家是安丘市官庄镇的辛庄子(现已合并入南李家庄村),外祖母的娘家就是诸城市祝家楼村。小时候经常听她用小曲的形式哼唱梁山伯与祝九红(祝英台)的故事。也就是从那时起,梁祝的爱情故事就深深地印在我脑海里。

相传梁山伯是诸城市相州镇梁山屯村人。梁家早年富裕,怎奈山伯的父亲去世早,撇下了山伯母子相依为命,家道逐渐败落,家中生活仅靠母亲雇短工经营几亩薄地为生。待山伯长到 16 岁时,母亲省吃俭用,把梁山伯送到了村西北 3 里远的小梁山的塾堂里读书,因塾师曾是梁山伯父亲的好友,故而山伯在塾堂处处受到师父的关照,成绩甚好。

也就是在这里,梁山伯结识了女扮男装前来读书的祝英台,两人同室居住,兄弟相称,感情笃深。一晃 3 年过去,直至学业完成下山,山伯也未察觉出英台是女儿身,在送祝贤弟回家的路上,两人畅叙友情,只恨路短!一直送到如今诸城市石桥子镇北的小石桥上,才被英台劝住,这就是有名的"十八里相送"。

分别之时,英台面对相处3年的厚道、朴实的梁兄,爱恋之情再难自制,于是提出为自家的小九妹作媒许配梁兄,并叮嘱山伯定要早日到祝家提亲,山伯点头应允。

当山伯再回山拜别师父时,才从师母那里得知英台即是小九妹,于是前往诸城市石桥子镇西的祝家楼提亲。谁料,英台父亲祝员外已将英台许配给了安丘市官庄镇马家庄有权有势的马家公子马文才,只让山伯见了英台一面便将其逐出大门外。

山伯回家后悔恨交加,相思成疾,一病不起。病入膏肓之际,他嘱咐母亲:"我死后不要葬到别处,就埋在里丈河北岸。"因为这里是祝家楼至马家庄的必经之地,活不能相守,死后也想再见英台一面。山伯去世后,梁母依照儿子嘱咐,将其远葬到现今安丘市官庄镇桥北头村东南的渠河北岸的路边上。

据传,祝家楼祝家是出名的大户,共4支,祝员外膝下无子,只有祝英台一个女儿,在女中排行第九,小名叫九红。平日里比较娇惯。古时候女子是不能进学堂的,祝员外禁不住女儿苦苦请求,就同意了英台女扮男装去小梁山求学。

英台上山以后,一直隐瞒真实身份,两年过去竟无人察觉,直到第三年临近学业将止,才被师母窥出些端倪,发现了英台是女儿身的秘密。师父思忖良久,没有揭穿这个秘密,英台得以平安下山。

祝英台回家以后,父亲已将自己许配安丘富户马家马文才。父命难违,她整日以泪洗面,再闻山伯殉情而死,肝肠寸断!于是在出嫁上轿前提出要求:必须在里丈河北岸山伯坟前落轿一次,以祭拜梁兄亡灵,否则绝不上轿,祝员外和马文才只好答应。

出嫁那天,祝英台穿上新娘子的衣服,上了迎亲的花轿。在路过梁山伯的坟墓时，祝英台走出花轿，脱去红装，露出一身白色的衣服。走到墓前，英台眼望梁兄墓碑，悲痛欲绝，声泪俱下，历数梁兄情意后，撞碑而亡！家人无奈，遂将英台合葬于此。

还有一种很普遍的说法，无疑是掺杂了人们的美好想象——祝英台出嫁那天，在路过梁山伯的坟墓时，忽然狂风大作，花轿不得不停下来。这时候，"轰"的一声巨响，梁山伯的坟墓露出了一道很大的裂缝，祝英台微笑着跳了进去。气急败坏的新郎马文才在后面一把没拽住，手中只拽下了两块布条。接着又是一声"轰"的巨响，坟墓合上了。顿时风和日丽，一对美丽的蝴蝶在坟头翩翩飞舞，这就是梁山伯和祝英台的化身。

在今天的祝家楼村，祝姓村人都矢口否认该村有英台其人。多少年来，祝姓人一直延续着梁祝不通婚的风俗。而且凡是表现《梁祝》内容的戏剧、电影、鼓词一概不准进村演出，也不许祝姓村人到外村听看。因为祝家认为，本族出了祝英台这样一位"没有家教，有辱门风"的女子是一件没有颜面的事。这个事实反而佐证了祝英台确实是祝家楼人。

梁山伯与祝英台的故事是中国四大民间传说之一，被称为东方的《罗密欧与朱丽叶》。渠河沿岸的梁祝传说据考最早始于南北朝时期，完整故事形成于唐，由艺人传唱或表演即在宋代了。而且有真实的村名、真地点，更有真人物、真情节，较之其他地区的传说更完整，当地老到叟妪，小到稚童，津津乐道，流传之广，影响之深，无处能比。

"人字湾"传说

——张 晋

秸秆试水　深不可测

诸城市石桥子镇都吉台村三面环水,北邻渠河,荆河由村西南流向东北与渠河合流,行成"人"字。交汇处水域宽广,地势下陷,形成"湾状",人称"人字湾",当地人也叫"银字湾"。"人字湾"南北宽 200 多米,东西宽500 多米。

"人字湾"周围被成片的参天古树包围着,水很深,但到底多深谁也说不清。都吉台有个人想弄明白"人字湾"的水深,把高粱秆接起来放到水里试探,当接到第四根高粱秆时还没够到底,从此再没有人试过。

由于"人字湾"水深面阔,大鱼特别多,发大水时,大鱼把水给堵住了,水流进村子里,晚上村里的人看到"人字湾"水面上出现了 8 个灯笼晃动,据说是那些鱼的眼睛。都吉台村西北的后沟和西沟的交汇处有个大湾叫马家湾,湾里也有很多大鱼,这些鱼和"人字湾"里的鱼经常在夜深的时候变化成人形互相串门。

千百年来,有许多离奇和美丽的传说,给"人字湾"蒙上了一层神秘的面纱。

水上拜堂　男女对饮

以前,"人字湾"北沿石埠村里有两个男子,晚上喝酒,醉酒后打赌,由一个醉汉去一探究竟。

醉汉找了一棵柳树爬了上去。心想这会也差不多到时间了。突然间河里闪出了亮光,定睛一看,水里走出来了一个姑娘,手里提着一个灯笼,巡视了一下,确信没有人后,又回到了水里。

突然,水里出现了一领竹编大席铺在水面上,有人抬来一张矮桌放在席上,小姑娘端上菜酒。随后从水里走出一位少女和一位书生,两人就坐后,一边饮酒一边谈论,不时发出笑声。

醉汉挽弓搭箭朝河面上射了过去。眼前情景顿时消失了,突然狂风大作,醉汉被狂风吹落地下,幸亏有河边有高粱棵让醉汉拽着,不然醉汉肯定会被吹到河里淹死。

早上,有人在"人字湾"发现了一条被挖了眼睛的大黑鱼,人们说是那个巡夜的姑娘没观察好,被主人杀了,而女子和书生是鲤鱼精变的。村里的老人说:"那是'人字湾'里的大鱼成了精后,变化成人形在拜堂成亲。

木匠奇遇　两颗珍珠

从前都吉台村有个姓赵的木匠,想到河北边去干活。刚到"人字湾"天已黑,眼前闪出一片别致的院落,从房内走出一位女子,走到木匠身前,说:"我们家需要一位木匠作活,你愿不愿意住下干?"木匠答应了。

这个家庭中还有一个男子,赵木匠和他们相处得很好。赵木匠发现,厢房内有两个大水缸,他每天把水挑满后发现第二天大缸里的水就没有了。有一天晚饭后,他发现这对男女进了厢房,就趴在门缝上看,发现两条大长虫在缸中蠕动戏水,木匠忍不住惊叫一声,听到声音后大长虫立刻现了人形。第二天,这对男女把木匠叫到跟前说:"我们家没有什么活了,今天就回家吧!送给师傅半袋豆子!"木匠走出厅房,发现院落和亭台楼阁消失了。

木匠嘀咕,给半袋豆子有何用!把豆子倒入河中,拿着袋子回了家。回到家,老婆老得不敢认了,自己还是年轻时的样子。老婆说他离家已20年,木匠大吃一惊,说:"干了这么长时间挣了半袋豆子,我倒进河里了。"妻子拿过袋子发现角里还落下两粒,是珍珠,木匠后悔莫及。

村妇向善　鱼精报恩

以前,渠河水泛滥,三面环水的都吉台村浸泡在水中。那时的房屋都是用土墼盖起来的,水中泡久了绝大多数倒塌。

村中有一妇女,丈夫去世,留有一双儿女,生活艰难。这天上午村妇领着两个孩子到村西边大近戈庄去走亲戚。刚到村南头,看见河湾里全是鱼。很多村民前来捕捞,两个孩子捡起路边的碎石头扔进水中,往鱼身上砸。村妇对孩子说:"别扔石头了,砸在鱼的身上多疼啊! 会死的!"孩子们很听话,不再往鱼身上扔石块。下午,她们娘仨从大近戈庄返回都吉台村时,天已黑。自家房子倒塌后无处安身,她们找到一处没倒塌的屋山墙底下,打算将就一晚。村妇刚和孩子躺下,感觉远处有人往她身上扔小石头,村妇厉声呵斥,石头停了。突然,天空中下起了大雨。雨点只滴落在她娘仨睡觉的范围,她领起两个孩子找其它地方避雨。屋山墙倒了,正好砸在她们要睡觉的一方。村里的老人说:"一心向善,菩萨心肠,水里的鱼精回来报恩啊! "

皮狐子精　神话传说

"人字湾"历史悠久,水深莫测,留下了一个个传说。以前,"人字湾"附近住着个老嬷嬷。一天,老嬷嬷蒸上一篮子包子、饽饽去看外甥。

老嬷嬷在离闺女家不远时,打算歇一会儿再走。突然看见一老妇人朝她走来,身后的尾巴耷拉到地。原来这老妇人是一个皮狐子精。皮狐子精看见老嬷嬷,于是上前问道:

"老婆子,往哪儿去?"

"去俺闺女家看外甥。"

"篮子里盛的什么东西?"

"包子、饽饽。"

"给我尝尝。"

老嬷嬷扔给皮狐子精的包子,它都吃了。皮狐子精问:

"你闺女家在哪？"

"在前面的村里。"

"你外甥叫什么名？"

"女外甥大的叫炊帚疙瘩，小的叫笤帚疙瘩，男外甥叫扫帚疙瘩。"

皮狐子精吃掉了老嬷嬷，打扮成老嬷嬷的样子，朝村里走去。

皮狐子精打算假扮老嬷嬷将3个外甥吃掉，想尽了一切办法，但是最后被外甥们用智慧摔死在一棵树下的枯井里。从此，再也没有人遇见过"人字湾"的皮狐子精。

积善之家　必有余庆

以前，临浯石埠村有个生意人叫张思敬，家境富裕，先后娶了4位夫人，但他到40岁还没有儿子。有个看相的人一看见张思敬就说："你没有儿子吧？"张思敬说："是的。"看相的人说："你不但没有儿子，而且到了9月有大灾难。"

张思敬认为他的话很灵验，急忙到南方去收取财货，回来后正值北方雨季，浯河水猛涨，不能行船，只得暂住在石桥子都吉台村客店内。

晚饭后，雨停了，他到浯河边去散步，走到都吉台村北宽阔的"人字湾"时，看见一个少妇跳进水中自尽。他花20两银子让别人将少妇救起来。并给了少妇卖两头猪得到假银子双倍的钱，以便让她不受丈夫埋怨，好好活下去。

少妇回到家，便把这事告诉了丈夫。晚上，夫妻俩去客店感谢张思敬，在接待少妇及少妇丈夫过程中，坚持夜晚男女授受不亲的道理赢得了少妇丈夫的尊重，并巧合地躲过了客房后墙砸死自己的劫难。

后来张思敬的4位夫人一连生了8个儿子，依次是儒魁、大魁、选魁、立魁、顺魁、超魁、明魁、武魁，其中有两人取得功名。张思敬一直活到98岁才去世。

石牛的传说

——张广萍

很久以前,景芝镇芝畔村西北角的洪沟河南岸有一个巨大的石牛俯卧在岸崖上。牛头伸向水面,好像正在喝水的样子,牛身在向南的地下无限地延伸。一块像老牛槽的巨石横卧河底,所以,此处也叫老牛槽。

关于这个石牛,当地有一个神奇的传说。从前,芝畔村北邻伏留庄有一个大地主,家有很多土地,也养了许多鸡、鸭、牛、羊。其中牛养了99头,这些牛全部圈在石牛子这一片放牧。有一天傍晚,放牛娃把牛赶回家,一数,竟然发现少了1头牛。地主很生气,他以为是放牛娃捣了什么鬼,把他的牛给卖了或者是打死处理了,就把放牛娃暴打一顿,连审带问也没弄出个啥名堂来。说实在的,就是放牛娃自己也是纳闷,他还是和每天一样尽心尽责地放牛,每回都很认真仔细地看护这99头牛,每天都数无数遍,生怕把牛放丢了。可这就奇怪了,怎么少的1头牛?自己压根也没弄明白。放牛娃就这样挨了打骂克扣了工钱不说,还被赶回了家。地主又重新找了一个放牛娃,可是,新来的放牛娃只放了一天,晚上把牛赶回家,又少了1头牛。地主照样很生气,同样把放牛娃打骂了一顿,赶回了家。此后几天,地主又换了放牛娃,结果晚上把牛赶回家,一数,又少了牛。一连几天,天天如此。放牛娃换了一茬又一茬,牛也少了10头,地主越想越生气,但也毫无办法。

转眼1个月过去了,一天夜里,地主熟睡之后,做了一个奇怪的梦,梦中一头老牛腾云驾雾来到地主面前。老牛降下祥云,站在炕前,竟然开口说话了:"我是洪沟河南岸的老石牛,这几天总共借了你10头牛来帮助贫者耕种,等到了秋冬10月,我还给你12头大肥牛。"说完,老石牛驾祥云而去。地主从梦中惊醒,回想梦中情景,不觉埋怨起来:老石牛啊!老石牛!你也不事先告诉我一声,就把牛借给穷人使唤,害得我冤枉了好人,唉!老地主越想越生气,他不禁怨恨起这头石牛来。

没过几天,恰巧从南方来了一位风水先生,他在地主家借宿,地主好酒好饭地伺候着。有一天,俩人喝酒喝到兴头上,风水先生就问:"老弟,我看你有心事,说出来,我给你化解化解。"

地主一听,便一五一十地把最近发生的怪事一股脑儿告诉了他。风水先生听完,深思了一会,说:"明天你带我去看看那头石牛,到时候我再给你想想法子。"

地主领着风水先生来到了老牛槽,看到石牛俯卧在水边,头高高昂起,犄角弯曲,粗壮有力,双目传神,嘴角微合,牛鼻子里似有热气冒出,浑身上下透着一股神气。再看旁边,祭品遍地,纸灰堆积。风水先生看了半天,回头对地主说:"这头牛道行很深,我对付不了它,我给你指条路,你照着我说的办。明年有一位大将军来这里打仗,这位将军就是我们未来的真龙天子,你央求他把这头石牛杀了,然后你要在下游拐弯处挖一亩地的盆型大坑,准备接血。"他又趴在地主耳边细细地叮嘱了一番,俩人就离开了石牛。

转过年的春天,朱元璋攻打山东,来到了伏留庄,山东巡抚带领军民在这一带奋力抵抗。全民皆兵,耕者拿起锄头是农民,拿起矛盾就是兵将。朱元璋久攻不下,心中郁闷,就在这时,地主来到了朱元璋的营中,说有要事相报。朱元璋命卫士把他带进帐中,细细询问。地主说:"你要想打胜仗,需要这里的一头石牛相助才成,但这头石牛当地人把它奉若神明,虔诚膜拜。它是这一带周围人的心灵向导,它有一种不屈不挠的牛的犟劲,你要是把它这种精神头给压下去,你才能取胜……"老地主就把风水先生教的话给朱元璋说了一遍。朱元璋一听有理,就寻思起解决办法。

有一天深夜,朱元璋化妆成普通老百姓,悄悄地潜入老牛槽。月光下,那头石牛正安详地俯卧在河边,悠然自得地聆听着潺潺的溪水声,一点也没有预测到自己将要厄运临头。朱元璋站在高粱地边,顺手扯下一片秫秸叶,那叶子顿时化作一柄利剑。朱元璋冲着石牛大吼一声:"吾来斩汝!"说时迟,那时快,一剑下去,鲜血四溅,白色的石牛瞬间就被鲜血染红,周围的土地也被染成红色的了。从此以后,石牛就永远变成了红颜色的了,周围的土地也变成了红色的。现在的"红土崖"就在"老牛槽"的不远处,还有朱元璋在牛脖子上留下的剑痕至今还在。

后来,人们为了纪念石牛,在石牛后面加了个"子",所以现在人就叫这地方为"石牛子"。也是对石牛的一种爱称吧!

朱元璋攻占山东后,势如破竹,直捣幽州。原来那个风水先生就是朱元璋的御前军师刘伯温,他装扮成风水先生预先来刺探情报,发现了石牛,也看到了石牛的精神影响力;他还会看地理,看到这里地肥水美,人杰地灵,又有神牛庇佑,所以,就借地主之手,在伏留庄村后偏西,挖了一处接血盆子,断了九龙山延伸之脉,名义上是接石牛血,实际上是破了此地的风水。

李左车的传说

——刘浩泉

安丘西南部属沂蒙山余脉,虽没有崇山峻岭之险,也没有层峦叠嶂之势,但也算是绵延起伏,这里有山有泉,也有神。李左车就是被当地百姓尊称的一位神——雹泉爷爷。

关于李左车的传说有很多,在我们当地有,在江南有,在东北也有。至于他是人还是神,亦有不同说辞。翻阅史书,纵览传说,李左车既有客观、真实的一面,亦有传奇、神秘的成分。

据《山西通志》记载:李左车"赵将李牧之孙也,父泊,秦中大夫詹事。左车事赵王歇,封广武君,即今代之故广武城也"。

在《史记·淮阴侯列传》中,也记载了李左车的故事。他与韩信论兵,留下了"智者千虑,必有一失;愚者千虑,必有一得"的名言。

在《资治通鉴》中也有同样记载。在《辞海》《中国人名大辞典》中,对李左车都有或长或短的介绍。

在京剧《霸王别姬》中,就有关于李左车的戏份。戏中说,是李左车设下十面埋伏之计,并亲自诈降项羽,从而使项羽深陷重围,最后自刎乌江。

在蒲松龄的《聊斋志异》中,也有《雹神》篇,记述了李左车降冰雹于沟渠而不伤庄稼的故事。

民间广为流传的李左车的故事也很多,有"赊荞麦救江南百姓""唐王重修不记楸""伏魔天神""雹神赐神泉""李左车三件宝""雹不为灾""一棵红高粱"等。

有一年江南大旱,从早春到立秋,滴雨未见,江河断流,土地荒漠,百姓四处逃生。直到末伏时节,终于下了一场大雨。但是,此时已经错过了播种季节,其他庄稼都不能下种了,唯有种植荞麦还正是时候。可是,本地从未种过荞麦,到哪里去弄种子呢?正当乡亲们发愁之际,只见一位须发皆白的老头背着口袋进了村子,口袋里装满了大家急需的荞麦种。乡亲们欣喜若狂,更让乡亲们喜悦的是,老头的荞麦种只赊不卖。他走街串巷,走了一户又一户,赊了一村又一村,但口袋里的种子似乎一点也没见少。乡亲们感激之余,问及老头家住何处。老头道:"我乃李左车,家住山东青州雹泉。现将种子赊予你们,等天下风调雨顺、五谷丰登之时,我再来收种子钱!"说完便离去。

第二年,江南果然大丰收,家家户户余粮满仓,于是,乡亲们想起了救命恩人,便自发地将种子钱凑了起来,等着老头来取。可是,一等不来,二等不见,乡亲们迫于报答救命之恩,便选出两名办事可靠的村人,带上所有的种子钱,来到了山东雹泉。进村一打听,有一位长者说:"李左车是我李家的老祖宗,已去世很多年了。"来人一听,更觉李左车其人不凡,便由李氏家人引荐,把部分种子钱买成了香和纸,到庙中祭拜雹神——李左车。

二人回到江南,向乡亲们述说了雹神的故事,人皆惊讶。一时间,江南官宦名流、巨富商贾,以及善男信女,都争相集资捐款,重修了雹神庙。从此,雹神庙名声大震。每到农历六月二十七日雹爷生日这天,成千上万的人从四面八方赶来,祭拜雹神,祈求平安。

战国末期,山东有一个小山村叫雹泉。一天晚上,村里有一户李姓人家的媳妇生下一男婴,孩子居然长了一条长长的尾巴。孩子的父亲以为自己的老婆生下了怪胎,这无疑是不祥之兆,便不顾妻子的劝阻,当即拿起菜刀,把孩子的尾巴砍了下来。孩子疼痛难忍,嚎啕大哭了5天5夜。这个孩子被父亲取名为李左车。

李左车从小聪明好学,博闻强记,过目不忘,就其秉赋,确实异于常人。长大以后,因其才能卓越,成为赵国重臣,被赵王歇封为广武君。后来,赵国因其宰相成安君固执迂腐,在与韩信交战中,不听从李左车忠言进谏，致使兵败国亡。

韩信早就听闻李左车才能卓著，不但没有诛杀他，反而拜他为师。李左车感其恩德，积极地为他献计献策，助其打赢了三次大的战役，共同辅佐刘邦建立了大汉王朝。就是那时，李左车留下了著名的千古名句"智者千虑，必有一失；愚者千虑，必有一得"。

李世民东征高丽，胜利归来。路过雹泉庙时，没有下轿，于是，天气骤变，狂风夹杂着冰雹突降，令李世民无处躲避。赶紧下轿，祭拜雹神。祭拜之后，风雹渐息。李世民随即降旨，命人重修此庙，并植下楸树几棵。后人把这个故事说成"唐王重修不计楸"。

还有一说，李左车本是天宫里的一条神龙，下凡人间只是为了完成玉皇大帝赋予的使命。去世以后，被埋葬于雹泉附近。其灵魂化为一条没有尾巴的黑龙，常飞翔盘旋在落鸦石村的上空，庇佑一方百姓平安。

此时，东北白龙江的龙王之子小白龙，仗其父亲之势，无恶不作，肆虐人间。一日，小白龙居然跑来雹泉，强抢民女为妻。一向疾恶如仇的黑龙"秃尾巴老李"听闻此事，勃然大怒，即刻腾云驾雾来到雹泉，与小白龙展开了殊死博斗。小白龙终因年幼道行尚浅被"秃尾巴老李"斩杀在屠龙沟里。之后，黑龙便想，其子如此作恶多端，其父肯定也好不了哪里去。为永保百姓平安，黑龙决定斩草除根，便一路赶往东北，想找老白龙算账，经过了七七四十九天的决战，老白龙终于败下阵去，也被"秃尾巴老李"斩杀。白龙江边的百姓对白龙父子的所作所为早就恨之入骨，只是敢怒而不敢言，现在，闻讯老白龙被"秃尾巴老李"所斩，无不欢呼雀跃。为报答其恩德，便把白龙江改名为黑龙江。

在众多的故事中，无论是对现实生活中李左车的真实写照，还是对天宫神龙的传奇塑造；不管是除暴安良，还是为赵献计、帮秦建业。透过史书和传说的内容，凝结故事的精髓，可以概括地说：李左车是善良、正义、勇敢、忠诚的化身。从故事的内容看，也充分体现了一方百姓崇尚正义，向往美好生活的愿望。

"斗鸡台"的传说

——张 晋

诸城市石桥子镇都吉台村与老家南北隔渠河相望,不足 1 千米。说起这个村,颇有些来头。

都吉台古遗址就在"斗鸡台"上,南北长 103 米,东西宽 72 米,总面积7416 平方米,文化层厚 8.5 米,下层为龙山文化,中层为商周文化遗存,上层有汉代遗物和唐宋遗存,内涵十分丰富。现村坐落在汉平昌故城遗址上,据文字记载,台下有井,传说井内有龙出入,故又曰"龙台"。此井在乾隆十一年下大雨时坍塌,已是枯井。关于斗鸡台,郦道元在《水经注》中记载:"浯水经平昌城北,城之东有台⋯⋯⋯名为斗鸡台。"明万历《诸城县志》中亦有记载:"斗鸡台,在城阳城东北,高两丈,圆六百步,春秋鲁昭公二十五年(前 517),季氏与郈氏斗鸡处。"

据了解,中国社会科学院考古研究所等部门曾在此地多次调查,经专家考证,都吉台遗址处多次发现西周、春秋、战国及汉代墓葬,先后出土了饕餮纹饰的铜尊、双耳铜簋、铜鬲、爵、车马器、鼎及一套完整的编钟,对研究龙山文化、商周遗存及春秋战国时期齐、鲁、莒等诸侯国的势力范围、疆域、文化交流情况等有着极为重要的价值。目前,诸城市博物馆陈列的很多文物比如春秋时"子孟姜"盘、东周玉斧等都是出自这个台子。

古老的斗鸡台原有城门 16 个,大量的出土文物证明,从西周时这里已有人居住。

此地汉代为平昌故城,几经兴衰。西汉属琅琊郡,东汉属北海国。三国时,魏置平昌郡于此,后郡废,县属城阳郡。晋复置平昌郡,以县属之。北魏初仍属平昌郡,后改属高密郡。北齐废,入安丘县。

故城南北长 1000 米,东西宽 900 米,面积 90 万平方米。故城东南角有一高约 7 米的土台,俗称"龙台",又称"斗鸡台"。据考察,故城内的"斗鸡台"及其周围,是一处龙山文化至商、周时代的古遗迹,汉代、唐宋时期的遗物也十分丰富。遗址对研究东夷文化及山东半岛地区与中原文化的交流,有着重要价值。1979 年被列为县级重点文物保护单位。

清咸丰十年,村民为防捻军骚扰,组成民团,加固圩墙,增岗设哨,保护村民及外来难民安全。民团首领是当时颇有名气的进士。由于措施得力,百姓无恙,盛传"都吉""都利",人们便根据此义,把斗鸡台改称为"都吉台"。

都吉台还是全村的救命台。1974 年 8 月 13 日,荆河、渠河因暴雨导致河水猛涨,来势凶猛,全村淹没在一片汪洋之中。大水过后,都吉台全村仅剩下树木和房基没被冲走,全村老少 2000 多人全逃到台子上,无一人因洪水死亡。

季郈斗鸡　杀身亡国

斗鸡在战国时期已很盛行。《国策·齐策》记载:"临淄甚富而实,其民无不吹竽、鼓瑟、击筑、弹琴、斗鸡、走犬。"《史记·袁盎晁错列传》记载:"盎免病居家,相随行斗鸡走狗。"寒食斗鸡在魏晋时尤盛。据说唐代从宫廷到民间斗鸡也很盛行,在全国以"斗鸡"和"斗鸡台"命名的村落和坪台数不胜数。斗鸡是以善打善斗而著称的珍禽,又名打鸡、咬鸡、军鸡。两雄相遇或为争食或为夺偶,相互打斗时会激烈地啄咬,还会用鸡距劈击对手,斗鸡的场面相当激烈。

话说村东"斗鸡台",相传为春秋时鲁大夫季氏与郈氏斗鸡之处,还引发出一段因斗鸡而相互残杀终至亡国的故事,在当地流传甚广。

据《史记·鲁周公世家》记载:鲁昭公二十五年(前 517)鲁大夫季孙意如(即季平子)与鲁大夫郈恶(即郈昭伯)相约在台上斗鸡。上场的公鸡都是经过特殊训练的纯种公鸡。为了取胜,双方都要了点鬼花招,季氏将芥末面撒在鸡翅上，欲以辣坏郈氏鸡的眼睛取胜，郈氏则在鸡爪上暗缚铜钩，欲以利爪斗赢。两只鸡从上午战到下午，未见分晓，两人求胜心切均同意晚上挑灯夜战，直斗到天昏地暗。结果郈氏鸡获胜。季氏甚为恼火，侵入郈氏之宫。郈氏见此情景，联合臧氏到鲁昭公处状告季氏，于是昭公在不明真相的情况下竟盲目派兵讨伐季氏，季氏抵挡不住，即向昭公请囚请亡，趾高气扬的昭公皆不许。走投无路的季氏遂即秘密联络叔氏、孟氏合力攻打鲁昭公，结果鲁昭公兵败失国逃亡，被孟氏所杀。后来郈氏亦被孟氏杀死。

公鸡司晨　母鸡生蛋

在都吉台一带还流传着一个关于唐代宋公子斗鸡的传说。

相传唐朝宰相宋璟在朝为一品大员，堂堂正正，治国有方，可他的小儿子宋衡，人称宋公子，却是个游手好闲之辈。因宋衡排行是老幺，自小就很娇惯，大了以后，不务正业，喜欢干些斗鸡耍狗的事。一天他从学馆里没精打采地走出来，走到十字路口，看见两只大公鸡正在打架，顿时来了精神，连蹦带跳奔过去就喊："鸡斗，鸡斗！快往前凑，谁要不斗，日它老舅！"说着就弯腰瞪眼地看起来。那两只鸡就像受了他的鼓励，劲更大了。你扑过来，它冲过去，越斗越凶，越打越猛，谁也不肯服输。宋衡看得入了迷，顺手拉过一个富家公子就说：

"哪只公鸡能胜？"

富家公子说："'大黑袍'能胜！"

"不，我说'锦羽鳞'能胜！"

"你敢跟我打赌？"

富家公子说："打赌就打赌，20个铜钱！"

说完俩人就勾手盟誓，为各自的鸡加油鼓劲儿。那两只鸡直斗得鲜血淋漓，羽毛横飞，还是不肯罢休。过了一会儿，只见那"锦羽鳞"定了定神，振了振翅儿，一个飞龙钻沙跳上去，咬住"大黑袍"的喉管儿，把它压在身子底下。那"大黑袍"几次挣扎，也翻不过身来，终于拖着翅膀逃走了。这位宋衡高兴得一蹦老高，立刻跟那富贵公子要来20个铜钱。宋衡把钱放在手里，掂了掂，心里想：要是能把那个"锦羽鳞"买到手，让它天天跟别的鸡斗，准能成为一只"斗鸡王"，那才更有意思哩！可是一看，那只大公鸡已经跑远了，就赶紧追上去，跟在后面看它是谁家的鸡。追来追去，追到一个观音庙里，见一个老奶奶正在用簸箕簸粮食，就向老奶奶说明来意。老奶奶笑了笑指着旁边一只"雪里白"母鸡说："要买就得连我这只母鸡一块买去。因为它们是天生的一对儿，谁也离不开谁。刚才就是别的鸡欺负这只鸡，大公鸡才去跟它们斗哩！可是要买母鸡价钱就得加两倍，30钱才行！"宋衡说："你这母鸡能下金蛋，还是能下银蛋，咋这么贵呀？"老奶奶说："又能下金蛋，又能下银蛋，就看你有没有那福份。"宋衡听了只好把两只鸡一块买走了。

宋衡得到这两只鸡，既不敢让母亲知道，又得瞒着学馆里的先生。只好找了个偏僻的地方去耍。于是就跑到平昌城南面的山岭上，那儿又宽敞又僻静，是个十分理想的斗鸡练习场。起初，宋衡的"锦羽鳞"总不肯跟人家的鸡斗，有不少人耻笑它是个"草鸡毛"。宋衡气得真想一刀把它的头剁了。后来想起买鸡时老奶奶的话，心里忽然明白了。从此宋公子每次斗鸡之前，先让"雪里白"跟人家斗，斗败之后再让"锦羽鳞"出马。"锦羽鳞"果然斗得十分凶猛，每斗必胜。这样一来二去，宋公子斗鸡就出了名，还挣了不少钱。

有一天，宋璟从京城回到平昌城，在家里看不到宋衡，又到学馆里去找，也没见他的影子，后来听说在东南边斗鸡台斗鸡，就急匆匆到那里去了。一出东门，就见台上围满了人，宋璟挤进人群往里看。此时，宋衡斗鸡正斗到兴头上，只见他正挥手弄拳地给鸡加油。宋璟一看忍不住拨开人群厉声喝道："农民废耕，学生黜学，都来斗鸡，成何体统！"众人一看宋丞相发怒，都悄悄溜走了。宋衡见父亲站到面前，吓得跪到地上说："孩儿不敢了，孩儿不敢了！"宋璟怒气冲冲地说："你这个纨绔小儿，不务正业，往后不准你到这里斗鸡！"说着就要把宋衡领走。宋衡既不敢不听，又舍不得丢下那两只鸡，就吞吞吐吐地说："那，那两只鸡也是我的。"宋璟看看斗鸡台上的那两只鸡。说："公鸡司晨，母鸡生蛋，让它们各务其本去吧！"

　　宋衡走了以后，那两只鸡白天飞到城南山岭上打食儿，晚上就住在斗鸡台上。每天清晨"锦羽鳞"按时打鸣，就像钟表一样准确。声音又大，又好听，全城都能听到。人们听到鸡叫就起来耕做，十分勤奋。"雪里白"呢，天天生蛋，从不间断。有时人们耕地起得早了，也能捡到个金鸡蛋。大伙儿都说，这是宋丞相对咱的恩惠啊！

历史文化

渠河流域三大古文化遗存
考古资料追寻记

——王锡文

渠河（浯水）流域是潍坊南部和莒（县）沂（水）北部古文化重要发祥地，从新石器时代晚期开始，众多东夷族先人就在古浯水岸边和流域内生存，留下了不少古文化存，大多属于大汶口文化和龙山文化。比较典型的有处于古浯水岸边的安丘景芝遗址，有处于古浯水流域内的安丘峒峪遗址和胡峪遗址。这3处遗址都在1957年由山东省文物处考古人员进行了系统的考古发掘，事后也都形成了系统的考古报告并公开发表。但是，在安丘市内，却一直没有系统的相关资料留存，难以见到这3处遗址的考古报告全貌。

从2012年到2015年，我工作之余查寻了3年。找到以后细细阅读，蓦然发现，自己的努力是比较有意义的。因为上古时候，安丘等潍坊南部地域，是古老的东夷人的重要活动区域，是一块历史悠久、人文荟萃的文华之地。远在五六千年前的新石器时期，先民就在这块土地上栖息劳作，创造了有五六千年之久的古代文化。而能够对这一论点提供强力支持的重要论据，就是景芝遗址、峒峪遗址和胡峪遗址这3处古文化遗存，并且都在古浯水即今渠河流域里。

接触三处遗址信息及查寻资料过程

对于景芝遗址，我知道得较早。1996年，我到景芝酒厂采访时，看过关于景芝酒的历史资料，得知中国目前最早的酒器——蛋壳黑陶高柄杯，就出自安丘景芝，有5000年历史了，珍藏于中国国家博物馆。2010年，景芝酒业公司"酒之城"博物馆建成以后，景酒公司又将1957年山东省文物处人员在景芝进行考古发掘的现场照片制成版面，挂在了墙上。每次去采访，都禁不住驻足观看，感慨景芝酒深厚的文化底蕴和安丘先民曾经创造的灿烂文化。有时也会遇到参观者详细询问此事，可是无论是解说员还是跟随采访的自己，都是一知半解，不能让参观者满意。后来我也几度试着从本市的一些书籍资料中找一找，可找到的皆是一些零散的引用性资料。

对于峒峪遗存的接触，是在2000年左右通过报社同事的介绍，说是20世纪八九十年代初，有好多外地的文物贩子曾经到雹泉镇老峒峪村大量收购过地下出土的黑陶罐子，当时村民都不重视，后来才知道那都是文物，是几千年前老祖宗留下来的宝贝。于是就对这一遗存的相关信息开始留意了。

对于胡峪遗存，则是离得最近——就在我老家北边4千米处，可是又知道得最晚。确切地说是在2009年9月份，石埠子镇党委委托我撰写有关材料时，我才偶然发现老家附近就有个十分重要的"考古学上的胡峪遗存"，顿时有"数典忘祖"之感。

就是从2009年得知还有个胡峪遗存这一刻起，为了不再"忘祖"，我决定要把这3处古文化遗存的完整详细的资料一一找全。于是查寻这些史料就成了工作之余的最大爱好，也是作为一个安丘人、作为一名新闻工作者的心愿。到了2012年，这个心愿，也算是一种"使命"，驱使着自己要有所行动，必须把渠河流域里的这三大古文化遗存的情况弄清楚。有机会就通过自己任职的《潍坊日报·今日安丘》报纸完完全全地奉献给安丘市的读者，让每位读者都真正了解安丘的历史到底悠久在哪里、安丘的文化到底灿烂在哪里。即让这代表安丘古代灿烂文化的三大遗存的全部资料完全公开在读者面前，实现大众化、普及化，而不再是只能被相互转摘使用的比较稀罕的零星资料。

从2012年起，我利用采访之便，到相关部门、单位和部分文史专业人员那里进行过查访，可是没有人能够提供确切的信息和完整的线索，也或许是知道却又有所保留。我还到景芝镇区、辉渠镇老峒峪村、石埠子镇胡峪村实地调查过,也没得到有价值的线索。在寻查过程中,发现不少人其实也同我一样,对这事一知半解甚至浑然不知。直到 2014 年,才有了实质性突破。2014 年 6 月里一天,我在安丘市博物馆馆长刘冠军的帮助下,到诸城市博物馆查找 20 世纪 50 年代至 70 年代出土于石埠子、现存于诸城市博物馆的文物,其中有战国莒公孙朝子大型铭文编钟编镈、鹰首壶和青铜鼎豆等多件国家一级文物。在向诸城博物馆资深馆员韩岗同志请教时,他向我介绍了考古界的《文物》《考古》等几种国家级学术刊物和查寻考古资料的途径方法等。

于是,我首先于 2014 年 8 月份自费找到了关于峒峪和胡峪两处遗址当时发掘的考古报告资料,没想到这两处古文化遗存的发掘报告还是并在一起写的,即 1963 年山东省博物馆王思礼等人在国家级刊物《考古》上发表的《山东安丘峒峪、胡峪新石器时代遗址调查》。

可是对于景芝遗址考古资料的查寻,仍没有结果。到了 2014 年 12 月份,安丘老乡、广东省旅游文化协会会长、中国著名旅游作家、中国十大当代徐霞客之一、四川省旅游局原常务副局长李存修应家乡之邀,回故里小住一段时间。我听说后前去拜访,正遇到景芝酒文化研究会的几名同志也在,就谈起景芝遗址发掘之事。其中一名同志看到我查寻心切,就安慰说在研究会里可能存着 1957 年省文物管理处来景芝遗址发掘后形成的一份考古材料,可以提供参考。接着,在景芝酒业公司首席文化官冯金玉,以及景芝酒文化研究会李福仁、赵奉祥、逄顺路的帮助下,那份完整的《山东安丘景芝镇新石器时代墓葬发掘》报告转到了我手中。

终于,经过努力,到 2014 年 12 月底,标志证实着安丘具有古老灿烂文化的 3 处重要古文化遗址的原始的、完整的考古资料,全部在我手中了。现在来看,省文物部门对安丘 3 处遗存的考古发掘和形成的结论报告这一事件,当时应该是一件大的新闻,可到今天已过了 50 多年了,就不好作为新闻报道出现了。而对这些找齐的材料,是及时地、如实地、全部地介绍给安丘的广大读者,还是存着以备以后自己写相关文章时摘抄使用?我决定选择前者。就以连载的形式,于 2015 年 3 月 3 日到 14 日,在《潍坊日报·今日安丘》在第 960 期、961 期、962 期、964 期、965 期报纸第四版的"发现安丘"专栏中,将《山东安丘景芝镇新石器时代墓葬发掘》和《山东安丘峒峪、胡峪新石器时代遗址调查》这两篇考古报告全部刊发出来,实现了与读者的资料信息共享。重要的是,这两份考古报告的重新刊发,安丘市民知道了这 3 处都位于渠河流域的古文化遗址,让更多的安丘人了解安丘古老的灿烂文化,也促进了各镇对这几处古文化遗址的进一步保护和对各自辖区内渠河的保护。

完成对这 3 处遗址考古资料的寻查与刊发,作为一名新闻工作者,做好了传播信息、服务社会与公众的工作,也了却了自己的一桩心愿。

一起认知三处遗存的辉煌价值

这 3 处渠河流域内的古文化遗存,是安丘历史悠久和灿烂文化的扛鼎性代表,也是河流为先民提供生存地点和先民在河滨居住、创造文明的典型例证。对这 3 大古文化遗存的科学系统性发掘,都是在 1957 年进行的,而考古报告的正式发表,也分别是在 1959 年和 1963 年,距今都已有 50 多年了。这 50 年多来,考古界的考古鉴定技术手段大大提高,社会上对历史的认知观点和方法进一步丰富,所以,有必要在尊重最初考古发掘的基础上,结合这 50 多年来考古界新发现,对渠河流域内这 3 处古文化遗址的生成原因、具体文化类型和蕴含的价值,进行再认识、再探讨。我则综合请教了相关人员,尝试着对这 3 处遗址做了简要梳理。综合的感觉就是:这 3 处古文化遗址如同一只 3 足大鼎屹立在安丘大地上。而这"鼎身"上,应该镌刻着这样两行大字:安丘具有五千年文明史,古浯水哺育了安丘灿烂古文化。

(一)景芝遗址是大汶口文化成熟期的典型

景芝遗址是山东省考古界对安丘先秦文化遗存的第一次科学性系统性考古发掘,所得的材料弥足珍贵。

首先从生成原因上来说,这个文化遗存是大河文化的产物。景芝遗址处于今景芝镇区西南部浯河岸边。这是中国古代文化类型中的平原文化和河滨台地文化的体现。浯河古称浯水，是潍水的一条重要支流，潍水两岸是中国上古时期即夏代以前东夷部落的发祥地和主要聚居区。

其次从文化类型上来说，景芝遗址属新石器时代晚期。作为当时考古主要负责人的王思礼在考古报告中基本倾向是属龙山文化类型："葬制以及陶器形制上，多接近于龙山文化……另外也看出了它们之间的互异的地方，景芝镇的鬶和大部分鼎的形制与两城、龙山的有些不同，而稍接近于曲阜夏侯和新沂花厅村；黑陶高柄杯也不见于两城和龙山，而出现于曲阜夏侯、东魏庄及湖北天门石家河等遗址；三足钵形鼎亦见于花厅村；尖底缸又与南京市北阴阳营同；红陶大口圆底钵形三足鼎则不见于上述各遗址。更重要的还是陶质，景芝镇的陶器以红色陶为主，亦有灰陶和白陶等，两城、龙山则以黑陶为主并有白陶，而红色陶、特别是细泥红陶少见……初步认为景芝镇墓葬的陶器，应该列于龙山文化系统之内。但它都不同于所划分的两城——龙山——辛村各期。"

而后来的考古证明，王思礼当时的预见是正确的，景芝遗址是属于大汶口文化，只不过是晚期，但也比龙山文化早了 1000 年，距今在 5500 年至 4500 年之间。

再是从价值上来说，古浯水哺育的景芝遗址的信息是丰富的，地位是高端的。我们不说出土的 10 件玉器，我们只说陶器就行了。先从那 8 件黑陶高柄杯说起，这是在考古界最先发现的最早的中华酒器。王思礼在考古报告中说："这种高足杯以往很少发现。1958 年我们在曲阜进行复查试点时曾见于东魏庄、大果庄和夏侯村。"而景芝遗址的发掘时间为 1957 年 11 月，这说明景芝遗址发掘出的黑陶高柄杯是出土最早的。这黑陶高柄杯后来就成为见证景芝有酒五千年的标志物。同时也就证实了东夷人很可能是我国粮食酿酒的最早发明者。而要酿酒，必须要有充足的粮食。这一点就说明当时景芝一带是粮食产出非常丰富的地方。也就又证实了古浯水下游一段为什么又叫"运粮河"。

重要的一点，是这黑陶高柄杯本身就是一件非常具有艺术性的器物。在距今 5000 年前的景芝一带，因为古浯水的灌溉滋养，物产丰富，粮食充足，先人们利用大量的余粮酿酒，掌握了先进的酿酒技术，还造出了至今都难以完全复制的精美的艺术性饮酒器具。这高柄杯还有一同出土的 3 件尖底陶缸、10 件陶罐、7 件陶鼎、4 件鬶类、5 件陶豆，以及陶盆、陶碗、陶钵等器物，不仅说明了当时酿酒器具的丰富多样，还说明当时涉及到生活生产各方面的一系列陶器制作工艺的先进和技术的高超。

据说，当时的考古发掘不是很彻底，从而与一种文化类型的命名失之交臂。王思礼在报告最后也说："至于它的年代问题，由于材料还感不足，尚有待于将来发掘较多的遗物来解决。"所以当时就将景芝遗址暂定为早已发现的龙山文化类型，而到了 1961 年，由于在泰安大汶口遗址的发掘比较完整，出土器物比较典型，所以考古界就诞生了一个不同于龙山文化的新的文化类型——大汶口文化。其实，大汶口遗址出土的文物，在景芝遗址中已经大量出土，只是没有真正彻底地发掘和系统地整理。若当时的考查发掘再深入一点，再彻底一点，那说不定在考古界就会有一个"景芝文化"了。

需要指出的是，催生景芝新石器文化的大河水源不是现在的景芝浯河，而是发源于沂山东麓太平山之阳的古浯水。王思礼在报告中说："浯河发源于（景芝）镇西南 20 千米的官庄一带，经镇南和西面绕道流向东北的吴家漫，汇潍河奔入渤海。"其实有误，1957 年的景芝浯河，上游来水，一是临浯的运粮河，二是洪沟河。运粮河来水是渠河，渠河则源于太平山；洪沟河也不源于官庄，而是源于羊埠岭北，更长的一个小细支流则是出自劈雷山和寒登山之间。而从更长远的历史时空来说，这景芝浯河，是古浯水的下游部分，浯水源于今太平山西麓的临朐县沂山镇大官庄村和太平山之南的临沂水县圈里乡红石峪村及二郎峪。也就是说，5000 年的景芝先民，饮用的是源自沂山东麓太平山之阳的古浯河之水。

（二）峒峪遗址包含多种古文化类型

峒峪遗址位于今安丘市辉渠镇老峒峪村，这里是渠河支流店子河（金牛河)的上游峒峪河的发源地。

众所周知,大汶口文化类型多在山前小平原地带和河边台地。如果说景芝遗址是属于平原加河边台地类型,那么同样具有大汶口文化特征的安丘峒峪遗址就是典型的山前河涧冲积小平原型。"峒峪"二字的本义是"山洞和山谷"。古人类是从山洞中走出来的,沿山间河谷一步步走向平原的。王思礼在当时的报告中也把峒峪遗址初步定为龙山文化类型:"……以上各点都说明了峒峪和胡峪两处遗址与两城镇的龙山文化属于同期,但此次没有发现两城镇常见的半月形双孔石刀。"可是后来的几次考古发掘证明,辉渠镇老峒峪村的古遗址是一处包含了大汶口文化、龙山文化、岳石文化和商周遗存的延续时间较长的遗址,时间跨度有 2000 年之久。从而说明这一带是非常适合人类居住并能不断繁衍的地区。

峒峪遗址在 1957 年考古挖掘出土的器物主要是石器,另有蚌器、骨器、陶器等。石器中,有 11 件石斧、14 件石铲、2 件石锛、4 件石凿、9 件石刀、1 件石镰、1 件石镞、1 件石纺轮;蚌器有蚌刀、蚌镞各 1 件;骨器有骨锥 1 件;角器有角锥 2 件;陶器,有陶罐 56 件、陶盆 20 件、陶碗 4 件、陶壶 8 件、陶杯 4 件、陶鬶 1 件、陶豆 8 件、陶鼎 4 件、陶器盖 5 件、陶环 1 件、陶纺轮 1 件、陶弹丸 1 件等。并且后来又在出土的陶器中发现了稻壳,说明这一带有稻作农业,即气候非常湿润,以此为据,可以得知当时还有不少现在在江南一带才有的丰富的动植物。而从 20 世纪 80 年代又有大量文物贩子到此收购黑陶器来看,这里的文物存量是非常可观的,峒峪遗址的面貌还需要进一步发掘整理。

(三)胡峪遗址包含着明显的强烈的东夷人特征

胡峪古遗址位于今安丘市石埠子镇胡峪一村西北,这里接近渠河的最重要支流孝廉河的发源地,孝廉河从遗址边流过。之所以说孝廉河是渠河的最重要支流,是因为渠河在 1957 年以前曾叫"大浯河",而孝廉河则在元、明、清时被当地人别称"小浯河"。

胡峪古遗址是典型的山间小盆地加河泉文化类型。王思礼在报告里说："（此处）东、南、北面为宅子埠山、后埠子山和北山环抱。"其实，他提到的山只是这遗址近处的几个小岭，而向南200米，就是那以"山水擢秀"而著称的太平冈。胡峪遗址正处在太平冈最东北端之下，源于太平冈怀中的孝廉河从该遗址前面流过。这又是安丘先民依山而居、滨涧而生的代表。

此处在1957年以前，就陆续出土过石斧、锛、刀和黑陶罐、杯、鼎、鬶等遗物。并出土过周代铜剑、镞等物。1957年王思礼等人在此处发掘出的器物有：石器共6件，分别是石斧1件、长方形石锛1件、残石镰1件、石矛头1件、石镞（即石箭头）2件；蚌锯1件；骨器有骨锥1件、骨针1件；角器有角锥3件；陶器有陶罐6件、陶壶2件、陶杯2件、陶盆2件、陶碗4件、陶纺轮3件。其中陶器为泥质黑陶、泥质灰陶、白陶、泥质红陶和央砂红陶等陶系，多为轮制，除素面者外另有竹节纹、弦纹、划纹和圆饼以及盲鼻饰等。

据考证，胡峪遗址最早的类型是龙山文化时期，并一直延续到商代、周代，2000多年绵延不断。特别是从出土的石矛、石镞来看，狩猎已经成为早期胡峪先民的重要生产方式。也说明那时在太平冈一带生态环境非常好，生活着丰富的可供狩猎的动物。

更需要着重指出的是，胡峪遗址中出土的"石矛""石镞"，就说明当时此地的先人们已经熟练地将长矛、弓箭用于生产和生活了。这是东夷人"从大从弓"特点的直接实物例证。也说明4000多年前的我们渠河流域内的"胡峪先民"是东夷人的重要组成部分之一。

位于渠河干流上的景芝遗址，位于渠河支流上的峒峪遗址和胡峪遗址，分别代表着4500年前的安丘东部和中南部、南部先民的生产生活情况。在4500年前，甚至在5000年前，在渠河流域内生活的潍坊先民，就以自己的勤劳和智慧，创造了遥遥领先于华夏其他地区的辉煌文化。这3处遗址，也是我们古老的渠河所孕育的上古文化的杰出代表。

庵上石坊琐记

——郑 岩

山东省安丘市石埠子镇庵上村有一座石结构的清代牌坊，远近闻名。10 多年前，我曾与哈佛大学美术与建筑史系汪悦进教授合作，完成了《庵上坊——口述、文字和图像》一书，以这座牌坊为中心，对艺术和历史研究中的一些问题进行了讨论。该书 2008 年由北京生活·读书·新知三联书店出版。第一版售罄后，2016 年出版了修订版。李连科、李存修两位先生约我写一篇短文介绍这座牌坊，我不敢辞让，其实，这个问题我已放置多年，没有什么太多新鲜的东西可说，只能简要介绍一下我与汪教授过去调查的一些材料和相关的研究，内容多是炒冷饭，祸枣灾梨，不胜惶恐。

我们当年那本小书的基本材料，是我 1993 年从山东省博物馆借调到山东省文物科技保护中心协助工作时，参与测绘庵上石坊的成果。当时，安丘市文化局计划对庵上牌坊进行维修保护，委托省文保中心制定维修方案，为此需要先进行测绘。文保中心常兴照主任委派总工程师黄国康先生和我负责这项工作。我是安丘人，能参与这个项目，当然求之不得。在市文化局徐宝福局长、市博物馆陈立兴馆长的支持下，为期 1 个月的野外测绘工作进行得十分顺利。陈馆长派博物馆王修德、贾德民两位先生协助我们工作。当时，我们还得到庵上镇委、镇政府的大力支持，镇文化站马炳烈先生也给予了热情的帮助。

这座牌坊立于今庵上村中心十字路口西北。据村里老人回忆，早年村子规模较小的时候，牌坊位于村南东西向大路的西端。

牌坊的结构并不复杂，为四柱三楼式，门道东西向。1993 年实测的高度为 9.13 米。2009 年，由山东省文物局下拨专项经费，安丘市文化局主持对庵上坊进行了保护性维修。这次维修首先除去了地表后来的垫土,揭露出原有的地坪。在这个情况下重新测量的高度,应该有所增加,但总体上来说,这座牌坊的体量不算太大。

除了几道铁梁外,牌坊全为石灰岩雕筑而成,共用石材 170 多块。牌坊的四根方形立柱深埋于地下,底部是四个须弥座。须弥座以上,两边柱东西各有一抱鼓石。两中柱东西侧为方形依柱石,其顶部为圆雕的狮子。铁梁和立柱交叉在一起,构成牌坊的骨架。位置最高的铁梁包藏在正间石雕的上额枋内,通过西面残破处可看到其内部的结构。次间上额枋的石雕保存完好,其内部有无铁梁,则不得而知。

正间上下额枋之间的字牌当地人称之为"匾",两面阳刻文字。东面的大字为"节动天褒",西面为"贞顺留芳",上下款的小字均为"旌表儒童马若愚妻王氏节孝坊"。次间的匾较小,东西两面皆刻"大清道光""己丑岁建"。道光己丑岁为道光九年,即公元 1829 年。

正间的上额枋以上置六个方斗,正中央是所谓龙凤牌。龙凤牌东西两面皆刻"圣旨"二字。方斗间安插透雕"卍"字的垫板,两侧"卍"字的方向左右相反,寓意"吉祥万德之所集"。每个方斗上又并列两短方柱,外连装饰覆莲的垂柱,各垂柱间以骑马雀替相连接。雀替上又透雕菱形的"方胜",下部为变形龙纹。次间上额枋以上也有与正间相同的结构,只是因为两次间的跨度较小,每间只有三组。清代民间建筑一般不准使用斗栱,因为牌坊名义上是由朝廷恩准修建的,可不受此约束。可能以石材仿造复杂的斗栱,在工艺上不易实现,庵上牌坊并没有直接采用斗栱,而代之以勾勾连连的垂柱、骑马雀替等,但视觉效果与斗栱并无太大区别。牌坊正间、次间均为歇山顶。四坡的瓦垄、勾头、滴水、椽子、望板等构件,雕刻得十分精确。正楼的正脊中央立一圆雕的雄狮,背负火珠,狮子的头部偏向西。次楼正脊的装饰较简单,只有一块三角形的如意云头石。正楼、次楼的正脊两端均刻有吻兽,戗脊上分别刻戗兽、蹲兽、套兽各一,角梁上有斜出的龙首形雀替。此外,每个角上的套兽下皆悬一铁铃,共 12 枚,今多已残坏。

与建筑结构相比,牌坊的装饰工艺更为复杂。最让人目眩心动的"圣旨"牌和字牌四周是高浮雕和透雕的云纹与行蟒。蟒为四趾,和龙的五爪不同,可能与制度有关。行蟒在层层云朵间或隐或现,上下腾跃。透雕的镂孔曲曲折折、玲珑剔透,使观者忘记了石头坚硬生脆的特质,文字在透雕的衬托下也格外醒目。

次间上额枋是高浮雕(局部为透雕)的四时花卉,北次间东面雕春牡丹,南次间东面为夏荷,南次间西面为秋菊,北次西面间为冬梅。次间下额枋的雕刻为吉祥题材,北次间东面雕一大两小3头狮子,寓意"太师少师"。南次间东面所刻大小白象寓意"父子拜相",其中小象背驮一瓶,象征着"太平有象"。西面南次间刻鹿与鹤,即"六(鹿)合(鹤)同春"。北次间西面像是一幅山水画,山岭间的一棵古树上结一蜂窝,一只顽皮的猴子(已残)正持竿捅去,寓意"封(蜂)侯(猴)"。

正间两柱上部浅浮雕的八仙,东面北柱刻张果老、吕洞宾,南柱刻何仙姑、蓝采和;西面南柱刻钟离权、韩湘子,北柱刻曹国舅、铁拐李。边柱东西两面的浮雕更像一幅幅挂轴,北边柱东面刻芭蕉和鹿,芭蕉大叶,象征"大业","鹿"即"禄"。南边柱东面刻绣球花,含义或有两种可能:其一,绣球是爱情的信物;其二,常见雄狮脚踏绣球,寓意一统寰宇。南边柱西面刻牡丹,象征富贵。北边柱西面刻锦鸡玉兰,寓意"金玉满堂"。属于吉祥题材的,还有须弥座上装饰的祥云蝙蝠,"蝠"即"福"。在边柱的南北两个侧面,各有一幅浅浮雕的竹子。方鼓子各个侧面上雕刻的一些小幅风情画。最富情趣的是其中表现耕、读、渔、樵的画面,如一位樵夫卸下担子临流濯足,两位钓徒从渔舟走到岸上对月行令。

我们在测绘过程中,还附带调查了相关的其他材料,特别是关于这座牌坊的种种传说。大致可以分作两部分,其一是牌坊建造的缘由传说,其二是与雕刻题材相关的传说。

有关的建造缘由的传说,与牌坊上的文字颇能相合。据说,名字见于牌坊上的马若愚,是本村财主马宣基的长子,其妻王氏是诸城北杏村王翰

林的女儿。二人在结婚时突然遇到大雨,马家认为不吉,致使婚礼未能举行。不久,马若愚病逝,而王氏则留在马家以长媳身份尽孝。10多年后,王氏辞世。按照王家的要求,马家花费大量钱财,为王氏建造了这座节孝坊。王翰林通过自己的身份,从宫廷求得圣旨。担当这一工程的,则是扬州远道而来的李克勤、李克俭兄弟及其徒弟。据说,马家因这项耗费大量人力和钱财的工程家道中落。

传说的另一部分与牌坊的雕刻有关。例如,相传石匠李克勤、李克俭兄弟为了赢得马家的信赖,带来两件绝活儿:一件用整块石头雕刻的算盘,算珠可以拨得嘎嘎作响;一个石鸟笼,里面一只石雕的画眉鸟能迎风鸣唱。还有人说,由于马家未能足额支付工钱,石匠们便在牌坊的雕刻中暗藏了许多不祥的符咒。而马家的衰落,也与这些恶意的诅咒相关。

除了这些故事,"天下无二坊,除了兖州是庵上"的民谣在当地更是妇孺皆知。

不同人讲述的故事,重点各有侧重,细节也彼此不同。这些故事使得牌坊更具有魅力,也影响到新的文学创作。例如,著名诗人马萧萧从1947年开始,就以庵上牌坊的传说为原型,创作了100多行的叙事诗《天下无二坊》。1957年,他又对此加以重写,在1959年改定为长篇叙事诗《石牌坊的传说》。经过再次修改,于1963年以单行本出版。这首以阶级斗争为主线的作品,虽不免有着明显的时代痕迹,但也吸收和融合了大量民间艺术的元素,出版之后深受读者好评,至今仍有重要的文学与艺术价值。此外,安丘当地的作家也以此为素材,创作了不少新作品。

我们调查的另一个收获是在马炳烈、贾德民等先生的帮助下,在大陆阁庄(一作大陆戈庄)村马氏后人手中,看到了乾隆二十九年(1764)马氏第十二世孙马浩基所修《安丘寨庄马氏族谱》和光绪元年(1875)第十五世孙马廷实所修《安丘寨庄马氏支谱》两书的抄本。与建坊有关的人物属于寨庄马氏的第六支,载于《安丘寨庄马氏支谱》中。其中十三世"若愚"条记:"士勤嗣孙,字智斋。例赠登仕郎,候选州吏目。生乾隆四十九年(1784)

闰三月,卒嘉庆九年(1804)八月五日戌时,享年二十有一。娶王氏,生乾隆五十二年(1787)六月初五日辰时,卒嘉庆二十年(1815)十一月十一日辰时,享年二十有九。氏奉亲守志,节孝两全。奉旨建坊,旌表节孝。无子,以胞弟若拙长子伯元为嗣。葬寨庄东茔父墓侧。"将《安丘寨庄马氏支谱》与县志等文献对于同一时期安丘有关情况的记载,可以在很大程度上重建庵上牌坊的部分历史背景。例如,根据不同人葬地的记载,可以看到这个家族势力的扩展。

此外,我们还在 1920 年刊行的马步元《续安邱新志》[记道光二十三年(1843)至宣统三年(1911)事] 卷二十四中找到"马若愚妻王氏"与其他 62 人并列入节孝祠的记载,但未"未详何时旌表"。据 1914 年刊行的《安邱新志》,节孝祠有两次重修,第一次是雍正元年(1723)十二月,由当地文人张在辛捐钱,"修乡贤、节孝祠神位,换石刻"。第二次是道光八年(1828)"秋修节孝祠",时间比庵上坊落成早一年。王氏卒于嘉庆二十年(1815),应是在道光八年入记节孝祠。根据《续安邱新志》卷四"建置考",安丘学宫内有"乡贤、名宦、节孝各祠以及明伦堂、两斋、学舍",可知节孝祠之在学宫内。我们所搜集的这些口述和文字材料,并不是牌坊维修方案所亟需的内容。当时,我只有二十几岁,学术积累薄弱,尚不清楚这些材料在研究中如何综合利用。1996 至 1997 年,我有机会赴美国芝加哥大学做 5 个月的学术访问,这使我学术视野大为开阔。期间,我与当时在该校教书的汪悦进教授谈起庵上石坊的材料,引起他极大的兴趣。此后,我们不断通过电子邮件等方式进行讨论,还曾一起到庵上做进一步调查。2004 年,悦进兄和我合作,完成"Romancing the Stone: An Archway in Shandong"一文,发表在 Orientations 第 35 卷第 2 期。后来,我们又在该文的基础上扩展出《庵上坊》一书。

《庵上坊》作为一本美术史著作,所涉及的一些理论问题已不局限于这座牌坊本身,在这里不再一一重复。需要强调的是,我们注意到这些传说自身有一定的规律,如石鸟笼和石算盘的情节,与国内其他地区有关古迹相关的传说中,也有多个十分相近的例子,而不是庵上所独有;马若拙和王氏婚礼下雨的说法,并没有其他的依据;石匠对东家反击的说法,实际上也自有其传统,即古人相信石匠等建筑手工业者会看风水,因此可以施加或破解黑巫术。这些研究,并非否定这些传说的文化价值,相反,是进一步揭示了形成这些传说的文化背景。同时,通过对地方史和家族史的研究,也为这些传说的流行找到了其特定的原因。

2016 年出版的《庵上坊》增订版,并未对该书的主体部分进行大的修改,但增加了一条重要的材料。我希望家乡的研究者,重视这条材料的价值。根据青州藏书家丁汉三(1910–1994)所辑《百壶斋拾遗》记,建造庵上坊的匠师实际上是山东青州石工李成文,而不是传说的扬州石匠李克勤、李克俭。《百壶斋拾遗》现存抄本,由丁昌武、丁岱宗整理,2010 年由青州市政府史志办公室内部印行。《百壶斋拾遗》之三"先正事略"收录青州人邱琮玉所撰《李连璧传》一文。今据青州史志办排印本,录其要者如下:

"石工李连璧,余字之曰兆荆。其与余识自乙丑四月,友人孙观亭(文澜)介之,为作传亦然。年六十九矣,犹强健如五十许人,目不镜而镌刻。所居曰仇家庄。祖成文,父兴国,皆石工。祖尤有巧工名,善画云龙、花卉、羽毛而刻之。安邱庵上村石坊,其为工师所作,俗所谓作头也。画与刻并工,或侈为独绝,有山东无二坊之说。连璧虽家世攻石,然早孤,祖后父二年亡。其时连璧年方十一,未及承指授。"

该文未署写作时间。邱琮玉,字锦方,山东青州裴家桥庄人,生于清同治元年(1862),卒于 1926 年。邱琮玉一生经历过两个乙丑岁,分别是同治四年(1865)和 1925 年。他结识李连璧当在 1925 年,由此推定该文的写作时间是 1925 或 1926 年。是时连璧虚岁 69 岁,以此推算,连璧当生于咸丰七年(1857)或八年(1858)。其祖成文去世时,连璧虚岁 11 岁,故知成文卒年为同治六年(1867)或七年(1868)。庵上坊建成于道光九年(1829),当属李成文壮年时的作品。邱琮玉与李成文、孙连璧有直接交往,成文卒时,连璧已 11 岁,其家族内其他人对于成文事迹也应较为熟悉,故这条材料的可信程度甚高。这也进一步说明,所谓庵上坊作者为扬州李克勤、李克俭兄弟,的确只是一个诗化的传说而已。

《庵上坊》一书部头不大,我们在写作时,也有意采用较为通俗的文字,而一些复杂的理论问题,则隐于文字背后。该书出版后,引发了其他学者的研究兴趣。10 多年来,时有相关的论文和书评发表。举起要者,有丁杨《〈庵上坊〉:贞节牌坊的前世今生》(《新京报》2008 年 7 月 19 日)、独眼《过于精致的牌坊》(《南方都市报》2008 年 8 月 10 日)、李军《〈庵上坊〉与"另一种形式的艺术史"》(《文艺研究》2008 年第 9 期)、韩成《作为艺术、传说和历史的庵上石坊》(《书屋》2008 年 10 月)、林科吉:《历史记忆与原型想象——对〈庵上坊〉的另一种解读》(《当代文坛》2010 年第 2 期)、李晓康《〈庵上坊——口述、文字和图像〉:另一种历史》(《群文天地》2011 年第 4 期)、杨树文和郐建华《"新艺术史"写作的新局——以〈庵上坊——口述、文字和图像〉为例》(《新疆艺术学院学报》2013 年第 4 期)、张丽娜和才智琦《由〈庵上坊〉到美术史知识生成的讨论》(《艺术工作》2018 年第 4 期)等。

我很高兴有更多研究者参与到这个课题的讨论中,也希望家乡的各位领导、学者和朋友们继续关心和支持这处重要的古迹的保护和研究。

保护石坊就是传承文化

——周艺璇

程延连,1961 年 3 月生,中共党员,石埠子镇孝仁泉村人,现任石埠子镇政府公务员、石埠子镇离退休老干部党支部书记,曾荣获山东省优秀青年工作者、山东省"七五"科普教育先进个人、潍坊市青少年先进工作者、潍坊市新长征突击手等称号。

程延连 1979 年在庵上读高中时,首次接触到庵上石坊,之前就听说过"天下无二坊,除了兖州是庵上",如今石坊呈现在眼前,一股敬畏、感叹和自豪之情顿时让他热血沸腾,庵上石坊从此在他的脑海里留下了深深的印象。1984 年,程延连在庵上镇政府工作以后,便有机会了解和探讨有关石坊蕴含的故事和其所展现的古老文化。1992 年,他在庵上镇政府成立的文化旅游服务公司工作,重点从事庵上石坊的开发和宣传工作。同年 6月,山东省政府公布庵上石坊为省级保护单位。1998 年,他兼做文化站工作,便更有机会研究石坊文化了。2007 年庵上镇合并于石埠子镇,在新成立的安丘市庵上旅游风景区,他担任办公室主任,具体参与了石埠子镇旅游开发和宣传保护工作,加强了庵上石坊的推介、宣传和保护。2017 年,程延连被市文广新局聘用为庵上石坊文物保护员,目前庵上石坊已上报第八批国家级保护单位。

其实,对于石坊的故事,程延连早就听说过,并被深深触动。牌坊的主人王氏是一个官宦女子,从小受父亲王翰林的教养,守礼教,懂家规,因为与其丈夫马若愚结婚冲喜恰逢雨天,而被婆家认为有晦气不吉利,致使不能合房,次年丈夫病逝后,王氏奉亲守志,节孝双全。至 1815 年农历 11 月11 日,王氏病逝,命定 29 岁。王氏是中国古代典型的妇女形象,是封建礼教的践行者,也是一个牺牲品。她既贤淑、善良、孝敬公婆,还主动管理家业。同时王氏也是受马家家族的影响,王氏丈夫的奶奶徐氏也是因奉亲扶孤,节孝双全,而被乾隆皇帝下旨于1795年在马家大院东临建造节孝石坊一座。在当地,对王氏的传说不一,为此程延连查找过马家家谱,遍访本地年长者,造访马家后人,研究有关石坊画面蕴义和文字记载,查看有关庵上石坊的片断文章,最终厘清了牌坊主人王氏的真实故事。

说起石坊,程延连侃侃而谈:"牌坊是中国建筑史上的一朵奇葩,因一个人而建起一座牌坊,纪念的是主人,但建一座牌坊真正展现的是中国古代艺人精湛的雕刻技艺。中国古代有众多牌坊,但因多处遭毁,现存留下来的1400余座,无一胜过庵上石坊。'庵上石坊天下奇,天天观坊天天迷',石坊上面500余个画面,豪放中有细腻,幽静中有灵动,恰似召之即来,挥之即去,随风欲飘的感觉,雕刻技艺之登峰造极,无与伦比。"程延连言谈中流露出对石坊由衷的赞美。

"中国五千年文化源远流长,滋润东方文明的历史,庵上石坊正因为画面的合理设计和巧妙构思而闻名遐迩,石坊文化得以展现,一座石坊500余幅石雕画面刻画出古朴勤劳的中国人田间劳作、生活情趣以及信仰祈求的向往。一幅幅画面或诗情画意,无意间引起人们无私的遐想;或赋有寓意,憧憬着美好的未来;或留有伏笔,给人们以无限的构思想象空间。"程延连向笔者介绍,为真正了解艺人雕刻每一幅画面的含义,他翻阅了大量的文献资料,并向来观坊的专业人士或石雕爱好者耐心询问、虚心学习,针对每幅画面,认真解读,并一一记录成册,基本读懂了庵上石坊整体画面要表达的直观意义和更深层次带有梦境般的寓意。当游客伴随着程延连对每幅作品双层意境的讲解进行参观时,无不为我国古代艺人的高超技艺而震撼,为我们古老的灿烂文化而惊叹、自豪。

程延连因为接触了石坊,便有了对石坊的了解;因为了解了石坊,才有了对石坊的推介;因为有了对石坊的推介,更有了对石坊的保护。在庵上石坊的历次维修和日常保护中,他之所以出主意想办法,是因为有对石坊 40 年的亲密接触,更是因为石坊主人王氏的知书达理、贞洁孝顺、智慧勤劳深深地感动着他。程延连对石坊还有另一份感情,那就是庵上石坊近 200 吨的石料恰恰出自他的家乡孝仁泉村杏岭子山,那是儿时他及伙伴们每天去拾柴、挖野菜的地方。目前,经历 190 年沧桑变化且出自 10 位艺人 14 年精雕细琢的庵上石坊,经过精心维修已基本再现当年大气磅礴风采,占地近 300 亩的石坊公园一期工程正在建设中,马家大院已建成,马家另一座 1953 年被拆毁的石坊,部分坊石也已找到。

庵上石坊,闻名遐迩,程延连为有机会保护石坊、传承石坊文化而自豪,他表示,将为此而不断努力。

古松树下

——程延连

在安丘市石埠子镇，紧邻庵上石坊西北侧有一座南北竖向 200 余亩的丘陵，因古时建有尼姑庙，故叫庵上山，山下东侧的村庄叫庵上，由此而得名。整个山丘似卧虎，默默守护着这一方水土，百姓得以安居乐业，生息劳作。

然而，1939 年秋天至 1941 年 10 月初，在此山上驻扎着七八个日本兵，在最高处建有炮楼，控制着附近的村庄，时不时进村骚扰百姓，弄得鸡犬不宁，人心惶惶。并在所管控的所有村庄中，每村挑选了一名为其每天通风报信的伪保长，其中南仕居园村由马忠长负责，大店村乳名叫 mei 的人负责，孝廉庄村外号叫"肉包子"的人负责等等，他们这些人平时都按要求定时向日本兵报告村子里的动向，基本都平安无事，其中离得最近的庵上村的老百姓都吓得远离家舍，投奔外村的亲戚去了。

有一次大店村这个叫 mei 的为了讨好日本兵，竟告状马忠长，说他在村里与抗日游击队喝了一晚上酒，也没去报告游击队的出现，并约日本兵将马忠长抓到庵上山审问。

在审问过程中，日本兵动用各种伎俩。马忠长质问："这么好的机会，mei 为何不及时报告抓个正着？ mei 又是怎么知道的？"

尽管有这样质疑，还是逃不脱杀头之灾，日本兵将他与其他抓来的几个人一字排在松树下，日本兵举起了大刀，砍掉了一个又一个的头，当去砍马忠长的时候，这个日本兵因用力过猛举起大刀的刹那间，长刀竟从刀柄中飞出很远，而无法砍到他的脖子上，这个日本兵连说日语，身边翻译说道："你的命大，仕居园庄长不该死。"出乎意料日本兵没有再去砍他，并命令在附近找了间空屋子将马忠长关了起来，就这样待了几天，又放出，命令他继续回村子每天报太平。因当时不敢不服从，回去报了几天后，越来越感到内心恐慌，吓得两口子拖带着三儿一女逃到东北沈阳谋生，去后不久，最小的儿子夭亡。

当地解放后，马忠长夫妇及两个儿子返回老家，女儿留在了沈阳，回来后，长子马洪义在1950年又返回了沈阳，参加了抗美援朝，次子马洪春在家陪伴父母。

次子马洪春尚健在，1958年加入中国共产党，生活在南仕居园村，婚后育有5个女儿，年老体弱，老伴早已去世，凭政府低保金维持生活，现靠闺女日常料理，当马洪春讲起这段往事时，情绪依然很激动。

庵上山因驻扎过日本兵，故当地人习惯称为"鬼子山"，而那棵古松，是日本侵略中华、无辜残害百姓的铁证。因伴随着一个个人头掉地，古松树干上留下了无数的钉人铁钉、砍人刀痕、毙人子弹并渗透着死者的血迹。20世纪60年代，仅有的一片绿叶黯然凋落，永远地失去了绿意，但树干枝条依然在经受着风吹雨打，似乎在向人们诉说着那一件件往事。

随着乡村振兴不断推进，这座有故事的"鬼子山"迎来了新的曙光，2020年初秋易名为凤鸣山，依托庵上石坊，对古松进行了保护。

村后的古堡

——秦子虚

传说中的舜曾来过这儿,那时这儿还是父系氏族公社的一个部落。

滔滔浯水和滚滚荆水在此汇成一个"人字湾",将其南、北、东三面环绕,不知是不是有意而为之:与南、北、西三面环水的呈子母系氏族公社恰恰相反,他朝西走,她向东行。

一直走过了夏,这儿才变成了商的一个侯国都城。但是,当时地名叫啥已没有人知道了,那是一个失忆的年代。

我来的时候,这儿就已经叫都吉台了——它就在我们村后。而在清末之前原本叫"斗鸡台"的,是因村东南角有个名曰斗鸡台的高台而得名。

说起这个高台又得上溯到春秋去。

郦道元所著《水经注》曰:"浯水经平昌城北,城之东南有台,台下有井与荆水通,物坠入井则取之荆水,昔常有龙出入其中,故名龙城,台亦谓之龙台也。"据明万历《诸城县志》记载:"斗鸡台在城阳城东南,高二丈,圆六百步,春秋鲁昭公二十五年(前517)鲁大夫季平子筑台建宫,并与郈氏斗鸡于台上。"——龙台、斗鸡台便是那个高台了。

台下曾有神龙出入的古井在乾隆十一年下大雨时坍塌,成为枯井,到1946年前后就已了无痕迹,不复存在了。只在村子北面,还残存着内外两道大约10米宽的商周城墙遗址。

然而,此"龙城"亦非彼"龙城"。由此往南25千米的诸城自1964年挖出恐龙化石后才逐渐被称为"龙城"的,而斗鸡台所在的城堡早在春秋就已叫龙城了,与那个丑陋的恐龙根本风马牛不相及,而是中华民族龙图腾的一个文化符号!

可不知为何,到了西汉初这儿叫城阳城,到吕后七年(前181)又置为平昌县。与其一起并置的还有东武和诸县,那时它们一个在东武的山岗上,一个偏隅在枳沟的乔庄,跟历史悠久的平昌城不可相提并论。

随着接二连三的改朝换代,平昌城又更迭在北海国、平昌郡、城阳郡、青州高密国、高密郡等治下,最终在北齐时被废,与诸县等一起并入东武,到隋朝时就变成了现在的诸城。仅仅518年时间就经历了一个轮回:从父系氏族公社里一个富足的原始部落、商朝的一个侯国都城、春秋时一个神龙出入的龙城、鲁国一个贵族斗鸡的高台,一下子跌落到了最底层——诸城市石桥子镇都吉台村,又变回了原始社会的那个小村落!当年其"龙城"显赫的头衔也渐渐无人知晓,而诸城新出土了几块恐龙化石后,竟毫不客气地将"邻邦"的名号抢过去,沾沾自喜又自鸣得意地自封为"龙城"了。

我现在就住在这个高楼大厦林立的"龙城"里,有时就想:如果我们村后的那个有神龙出入的龙城不衰落,一直发展到今天的话,说不定比诸城还要强大还要富足。而那时我们村叫西南关,就位于平昌城西南门外,倘若也像现代城市这般扩张膨胀,我们早已成为城里人,也不用大老远跑到诸城来上班了。俗话说"一山不容二虎",后来居上的诸城或许就没有出头之日,更不可能抢到"龙城"的桂冠了。但话又说回来了,假如平昌城一直存在,也许这千百年间其城门外的"西南关"就要变成一片古战场了,我的先人们还能在那儿安居乐业吗?我家屋后那条小河还会有潺潺溪水吗?

小时候,光着屁股下到小河里去洗澡,还曾看到岸边的一截低矮的石头墙,听大人们说那叫圩子墙,那时还不知道它就是村庄的"城墙",这和平昌城上的商代城墙比起来简直太不起眼了。我只记得有一次将刚买的一双新凉鞋放在圩子墙头,正在河里戏水时突然上游下来了洪水,我没顾上拿凉鞋就跑上了岸。等洪水退后,只在圩子墙西边的一个树杈上找到了一只,另一只不知被洪水冲到哪儿去了。我怕屁股上挨母亲的笤帚疙瘩,一路沿小河找到荆河,又沿荆河找到渠河,走到两河相汇的"人字湾"处才不敢往前走了。

听老人讲:这"人字湾"里常有鲤鱼精打着灯笼在水面上巡视,看见岸边没人了,一对神仙般的男女就在水面上摆起酒席对饮起来。有一次,被一路过的猎人撞见了,那猎人顿起嫉妒之心,举起猎枪就朝水中的酒桌开了火,水面上的人影一下子便不见了。猎人正高兴时,突然岸边的水不断上涌,一个大浪向他扑了过来,吓得他丢下枪就跑。但人的双腿怎能跑得过浪头呢,水眼看要将他吞没了,他突然看到地里站着的秫秸,就拼命地割秫秸堵浪头,等他把一块地的秫秸全割倒,天也亮了,回头一看风平浪静……

"人字湾"稍往南一带,我曾跟父亲一起来摸过河蚌,那河水刚刚没到肚脐眼儿,河蚌就藏在水下松软的细沙里,也不用潜水,只用脚尖在细沙上踩几下,感觉到一个硬梆梆的圆东西弯腰捞上来就是一只大河蚌,不过它只好看并不好吃,味道太骚,就像时下的一些女子,只可远观而不可亵玩焉。与父亲一起摸河蚌是我童年时光里最难忘的一段记忆,如今父亲渐渐上了年纪,又喜欢上了钓鱼,并且把钓来的鱼都养在水缸里等我们回去时吃……

但是,关于平昌城的事父亲从没有跟我讲过,只是偶尔说过都吉台就是斗鸡台,并用自行车载着我从台下走过,因那斗鸡台在村里的一所小学里头,当老师的父亲去听过课或着借过教具。听村里的老人讲,过去这台上还有阁子楼和菩萨、财神、关公等神殿,两搂粗的古柏十几棵,石碑若干。

2003 年"非典"后期,我与一位老同事前去寻访斗鸡台,那所小学紧闭着大门,我们等了好久才有人来开锁。可能好久没有人上去过了,通往土台的小径已长满了杂草,狗尾巴草在风中摇曳,浑身带刺儿的酸枣枝拦在路上,好像不想让人走近 2500 年前那段滑稽的历史似的。这台上原来的一切繁华都早已烟消云散,只剩下一个荒草萋萋的秃台了。台四周裸露的黄土,被风吹出一道道裂口,蛤蟆、老鼠和蛇在上面钻出了一个个大大小小的洞,这可能是它们蛰居的家吧——以千年古台为安乐窝,也有点儿太过奢侈了,一旦让鲁国那些斗鸡的贵族们知道岂不要气昏了过去。

在夯土层上还有一道道美丽的流线,那应该是一层层的文化:最下层是龙山文化,第二层是岳石文化,第三层是商周文化,第四层是春秋文化,第五层是汉代遗存……听说在土台及周围地带,曾出土过古代宫殿建筑的瓦当、古砖以及饕餮纹饰铜尊、双耳铜簋、铜鬲、爵、鼎、盘、匜、壶等器物,还有一套完整的春秋编钟呢!

平昌城在最辉煌的时候,有内外两道10米宽的城墙,设北、西南、东南3个大门,门上有城楼,墙外有两道壕沟,沟上用铁索链拉着吊桥,进出城门要按规定的时辰,过了时辰任你怎么叫唤都不可能再放下吊桥来了,只能等待第二天的城门开启。

应该有一个文人来过这里。

孔子七十二弟子之一兼女婿的公冶长,学成后在距故里15千米的城顶山东麓之阳结庐授徒,离东边的古"龙城"不远,这中间还有一条长廊,是侯国都城里的公子王孙为出行时免于踩泥淋雨而建。也许,在一个春光明媚的早晨,公冶长携夫人及幼子沿着长廊信步走进了古"龙城",那是在台上斗鸡的贵族们肯定没有注意到一个文人的到来,不然他们一定会附庸风雅地找公冶长留下几幅墨宝刻在城楼上的。但是这儿给公冶长的感觉似乎太过喧嚣,不然他不会急匆匆地返回群山环抱、曲径通幽、古木参天、泉水潺潺、凡尘不染的城顶山了。他隐居过的山在其去世后被改为书院山,后人还给他立公冶祠,常年香火不断。而王孙公子们闹哄哄斗过鸡的高台呢,先是上面的殿堂没有了,接着古树被砍了,古碑消失了,台子被荒草和蛤蟆、老鼠、蛇占领了,再后来被取土的村民越挖越小……

当北齐的最后一批守城的人马撤出平昌城后,这儿就成了废城。过去的辉煌和风光全部被后来居上的诸城抢走了,滔滔浯水和滚滚荆水在此见了面,只留下一声叹息,就义无反顾地投入了潍河怀抱,不肯再回头了。就这样,我们村后这个城堡一天一天人去城空,到明朝永乐年间已渺无人迹……最后,还是明朝政府的一项移民政策才让这儿有了人烟。由河北枣强县迁来的一批姓赵的百姓终于走进了这个废城,因它早已失去了作为城池的资本,就只好屈尊以城东南的斗鸡台为村名,一直延续到清末。后来,又不知被哪个好事者改成了与之谐音的"都吉台",地名虽然吉利了,但却失去原来的意义,离古"龙城"、城阳城和平昌城愈来愈远了。

坚固的城墙没了,巍峨的城楼坍塌了,铁索拉着的吊桥拆了,我们村后的城堡正在渐渐消失——村里的青年男女都已跑到新"龙城"里去了,废城内只剩下老人和孩子们。

再过十几年,长大的孩子们也必定会离开这个废城,而老人们已经坚守不了多久。

将来,还会有人记起它来吗?

新石器时代石斧发现记

——李连科

1974年8月13日，安丘连续一周的强降雨过程，造成大范围的水灾。景芝镇区内也成了一片汪洋，平均水深达半米多。浑浊的河水扫荡着一切，到处是河水的咆哮声，房屋的倒塌声，妇孺悲伤的哭泣声。我村的房子基本上冲垮，根据上级政府安排整村搬迁，由老村向西高地重建新村。20世纪80年代，我家农转非后搬出，房子长期闲置。

2016年4月初，我和村干部联系，请他们帮忙找个小建筑队，将老家7间房子整修一新。因为，我们常年在外，院子里无水无电，需要邻居帮忙。东邻族侄李强主动提出从他家中用水用电，提供了很大方便。在安排水管输送水时，我突然发现在他院子里压在咸菜缸上面有块石头，从外形看这块石头和平常见过的石头明显不同。它很可能是新石器时代的"宝贝"，我抓起石头左看右看，发现这块石头从外形及石头表面的包浆等诸多方面看，很自然不像是人工造假。

我要来了米尺认真地进行了丈量，它长28厘米，围长30厘米，重4千克。这就是新石器时代的石斧，它总体很厚重，呈梯形近似长方形，两面刃磨制成。我问它的出处，侄子讲他这几年买了个小型挖掘机，去年冬天在位于景芝西凤凰岭搞工程时发现了这块石头，从它的外形看有点像电视节目中介绍的石斧，便顺手拿起来放在家里的，也不知道是不是石斧。我出于对文物保护的目的，征得侄子同意，将这个"宝贝"请回了家。为了进一步准确鉴定它的身份，我把石斧的图片和文字整理后，发给了中央美术学院人文学院副院长、美术考古专家、博士生导师郑岩先生。他来微信讲："这个石斧确实是新石器时代的，但具体是哪个阶段，从后李文化、大汶口文化,到龙山文化,石斧变化不明显,如果没有地层关系作为依据,难以更细致地断代。"

有关资料介绍,旧石器时代主要使用打制石器,新石器时代普遍使用磨制石器。旧石器时代是依靠天然取火,新石器时代会人工取火。人类与动物的最大的区别是,人类会使用火,能够制造劳动的工具。人们又有意识地开始使用磨制的石器,是新石器时代的主要标志。新石器时代居今有 5000 至 10000 年,人们过着群居生活,合力劳动,生产资料和劳动成果公有。他们建立了原始公社制度和社会,新石器时代已经定居并从事农业生产。他们在共同生活中积累了劳动经验,创造并发展了语言,进一步发展了大脑的思维能力。石斧是远古时代用于砍伐等多种用途的石质工具。

中国远古人类的生活,可以从三皇五帝的古史传说中见到。中国猿人使用的石器多伴是从河床上拣来的砾石(鹅卵石)打击而成。或者把砾石的边沿加以敲打,现出厚刃可以敲砸之用。或者是从石英砾石上打下一层层石片,成为有薄刃的刮割用具。这件

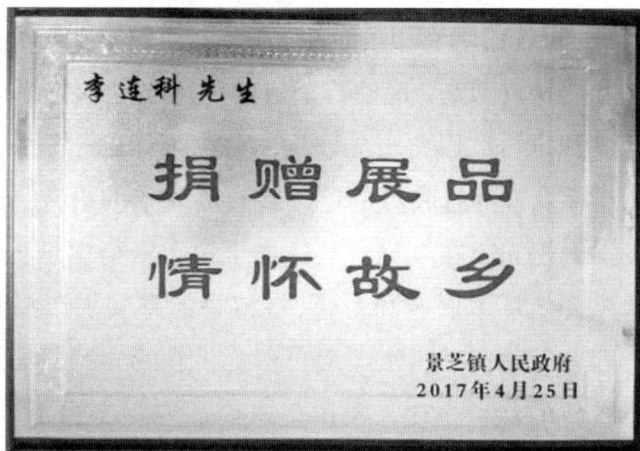

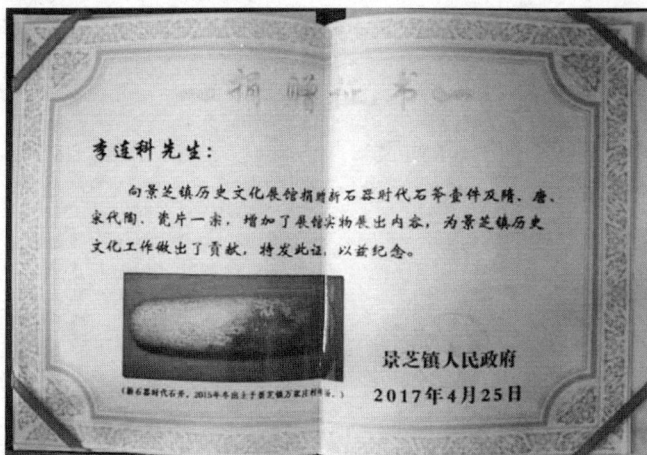

新石器时代的石斧,是新石器时代比较有代表性的原始工具,他们选用的石料,为河边拣到的细长圆形的鹅卵石,人手刚好能握住。经过一番打制、研磨,制成前端有刃的砍砸器——石斧。出现过明显的磨制痕迹,双面刃打磨的比较锋利。这件石斧前端一角已经砍得崩刃了。原始人制作一件工具,用时很长,因此十分珍贵,一件工具几乎世代相传。

我发现并且收藏的这件新石器时代的石斧,充分佐证了在 5000 年前,我们的祖先就在今日景芝这块土地上繁衍生息。这个时期,我们的祖先在这里开始从事农业和畜牧,将植物的果实加以播种,并把野生动物驯化进行圈养。他们不再依赖大自然提供食物,食物的来源变得稳定。同时农业与畜牧的经营也使人类由逐水而居变为定居下来,节省下更多的时间和精力。人类的生活得到了更进一步的改善,开始关注文化事业发展。

泥沟子村有块清代"贤良碑"

——王玉芳

在安丘市官庄镇泥沟子村村口，竖有一块光绪年间的石碑，石碑上"竹节松心"4个苍劲有力的大字，是清朝山东学政黄为大人为表彰该村"节孝楷模"周孺人所题。这块看似荣耀的"贤良碑"，讲述了一个旧时代妇女的悲凉故事。

清朝道光年间，泥沟子村有一周姓大户人家，户主周公暨敦厚明礼，持家有方，家境殷实，子孙兴旺，方圆几十里无人能比。这周公暨有一孙女（名字无考），聪明贤淑、知书达理、善解人意，被祖父视为掌上明珠。

转眼周家小姐到了婚嫁年龄，由祖父做主，允了上门提亲的雹泉老峒峪村的富户马家，将孙女许配马秉礼为妻。同年冬天，在欢天喜地的鼓乐声中，周家小姐带着对美好生活的向往和憧憬，坐上了马家迎亲的花轿。

那时候盛行的是"父母之命、媒妁之言"，青年男女结婚前根本不可能见面，更不可能相互了解彼此的真实情况。尽管这位聪颖漂亮、知书达理的周家小姐一千次一万次地想象过自己的夫婿是什么样子，但她无论如何也不会想到，迎接她的新郎竟然是个麻风病人！

新婚之夜，周小姐和衣坐在梳妆台前，眼泪和着烛泪流到天明。不管婆家人怎样劝慰，她仍然不吃不喝不说一句话，整日以泪洗面，直到第三日娘家人来"搬回门"。

回到娘家，周小姐就跪倒在祖父面前，声泪俱下地诉说了自己的遭遇。

老太爷这才知道被马家欺骗了，马家做事太缺德！但怎奈已经成亲，木已成舟，后悔已经晚了。只是觉得太亏了孙女，心里越想越觉得窝囊，老人家气得大病一场。

想想自己今生就要和一个麻风病人生活在一起,周小姐整日茶饭不思,以泪洗面。"唉,这就是命啊!"她的母亲在一旁流泪开导。

转眼到了回婆家的这天,家里备好礼物,套好马车,怎奈小姐死活不走,她跑到祖父床头苦苦哀求:"爷爷,我宁死也不去马家,您老就答应我留下吧!"

周公暨躺在床上思忖良久,叹口气说:"有道是嫁鸡随鸡,嫁狗随狗,你进了马家门就是马家的人,你不回去留在家里算怎么回事呢?岂不让人家笑话?"

"爷爷,孙女情愿今生不再嫁人,在家守节!"说完长跪不起。周公暨无奈,只得依了孙女。老峒峪马家自知理亏,只得默认。周家小姐就这样在泥沟子娘家住了下来,从此再未跨进婆家大门。这位周家小姐说到做到,恪守"节孝"信条,终生再未婚配。

转眼间她的4个兄弟都已娶妻生子,到了该分家单过的时候,周小姐也人到中年成了周妇人。祖父周公暨就主持着将家产一分为五,将一座宅院和一份田产分到孙女名下,又操持着从峒峪马家过继了马秉礼之侄马言扬过来继承了这份家产,使孙女晚年有依靠,泥沟子村从此有了马姓人家。周妇人勤俭持家,教子有方,家道兴旺。

为表彰周妇人的节孝之举,光绪十三年,时任山东省学政黄为大人亲笔为其题词"竹节松心",马言扬及儿子马成龙立碑为记,于是就有了这块"贤良碑"。

王思礼发掘"景芝遗址"

——逄顺路

景芝,北宋景祐年间此地因盛产灵芝而得名。作为山东著名的"三大古镇"之一,早已被明末清初大学者顾炎武写进了他的《天下郡国利病书》里。

在中国国家博物馆,陈列着一只从古镇景芝发掘的黑陶高柄杯。凡熟悉景芝的人,都知道这只杯是代表景芝有酒5000年最真实的历史物证,而很少人知道该杯的发掘者是一位名叫王思礼的著名考古学家。

王思礼这个名字在我心底沉淀已久,源于他写的《山东安丘景芝镇新石器时代墓葬发掘》。这篇近万字的考古报告发表在1959年第4期《考古学报》上,当时震撼了整个考古界,"景芝"这个地名也随之越传越响。后来,我心里萌生出登门拜访王思礼先生的想法,以更好地研究景芝酒文化。

说来也巧,景芝酒业将上古舜确立为"华夏人类酿酒始祖"后,把著名考古学家王树明先生邀请到景芝,为酒祖广场的大舜铜像撰写铭文。我陪同王树明考察采风时,从他口中竟意外地得到王思礼先生的下落,原来王树明和王思礼早年都在山东省文物管理处工作,如今王思礼已退休多年,居住济南。

2017年12月8日,我借到济南出差之机,按照王树明先生提供的住址,来到泉城广场西面的一个居民小区,找到了王思礼先生的家。他给我第一印象是微胖、中等身材、腰板硬朗、温文儒雅,虽是耄耋之年,看上去也就60多岁。第二印象是他家陈设十分普通,倒是古铜色的博古架上放置的那些盆盆罐罐,与考古学家的身份十分相称。

当我说明来意,提到"景芝遗址"时,王思礼先生显得有些激动,他向我讲述了黑陶高柄杯发掘出土的前前后后。

1955年,景芝镇和全国各地一样,百业待兴,镇政府派人经多方考察,选定在"霸王台"创办砖瓦厂(又名窑厂)。"霸王台"位于景芝酒厂西南方约1.5千米的地方,西边的浯水在霸王台胸前一绕,拐了个大弯又顺着古河道由南至北,不分昼夜地哗哗流淌。而南边宽阔的206国道,那时候称潍徐路,起起伏伏,蜿蜿蜒蜒,如同"霸王台"额头上的皱褶,从遥远的西北方一直延伸至遥远的东南方向。从字面上分析,很多人以为"霸王台"是古战场遗留下来的"烽火台"。其实,"霸王台"是一块面积约5亩地的土丘,是造物主经年累月自然形成的黄土冲积台地,但它确实又和"烽火台"有联系。据说早在楚汉相争时期,韩信和楚霸王项羽都在这里阅过兵、点过将,在东面不远的潍河上成就了著名的"潍水之战",故而得名"霸王台"。选择在这里经营窑厂,烧制砖瓦的要件——土和水一应俱全,无不说明镇政府领导"是很有眼光的"。

经过1年多紧张施工,二十几间厂房拔地而起,以郝守仁为厂长的景芝砖瓦厂于1956年春建成投产。那时,厂里除了一台手拉式制瓦机,其余和泥、制坯、烧成等砖瓦制作工序全靠人工完成。譬如和泥,由于没有和泥的机械设备,只能将土用水泡好以后,赤脚将泥踩均踩匀。好在40多名工人都是从周围村庄精挑细选的青年壮小伙,不怕苦,不怕累,干劲冲天,不出半年工夫,就为景芝镇创收7万多元。

转眼到了农历10月份,寒风渐起。因"霸王台"土质又粘又硬,需要在冬季来临之际,先挖出足够量的土,找一块宽阔地带摊开,进行自然冷冻,这样来年一开春,解冻后的土如同粉碎机打过一般,十分松软,非常有助于和泥工作。

这天,来自景芝保元村的和泥组组长赵念祖,带领所在小组人员挥舞着镐、锨和镢头,在寒风中从霸王台取土备料。不想挖着挖着,竟意外地挖出了腐朽的人骨和缸、盆、罐等泥质陶器。这些陶器大多已经破碎,但也有几件完整的,有的人建议全部砸碎清理到别处,以免碎片掺到土中和泥时扎伤脚,赵念祖赶忙出面制止。

赵念祖时年 21 岁,别看他年龄小,但由于受过正规教育,又是书香门第,见多识广,加上为人质朴,在干活的伙计们中间威信最高。赵念祖认真地告诉大伙说:"这些古物说不定是国宝,你看这缸,口大底尖,形状奇特,咱先晾干晒好,找机会献给文化单位。"经他这么一说,大伙儿觉着有道理。就这样,几件陶器在厂房前面的向阳处放了几十天。

直到有一天,诸城群力茂腔剧团来镇上演出,赵念祖灵机一动,认为这是个捐献古物的好机会,也争取一场不花钱的戏看看。因为戏台就设在景芝文化站院内,这是镇上唯一的露天剧院,一年四季,周边县市的青岛金光茂腔剧团、潍坊吕剧团、安丘京剧团等经常来景芝轮流演出,成为景芝父老乡亲的一道文化大餐。赵念祖这一想法立时赢得大伙赞同,傍晚下班后,赵念祖带上本组工人赵奉治、赵传德、刘加善和谢成江,顾不上吃饭和一天的劳累,有扛大口尖底缸的,有抱红陶钵的,还有持零碎陶片的,一溜小跑来到了景芝文化站。

接待 5 位年轻人的是文化站一位姓孙的老师,对他们这种保护文物、捐献文物的行为进行了表扬和鼓励,冲上茶水热情招待,并答应将古物立即上报县里,然后从办公室取出几把椅子,爽快地说:"赶得早不如赶得巧! 今晚正好诸城群力茂腔剧团来演出,奖励你们看一场茂腔戏吧。"说完打开侧门把他们直接放进了露天剧院。

让赵念祖他们想不到的是,送文化站的这几件器物,经过层层上报,专家鉴定,证明不但是文物,而且还是国家珍贵文物。接下来的发现让关注景芝的人们震撼不已。

1957 年,山东省文物研究所经过调查研究,认为从景芝窑厂发掘出土的大口尖底缸、红陶缸以及鬶、豆等器物的质地、色泽和形制,都与我省其他地区古文化遗址出土的遗物有些不同,很有研究价值。但当时忙于全省文物普查辅导工作,无暇顾及发掘,便函告安丘县人委会,为保护古文遗址,禁止窑场在古墓一带取土。

此后一段时间,窑场因生产需要和用土量增加,景芝镇政府和砖瓦厂郝厂长,分别以镇政府和个人的名义,先后致信山东省文物管理处,催促尽快开展发掘工作。

这年10月份,本着双方两利的原则,山东省文物管理处派王思礼、祝志成两位考古学家前往景芝窑场详细勘察,对窑场今后用土划出范围,以解决文物保护问题。

因为从"霸王台"取土时挖出古物的消息早已不胫而走,开掘那天,景芝方圆十里八乡的父老乡亲,纷纷跑来围观,窑场周围人山人海,甚是热闹。

在挖出文物的地方定位两个长方形的"田"字,从这个"田"里开始破土动工,参加挖掘的10多位当地农民挖到近两米深时,那古墓葬就暴露出来了。王思礼和祝志成马上从工具包里,取出竹签、小铲、小笤帚等各种各样的工具,开始自己动手。不到半天工夫,坑里就出现了人骨架,以及盆、罐、碗等一些让窑场工人叫不出名字的物品。挖掘继续向西面扩展,7座墓葬全部现身。从1957年10月31日开工,至11月12日结束,共计13天,发掘面积52.8平方米,合计取土102.5立方米,出土遗物74件。

王思礼在发表的《山东安丘景芝镇新石器时代墓葬发掘》报告中说:"尖底缸有3件,其中在1号墓和3号墓各有1件,另1件为来自窑场工人处的蒐集品。这些尖底缸的口沿有明显的轮纹,直腹,腹下部外凸然后再内收成尖底,外饰斜条纹,体大壁厚,高55.5厘米,口径34.3厘米,壁厚3.5厘米。此类型在山东各遗址中尚未见到。它与南京市北阴阳营的加砂红陶缸相同,与郑州洛达庙商代文化遗址中出土的陶罐的形式亦相近,惟底稍尖。……黑陶杯共有8件,各墓均有出土,仅复原5件。均为细泥黑陶,轮制磨光,黑色,为陶器中最精美的。壁厚一般为0.1—0.2厘米,器形上部为敞口杯,腹稍内收,底部略有不同,柄空心,下有喇叭足。1号墓出土的高柄杯柄部饰凹弦纹,下鼓成球状,饰圆形和三角形的镂孔,通高19.2

厘米;4号墓出土的高柄杯柄中部较细,下端稍粗呈锥状,亦有镂孔,通高19.5厘米;3号墓出土的高柄杯柄部作直管状,上有弦纹,并饰三角形镂孔,通高22厘米;6号墓出土的高柄杯柄直且短,无弦纹,仅有对称的4个镂孔,通高18.9厘米。此外这里还出土了平底陶罐10件,圆足罐3件,平底碗2件,圆足碗2件,尊形器2件,盆1件,钵1件,豆类5件,三足鬶类4件,三足鼎形器10件。"

在此考古报告中,王思礼特别提到1件尖底缸"来自窑场工人处的蒐集品"。这是怎么回事呢? 原来,王思礼在与窑场工人拉家常中得知,赵念祖他们几个当初挖出古物时,还发现了6个石箭头,但已经当场扔掉了。这可是典型的新石器时代的遗物! 如获至宝的王思礼,马上发动窑场工人分头寻找,用手指头拨拉,用铁筛子筛,终于如愿以偿,但只找到了其中1个石箭头。

考古就是让"结论"建立在"根据"之上的学问。两年后,即1959年夏,随着泰安大汶口一带文化遗址的成功发掘,"景芝遗址"被专家确认不是当初认定的"龙山文化遗存",而是属于"大汶口文化遗存"。

每一种存在都需要各种必要的条件,这就是人们常说的"天作机缘"。"景芝遗址"发掘30年后,又被王树明这位责任心强、执着研究的考古学家所关注。王树明对山东大汶口文化、龙山文化;江南类型的青莲岗文化、良渚文化及浙江河姆渡文化;河南仰韶文化、龙山文化;长江中游龙山文化、大溪文化;江西、四川地区等各考古文化中发现的陶缸进行潜心研究后,认为此类器物的祖源"在山东境内迄至江苏北部的大汶口文化之中"。1989年,他在山东大学出版的《海岱考古》上发表了《考古发现中的陶缸与我国古代的酿酒》一文,明确提出尖底缸是我国原始社会时期人们用以贮藏发酵物品的一种用具;高柄杯为饮酒用具。文章里多次提到"景芝遗存"发掘出土的那3个大口尖底陶缸,称它时与鼎、盆、罐成组,时与鼎、红陶罐为伍,同其他大汶口文化遗址的陶器及其放置情况一样,都是规则的酿酒器具的配套序列。大口尖底缸容易封口,又易于埋在地下,能避免杂菌入侵孳生，还能造成有利发酵的厌氧条件，是十分理想的酿酒发酵器物。鼎是蒸煮器，漏缸是滤酒器，盆是接酒器，瓮、罐是贮酒器，薄胎磨光黑陶杯是饮酒器。因此结论是："大汶口文化早期阶段之末，居住在山东境内泰沂山系以南至江苏北部一带的古代东夷部族，已步入用谷物酿酒的时代，至大汶口文化晚期，这一地带的东夷部族用谷物加工煮熟，然后密封贮藏发酵，再经过滤即沥酒等三个不同的工艺阶段也臻于成熟了。"所有这一切，证明大汶口文化时期的东夷酿酒业已经十分发达，距今有 5000 年之久。这是王树明从考古学角度对中国酒史研究的突出贡献，更是对古镇景芝的突出贡献。

作别王思礼，已是华灯初上。大街上，五颜六色的霓虹灯光线还是掩盖不住济南寒冷的冬天。飒飒寒风中，我耳边又响起王老刚才说过的话："曾经盛产'灵芝'的'景芝'，成为大量珍贵文物的产地，其中发生的故事难道只是巧合？还是有一种神秘的东西贯穿其中？"这无疑也是许多景芝酒爱好者谈论的话题。人们将更加关注景芝，关注这块盛产神奇的酿酒宝地。

从摘月山和葛陂岭称谓
探寻两种曾泽被浯河乡民的植物
——王锡文

在今安丘市石埠子镇域内,也在渠(浯)中上游流域内,一东一西有两座山岭,即西边的摘月山和东边的葛陂岭。摘月山的位置在安丘地图上标得比较明确,葛陂岭可能有些人不知道。其实从石埠子镇区沿安(丘)孔(家庄)路继续向西走2000米多,就到了葛布口村,此村的西岭就是葛陂岭,安孔路就从岭南头经过。对于这座岭,现在周围各村有各村的叫法,葛布口村人叫"西岭",冢头村人叫"北岭",后韩寺庄村人叫"东岭"。这是各村与此岭所处方位不同所致。而在古时,这座岭叫"葛陂岭",大有来头。此岭南面三华里处就是渠河,古称浯水,属于新石器时代古文化遗址的冢头遗址,就在岭前浯(渠)河边发现的。摘月山和葛陂岭的名字,都分别来源于两种植物,这两种植物在今天可能不见了或者引不起人注意了,对人们的生产生活不起作用了,可是在古代,这两种植物对于当地原生土著乡民的生活作用重大。这就是柘树和葛藤。

摘月山以柘树而得名

摘月山,又叫高柘山、摘药山,其原名为"柘岳",即一座长满柘树的大山,是当地远古先民最崇拜的"神山""药山"。现在我们可以从柘树的作用说起。

柘树,是中国原生植物,又名柘子、柘桑等。根皮入药,止咳化痰,祛风利湿,散淤止痛;木材除可常用外,还可制作黄色染料;叶饲蚕;果实又叫"野梅子""野荔枝",可食用和酿酒。我国古时桑柘并称,可见它的用途不次于桑。古代先民养蚕,不只是用桑叶,还要用柘叶。特别是蚕刚孵化出来要进食时,用柘叶比用桑叶好。

其实,在远古时代,泰山以东的海岱地区,蚕的养殖比现在的江南要兴盛得多。特别是古潍水流域是最重要的蚕丝基地,而摘月山一带就地处潍水的重要支流浯水之畔,同时离潍水的主源头也不远,远古时代也是养蚕之乡。还有,柘树叶子不仅可以喂蚕,果子可以吃,树皮还可作是药材。柘树全身都是宝啊,能为远古先民提供身上穿的、提供嘴里吃的、提供治病之药,这是多么宝贵的树木!也就是说,在古代,一座长满柘树的大山,就是当地的一座"宝"山。特别是想一想蚕丝对中国古代先民和中华文明的重要性,也就不难理解古代先民对一座长满柘树的大山的崇敬心理了。

现在,据说在摘月山上还有少量的原生柘树,在人迹罕至的崖头下,也还能发现一些柘树棵子,不过,都已经退出了当地人的生产对象范围许多年了。近年来,随着人们对古树名木的追逐之心兴起,柘树这种古老的树种,又进入一些人的视野了,在此希望能够做到原地保护,不要随意移植到自家的庄园里独自专有,因为很有可能是移栽 10 棵成活两棵。

对于柘树的果实,能见到的不多,笔者倒是见过一次,当时不知道那就是柘树的果子。前几年,摘月山东南方向不远处的召忽墓(石埠子镇东西召忽村之间)还没有修缮的时候,笔者去拍照,在墓丘上面有几棵树,其中一棵是芙蓉树,还有数株小树棵子不知名字,上面挂着些黄色的果实,问当地一老人,也说不知道,只知道这几棵小树在墓上生长了多年了,每年都结些果子,成熟时是红色,因为在墓丘上长的,没人摘过,也不知能吃不能吃。笔者就把这些小果实也拍了照片。最近与柘树的有关图片资料一对照,才知召忽墓上的那几株小树棵子就是柘树,上面结的就是柘树的果子,叫"野梅子"或者"野荔枝"。可是今年七八月份镇上对召忽墓进行大规模修缮时,现场施工人员因为对柘树不了解,觉得墓丘上有些树不好看,全部除掉了,当然也包括那几棵已进入结果期的柘树了。笔者听说后,急忙打电话问了问,答复是都铲除了。真是可惜了。

葛陂岭以葛而得名

葛陂岭，海拔不高，南北向，南宽北狭，呈三角形，从西面看是一岭，从东面看很缓。说是"岭"，但几乎没有成块的石头，整体是土中掺杂着大大小小的鹅卵石。据推测，这个岭的形成与今天在其南面1.5千米处的浯（渠）河有关，是上古时期古浯水与一些支流交错淤积而成。在这个岭上，古时大量产葛，因而叫"葛陂岭"。

葛，植物名。多年生蔓草藤类。藤条上有黄色细毛，叶子大，分成三片，花紫红色。根肥大，叫葛根，可制淀粉，也可入药。茎皮纤维所制成的织物叫葛布，通称葛麻，俗称"夏布"，质地细薄。除作衣料，魏晋时多用制丝巾。《尚书·禹贡》云："岛夷卉服。"孔子对此作传云："南海岛夷，草服葛越。"唐代孔颖达疏："葛越，南方布名，用葛为之。""卷其一端，可以出入笔管。以银条纱衫之，霏微荡漾，有如蜩蝉之翼。"《诗经·国风·周南》里有一篇《葛覃》中提到："葛之覃兮，施于中谷，维叶莫莫。是刈是濩，为絺为綌，服之无斁。"说明我们古人已经在那个时候就利用葛藤的纤维进行纺织了。当然，诗经《葛覃》中所说的葛是在今天的江汉流域一带，可是我们这里，包括全部潍河及浯河流域，在周代及以前，气候比现在要好得多，起码是亚热带气候，特别是近年来在浯（渠）河岸边又发现了象牙化石（出土于诸城境内），证明这里在当时还应该接近热带气候。石埠子一带当然也是气候温湿（1985年以前这里的年降水量还能达到1200毫米以上），产葛也就不足为奇了。葛就成为当地人的生产对象和生产资料之一，又因为姑幕国都城在此，当然就有珍贵的葛布在这里进行纺织和交易了，所以岭下就有了"葛布口村"。

千年书院四季风

——李凤玲

雪，落了。这是城顶山的冬天。这座海拔429米的大山，在银装素裹的莽苍中辽阔绵延。

蜿蜒的山路，化为一条条银蛇，逶迤盘旋着靠近高大的山门，"山明水秀皆画谱，鸟语花香尽韵题"，阳光明丽的山门对联在雪的静谧中更显盎然和诗意。略显陡峭的山门台阶在雪的覆盖下失却了棱角分明，双脚轻踩，脚印深深，恍若踏进旧事前尘。

2000多年前，也是一个冬天，儒家的忠实信徒公冶长拜别自己的老师兼岳丈孔子，悄悄融进这片静谧的冰天雪地。当时的礼崩乐坏，世路艰险，让他在纷纷扰扰中产生了幽栖之志。仿佛冥冥中有股无形力量的召唤和带引，他的脚步迈向了位于安丘西南方向45千米的城顶山。他要在这里潜心治学，将孔子"有教无类"的思想践行得朴素而执着。

搭起三间茅舍，放下一张书桌，雪夜松涛里，公冶长的一声吟诵，让一座山从此诗意而生动。

沿着台阶雪白的参差错落，悄声走进公冶祠，先贤的炯炯双目会让你凛然一惊，虔诚的叩首中，我们期望着圣贤的点化和醍醐灌顶。在一片冰清玉洁中蓦然回首，两棵古老的千年银杏在冰天雪地中名副其实的"携手白头"；红黄相间的青云寺也在这幽寂的白里恍惚了前世与今生，模糊了历史和现实。

一只鸟从春秋飞来，落在雪后的林中觅食。黑黑的眼珠看不出表情。它是否还记得两千多年前的那次对话？

传说中，公冶长是懂鸟语的。而他在一次与鸟的问答中，居然探听到一个消息,说是有一支敌军正在侵犯我们的边疆,他赶紧向国君汇报,国君非常重视,派出探马看了一下,确有此事,便及时地作了军事部署,打了一个伏击战,取得了战斗的胜利。论功行赏的时候,国君认为公冶长立了大功,要封赐他高官厚禄。但公冶长婉言拒绝,他要继续回到城顶山读书治学。如今,传说不再只是传说,更是一种文化。早在 2009 年,公冶长懂鸟语的传说就被列为山东省省级非物质文化遗产。"灯台移月影,鸟语伴书声。"这片幽静的山林,因为公冶长的吟诵,因为公冶长的传说,因为儒家思想的浸润和侵染而书香四溢,在生生不息的自然与生态中绵延千年。

雪,化了。城顶山在鸟鸣的清澈与婉转里绿得铺天盖地,红得晶莹欲滴。

不用估算,也不用测量,城顶山的森林覆盖率,绝对是百分之百。无论从山脚仰望,还是从山顶俯瞰,城顶山在各色植被的包裹里密不透风。草本的,木本的;乔木的,灌木的;独自向天的,丛生共长的;药用的,观赏的;开花的,结果的;有名字的,没名字的。城顶山用蓬勃的生长告诉我们,什么叫作原始,什么叫作生态。

两棵古银杏也开始绽出新绿,鼓鼓的芽苞趴满了庞杂而有序的枝条,为夏日的浓荫恢弘蓄势。两千多年前,也是个春天的早晨,孔子来到城顶山,看望自己的佳婿兼得意弟子:公冶长。他不仅带来了师者的教益,还带来了一个父亲的祈愿和祝福:两棵稚嫩的银杏树苗。他和女儿女婿一起亲手栽下树苗,期望它能庇佑这对夫妻相敬如宾、白头到老。那一天,也是漫山碧草,杂花生树。一眨眼,两千多年过去。如今,不知有多少游人曾像当年的公冶长夫妇一样,轻轻抚摸这两棵树。两千多年的风霜,让它们长成参天大木。主干高达 30 米,粗 5 米多,东雄西雌,比肩而立,"执子之手,与子偕老",它们用年年如约而至的春日萌发书写着爱情不老的传奇。

城顶山的春天,弹奏着绿的主旋律;万紫千红的花,是不可或缺的动人插曲。那淡淡的是樱桃花吗?默默点缀在山的衣襟或者发际。它总是开得过于沉寂,人们还来不及仔细欣赏,便迫不及待捧出了甜甜的果实。

　　樱桃红了。因了城顶山独特的地理环境,这里的樱桃总是要先于其他地区,以"东风第一枝"的姿势将爽口的甜蜜率先捧出。翻开地图,我们会发现城顶山乃是泰沂山系自西向东延伸的余脉,它的东南和西南分别延伸出两条山腿,形成了一个背风向阳、夏凉冬暖的巨大山谷。独特的地理形成了独特的气候,再加上先贤圣哲之风的熏染,天时地利人和的交汇,樱桃,这人间的鲜果,用它清澈的香甜富饶了山里的农人,也征服了山外的游客。

　　那如绒似雪的可是山楂的花朵?默默开放,像一首恬淡柔软的初恋情歌。那白白的是梨花吗?满含清澈的忧伤,在绿绿的叶子之间点缀、错落。还有桃花。世有桃花。山有桃花。唯有桃花。它不管不顾地兀自热烈,漫山遍野。它不像板栗,生怕冒犯了谁似的开得小心翼翼,就连结出的果实也要在硬硬的刺里暗暗栖身,包藏严密。桃花不,它汪洋恣肆,一泻千里。开到泛滥,艳到荼蘼。像要把百花齐放的城顶山,唱成自己的独角戏。

　　天越发暖了。空气剥离了最后的一丝清冷。樱桃红得更加肆意,游人们开始随意采摘。更多的山果开始成熟,咬一口杏子,摘一把酸枣,城顶山,迎来生命的旺季。

　　清明已至。络绎不绝的游人登上城顶山,涌进青云寺。为古银杏挂上红红的丝带,在公冶祠虔诚地膜拜。

　　浓浓的绿阴中,露出青云寺黄黄的屋顶,红红的墙壁。红黄绿的交叠与层次,赋予这座山崭新的含义。不是所有的人都信仰佛教,但一心向善应是人类心底最根本和最原始的涌动。众多善男信女在城顶山千年古韵的召唤下,寻找着属于自己心中的佛光。

　　在大雄宝殿,一片苍劲挺拔的楸树林吸引着游人视线,楸树是我国特有的珍贵树种和著名的园林观赏树种,已有2000多年的栽培历史,素以材质优良、用途广泛、树姿优美著称,因为与"秋"谐音,更有"千秋万代"的吉祥之意。修长笔直的树干直上云霄,在这块古老的土地上执拗地生长,以它逾越百年的树龄为我们带来一抹历史的绿阴。

城顶山之夏,绿得热烈,红得狂野。

在绿的热烈和红的狂野中,秋风起了。山顶的那蓬衰草配合着齐长城的古韵沧桑,映衬着古银杏的满树金黄。

城顶山地势险要,易守难攻,又居东出平原、西扼群山之关隘,历来为兵家必争之地,横亘山顶的齐长城就是最好的见证。比秦长城早500年的千里齐长城,如一条巨龙,盘旋飞舞于崇岭叠嶂之间,凝结了古代山东人民的智慧和血汗,是国内现存年代最久远、规模最大的古建筑遗址,具有十分珍贵的历史、文化价值。城顶山现存的齐长城遗址约800米,它是在冷兵器时代用浑圆的大块玄武岩砌筑而成。据说当初齐宣王在这里修建长城时,采用孙膑战法,将长城筑成"迷魂阵",内藏玄机,敌人一旦闯入就会迷失方向,难逃灭顶之灾。至唐朝时,安禄山造反曾在此安营扎寨,被征剿大元帅郭子仪追急,仓皇逃窜误入迷魂阵而丧生。

1943年2月17日,日军两万余人在军部司令官土桥一次指挥下,对鲁苏战区主力部队51军所在地城顶山一带展开"拉网式合围"大扫荡,51军官兵借助齐长城遗址,或加高加厚,据点死守,或将中间挖空做成掩体,进行了顽强抵抗。这就是山东抗战史上著名的城顶山战役,国民党鲁苏战区政治部主任周复将军在这次战役中壮烈殉国。炮声远去,空谷幽幽,在此矗立的周复殉国处纪念碑以及当年前沿指挥所的残墙断壁,仍见证着那段悲壮的历史,诉说着一个民族不屈不挠的英雄史实。

秋风浩荡。古银杏披上满树金黄。站在城顶山俯望,成熟的气息俯拾皆是。蜿蜒的山路边,柿树密密匝匝,绿与橙黄的交叠与错落,为城顶山涂抹秋的颜色。它们占据了每条山路,包裹了整个村庄。房前屋后,驿路桥边,柿树像一面面猎猎的旗帜,让农人们底气充足。一个大伯挑着担子走下山路,颤巍巍的脚步里,颠簸出收获的欣喜。正在采摘的大嫂热情好客,一定要把最大最甜的果实与游人分享。在古人的解释里,柿与"仕"同音,这座朴素古老的大山,用一种观赏和食用价值都颇高的植物,传达着祖祖辈辈的企望。

山楂，这小小的果实，如璎似珠，挂满了一棵又一棵大树。农人们挎着手编的篮子，一粒粒细数收获的殷实。板栗也不再沉默，在季节的催促下破开青与刺的严密包裹。

城顶山的秋，是目不暇接的繁复层次。从山脚那棵结满果实的酸枣儿，到山顶那株已经落光了叶子的大树。秋天是最好的画师，城顶山，是它肆意渲染的画布。土壤的赭石，柿子的橙黄，山楂的胭脂。秋天，用一幅生动的中国画，为城顶山涂抹温暖的写意。

霜，降了。恰似伊人的倩影，非雾非露亦非雪，缥缈在可望而不可及的河涘水湄、山顶草际；比雾重，比雪轻，比露白，在两个季节的承上启下里，她为城顶山的秋天做着最后的注脚。

等待大雪。等待一场铺天盖地的降落。

"桃李园里樱上耕，书院灯台贯长虹，金叶玉果银杏树，雪夜松涛读书声。"四季的交替犹如白驹过隙，时光的轮回好似沧海桑田。如今的城顶山，带着它绵延千年的历史与文明演化成一幅生态旅游长卷。公冶祠、千年银杏树、齐长城遗址、青云寺、别夫崖等大大小小近百个景点点缀其间，秀美的自然风景，厚重的历史文化底蕴，令人心往神驰。深山古刹，树木参天，鸟鸣啾啾，明月清泉，四季风韵，醉人心田。千年书院，将在四季的交替和时光的轮回里，让世人再次惊艳！

浯水之阳话召忽

——王培增

> 姑幕城西召忽庄，高坟犹在未全荒。
>
> 生臣业遂雄风有，烈士名留浯水旁。
>
> 当日孤忠无转念，至今青史有余芳。
>
> 空遗古迹柘山下，始向郊原奠一觞。

这是一首作于清雍正五年（1727）的诗，作者叫徐天祥，时为安丘县雹泉人，是当时名满安丘、诸城一带的雕刻家、文人。此诗是祭奠春秋初期齐国大将召忽的，并刻于立于清雍正五年的一通"齐召忽墓"碑上。诗中表明了召忽墓与姑幕城（石埠子）、浯水（渠河）、柘山（摘月山）等三地之间的关系。

那召忽墓具体位置在哪里？在古老的浯水之阳，在浯水中上游段的北岸，在安丘市石埠子镇东召忽和西召忽两个村子之间。现在该墓封土高约3米、直径约6米。墓前仍立有一石碑，上刻有"齐召忽墓"4个大字，并刻有介绍召忽生平的文字及赞颂召忽的诗文。此碑为清雍正五年（1727）邑人马长淑（雍正八年进士）等人所立。

召忽本人具体生平如何？他为何死后葬在这里？

这是不少当地人的疑问，也是外地人到此看到召忽墓后经常提出的问题。而笔者在1986年秋编纂安丘县《召忽乡地名志》时，就更不可避免地要解答这些问题。为此，笔者查阅了大量的历史资料，得到的基本资料是：召（shào）忽，春秋时齐国人。少负才名，胸有大志，喜研军国治理之术，但不得志。齐襄公时，公子纠慕其才华和谋略，聘为师傅，终日伴读讲史不倦。齐国内乱，公子小白与公子纠争位，小白因有内应夺取王位，是齐桓公。桓公即位，派人杀了公子纠，当时公子纠身边近臣是召忽和管仲。召忽对公子纠忠心耿耿，誓不与桓公为伍，拔剑自刎，以身殉主。管仲则回到齐国当了宰相。

具体的资料出处有二：

一是在《山东地名通讯》中找到了转述《左传》的有关记载召忽之死的章节，原文内容抄录如下（标点符号和小括号内注释均为笔者所加）："鲁庄公九年，齐国内乱，鲍叔牙随齐公子小白奔莒避难，管仲、召忽奉齐公子纠奔鲁躲藏。齐襄公在乱中被杀，纠与小白争夺君位，小白取胜，即齐桓公。桓公引渡公子纠、管仲、召忽回齐。杀公子纠（实际在鲁国借鲁君之手杀害），召忽为了忠于公子纠而自杀。管仲由于鲍叔牙（他们原是好友）的掩护、推荐，不但没有被杀，反而被齐桓公任命为卿，尊称仲父。他以'尊王攘夷'相号召，帮助齐桓公成为春秋时代第一霸主。"

二是《史记》，涉及召忽的内容大体意思是：召忽（？—前685），春秋时代齐国人，与大夫管仲一同辅佐齐僖公的儿子公子纠。齐襄公十二年（前686），齐国爆发内乱，齐襄公被其堂弟公孙无知袭杀，召忽与管仲陪同公子纠投奔至鲁国，大夫鲍叔牙与高傒辅佐公子小白投奔至莒国。隔年，大臣雍廪等人又杀死公孙无知。齐国正卿高傒和小白从小相好，就和国氏秘密召小白回临淄。鲁国听说无知被杀，也发兵送公子纠回国，并派管仲带兵埋伏在从莒国到齐国的路上。管仲一箭射中小白带钩。小白假装倒地而死，管仲派人回鲁国报捷。鲁国于是就慢慢地送公子纠回国。这时小白已兼程赶回齐国临淄，高傒立他为国君，是为桓公。鲁国兵送子纠，迟到一步，酿成败局。鲁兵临境，齐国相拒。同年秋，齐鲁战于乾时，鲁师败绩。随后鲁庄公受齐桓公逼迫杀公子纠，召忽为尽人臣礼节而殉死，管仲经鲍叔牙举荐请囚回齐后受到桓公重用，辅佐齐桓公成为春秋第一霸主。

至此，可以说明把召忽的基本生平搞清楚了。可是为什么他没有被埋葬在鲁国的国都曲阜，也没有被埋葬在齐国的国都临淄，而是被埋葬今天这个地方呢？这一问题，在任何史书上都没有明确说明。笔者通过比对史书上记载的齐、鲁、莒三国的边界,以及战国中期莒国被楚所灭之后齐、鲁、楚三国的边界,实地查勘了齐长遗址在今天安丘、沂水、诸城三县交界处和在莒县北部东莞镇的走势(齐长城是战国中期才修的,当时的齐国边界与今天齐长城遗址走势一样),并结合史书上一笔而过的那个"管仲射公子小白于莒道中"的记述,寻求到了原因,大体如下:

今天的东、西召忽两个村,南面一两千米处就是渠河,西南几千米就是卧龙山,西北数千米就是摘月山,现两山上面都有齐长城遗址。这一带在春秋时期是齐、鲁、莒三国的交错之处,当时以此为坐标,西南是鲁国,西北、北面和东面是齐国,南面是莒国。所以,当时公子小白为了急着赶回齐国国都即位,他与随从从莒国国都赶回齐国国都,即从今天的莒县县城向淄博市区走,最近的道路,必然要过今天的召忽村一带。即从莒县过渠河,大队人马过河后,就需要停一停整整队伍。而管仲受鲁国国君和公子纠之命,带人伏击公子小白的地点,就是现在的召忽村一带。

事情应该是这样的:

齐国内乱被平定后,大臣们通过商量做出了"在鲁国的公子纠和在莒国的公子小白兄弟两个,谁先到达国都临淄谁就是国君"的重大决策。但在鲁国的公子纠怎么快也快不过在莒国的小白。所以,公子纠和管仲便向鲁庄公借得车兵(当时可没有骑兵这个兵种,都是步兵或站在车上相互打),由管仲统领,从曲阜出发,直线向东北斜插,在小白由莒国奔临淄的必经之路上截击。

当管仲等人从西南方向来到摘月山东南侧,浯河(今大部称渠河)北岸,即现在的召忽村一带时,正遇上公子小白的百余乘兵车队伍(借的莒国的)过渠河后也在这里休息。管仲瞅了个机会,弯弓搭箭,射向坐在车里的小白。小白随即应声倒下,口吐鲜血不动了。管仲认为大功告成,便飞身上马,带着他的人马返回曲阜,向公子纠报喜讯去了。

虽然管仲的这一箭射得很准,但没有射死小白,这一箭是射在了小白腰带上的铜质或玉质链接扣、(俗称"带钩")上(此事在《史记》上有记载)。

他倒下吐血是自己咬破了嘴角而流出的血。所以，才有了"纠与小白争夺君位，小白取胜；公子纠被公子小白逼迫鲁君杀死；召忽殉死"的结局。

那么，为什么召忽的人头被管仲埋在了他射杀小白未遂的地方？管仲的这一举动和良苦用心就是要让活着的人以及九泉之下的召忽知道，他确实是为当时的主子公子纠出过力，但只能感叹公子小白命不该死，感叹自己绝非不忠不孝之人。

召忽被埋葬在这里后，当时的人被召忽的"忠君"行为所感动，就堆一大土冢，以防后人无处查找。鲁庄公为掩齐桓公耳目，在召忽头颅被安葬后不久，便悄悄地把他给召忽镌刻的"齐召忽墓"石碑深埋在召忽墓前地下（直到清代马长淑等人给召忽立碑时才挖出），为后人留记，使召忽之名流芳千古，永垂青史！这也算是他对自己杀死公子纠、召忽又自死在他眼前的一种忏悔吧。这就是后人所评的：召忽殉死，比活着光荣；管仲求生，比殉死伟大。

对于召忽的忠君和鲁庄公的善举，笔者在查询史料时也为此深受感动，曾附会几句。对召忽点赞曰："齐臣召忽垂青史，英名流芳载书志。宁死不做阶下囚，同与子纠归天际。"对鲁庄公的善举点赞曰："齐将石碑鲁君埋，齐人不悲鲁国哀。难得庄公精神佳，忠君思想受崇拜。"

至于鲁庄公偷给召忽立碑，确实有出处：

据安丘人马步元（1847－1925）于民国三年（1914）修编的《安丘新志》载："召忽墓在邑南八十里摘月山左，左右居民多以召忽名村名。按安丘西南临鲁界忽葬于此。亦或然与旧，无碑。雍正五年（1727）马长淑为立石，因土人掘地得一碑，镌四大字曰：'齐召忽墓'。字极苍古，惜无年月及书者姓字，由来旧矣。"（注，这里面有好几个通假字，不是错别字。）

这就说明，在清朝雍正五年（1727）马长淑等人在给召忽立碑的时候，曾经从墓前地下挖出一块时间更早的墓碑。只可惜不知道是被当时的人毁了还是被马长淑或以后的人当作文物收藏起来了。因为现在墓前只存有马长淑立的一块碑了。

现在,清代马长淑等人为召忽所立的碑上有非常清楚的"齐召忽墓"4大字,另有数行小字,因年久风化显得有点模糊。1986 年秋,笔者采用"拓"的技术,费了好大劲才把碑上右边 121 个、左边 113 个共 234 个小字弄了个明白。

墓前有一石碑,中间为"齐召忽墓"4 个大字,两侧刻 1727 年立石经过:

齐臣召忽殉子纠难,载《鲁论》及《春秋》。传其生卒葬地无考也。惟《管子》中叙次颇详,有"忽入齐境""自刎而死"二语,知以齐人死齐地。安丘城南八十里,摘药山左有冢岿然。又考,相传为召忽冢,环冢居民以召忽名村者。落处安丘,齐南境,临鲁界。忽死于此即葬其地,父老之口,信而有征,因请奉祀忠孝祠并立石墓侧,补志乘之缺,俾过者知所矜式云。

雍正五年岁丁未秋月吉旦,邑人马长淑识,诸城张雯书,李文敷鸠工,徐天祥镌字。

落款上的"识",即 zhì,就是标志出召忽墓的方位和说明召忽的死因;"鸠",就是聚集、组织;"书"即写、"镌"即刻。碑的左边有三处刻小字。上边是:

柘山东下起高丘,烈士当年踪尚留。

渺渺贞魂归有处,九天相伴子纠游。

樵庐氏跋。

中间是:

召忽死忠臣节留,贤名遂著鲁春秋。

贞魂应有山灵护,风雨难消土一丘。

吊召忽墓。电泉徐天祥。

还有一首在下边的字体也是徐天祥再题诗:

姑幕城西召忽庄,高坟犹在未全荒。生臣业遂雄风有,烈士名留浯水旁。当日孤忠无转念,至今青史有余芳。空遗古迹柘山下,始向郊原奠一觞。

碑的底端用小字镌刻着 36 个人的姓名,可能是立碑参与者。

另据马长淑撰写的碑文看,在当时,即 1727 年和以前,在召忽墓侧还立有"忠孝祠",不知何年何月因何故毁掉,真可惜!

现在看来,重新挖掘召忽葬在我们安丘这里的原因,实际上是了结了一桩历史疑案,即管仲在何地射杀公子小白未遂?原先的史书上并无确切说明,正如清马长淑等人所立碑上有一句说的那样"难载鲁论及春秋"。现在也算是明确了:就在我们召忽村这里。

但是,笔者在 1986 年编纂《召忽乡地名志》和 1995 年编纂《召忽乡志》时,只是提了春秋初年齐国大将召忽埋葬于此,都没有提及召忽葬在我们这里的原因。因为那时不敢确定,没有实地去查验附近的齐长城遗址,手头上现成的史料也不多,当时社会上对当地历史也没有过多讲说,就是想考证也少有人认同。不过笔者当时在连续多日整理召忽墓碑上的文字时,确实突然想到了召忽埋葬于此的原因——因为管仲就在这里伏击过小白。笔者当时也为自己的发现而吃惊。这是因为,如果是真的这个原因,那么我们这块土地,摘月山东南、渠河北岸这个地方,是一块怎样的土地?

公子小白在这里遇险化夷,对小白,即齐桓公来说,这里就是他自己的一块"福地";

对当时整个齐国来说,他们的国君在这里化险为夷,回到临淄就即位,这里就是齐国的"龙兴之地";

对当时的整个中原周王朝和华夏族(当时还不叫汉族)来说,这个地方又意味着什么?我们从齐桓公的历史功绩和管仲的作用来略说一二:齐桓公的历史功绩不仅仅是"春秋五霸"之首,而是他的"尊王攘夷",即尊崇周王室,打退周围异族进攻。当时的中原周王朝和华夏族,已经是风雨飘摇了,就在齐桓公即位的 86 年前(前 771),周王朝的国都镐京就是被异族犬戎攻陷。所以,孔子感叹说:"微管仲,吾披发左衽已!"意思是说:没有管仲,(我们都要)披头散发,衣襟左开,沦陷于异族人的统治。是管仲辅助齐桓公完成"尊王攘夷"大业,才保住了华夏族的主体地位。

召忽墓能从春秋初期一直保存到今天,说明数千年来周围的乡民都比较重视对召忽墓的保护,召忽墓安然地坐落于渠河之畔、摘月山东南、姑幕故城西。还有了以召忽命名的东、西召忽村。到了 1980 年 9 月,安丘县人民政府专门立碑保护召忽墓,碑上清楚地写明:此墓系县级重点保护文物。1995 年春,原召忽乡政府用水泥沙浆、细錾子錾过的青石块、彩色水刷石子,对召忽墓周围进行了加固、美化,使得召忽墓焕然一新。2014 年,石埠子镇党委、政府又出资进一步对召忽墓进行大规模保护,并开辟出召忽墓公园,这就更令人欣慰了。

"两世冰霜"功德碑解析

——刘本成

　　"两世冰霜"碑是中国共产党安丘县第一任县委书记刘云鹏的曾祖母李氏、高祖母江氏的功德碑。

　　光绪十六年（1890）3月，刘云鹏祖父刘鸿誉，感念祖父刘堳、父亲刘来元去世30多年，其祖母江氏、母李氏寡居卅载，风雨坎坷，抚养自己成人实乃不易，慈恩大爱，无以言表，于是上报朝庭准许立碑以志。碑文"两世冰霜"由时任山东学政张百熙题写。

　　光绪十六年（1890）3月吉日，"两世冰霜"碑立于凌河宫家庄村西，原来有碑帽及两边底座俱全，现仅存碑身。1968年水库移民，刘座铭等人把碑搬至逄王新村建桥铺路，后挖出放置庄后数年。2018年4月，族人刘永科运至黄旗堡中学内保存。

　　2020年4月6日，以刘云鹏侄刘庆亮为主，从弟刘永科及从侄刘本成协助，将"两世冰霜"功德碑运至安丘市博物馆保存。

八思巴文大元通宝安丘发现记

——刘福友

　　1996 年的夏天,是我收藏古钱币的第二年,面对那一枚枚锈迹斑斑、不同时代、文字各异的古钱币产生了浓厚的兴趣。每当得到一枚古钱币,总是拿在手里反复观看,爱不惜手,最后还把它装进口袋里,时不时拿出来仔细欣赏上面的文字和书法。对古钱收藏如醉如痴,因此收藏古钱也成了我生活中的一部分。

　　我喜欢收藏古钱币的消息逐渐传开了,一天早上,一个骑着破嘉陵车的中年男子来到我家。他自我介绍说:"我叫刘元才,是泥沟村人,我常年下户收古董,听说你收古钱,我这里有几个铜钱,看看你需要吗?"随即他拿出 20 多枚宋代和清代钱币放在桌子上,我一看多数自己没有,就按价欣然收下。并嘱咐他如果再收到好钱币,一定给我留下。

　　看到我意犹未尽,老刘笑着对我说:"这样吧,咱俩一起下村收古钱,你用摩托车带着我,按你收货的 20% 给我提成,可以吗?"出于对古钱的喜爱我答应了。就这样,冒着 30 多度的高温,我俩骑车一路向北,来到了大盛镇东田庄、西田庄、尚庄等好几个村,跑了大半天一无所获。眼看就到中午 12 点了,天又热,上衣也被汗水浸透了,路边的知了不知疲倦拼命叫着,我又累又渴,坐在树荫下的一块石头上擦着汗,一步也不想走了。

　　老刘看我这个样子,就说:"这样吧,咱们再去前面那个村逛逛看看,如果没有,咱就回家。"我觉得自己出来一趟不容易,只好站起身来,两人再次骑车来到了前面的一个村庄。这个村庄我以前没有来过,老刘说这个庄叫楼子村,他以前收货来过几次,也收到了不少好东西,希望这次有好收获。我推着摩托车跟在他的后面,转过几个胡同来到靠近大路边的一户人家。老刘上前推开门就问："家里有人吗？有老物件卖吗？"

"谁呀？"里面出来一个端着饭碗的大嫂，"你们找谁呀？"

"我们是赶乡的，你家有银元、毛章、铜钱、老书、玉件要卖吗？"老刘回答道。

"俺家哪有那东西？以前有，不拿当回事，早就扔了。"大嫂边说边把我俩领进院内。院内一男子正在吃饭，看见我俩就说："你们是收古董的？以前家里确实有，盖了新房子，老屋都拆了四五年了，老物件早就没有了。"

我插了一句："大哥，您贵姓？家里有铜钱卖吗？"

"免贵姓陈，小兄弟。以前家里有不少毛主席像章、旧课本、砚台，你说的铜钱也有很多，现在早就不知扔哪里去了。"

我看了看坐着一旁的老刘，准备起身告辞。这时大嫂忽然说道："对了，你以前挖地时不是挖出一个大铜钱吗？你放那里去了？""在抽屉里，你等一下。"陈大哥放下饭碗走进里屋，不一会，果然拿出两个大铜钱，一个是咸丰宝源当五十，另一枚直径比咸丰更大，黑漆漆的，上面的字弯弯曲曲，也不认识啥字，只觉得比较好看，就问："大哥，这俩钱您咋卖？"

"50元。"我摸了摸口袋，里面只有40元，那时候工资低，家中有很多用钱的地方，根本没有多余的钱拿来收藏钱币。于是就开始还价："大哥，您这个钱脏兮兮的，好像在地里埋烂了，这样吧，给您40元吧？"

"不行，50元，少一分钱也不卖。"

老刘瞅了我一眼说："咋样？"我摇了摇头回答道："贵了，最多40元。"看到陈大哥没有商量的余地，我恋恋不舍地把这两个大铜钱还给了他。

告别陈大哥，老刘又把我领到村北一户人家，老刘说这家主人是个老光棍，盖房子时挖出不少铜钱。果然，在他家炕头上有一个筐，掀开盖在上面的破包袱，里面竟有半筐古钱，我随手抓起一把看了一下，几乎都是北宋元丰、熙宁小平、折二和折三，夹杂着少量的开元、五铢和货泉，还有不少筒子钱，品相也不错。问其价格，说200元一枚，我笑了笑，扭头就走，也不再理会后面叫我再看看的那个老光棍。就这样，跑了一天，一枚古钱也没有收到。

回家之后，心里一直惦记着那两枚大铜钱，怎奈上班一直没有时间，中午还要值班，无法外出，当时又没有电话，生怕铜钱被陈大哥卖了，总觉得好像失去什么似的。10多天过去了，终于在一天中午下班后，我顾不上吃午饭，骑上摩托车赶往20千米外的楼子村，找到了那位陈大哥。

正巧，陈大哥在吃午饭，我说明了来意，他说那两个铜钱还在，可是不想卖了。我一听情况有点不对，连忙掏出香烟递给他，和他说好话，聊家常，套近乎。说："大哥，我不是买来再卖出去，我是自己喜欢，买来收藏的。"眼看下午上班的时间就要到了，我心里渐渐着急起来。最后经过近一个小时的软磨硬泡，大哥终于答应卖给我，当我接过这两个大铜钱时，心里非常高兴和满足。陈大哥说，这个咸丰钱是家里留下来的，那个黑漆漆的大铜钱是1994年在本村平整承包地时挖出来的，当时承包地中间高两边低，自己就用小推车推土垫坑，从半米深的地里挖出来的，当时自己认为可能还有东西，挖了半天就只有这一枚，自己又不懂，一直放着抽屉里。我再三对陈大哥表示谢意，并把那盒刚刚开封的香烟留给了陈大哥。

回家后，对照刚买的古钱图谱，才得知这是一枚元代八思巴文"大元通宝"。八思巴文是元朝忽必烈时期由国师八思巴创制的蒙古新字，属拼音文字，共41个字母，字数只有1000多个。至元六年，八思巴文作为国字颁行全国，其推广却受到很大阻力，除政治和文化传统因素，主要这种文字难以辨识，有的地方还仿效汉字篆书写法，更加剧了识别难度。

众所周知，元代主要流通纸币，铸钱比其他朝代都少，且多以汉文钱为主，但也用八思巴文铸过几种钱币，计有世祖至元年间的"至元通宝"、成宗元贞和大德年间铸造的"元贞通宝"和"大德通宝"、武宗至大年间的"大元通宝"。武宗至大二年（1309）铸造的"大元通宝"，有汉文和八思巴文两种，其为国号钱，主要铸材为铜质，版式较多，大小厚薄不均。一般折十八思巴文"大元通宝"直径为40厘米左右，而笔者收藏的这枚直径竟达44.50厘米，厚3.0厘米，重23克，体型硕大，八思巴文书写标准无异，布局协调,横直竖立,字形莽壮。其锈垢相间,锈垢附着紧实,质地坚硬,其相凸显沧桑,700 年之岁月痕迹历历在目,毋庸置疑,自然天成之老相昭然,大开门之品是也。

八思巴文在历史上使用时间不长,随着蒙古帝国的瓦解而彻底退出历史舞台,成为一种"死文字"。但作为文化传承,今天,我们依然能够从元代遗留下来的一些文物,包括钱币上见到这种文字。元武宗至大年间在山东、河东、辽阳等地设泉货监铸钱,这枚出自安丘境内的"大元通宝"就不足为奇了。无独有偶,2008 年,在郚山镇店子村,笔者有缘再次获得八思巴文"大元通宝"小样一枚,直径 40.3 厘米,厚 3.3 厘米,重 26 克。这一大一小两枚大元通宝相得益彰,如今仍静静地躺在我的集币册里。

考斌之与大安山战斗

——刘福友

1937年7月7日全面抗战爆发后,日寇大举进犯中国内地。山东省为了抗战需要,重划行政区,组织游击队。潍县县长厉文礼被委任山东省第八区行政专员兼游击司令,便以潍县第三区区长考斌之所属区武装为基础,扩编为抗日游击队独立第一团,考斌之任团长。

考斌之团纪律严明,战斗力强,群众基础好威望高。特别是智取流饭桥、毕家村战斗、偷袭固堤都取得胜利并缴获了不少战利品,深受厉文礼器重。

1939年,考斌之团进驻大安山区,以金堆庄为中心,在杨家沟、陈家沟、南官庄、李家庄等村驻扎。在此期间,接受于学忠部收编,被任命为鲁苏战区挺进第二纵队四支队上校支队长,并对南官庄村51军兵工厂的安全进行协防。

1942年8月,日军12军乘苏鲁战区内乱之际,调集独立混成第五第六旅团及张步云伪军共两万人,发动了鲁中战役。8月12日晚,日军秘密包围莒县以东约30千米的坪头,但是由于敌南部包围部队行动迟缓,于学忠率部抢先突围脱险。

于学忠突围后,率战区总部北上进入113师防区。19日总部突然接到日军向北追来的情报,立即命令各部整装待发,准备战斗。

20日凌晨,113师齐聚谭家秋峪,正准备吃早饭,突遭日军炮袭,339旅678团在唐王山东南崮山一带与敌发生激战。战区总部与113师紧急集合向北转移。

678团及总部特务团于唐王山、虎眉山、大安山及其周围打击敌人。337旅674团在擂鼓山组织防御,牵制东、南之敌,667团负责外围作战及时策应和增援,至此战斗就在唐王山一带打响了。

负责外围牵制敌人的 677 团的其中一部在大安山布防。8 月 20 日,日伪军 500 多人对大安山进行扫荡。战斗打响后,考斌之将随军家属和后勤人员安排在金堆庄村,与 677 团固守在大安山顶并肩作战。日伪军分别从陈家沟(大安山东南)、杨家沟(大安山西)两路向大安山发起攻击。

关于这次大安山战斗,历来资料记载甚少。为了还原这场 76 年前的战斗,笔者多次到金堆庄、陈家沟和南官庄进行走访,搜集资料,拜访经历过这场战役的老人。

激战一天多,由于两部奋力阻击,击碎了日军夺取大安山后向南围歼擂鼓山、唐王山,消灭 51 军的企图。等固守唐王山、擂鼓山的 51 军主动撤离后,677 团和考斌之团方才撤离。51 军撤至城顶山区,日伪军多次袭扰大安山百姓,到处烧杀抢掠,打死陈家沟 2 人、金堆庄 2 人。为寻找南官庄兵工厂下落,打死村民 7 人,打伤 20 多人,烧毁了大安山顶东镇庙。

唐王山战役是抗战时期发生在苏鲁战区的一次重要战役,而大安山战役是唐王山战役的组成部分,为牵制日伪军做出了重大牺牲和贡献。为了纪念大安山战斗阵亡的战士,由考斌之撰文,聘请一位老石匠,将在大安山战斗中和其他历次战斗中牺牲的战士的名字刻碑纪念。

这块石碑正面刻有"第二纵队第四支队历次战役殉难烈士纪念碑",石碑右上角几个字磨损不可辨识,其他的碑文清晰可辨,石碑用词讲究,行文流畅。碑文最后是"……官兵姓名勒石垂后以示永久之纪念矣支队长考斌之指导员王德甫谨志,落款是中华民国三十年六月榖旦"。

据说,这位 60 多岁的老石匠领着自己的孙子,起早贪黑,在村头大树下雕刻石碑,每刻好几个字,孙子就用玉米秸秆中的软档来磨那些粗糙的字迹,直到光滑为止。

这块纪念碑刻好后,考斌之本想立在大安山顶,可是几个月后,在荆科村一次战斗中考斌之不幸牺牲,这个愿望没有实现。如今,这块石碑静静地躺在金堆庄村委西边渠道边,等待后人重新树立起来的那一天……

诗歌长廊

月色故乡（组诗之一）

——王玉金

月光如银，轻泻在树下纳凉的蓑衣上……

发水

翻开南河底的土层

钻进了时光隧洞

一片刀光剑影

声声战马嘶鸣

就在这片古战场上

老龙王导演了另一剧情

天碎了，女娲已无力缝补

浓缩千年的枯河突然膨胀

再现原形

雨幕下，座座隐约的孤岛

却是邻家屋顶

门板，陶罐，草垛

如过江之鲫，随波漂动

屋檐下的咬牙跺脚

和着无奈的叹息声

蛟龙驾着雨头

水怪电眼如灯

传闻随着洪水惊恐

待黑夜熬到天明

眼前无边无沿的洪流

告知什么叫海

什么叫胆战心惊

所有的印记瞬间消失

凸起了一排排帐篷

有人在原址上疑惑

寻找家的踪影

不是所有的水都那么柔情

有时也会面貌狰狞

所有的日子都已

唯有大水雕琢的墓碑

竖在故乡

竖在了每一个游子的心中

过鱼

锄头是最珍重的收藏

爷传爹,爹传兄

特有的语汇就这样诞生

过鱼

南河人婶子大娘般的俗称

更是夏天一道亮丽的风景

鱼群顶着伏天的烈日游动

似乎已经无水

鱼成浪,浪成涌

如同大兵团作战

发起了阵阵集团式冲锋

烈日下,渔网勺瓢水桶

人鱼大战,满河号子声

是取亲的热闹

是过年的喜庆

渔猎,穿过远古今生

南河,繁衍着代代生灵

清清的河水哟

倒映着母亲的身影

是谁触碰了你的神经

让你失去往日的生动

野草与皲裂

偷走了你的秀美

那河碧水

已成为心的远景

我把期盼寄托这轮明月

希望圆起那个久远的梦

大油栗子树之死

大油栗子树死了

闻者无不一脸吃惊

激情早已休眠的当下

咋就在乎一棵树的生命

真是与树不同

高出族类数丈的身躯

像一把巨伞

遮天蔽日

罩满村西半壁苍穹

多少好奇者曾手拉手
测量过你的腰围
多少着迷者翻书查典
试图解开你的隐情
你显然很老了

树干早已空洞
容纳三五孩童
不知何时，你不再是一棵树
早升为族人的精神图腾
办喜事的新人
虔诚地向你鞠躬
过百日小儿也来许愿
祈祷树奶奶保佑长生
原来，大油栗子属误读
你的真正学名叫女贞
你是明代大迁徙的见证
族人思乡的象征
经历五百多年风雨不老
怎么说死就死了
是什么力量如此无情
一段传奇随你而去
一段挂牵留我心中

似睡非睡里飘来一片树叶
命我把你写进诗中

月色故乡（组诗之二）

——王玉金

五月的夜色，铺满了故乡的一地月光；
乡愁，连接着村头苗壮的瓜秧……

运粮河

不及巴拿马运河响亮

也无苏伊士运河繁忙

那是不懂你的古老，漫长

甲骨文象形字的河岔里

可听你哗啦啦的水响

是泰沂山祖微微一笑

释放出的琼浆

汇潍水

结伴向东海流淌

潍水大战斑斑锈矛

复活了韩信与刘邦

这可是漕运的雏形吗

还是与生俱来的使命

一泻千里浩浩荡荡

万舟竞发撑篙运粮

不识得碳水化合物分子式

即牢记对生命敬仰

食为天,粮为王

水,孕育了生命

水,启发了想象

桓公一梦醒来

降旨堰浯入荆

运粮河改道南乡

言之凿凿

传说沿着胡子生长

我走不出

这条有形无影的河

就让梦顺河水流淌

河会疯狂

人也会荒唐

几千年的进化

后人仍效法齐王

填河造地

向河要粮

是脚步敲响了地鼓

何处传来嗡嗡响

哦,是那条久远的母亲河

于地下暗自神伤

青山绿水呼唤春风

轻拂这道旧伤

扶起母亲河的桅樯
把摇橹搅乱的明月还原
照亮我的梦
轻轻划进河中央

北洼

谁都不想前往
甚至不愿开口讲
清早缓缓的脚步
傍晚身影踉踉跄跄
开春，茅草白絮飘荡
引领空地上那群绵羊
汛期，一地积汪
双脚如被捆绑
旱天，坚实的土坷垃
敲碎了一个个梦想
一年四季的重复
和着满脸哭笑模样

短暂的秋里
北洼才会慷慨解囊
二道沟就是水壶
烧棒子黄豆
满坡飘香
逮蝈蝈扑蚂蚱烧地瓜
一个个小嘴像长了胡子
此刻的北洼

才是孩子们的天堂

地垅像落满尘土的书页

拂净才看清字行

曾经,这是村人的大菜园

沟边地头

都曾摆放过娘剜野菜的筐

野菜筐,装满一家人的盼望

又像一张硕大的纸笺

父亲用锄头写下无数诗行

高地与洼地的差别

就在于

一个高亢明亮

一个只能听到回响

乡亲离不开北洼

从祖辈起

早已把命运种在了畦埂上

南官场

风雪雷电

夏雨冬霜

总掩不住你的模样

你是我生命的母港

就像一部大书

默读与朗诵

都让人荡气回肠

作为街市，你当仁不让

圩子壕淙淙水声

催促着商人的脚步

秫秆梁檩窑货

苇笠蓑衣炕席

更有悟空、李逵、杨家将

大鼓书石破天惊

成就你最高的奖赏

你还是露天影场

影讯，把消息贴近耳朵

只供好友独享

小板凳小马扎提前进场

隆重检阅每一个细节

此后很长的日子里

台词还回响在自习课上

最兴奋年集鞭炮开市

烟花加雷声

像回娘家满头戴花的媳妇

二踢脚上下炸响

竹竿下双手捂耳

陀螺般来回转荡

南广场，应为公共广场

如今早无踪影

一排排民房

演绎着昔日沧桑
可我不能忘
你是我乡愁的一链
从你身上
开始了我人生的启航

我家门前那条河

——牛钟顺

我家门前那条河

我家乡的母亲河

您有一个美丽名字

您的名字叫渠河

您还有个亲昵小名

家乡人称您南大河

春天,您汨汨涓涓柔柔潺潺

清澈碧透是您的本色

夏天,您咆哮奔涌拍击两岸

本色当中间杂着泥色

秋天,您放声咏唱曼妙婀娜

此时的妆容多呈深蓝

冬天,您暂且歇息稍倦的歌喉

隐在清冰下面将真容掩遮

您从遥远西天走来

已经走过无数个世纪

您向遥远东方奔去

茫茫东海是您的归宿

我家门前那条河

我家乡的母亲河

您的身边住满了人家
这里人们都勤劳朴实
您用清流浇灌这片土地
您用乳汁抚育这方儿女
居住在这里的人们啊
脸上漾着甜甜笑靥
喜悦情怀留驻心底
是那样安详与自在
满含着满含着啊
满含着富足与惬意

我家门前那条河
我家乡的母亲河

您身躯柔软细沙衬底
蛤蜊,虾蟹,波螺油子
还有各种各样大小鱼儿
都喜欢来这里安家栖息
看啊,看啊
谁家女人端来了满盆衣裳
谁家娃儿在这里嬉戏
谁用石片儿打起了水漂
谁吹奏的笛声坠落河底
那位少年手执网叉
那个壮汉将抡网旋起
一猛子扎下去是臂膀浑圆

梳洗秀发是俊俏嫚儿

鱼笼里盛满活蹦乱跳

朗朗笑声飞向天际

我家门前那条河

我家乡的母亲河

可是,可是,某年某月的某一日

上游漂来了白色泡沫

这是一个不祥信息

复有接踵而至四轮怪兽

疯狂嚎叫如世界末日

这时您已全身瘫痪,没有一丝儿力气

任由手执钢铁的家伙横行肆虐

摧折自己美丽的容颜

蹂躏自己柔软的身躯

凄凉破败千疮百孔

遍体伤痕不忍直视

于是,于是,上天也无奈地闭上眼睛

欲哭无泪,欲哭无泪

三年了,只见您香唇龟裂

徒舔着躯体的满目疮痍

于是,于是,由您滋养的这里的人们

心底仿佛压上了石头

眉头紧蹙,眉头紧蹙

笑声渐息,笑声渐息

我家门前那条河
我家乡的母亲河

一个长长的身影在河床移动
是谁又将自己定格在这里
叹息声中充盈着爱恋
惆怅满怀是久远的回忆
曾经,曾经啊
在您温馨的怀抱里
撒娇,欢跳,跌爬,成长
虽然后来离开了您
可无时无刻不把您记挂心底
可是可是啊,如今
您甘甜甘甜的乳汁
已被那个贪婪的不肖之子
吸吮得
一滴不剩,一滴不剩
虽然您一直昂首站立着
是如此的刚强,如此的坚毅
渠河,南大河,我的母亲河啊
您身边的子女救不了您
唯有祈盼,祈盼
祈盼您
早日恢复过往的生机
早日拥有健康的躯体
这一天,这一天
快些到来吧

这一天,这一天
会否会否啊,不期而至……

我家门前那条河
我家乡的母亲河
您有一个美丽名字
您的名字叫渠河
您还有个亲昵小名
家乡人称您南大河

故乡是一条河

——孙树贵

朱耿河

送葬队伍一茬茬收割,四季粮食满仓

我选择离开,是一条河无奈改变流向

朱耿河坚强流淌在黑夜,遥望一轮明月

寄托相思,淤积了河床,亲人滴滴泪水

化作枚枚贝壳游动,天上双双翕动的明眸啊

你是否关注我童年被囚禁在故乡某个断章

油菜花开,水车转动,青春吹响风铃

多想约一位二八佳人走天涯,不需剑气豪情

一杯素茶浸泡一河江湖,挚爱生生的郎君啊

隔岸遥望金榜题名的烟花,乡野遍尽盛世繁华

留下人人喜悦,生生泪别。朱耿河已经离去

卡日曲魂归的地方,座座山脉镌刻着族人性格

回游的鱼,只要把母体的种子,孵化在族姓的子宫

故乡便有不尽鲜花圣果,梦想燃烧出不灭圣火

先人叩拜欢呼:巴颜喀拉,巴颜喀拉

渠河

面对太阳升起的地方,一直坚持自己的流向

始终没有改变,父亲用生命望断彼岸芦花散尽

今生化水随流,回首岁月忧伤,一网一生

不剩余光。渠河这条满溢乳香的枕头

落日褪去多情柔丝,唯有思念泪滴催绽希望桃花

随鸟儿鸣叫,落叶欢笑跃入水中,泛着花漩逆流而上

母亲勤劳浣洗太阳,人性伟大光芒编织故乡

让春季发芽,夏季开花,秋季收获

冬伴有雪,美酒荡漾。曾不会因我

或更多我这样的人离开而惆怅,河流连绵爱情

开始生命,感受母体温暖,回归家园

安放我不成熟思想脱离襁褓枷锁般惦念

我那无处放飞的躯体哦,终会顺流而下

两岸蛙鸣为我生而颂歌,河底砾石是我死后坚骨

最后,我的血定会融入北方土地,我和母亲

牵手河流,开放在时光不能倒流的南方

洪沟河

每次和她面对面倾诉,故乡每一次情事难以表述

断流的痛,只有天空知道,干涸仰望梦想

苍鹰飞旋,从黄河飞跃故乡,洪沟河蛇一般进入视野

生命随即成为美食。土地肌理出河的野性

我的出现承受逝去灵魂的重托,河床袒露心事越多

故乡的秘密越少。临水而居,我百般痛苦也要与云共舞

顺水而流,洪沟河啊,我不知道你是否还能收留我

这条为你被鹰啄伤的鱼,鳞片播种星辰日月

四季五谷丰登,父辈享受喜悦和馈赠,付出的代价

是将成熟的果子,不能安放在祖先供台。

洪沟河,故乡母脐之河,我脱离母体

成为渠河支流,故乡蹒跚寻找,一条河失联

其实就系在母亲腰间,痛苦不是截流,是斩断

浯水殇

——李锡海

浯水,曾经是,美丽而恬静的河流,静静地走出深山,悄悄地流入大海。它,有激情的澎湃,也有温馨的柔情。它,用甜水滋润两岸,用胸怀抚慰心灵。

曾经,它拥有过美丽。春天,杨柳依依,燕语莺啼;夏日,水波激荡,密林幽幽;深秋,芦花纷飞,水碧天蓝;隆冬,冰清玉洁,平林漠漠。曾经,它拥有过人们的珍爱,人们为它歌唱,为它激动,也为它流泪。

但现在,浯水死了。它不再美丽,没有了激情,没有了柔情,没有了狂野,也没有了生命。斑斑伤痕已经布满它的躯体,伤心的泪水遮挡了它的视线,废弃的异物堵塞了它的动脉。鸟儿不必再为它而鸣,花儿不必再为它而开,梦不必再为它而绕,泪不必再为它而流,心不必再为它而跳。

浯水死了,但它一定记得,也应该记得,它曾经得到并拥有过:花的美丽,风的痴情,云的飘逸,霞的灿烂……也许,它承受不了这份美丽,这份痴情,这份飘逸,这份灿烂……浯水死了,带走了美丽,带走了痴情,带走了飘逸,带走了灿烂,斩断了最后的一丝情缘。

浯水死了,但它的躯体还残留着温度,它的心中还有未尽的情愫。花为它低头,风为它低吟,云为它忧伤,霞为它落泪。历史还要继续,站在浯水躯体上,剪断缠绕的情丝,会有新的开始!

曾经的浯水,像流星,划过心海,留下凄楚的美丽;像冰川,犁过心田,留下深深的痕迹。一切,将永远留在记忆深处……

景酒景行赋

——周庆芳

酩酊小草民，漂泊汶水滨，
恣在不系舟，聊为景酒吟。
渠丘龙凤脉，杰灵作井喷，
北宋景祐年，灵芝此现身，
进贡汴梁主，祥瑞天下临，
齐鲁三古镇，景芝盛名闻。
皇皇酒国史，美酒得氤氲，
出土高柄杯，五千秋与春。
松下问酒债，寻常醉醺醺，
松神守月神，景芝酿芳魂。
酒祖大舜帝，功高千万寻，
大殿祭神灵，良善贯古今。
浯水是酒乡，潍渠乐比邻，
酩酊七十二，乡贤劳苦频。
开坛香十里，隔壁醉三分，
黄皮老面孔，老虎宴嘉宾，
神酿是一品，春开窖甘纯。
烫酒好习惯，豪爽大碗抡，
山民尚古朴，阳春掬玉樽。
举觞得灵感，造福胜甘霖，
罢盏妙手得，豪放著诗文。
东坡知密州，每每品此醇，

中秋寻佳句，明月共知音。

诗人臧克家，情意杯里斟，

不禁念故乡，景酒长沾唇。

曾登巴拿马，博览夺过金，

佳酿传逿迩，省长奖辛勤。

酒神季克良，茅酒掌门人，

两次来景芝，奖掖情最真，

别于酱浓清，芝麻领新军，

芝麻香有了，鼓励添信心，

二十五年后，季老景乡臻，

芝麻香鼻祖，盛情赞语殷。

齐鲁美酒地，瑶池琼液陈，

新生拓荒牛，追梦播清芬。

神兮酒之祖，黎庶拜圣君，

壮哉酒之城，倾情感星辰，

美哉酒之地，魅力五彩云。

景酒有大道，天下乐晨昏，

景行皆行止，景乡书雄文。

领班刘全平，廉洁思创新，

核心带团队，智勇善打拼。

一柱景芝峰，华美若琼林，

大纛玉渊畔，润泽华夏根。

吾侪文笔拙，难抒景酒钦，

频频邀日月，馥郁敬乾坤，

惶惶少佳句，唯有情谊真。

浯渠汇潍水，景酒注清芬，

欢伯延千载，仰慕景芝人，

但愿此宝地，造福万年春！

浯河殇

——徐茂燕

小时候

浯河是一道浅浅的水湾

沙在水中游

两岸垂杨柳

沙抚摸着水

水亲吻着沙

一群光腚的娃

像凫水的鸭

在水里"扑腾——扑腾——"

搅起一团飞舞的水花

惹得树上的蝉欢叫:

"不羞——不羞——"

长大时

浯河是一片含金的沙滩

机器睡河道

人群站路口

沙船搅拌着水

水翻滚着沙

几个胆大的娃

像受伤的鸭

在水里"咕嘟——咕嘟——"

搅起一团沉寂的浪花

惊得树上的鸟儿

失声叫着:"快救——快救——"

现在

浯河是一个千疮百孔的水沟

砾石在河底

两边荒草生

无雨时

太阳炙烤着河床

有风时

风卷着两岸的泥沙

一群偶尔停留的鸥鹭

看见人来

扑棱一声飞起

叫喊着:"快走——快走——"

而我

趴在渡桥口

望着仓惶的背影

心底涌起一阵"忧——忧——忧"

故乡金色的记忆（组诗）

——刘孝山

老槐树

安丘,临浯,东朱耿村

村东南,

一棵不知几百年的老槐树

沿着这样具体的走向

我的故乡,一步步丰满地盛开

某一年的春天,大地开始萌动

春风催绿了人们的视野

独有这棵老槐树沉睡梦中

仿佛被春天遗忘般,寸芽不生

传老槐树爷爷

托梦于村内长者,已化仙人

要去秀丽的江南,云游三年

人们殷殷期待的目光

精确地默数着一个个日夜

三年后的春天,老槐树吐绿勃发

自此老槐树,不再只是一棵树

每逢大灾之年,树下便会

跪满虔诚顶礼的村民

香火和纸钱的膜拜下

老槐树已是,

她们心中神圣的护佑与图腾

三十多年后的今天

当我在,并不遥远的安丘县城

仔细审视关于故乡老槐树,

种种美丽的传说

我默不作言,我真诚微笑

因为我感到发自内心,

无比的温暖

树下的童年

遥忆一群发小,破衣烂衫

在老槐树繁茂的树冠下

打尖,打宝,跳皮筋,捉迷藏

偶有莫名的哭笑之声,清脆响起

败者喘吸着长长的鼻涕

而胜者一脸得意的笑容

外号"肉墩"的那小子

愣想把自己的"骨感",

漂亮地塞进

老槐树中空而沧桑的躯干

结果半道卡住,害得我们

共同赔上一身大汗的惶恐

突发奇想的"狗蛋"

想让自己的名字，来世不朽

锋利的小刀，

在老槐树皴裂的皮肤上

深深刻下去，涌出的不是洁白

而是鲜红鲜红的汁液

吓得狗蛋弃刀飞奔，狗撵不上他

没有风筝，却有东风

"黑牛"，紧紧拉着一只白色塑料袋

仿佛整个春天，都紧紧攥在手中

要不是长长的线，

缠在了低垂的树枝上

他早已奔跑成快乐的春风

童年的老韭菜

时光的沧海，浩瀚宏大

而总有一些不灭的细节，涉水而来

遥望童年，那个贫瘠的年代

唯一富足的是：

自由，烂漫，天真的情怀

所有纯情的记忆中，至今清晰的是：

奉母亲之命，与六哥步行去临浯大集

卖自家瘦骨伶仃的老韭菜

人头攒动,鼎沸的喧嚣中
我俩只是垂低头颅的羞涩
两根小草棒无助地划着大地
多想抠条地缝,将自己藏起来

日斜人散,韭菜放弃了所有期待
回来的路上,六哥将手心攥得出汗
带去的五分钱,
换成一根火红的冰糖葫芦
我俩轮流舔着,返回贫寒的家门

童年的第二乐园

总有许多童年的美好记忆
因着岁月的流逝,沉积,遮蔽
而更加清晰和明亮

童年的快乐,只是因为简单
渠河北岸,宋家里岗村
二姨家的杏树,
梨树,柿子树,李子树
便足以铺陈出,
唾沫横飞的味觉盛宴

而渠河四季,梦幻般的变化与呼唤
更是朱耿之外的又一乐园
我虽不是牧童,
老黄牛却是那么温顺

表姐随手撕一片柳叶,含在嘴里
便可以奏响一岸清脆的春天

盛夏的河水,流动着清凉
嬉笑打闹间尽是天真毕露的春光
渠河大坝上放眼北望
一片秋天的葡萄园,
闪着醉人的红霞
瑞雪覆盖下的渠河,端庄清雅
一眼怎么望,
也望不透的静美与安祥

故乡记忆

站在东朱耿的土地上,
我的故乡记忆
就是那棵满染风霜的老槐树
根蓄满大地的馈赠,
枝叶铭记岁月的过往
面对临浯的万亩良田,我的记忆
便是那情怀厚重的渠河
惠泽一方热土而不争,
上善万物却不言

遥望安丘 1760 平方公里的山山水水
我的记忆便是那草木入画,
生机盎然的城

如果思想继续向外游弋

那浸染着不屈与人性力量的高粱田

那翔舞在瓦蓝之下，

美丽纷飞的风筝

那物阜人丰的齐鲁大地，

那滚滚东去的黄河长江

那承载着华夏

五千年灿烂文明的东方古国

那黄色的，黑色的，白色的，

棕色的皮肤走动的地方

那遥远的点点星光，

那遥远之远深邃未知的穹苍

都会是令人心头一热的故乡

我说不出"只有走出去，

才有故乡"

这样高深儒哲的话语，

我的故乡就在自己的心中

你的心胸有多大，

你的故乡就有多大

只要胸中有爱，

我们所到之处都将是故乡的温暖

夏家沟颂

——王培增

一

在莒北丘南的山河之间
在奔流不息的浯水岸边
在钟灵毓秀的柘岳山右
有个依山傍水的村子叫夏家沟

抗战前期的漫漫长夜里
这里举起了一面红色大旗
英雄儿女在党的领导下
把这里打造成了坚不可摧的革命堡垒

二

一九三八年的深秋时节
酸枣子红遍了大顶子和厍落崖
一颗革命的火种
从孟疃白家悄悄带到了夏家沟农家

一千八百多朴实的乡民
一遇到这充满希望的火
就下定决心矢志不渝
要在党的领导下冲破那黑暗的夜

那年的农历腊月初八这一天
一个被乡民视为吉祥的日子
五百多名积极分子借信道民众集会的名义
暗暗宣誓组织起来举起了铁锤镰刀的旗帜

他们啊
有夫妻党员、有父子党员、有父女党员、有兄弟姐妹党员
共同把全村凝成了一个革命堡垒
更重要的是还成立了一支子弟兵队伍夏家沟独立连

自从共同把红旗高高举起
他们就一个个成了党的好儿女
送情报、做军鞋、筹军粮、保机关
独立连则把周边日伪土顽揍了个遍

三

抗战前期这里还是我党鲁苏情报交通中转站
是北起淄博潍县南到临沂徐州情报交通线上的补给休整地
抗战后期这里是莒沂安抗日根据地的核心
是众多党政军机关和革命力量的聚集点与出发地

中共莒北敌后工委在这里成立
中共沂北县委曾经在这里筹建
中共莒沂安工委就在这里诞生
莒诸边和莒沂边县的设立也从这里得到支持

从成立起屡遭破坏的中共安丘县委
终于以安丘县工委的名义在这里公开恢复
而安丘县抗日民主政府
也依托这里在西古庙成立

中共沂山工委、地委在这里长驻
八路军鲁中三分区、沂山军分区司令部也在这里
这里是莒沂安山区抗日根据地大本营
一度是沂蒙山区东北部的"小延安"

四

夏家沟军民对日伪汉奸作战顽强勇敢
曾隔河智斗数百名莒县伪军的报复
粉碎了伪军要"把夏家沟翻过来种秫秫"的狂言
也不屈服驻沂水鬼子汉奸的集中大扫荡
安葬烈士擦掉血迹后挺直腰杆对敌斗争愈战愈坚
到了终于可以扬眉吐气的一九四三年
夏家沟军民配合鲁中一团先是解放了莒北丘南
又打破了顽固派秦启荣前来抢占地盘的如意算盘
浯河中上游两岸基本实现了河清海晏
一支支队伍和工作队来到这里得到支持又奔赴前线
自己的独立连战士也分批充实到了各大队和主力团

抗战烈火锻造了夏家沟军民的铮铮铁骨
解放战争作为老区人民更是不能缺席旁观
枣庄战役的后方指挥机关就设在这里
大参军时又有三十六名男儿跳台入伍参战

十二名"识字班"也一起扛枪成为军分区女队员

一九四八年底为了支援淮海战役
夏家沟拉出五百名支前民工奔向前线
军地两用电话局的电线四通八达扯遍鲁中南
为了解放全中国又有四十名儿女渡江南下
夏家沟军民为革命英勇奋战前赴后继从不歇肩

五

夏家沟不会忘记带领他们举起红旗的革命领路人白锡政
这位整个莒北革命的播火人
不畏抗战前期莒北地下党组织屡遭破坏的艰难
把夏家沟建成党在莒沂安山区唯一公开的立足点
不幸在一九四〇年到莒南滨海地委汇报工作途中遇难

夏家沟不会忘记他们另一位革命领路人高慧芹
这位有文化的女党员是莒县城大户人家的小姐
到了山沟沟里成了大娘大婶灶前锅边的好闺女
因为她的到来才使夏家沟早早就有了数名女党员
还组织起了数百名目不识丁的农家姐妹拥军支前

夏家沟不会忘记自己的好儿子夏汝奎
这位颇有颜值又有身手的帅气青年
拒绝了周边土匪拉拢威逼入伙的企图
为了找党在绵绵秋雨中悄悄离家奔向东南
在孟疃找到党并成为夏家沟第一位党员

夏家沟不会忘记自己的好儿子夏汝奎啊
他从东南请来白锡政在夏家沟举起革命红旗
又不顾危险北上临朐和昌乐开展地下兵运
一次次风餐露宿一次次趟雪涉冰而积劳成疾
胜利来临时谢绝组织照顾回到村里默默离世

夏家沟不会忘记自己的教书先生夏德九
他先是带领儿子夏乃臣女儿夏静一一同参加革命
在白锡政牺牲后又挑起夏家沟党总支书记的重担
代表莒北敌后党组织赴莒南参加抗日民主政府选举
返回夏家沟途中却惨遭国民党顽固派伏击不幸牺牲

夏家沟不会忘记自己的好儿子夏乃臣
他接过革命带头人白锡政和父亲留下的重担
带领全体党员群众巩固壮大了这块红色高地
有勇有谋与日伪顽周旋终于迎来了一九四三年的解放
抗战胜利时调任巴山区委书记不幸被敌特暗杀

夏家沟不会忘记自己的好儿子夏树欣
他是苏鲁交通线鲁南夏家沟交通站负责人
是八路军鲁南情报交通线上的神行太保
传递的情报有的来自延安都能呈送到一一五师和军区首长面前
还曾机智地从国民党特务手里要回了自己的同伴

夏家沟的好儿女,还有:
夏升垣突围后又返回销毁机密文件不幸被鬼子刺死
夏树香曾一个人用一段树枝缴了一个伪军的枪

夏臣忠夫妻在鬼子面前机智保护寄养的赵司令的孩子铁军
不是党员的夏同征雪地里一声怒吼抱摔汉奸打跑汉奸夺了盒子炮
夏福三夏夕久是同一战壕的"祖孙兵"相互掩护并肩比赛打鬼子

夏登云是八路军端掉驻王家沟国民党山东省府办事处的带路人
夏光祥打安丘城时第一个冲进北城门还抢出一篓子手枪
夏静一继承父兄遗志渡江南下开辟新区
夏汝科南下成为海军艇长参加解放舟山后辞职回家种地
夏汝青、夏光林、夏臣起、夏光红、夏连升等牺牲成为烈士
还有……夏家沟英雄儿女一个个都有不平凡的经历和英雄故事
夏家沟也不会忘记一起战斗过的党政军领导
朝夕相处的李耀文、霍士廉、赵杰、李福泽
后来都成了共和国的将军、部长、省委书记
口口相传的还有赵杰司令员为群众耕田的故事
一九四四年春耕时他甘当牛马为群众套辕拉犁

六

八十年了,曾经让父辈们一提起就感慨不已的夏家沟
是一把打开莒沂安山区抗日根据地革命往事的金钥匙
十一年革命战争的烈火曾经铸就了她辉煌灿烂的昨天
社会主义建设中为了修建于家河水库她又让出了家园
今天乡村振兴伟大梦想又激励着她团结实干奋勇争先

乡 恋

——张凤升

一条故河道，一座旧庄园。

潺潺的流水，巍巍的青山。

这里有我的故居，

这里有我的童年。

捧起一堆黄土，

心中五味俱全。

莫道我神经失常，

休说是多愁善感。

故乡啊，

你用那甘甜的乳汁，

把我的心灵浇灌。

弯弯的长路，

漫漫的长夜，

你与我促膝交谈。

告诉我那样不该做，

那样才是做人的规范。

啊！故乡，

不管风吹浪打，

何惧风刀霜剑。

即使拉上断头台，

难改我对你的眷恋！

　　　　　　像葵花向着太阳，
　　　　　　我心永把你念。
　　　　　　纵然砍下头颅，
　　　　　　那思念的种子，
　　　　　　也是粒粒饱满！

渠河与浯河

——韩香云

两条河

在厚重的辞海中交织碰撞

互济互帮

合力把他们的孩子——古镇景芝供养

两岸的玉米大豆高粱

储存了多少历史的欢乐悲伤

在白酒文明崛起的地方

与时间一起认真地把希望酝酿

这份深沉的爱

在阳光下转化成了源源不断呼吸均匀的绵长酒香

这一瓶瓶透明的液体

带着乡音

带着五粮的温度

带着两岸的智慧和善良

带着古镇特有的韵味和思想

款款步入千家万户

润泽所有中国人的心田

为生活送去精彩和安康

亲友们

无论你在近处还是在远方

请你启开景芝酒

细细品尝

酒中溢出的那一缕缕芝麻香

会顺着意念

顺着景芝人的渴望山东人的豪爽

逆流而上

从黄河到长江

从北国到南疆

景芝酒

踏过故乡坚实的胸膛

一路欢唱

一路荣光

一路寻找着知音

不断汲取着能量

在山巅 在战场

迎酷暑 冒风霜

景芝酒

和着共和国足音的铿锵

一路成长

一路荡漾

在文明的最深处

在原始的篝火旁

俯饮一杯景芝酒

仰聆圣贤金玉章

此刻你理解了

太白斗酒诗百篇的恣意汪洋

东坡把盏问月的豪情万丈

此刻你体会到了

佳人酒后对月思乡的惆怅

回忆里父辈空杯中的岁月余香

此刻的你

宠辱皆忘

通体酣畅

闭上眼　静下心

仔细聆听

这片红色土地上

伴着渠河浯河的哗哗水响

热血穿过风雨沧桑

在沸腾在偾张

两河携手时光

见证了景芝古镇和子民的繁衍与生长

继续书写着景芝美酒不朽传奇的篇章

亲友们

聚我们共同的力量共建家乡

让两河水带着美好

走向四面八方

走向更辽阔更深远的前方

南大河

——苑汝花

题记：老家临浯有条古老的河，叫渠河。是安丘与诸城的界河，临浯全线东西傍它的北岸而居，故而乡亲们都叫它"南大河"。

南大河与我，
总隔着一段距离。
它与生养我的村子
还隔着一个村子。
村子之间，
还有一大片田地。

一九七四年那场大水，
是家乡人经久不息的话题。
南大河的一个支流决堤，
村里一半的房屋倒在洪水里。
那么多无家可归的乡亲
拥进我家幸存的老屋里暂时栖息，
连土窗台上，
也睡着几个月大的孩子。
——这是母亲讲的故事。
我那时两岁半，
只是与故事擦了擦肩臂。

里面的细节，
我浑然无知。

村里的街头，
担杖挑来的小鱼儿
拥挤在腊条编成的筐子里。
大大的苘叶包裹起
一笔笔五分钱的快速交易。
买回家的鱼儿倒进盛了水的盆里，
还会蹦跳，还会呼吸。
这是我最早的南大河的记忆。

长大后，我嫁去了河边。
走出大门口就看见
南大河的北堤岸。
我跟所有村里的妇人一样，
在河里洗衣然后晒上沙滩，
流淌的河水边天天开着
一片五颜六色的灿烂。

我以新媳妇的矜持与羞涩，
不动声色地掩盖着对南大河的好奇与新鲜。
我看见河中央背着拎鞋子妇人的光脚汉；
我听到水对面洗衣妇女的诸城音
柔柔地在风里传；
水大时宽阔而湍急的河面让我目眩；
水退后的细沙铺成软软的平川；

那些指甲盖大小的米蛤壳上
刻着河水流过的岁月，
细细密密的一圈　一圈。
还有那夏日的傍晚，
男人河，女人河，
弯弯曲曲的河堤
把这天然大浴场
隔成一个个不一样的洞天。

我的日常就在岸边，
可是总不能像河水里泡大的男人们
跟它那样亲密无间。
他们说起它，简直就是兄弟和玩伴。
南大河在我面前，
却总罩着一层朦胧的梦幻。
我不知道它从何而来，
也不知道它去往何处。
我怎么也看不懂，
那层层淤积的沙粒里
藏住了它多少岁月流年。

再以后我离开了它。
很多年以后又发现
那条大河已让我魂绕梦牵。
偶尔回老家总忘不了跑去看看，
它已时常断流，荒草连岸。
像极了我的记忆，

全变成了零零碎碎的片段。

于是忽然就盼望着夏季，
盼望着连绵的雨天。
我希望有许许多多的水流汇集；
我盼望它们串起河床遥远的记忆；
哪怕闷热潮湿扼杀许多美丽的浪漫，
我也希望南大河的胸怀
再现从前的壮阔波澜……

我想
它也跟我一样喜欢。

后 记

在我们所经历的那些事情当中，有些一定是在意料之中，有些必然是在意料之外。

2018 年的金秋 10 月，我们一行 15 人，高举"中国当代徐霞客徒步齐鲁文化行"大旗，一步步迈向东方。我们面前只有遥远的远方、只有跳动的诗行、只有深邃的历史文化和坚定的理想意志。一但出发，就是一次没有终点的行程了。

于是，我们的旗帜飘上了秦始皇意欲东渡的"天尽头"，挥舞在沂蒙崮群的腹地，我们以探险者无畏的姿态，把脚印留在了汶河、潍河和渠河沿途两岸及 6 处源流和 3 个终点。

我们深深地懂得，若无"盘古开天地"时 3 条大河的形成，经洪水冲积形成了这片神圣的热土，我们这群人的生命还不知落户在何地何乡？河流两岸各种历史文化的诞生也就变成了一堆瞎话。因此，我们以敬畏之心、感恩之情，在大河上下、"三水"两岸进行了一场有人说是"前无古人，后无来者"的集体壮举。这不仅是对"三河"的爱抚与亲近，更是对她们的忠诚。

"三河"流水，灌溉滋润及延伸诞生出来的人文景观、文化教育、乡风民俗、故乡情怀、村落家庭、物产美食、景酒飘香和名人轶事等等。对此，我们一一进行了慎重而深入的探索、考察、研究和整理，如今已形成了《千秋汶河》《文化潍河》和《行走渠河》共约 150 万字的成果。按照"河长办"的要求和安排，今年出版《千秋汶河》《文化潍河》，2021 年上半年续出《行走渠河》，形成一整套系列河湖文化丛书。当我们向着东方迈出第一步的时候，谁也不会想到会有今天这种丰硕的收成。

正当我们的战线顺着"三河"向前推进和延伸的时候，一场"天灾"骤然而至。一座生动活泼的城市迅间遁入沉寂。为了"抗疫"，家家户户将自己封闭在室，进行人人"隔离"。

我们停止了野外的步伐，在室内打开了电脑、手机，翻开了书页卷宗，利用网上群落，大家一边自行整理文档，一边联络文朋诗友，在网络阵地上，继续推进"三河"工程。

前前后后，让我们想象不到的是，参加到我们阵营来的，有老有少，有男有女，他们来自社会不同场合和阶层。有85岁老翁，有15岁少女；有工人农民，有记者教师；有群众职工，有厂长老板；有在职文员，有退休干部；有一级作家，有初握笔杆的新手；有著名艺术大师，有普通黎民百姓……我们不分年龄资历，共同践行先辈们尚未走过的路。

让读者想象不到的是，这支队伍中的核心创作编辑团队竟是5位平均年龄超过72岁的老头儿。他们不以年老而退缩，日以继夜地敲打键盘，一遍一遍地打磨文字；他们怀着"夕阳无限好，落日更辉煌"的心态，完成了这项历史使命。年轻朋友更以年青体壮为优势，从交通、编辑、后勤等方面，提供全方位服务。

在本书付梓之际，我们满怀感激之心，永远不会忘记无私地帮助支持我们的各级领导、各位同仁以及一些熟悉的、不熟悉的朋友。潍坊市水利局原局长周寿宗同志，虽然与我们没有多少交集，但当他从侧面了解到我们的工作情况以后，从精神上给予我们巨大的支持和鼓舞。安丘市水利局原局长张俊法同志，从开始策划设立"文化河长"制度，到实施"当代徐霞客徒步齐鲁文化之旅"，再到本书成型，亲力亲为，令众作者感叹不已。还有《大众日报》编辑王中金先生，潍坊新天地印务公司经理辛如杰先生，"潍坊信和嘉文化传媒公司"总经理郭斌海先生，印台玛瑙馆经理、中国玉文化研究会会员李大捷先生，铅笔画画家夏淑云女士，潍坊市沐轩节能有限公司总经理帅金光先生,提出了"要人有人、要钱出钱"的口号,为支持"齐鲁文化行"营造了良好的舆论环境和丰厚的物质基础。

还有许许多多的前台指挥员、幕后工作者以及伸出援助之手的众位好友,恕不一一列举。

由于我们的能力有限,时间仓促,从书中缺点错误在所难免。诚望众位读者、各界朋友不吝赐教。

《安丘市文化河湖长系列丛书》编委会

2020 年 12 月 18 日